СКВОЗЬ ПРИЗМУ ВРЕМЕНИ

Египетская царица Клеопатра

Римская императрица Мессалина

Шотландская королева Мария Стюарт

Софья Палеолог

Жены Ивана Грозного

Марина Мнишек

Царевна Софья

Анна Леопольдовна

Принцесса Шарлотта

Княжна Тараканова

Великая княгиня Елизавета Федоровна

Императрица Александра Федоровна

Лже-Анастасия

Французская королева Мария Антуанетта

Австрийская императрица Елизавета

Герцогиня Монако Грейс Келли

Принцесса Диана

Королева Непала Айшварья

Юрий Безелянский

Жизнь и ГИБЕЛЬ принцесс

Исторические эссе

Москва

ОАО Издательство «Радуга»

2003

ББК 85.14Р
Б39

Художник *А. Иващенко*
Редактор *Л. Ермилова*

Безелянский Ю. Н.

Б39   Жизнь и гибель принцесс: исторические эссе. — М.: ОАО Издательство «Радуга», 2003. — 352 с. — (Серия «Сквозь призму времени»)

Книга «Жизнь и гибель принцесс» написана на стыке трех жанров — исторической биографии, любовного романа и детектива. В ней представлены всемирно знаменитые женщины с блистательной и в то же время трагической судьбой: египетская царица Клеопатра, шотландская королева Мария Стюарт, французская — Мария Антуанетта, жены Ивана Грозного, авантюристка Марина Мнишек, несчастная княжна Тараканова, последняя русская императрица Александра Федоровна... И «одеяние» у этой книги соответствующее — с подбоем из лирических стихов Шекспира, Пушкина, Блока, Северянина, Цветаевой... Рок и любовь, интриги и царственное благородство духа, верность и предательство — все переплетено в этих жизнеописаниях. Несказанную цену платят принцессы за несказанные славу, успех и власть...

ISBN 5-05-005692-6   © ОАО Издательство «Радуга», 2003

ОТКУДА ВОЗНИКЛА ТЕМА?

Что нас больше всего привлекает? Красота.

А что больше всего потрясает? Смерть.

Отсюда родилась тема и появился заголовок — «ЖИЗНЬ И ГИБЕЛЬ ПРИНЦЕСС».

Почему-то считается, что принцесса непременно должна быть красивой. Как говорилось в одном из отечественных мультфильмов 70-х годов: «Погода была ужасная, принцесса была прекрасная!»

Принцесса — это нечто воздушное, ангельское, чистое. Голубые глаза, золотистые волосы, белоснежные атласные плечи — по крайней мере так кажется автору. А может быть, все не так на самом деле. Лично я принцесс в жизни не встречал. Только слышал реплики своих угрюмых сограждан в транспорте: «Ишь расселась, как прынцесса! Подвинься!..»

В стране, где произошла революция, принцесс не уважают. Презирают даже жен президентов с высоты своего рабоче-крестьянского происхождения. Чернозем и серебро — вещи несовместимые. Но, к счастью, кроме России, есть еще Европа и другие страны мира, где к королям и королевам, к принцам и принцессам относятся не только с уважением, а и с благоговением. В Великобритании, например, королева — гарантия политической стабильности государственной системы. Не случайно писатель Джордж Оруэлл как-то сказал: «Люди теперь не могут обходиться без барабанов, флагов и парадов. И лучше, если они будут боготворить кого-то не имеющего реальной власти. В Англии реальная власть у джентльменов в котелках, а в золоченой карете, символизирующей величие, восседает совсем другая персона. И пока сохраняется такое положение, появление Гитлера и Сталина в Англии исключено».

Но оставим политику. Вернемся к принцессам. А раз принцессы существуют, с ними происходят самые разнообразные и интригующие людей события. У куртуазного поэта Николая Агнивцева есть стихотворение «Принцесса Анна». Вот оно:

Из своей опочивальни,
Чем-то очень огорчен,
Побледневший и печальный,
Вышел в зал король Гакон...
И, как то необходимо,
Молвил, ставши на ступень:
— Здравствуй, мой народ любимый!
    И сказали: «Добрый день!» —
    114 гофмейстеров,
    30 церемониймейстеров,
    48 камергеров,
    345 курьеров
    И 400 пажей!..
И, дрожа как от озноба,
Продолжал Гакон-король:
— Нам сейчас одна особа
Причинила стыд и боль!..
Видно, нас (в том нет секрета!)
За грехи карает Бог!..
Что вы скажете на это?..
    И сказали грустно: «Ох!» —
    114 гофмейстеров,
    30 церемониймейстеров,
    48 камергеров,
    345 курьеров
    И 400 пажей!..
— Наша дочь принцесса Анна,
Позабыв про все дела,
Неожиданно и странно
Нынче сына родила!
Мы б узнать от вас хотели
(Будьте честны и прямы!) —
Кто замешан в этом деле?
    И сказали тихо: «Мы!» —
    114 гофмейстеров,
    30 церемониймейстеров,
    48 камергеров,
    345 курьеров
    И 400 пажей!..

Кто-то, прочитав эти строфы, подумает, что речь в книге пойдет о чем-то веселом и развлекательном. Увы. Скорее, о драматическом и трагическом. Ведь доля принцесс — это та же тяжелая шапка Мономаха. При всем шике и блеске драгоценностей. Жесткая регламентация королевской жизни, интриги двора и обычная зависть — пожалуй, самые безобидные из сопутствующих элементов «счастья» принцесс. Хотя, конечно, есть и безоблачные, поистине счастливые судьбы. Но они скорее исключение, чем правило. Ибо принцессы весьма близко стоят к трону, к власти, а это уже само по себе опасно. Власть — это вершина, но в определенном смысле и бездна, из которой несет плесенью и смрадом. Вдохнул — и...

Но хватит о грустном. Всем женщинам — и особенно золушкам — хочется счастья, и все хотят стать принцессами, как будто королевский титул — гарантия от бед и пропуск к успеху. Все мечтают о заветной встрече: вот появится «прынц», как говорят в народе, и жизнь покатится без всяких проблем, как по маслу. Женщины закрывают глаза и грезят: вот-вот он явится, протянет руку и... как там сказано в одном из стихотворений Софьи Парнок:

> Дай руку, и пойдем в наш грешный рай!..
> Наперекор небесным промфинпланам
> Для нас среди зимы вернулся май
> И зацвела зеленая поляна,
> Где яблоня над нами вся в цвету
> Душистые склонила опахала
> И где земля, как ты, благоухала
> И бабочки любились на лету...

Все мы находимся в плену больших иллюзий. А уж быть принцессой — суперилюзия. Давайте вспомним некоторые истории, как все начиналось и чем закончилось...

СЕДАЯ СТАРИНА
(Прекрасная Елена, Клеопатра, Мессалина)

Первая женщина на Земле — Ева — оказалась и первой жертвой: ее изгнали из Эдема.

В период матриархата (от верхнего палеолита до развитого неолита) женщина взяла реванш у мужчин. Она повелевала. Она наказывала. Она распределяла. И если мужчина вел себя неподобающим образом, женщина отказывала ему в плотских удовольствиях. Счастливая женская дофеминистская пора. А затем матриархат сменился патриархатом, и это стало, по выражению Энгельса, «всемирно-историческим поражением женского рода».

Дальше в истории человечества возобладали мужское господство и, соответственно, мужской шовинизм. И женщинам пришлось туго. Их унижали. Ими помыкали. Ими торговали. Их третировали.

Все шло по схеме: мужчина — господин, женщина — рабыня. Мужчина — обладатель всех прав. Женщина — почти бесправна. У Гомера можно прочитать, что военачальники приводили в дом рабынь, а их жены должны были мириться с таким положением и при этом соблюдать целомудрие и супружескую верность.

У Еврипида жена обозначается словом oikurema — «вещь, нужная в хозяйстве».

В Древнем Риме замужняя женщина тоже находилась в семье на положении полурабыни. Не случайно слово familus означает «домашний раб». А семья, familia, — это всего лишь совокупность рабов, принадлежащих одному человеку. Тут, конечно, можно вспомнить знаменитую работу Фридриха Энгельса «Происхождение семьи, частной собственности и государства», но это нас уведет в непролазные дебри. Не будем плутать. Процитирую лишь еще одну печальную аксиому Августа Бебеля: «Женщина есть первое человеческое существо, попавшее в рабство. Женщина сделалась рабою еще тогда, когда рабов не существовало». Другими словами, женщина издревле была поставлена в зависимое от мужчины положение.

А как же известные вздохи и охи по поводу женщин? Стихи и серенады в их честь? Оды и мадригалы? Комплименты и восторги наподобие «Женщина слаще жизни и горше смерти» (Соломон), «В ней торжество ликующего света» (Данте), «Женщины не дают покоя до самой смерти» (Джек Лондон), «И молимся — от века — на тебя!» (Валерий Брюсов) и т. д. и т. п. до бесконечности?

Все это дань определенному состоянию — увлеченности, влюбленности в женщину. Экстремальные моменты в жизни мужчин. Момент проходит — и ясно, кто в доме хозяин. Мужчина. Сильный мира сего. Сегодня, правда, мы с вами наблюдаем полный деграданс сильного пола, но это, извините, не по теме нашей книги.

У нас с вами история. Ее трагические гримасы. В летописях и хрониках не зафиксированы трагедии и драмы простых женщин. Их страдания и гибель никого не интересуют, кроме круга близких, да и то не всегда. А вот некоторые знаменитые женщины в статусе принцесс, цариц и королев занимают в истории человечества видное место. О них пишут книги и ставят фильмы. Их помнят. Их постоянно обсуждают. Им выносят приговор.

Вот о трех таких исторических личностях и поговорим. Это Прекрасная Елена, Клеопатра и Мессалина. Почему выбраны эти три, а не другие, скажем Аспазия, Феодора? А потому, что упомянутая троица, как говорят в народе, плохо кончила. А аромат гибели весьма тонок и привлекателен. Он будоражит наши чувства. Но хватит риторики. Ближе к теме!

Прекрасная Елена — одна из героинь греческой мифологии (что миф и что реальность?). Дочь Зевса и Леды, жена царя Спарты Менелая. Согласно легендам, похищение Прекрасной Елены Парисом послужило поводом к Троянской войне. И сразу в воображении возникает полотно Рубенса «Суд Париса» — юноша, сидящий с яблоком в руке перед тремя обнаженными богинями с рубенсовской избыточной телесностью. Гера предлагает юноше власть и богатство, Афина — мудрость и военную славу, а Афродита — любовь самой красивой женщины на свете, Елены. И Парис выбрал любовь. Он отдал яблоко Афродите.

Как писал Мимнерм, лирик второй половины VI века:

> Без золотой Афродиты какая нам жизнь или радость?
> Я бы хотел умереть, раз перестанут манить
> Тайные встречи меня, и объятья, и страстное ложе...

Соблазнился Парис. А уж как соблазнилась Елена! Ради полюбившегося ей юноши она оставила дом, прихватила с собой сокровища из государственной казны, забыв при этом свою единственную дочь Гермиону, ребенка от законного мужа Менелая. Вот они, эти ветреные прекраснокудрые Елены!

Что было дальше, можно узнать из книг. Для нас главное — гибель Прекрасной Елены. Изгнанная из Спарты, она окончила свои дни на острове Родос. Там подосланные к ней фурии веревочной петлей удавили «лилейнораменную» красавицу Елену. По другой версии, Елену повесили. Греческий писатель Фотий настаивает на том, что Елена повесилась сама, то есть это было самоубийство, а не убийство. Так это или не так — не имеет большого значения. Главное, что Прекрасная Елена навечно врезалась в человеческую память и уже столько сотен лет вдохновляет поэтов и художников.

17 декабря 1864 года в Париже, в театре «Варьете», состоялась премьера «Прекрасной Елены» Жака Оффенбаха. Это была отнюдь не трагедия, а веселая, искрящаяся юмором оперетта, которую парижане полюбили мгновенно. Оно и понятно: Парис выбирает женщину, а Елена сбегает от мужа, — как все узнаваемо и повторяемо в течение тысячелетий! Российские театры тоже не остались в стороне от оффенбаховского творения. Все постановки перечислять не буду, а вот одну упомяну: в 1937-м — в год большого террора — в Московском музыкальном театре имени Немировича-Данченко была поставлена «Прекрасная Елена», причем поставил ее сам мэтр — Владимир Иванович (своего рода борьба с тотальным страхом?). Роль Прекрасной Елены исполняла Надежда Кемарская, красивое лирико-колоратурное сопрано — ведь Елена пела! Мне довелось видеть послевоенный спектакль. Лет мне было немного, и почему-то запомнился крик-вопрос жреца Калхаса (его играл Владимир Канделаки): «Взошел или не взошел?!» То есть приходил ночью к Елене любовник или не приходил? Вечный вопрос. Посущественней гамлетовского.

А теперь от мифологии к реальности. Древний Египет. И как писал Константин Случевский:

> И, купы звезд в себе качая,
> Зажегся Нил;
> В своих садах благоухая,
> Мемфис почил...

Мемфис, может быть, и заснул, но вряд ли заснули любовники: ночь — благословенное время для встреч и наслаждений.

Близ медлительного Нила, там, где озеро Мерида,
в царстве пламенного Ра,
Ты давно меня любила, как Озириса Изида,
друг, царица и сестра!
И клонила пирамида тень на наши вечера...

Это — Валерий Брюсов, стихотворение «Встреча». Следующая встреча у нас, однако, не с Изидой, а с Клеопатрой. Их, оказывается, было семь, самая знаменитая из них — Клеопатра VII. Сначала сухая справка из Исторической энциклопедии (1965):

«К. VII (69—30 до н. э.) — последняя царица Египта, дочь Птолемея XI, сестра, супруга и соправительница (с 51) Птолемея XII Диониса, с которым она вела борьбу за власть. В 48 К. VII была изгнана в Сирию, но в 47 возвратилась с помощью Юлия Цезаря, увлекшегося умной и образованной царицей (от Цезаря она имела сына Церариона). После убийства Цезаря она стала союзницей и любовницей Марка Антония (в 37 он женился на К. VII) и поддерживала его в борьбе с Октавианом. После поражения при Акции (31) и вступления армии Октавиана в Египет Антоний, а за ним и К. VII покончили жизнь самоубийством...»

Как? Каким образом? Об этом чуть позже. Сначала о красоте Клеопатры. Шекспир в трагедии «Антоний и Клеопатра» так рисует египетскую царицу, плывущую на судне:

Что до нее... все описанья бледны...
Царица возлежала под шатром
Из ткани золотой, затмив Венеру,
В чьем образе искусство превзошло
И самое природу...

То есть сверхсовершенство. Неземная красота. Однако такой миф культивировали римские историки, ибо именно этим (красотой) могла Клеопатра покорить сразу двух героев великого Рима — Цезаря и Марка Антония. Но еще Плутарх писал, что красота Клеопатры была не той, что поражает с первого взгляда, — она была в ее речах и движениях. Это была очень умная женщина, свободно изъяснявшаяся на нескольких языках, хорошо знакомая с литературой и философией и игравшая на разных музыкальных инструментах. То есть она могла очаровать мужчину не только внешними данными, тем более что нос у Клеопатры немного подкачал (тогда еще не научились делать пластические операции), что дало повод французскому ученому Блезу Паскалю пошутить: «Если бы у Клеопатры был не такой длинный нос, то карта мира могла бы выглядеть иначе».

Римский полководец Октавиан, покоривший Египет, приказал уничтожить все статуи Клеопатры. И нам остается гадать, какая же она была на самом деле: неземной красоты, земной или... Весной 2001 года в Британском музее проходила выставка древностей времен Клеопатры. Изучив уцелевшие скульптуры и монеты, сотрудница музея Сюзан Уокер составила фоторобот Клеопатры. И — о ужас! — красавица оказалась низкорослой (всего 150 см) полной женщиной с длинным крючковатым носом, кривыми зубами (где был египетский «мастер Дент»?) и складками жира на шее. И, как у всех Птолемеев, у Клеопатры был избыточный вес. Египетские ученые в ответ на утверждения Сюзан Уокер, естественно, взбунтовались: поклеп! Да и мне кажется, что в британской музейной работнице говорила больше женщина, чем ученая. Чтобы одна женщина признала другую красивой? Да никогда! Скорее Нил пересохнет и падет пирамида Хеопса!..

Конечно, Клеопатра была красивая. По крайней мере для нас она предстает в облике Элизабет Тейлор, раскрасавицы с фиалковыми глазами из американского фильма «Клеопатра» (1963). Красота египетской царицы соединялась с умом. Она блестяще плела политические интриги.

«У нее, — замечает историк Гуго Вильрих, — как у настоящей дочери Птолемея, не было ничего женственного, кроме тела и хитрости. Свою наружность, таланты, всю себя Клеопатра всегда подчиняла холодному расчету, постоянно имея в виду интересы государства или, вернее, свои личные выгоды. Но, обладая расчетливым умом, она в то же время обладала и необыкновенно сладострастной натурой. Будучи супругой тринадцатилетнего мальчика, Клеопатра для удовлетворения своей похоти содержала целый сераль молодых красивых мужчин, что тогда вовсе не считалось безнравственным».

Клеопатра покорила двух героев Рима — Юлия Цезаря и Марка Антония. У нее несметные богатства. У нее власть. У нее есть все, но разве бывает человек доволен своим положением, даже блестящим?

> Зачем печаль ее гнетет?
> Чего еще недостает
> Египта древнего царице?
> В своей блистательной столице
> Спокойно властвует она...
>
> И величавые искусства
> Ей тешат дремлющие чувства...

Это — Пушкин. Следует отметить, что Александра Серге-
евича очень привлекала Клеопатра как историческая личность.
Первые стихи о ней он начал писать еще в 1824 году. «Египетские ночи» были не закончены и появились после смерти поэта
в «Современнике», в VIII книге за 1837 год. Первоначально
Пушкин хотел назвать повесть «Клеопатра», потом остано-
вился на названии «Египетские ночи».

На пышном пиру царица Египта спрашивает:

> Скажите: кто меж вами купит
> Ценою жизни ночь мою?

Клеопатре захотелось чего-то доселе неизведанного, и вот
она придумала игру в любовь и смерть. Желающие нашлись:
сначала Флавий, «воин смелый», за ним — Критон, «младой
мудрец».

> — Клянусь... о матерь наслаждений,
> Тебе неслыханно служу,
> На ложе страстных искушений
> Простой наемницей всхожу...
> ...Клянусь — до утренней зари
> Моих властителей желанья
> Я сладострастно утомлю
> И всеми тайнами лобзанья
> И дивной негой утолю... —

заявляет у Пушкина Клеопатра. А далее — «под смертною секирой глава счастливцев отпадет». Игра закончена. И поставлена кровавая точка. Так развлекалась «нильская сирена», царица-
куртизанка Египта. Еще ее называли «египетской блудницей»,
«александрийской проституткой»; вполне возможно, такие
клички давали женщины из зависти: у нее все, а у меня что?!

Однако Клеопатра — это не только любовные игрища на
ложе. На страницах недавно появившейся книги Майкла Гран-
та «Клеопатра. Последняя из Птолемеев» предстает не только пылкая любовница, но и заботливая мать своих детей, про-
свещенный государственный деятель-стратег. За все это в
комплексе и отдала свою жизнь египетская царица. Она погибла в 38 или 39 лет, проиграв военную и политическую бит-
ву Октавиану. Кстати, Октавиан оказался единственным
мужчиной, который пренебрег красотой Клеопатры (она все
еще была красива!) и не поддался на ее чары. Более того, он
захотел ее унизить: приковать к своей победной колеснице и
таким образом привести ее в Рим. Но Клеопатра не могла сделать врагу такой подарок. Золотой шпилькой, вынутой из во-

ЕГИПЕТСКАЯ ЦАРИЦА КЛЕОПАТРА:
КРАСОТА И ВЛАСТЬ

лос, она уколола змею-аспида и умерла от смертельного змеиного укуса.

Эффектный план унижения Клеопатры не удался.

Вот вкратце и вся история. Дополним ее стихотворением Александра Блока «Клеопатра», написанным 16 декабря 1907 года:

> Открыт паноптикум печальный
> Один, другой и третий год.
> Толпою пьяной и нахальной
> Спешим... В гробу царица ждет.
>
> Она лежит в гробу стеклянном,
> И не мертва и не жива,
> А люди шепчут неустанно
> О ней бесстыдные слова.
>
> Она раскинулась лениво —
> Навек забыть, навек уснуть...

Змея легко, неторопливо
Ей жалит восковую грудь...

Я сам, позорный и продажный,
С кругами синими у глаз,
Пришел взглянуть на профиль важный,
На воск, открытый напоказ...

Тебя рассматривает каждый,
Но, если б гроб твой не был пуст,
Я услыхал бы не однажды
Надменный вздох истлевших уст:

«Кадите мне. Цветы рассыпьте.
Я в незапамятных веках
Была царицею в Египте.
Теперь — я воск. Я тлен. Я прах». —

«Царица! Я пленен тобою!
Я был в Египте лишь рабом,
А ныне суждено судьбою
Мне быть поэтом и царем!

Ты видишь ли теперь из гроба,
Что Русь, как Рим, пьяна тобой?
Что я и Цезарь — будем оба
В веках равны перед судьбой?»

Замолк. Смотрю. Она не слышит.
Но грудь колышется едва
И за прозрачной тканью дышит...
И слышу тихие слова:

«Тогда я исторгала грозы.
Теперь исторгну жгучей всех
У пьяного поэта — слезы,
У пьяной проститутки — смех».

Кстати, о проститутках. В двадцатые годы XIX века, как правило, они носили романтические имена: Клеопатра, Аспазия, Омфала, Дорина... Затем появились «ветреные Лаисы» и «Агнессы нижних этажей». А после романа «Дама с камелиями» Дюма-сына женщин «нестрогого поведения» стали именовать просто «Камелиями».

А теперь о более серьезном. Клеопатра сознательно ушла из жизни, ибо верила, что в нее вернется. Египетская культура, в основу которой положен культ смерти, по-прежнему восхищает, будоражит и пугает нас, людей XXI века. И не столь-

ко потому, что современный человек чтит Египет как источник
современной цивилизации наряду с Древним Римом и Греци-
ей, сколько потому, что в образах египетской культуры реали-
зуются наши подсознательные страхи — страх жизни и страх
смерти.

Стало быть, Клеопатра — на все времена!..

А Мессалина? — хочется спросить. Разве это не встречаю-
щийся в разных веках и странах типаж?

Энциклопедический словарь (1954): «Мессалина Валерия
(I век), жена римского имп. Клавдия, известная своей жесто-
костью и развращенностью. Имя ее стало нарицательным».

Итальянский писатель Лука Гольдони написал роман
«Мессалина. Бесстыдная невинность» («Una spudorata inno-
cenza», 1992). Гольдони вспоминает, как в пору его юности
«на стене туалета в пармском лицее кто-то начертал: "Я был с
Ольгой, далеко ей до Мессалины"».

Это уж точно. У Валерии Мессалины, как императрицы,
были более широкие возможности. Нельзя забывать и о временах, ибо у каждого времени были своя мораль и свои нравы.
Древний Рим — это гнездилище пороков. «Времена простые и
грубые», как выразился Мандельштам.

Валерия Мессалина родилась в 25 году нашей эры в семье,
принадлежавшей к римской аристократии. Детство ее прошло
в обстановке вседозволенности, и это способствовало развитию в ней чувственности. Она читала философские размышления Сенеки, но более ее привлекали «Наука любви» Овидия и
эротические стихи Катулла. В ее юном облике уже угадывалась чувственная натура: пышная грудь, волнующие движения
бедер, яркие влажные губы, блестящие глаза...

В 15 лет Мессалина стала супругой 50-летнего Клавдия
(она была его третьей по счету женой). Брак этот устроил Ка-
лигула, решив женить своего дядю с тем, чтобы полученное им
богатое приданое прибрать в свою казну. У Мессалины было
большое состояние, а у Клавдия в пору женитьбы не было ни
сестерция.

Вскоре преторианцы убивают Калигулу и провозглашают
Клавдия императором. А раз так, то Мессалина — императрица. Вначале она была почти образцовой женой, родила Клавдию двоих детей — Октавию и Британика. Многие считали ее
идеалом добродетели. Но со временем Мессалина пустилась
во все тяжкие. Одним из первых ее любовников был актер
Мнестр. Одних она привлекала своими женскими прелестями,
других — высоким положением, третьих просто покупала. И
все это происходило на фоне царившего в стране беззакония:

заговоры, интриги, откровенная торговля оправдательными приговорами и смягченными наказаниями — обстановка, в которой Мессалина чувствовала себя превосходно, гораздо лучше своего мужа Клавдия, которого книги привлекали куда больше, чем власть.

Как свидетельствует историк Корнелий Тацит: «Мессалине уже надоела легкость прелюбодеяния. Ее влекло к ненасытному сладострастию...»

И еще Мессалина не любила преград на своем пути. Вот как она завладела наместником Рима в Испании Аппием Силаном. Он долго сторонился ее, но она все же приблизила его к себе, женив на своей матери, которая к тому времени овдовела. А дальше Мессалина, добившись от матери содействия, вынуждает Силана взойти на ее ложе. Через некоторое время Аппий Силан осмеливается на бунт. «Ах, так? Тогда получай!» — решает Мессалина, и голова любовника слетает с плеч.

Древний Рим. Убийство — обычное дело.

Далее Мессалина безумствует все больше — ее чувственность выходит из берегов, ее ненасытность становится болезнью. Специалисты подобное заболевание называют нимфоманией.

Выдающийся римский поэт-сатирик Децим Юний Ювенал в одной из своих сатир так описывал похождения Мессалины:

Ну-ка взгляни же на равных богам, послушай, что было
С Клавдием: как заснет он, жена, предпочитая
Ложу во дворце Палатина простую подстилку, хватала
Пару ночных с капюшоном плащей, и с одной лишь служанкой
Блудная эта Августа бежала от спящего мужа;
Черные волосы скрыв под парик белокурый, стремилась
В теплый она лупанар, увешанный ветхим лохмотьем,
Лезла в каморку пустую свою — и, голая, с грудью
В золоте, всем отдавалась под именем ложным Лициски...
Ласки дарила входящим и плату за это просила;
Навзничь лежащую, часто ее колотили мужчины;
Лишь когда сводник девчонок своих отпускал, уходила
Грустно она после всех, запирая пустую каморку...

У патрициев в Риме семейная неверность каралась, но при этом процветала проституция. Характерная надпись того времени: «Твой инструмент слегка поистрепался, смычок слишком часто играл на...» Ювенал не преувеличил в своей сатире распущенность Мессалины. Действительно, чтобы получить дополнительные наслаждения, она тайком покидала дворец, надев парик, яркие юбки, наложив на лицо белила и золотую краску, и, неузнаваемая, шла в обычный бордель, где ее звали Лициской (Волчицей). И там, в каморке, на соломенном тюфяке, отдавалась за гроши первому встречному — какая острота ощущений для императрицы, обладавшей огромными богатствами! Отдаться первому встречному. Узнать себе истинную цену как женщине. Упасть на дно. Воспламениться от грязного и низкого. Изведать острейший контраст. Так подчас работниц кондитерских фабрик тянет от зефира и шоколада к квашеной капусте и соленому огурцу.

> И только женщине дана отрада
> Всю силу рук мужских узнать,
> В пустую радость падать, падать
> До черного, до злого дна...

Кто это написал? Поэтесса-интеллектуалка Ида Наппельбаум, дочь известного художника-фотографа Моисея Наппельбаума.

Или еще из того же Серебряного века. Надя Львова, которая, будучи совсем молодой, наложила на себя руки:

> Ведь мы — только женщины! Каждый смеет дотронуться.
> В каждом взгляде — пощечины пьянящая боль...
> Мы — королевы, ждущие трона,
> Но — убит король...

Впрочем, Мессалина не ждала трона, она сидела на нем. И король был при ней — Клавдий, пусть старый, охладевший к плотским утехам, нелюбый, но... римский император. Однако этого Мессалине было мало. И она ночью рыскала по городу в облике Лициски и действовала неутомимо, как хорошо налаженная секс-машина.

Маркиз де Сад обожал любые сексуальные аномалии, и когда попал в Рим, то ни о чем другом не думал и не вспоминал, кроме того, что на площади Навона находился некогда бордель, куда Мессалина приглашала весь город «на сражение Венеры».

Однако не похоть погубила Валерию Мессалину. Ее погубила настоящая любовь, которая неожиданно для нее самой вспыхнула в ее сердце. Она безумно влюбилась в римского красавца Гая Силия. Вывела из игры жену Силия Юнию. Осыпала красавца всевозможными милостями и даже воздвигла в его честь статую. Приобрела для него огромный дворец и открыто жила там со своим возлюбленным. Но этого мало. Мессалина убедила суеверного мужа Клавдия, что ей приснился вещий сон, смысл которого ясен: если рядом с ней не будет Гая Силия, то Клавдия непременно убьют. Другими словами: любовник — как гарант жизни и покоя супруга. И Клавдий легко клюнул на эту уловку. Со-

стоялся тайный брак между Мессалиной и Гаем Силием. Готови-
лась официальная церемония, которая узаконила бы союз моло-
·дых, что встревожило многих из приближенных императора, ибо
дальше могла свершиться резня, а уж сделать Гая Силия новым
императором, истребив старое императорское окружение, — дело
дворцовой техники.

Заговор против Мессалины возглавил один из советников
Клавдия, вольноотпущенник Нарцисс. Он смутил императора
другим вещим сном, якобы доказывавшим, что Мессалина пле-
тет против него роковые козни. Тезис доказательств был прост:
дескать, или вы, император, избавляетесь от Мессалины, или
Мессалина убирает вас и остается со своим фаворитом Гаем Силием.

Нарцисс получает от Клавдия, так сказать, карт-бланш: по-
ступай как знаешь. Первое, что делают заговорщики, — убивают
Гая Силия. Затем наступает очередь Мессалины. Один из заговорщиков дает ей остро отточенный кинжал для самоубийства.
Мессалина отказывается, ей страстно хочется жить.

«Нет!» — кричит она, содрогаясь в рыданиях. Заговорщики, обступив ее, бесстрастно смотрят на нее, в их глазах нет и
проблеска милосердия. Она пытается полоснуть кинжалом по
горлу, но в руке нет твердости, и кинжал лишь скользит по ко-
же. И тогда один из заговорщиков мгновенно лишает жизни
Мессалину одним энергичным взмахом меча.

Все. Душа великой римской блудницы покидает молодое
тело, которое так любило грубые мужские руки. Мессалина
прожила всего лишь 23 года.

Об исполнении приговора доложили Клавдию. Он потребовал чашу с вином, и пир продолжался до утра. Что дальше?
А дальше убили двоих детей Мессалины. Они пали жертвой
любовных игр своей матери. Игр, в которые она слишком за-
игралась.

После Клавдия к власти в Риме пришел Нерон, при котором все деяния Мессалины показались народу детскими шалос-
тями.

Ну а Мессалина? Что осталось от нее, кроме литературных
и исторических свидетельств? Одна лишь мраморная головка,
которая находится в Лувре, да мраморный бюст — там же.
Пухленькое личико. Почти ребенок. Но какие даже не римские, а, скорее, африканские страсти!..

И заключительным аккордом — строчки Ольги Зив, одной
из учениц Николая Гумилева:

> Не умею я жить на свете,
> Не умею одна идти.

АНГЛИЙСКИЕ ХРОНИКИ
(Анна Болейн и Мария Стюарт)

Англия и Шотландия. Средние века. Сплошные войны. Заговоры. Конфликты. Казни. Время, когда «овцы пожирали людей», как выразился Томас Мор. Не случайно в ту пору Шекспир написал свой знаменитый сонет № 66:

> Измучась всем, я умереть хочу.
> Тоска смотреть, как мается бедняк
> И как шутя живется богачу,
> И доверять, и попадать впросак,
>
> И наблюдать, как наглость лезет в свет
> И честь девичья катится ко дну,
> И знать, что ходу совершенствам нет,
> И видеть мощь у немощи в плену,
>
> И вспоминать, как мысли заткнут рот,
> И разум сносит глупости хулу,
> И прямодушье простотой слывет,
> И доброта прислуживает злу.
>
> Измучась всем, не стал бы жить и дня,
> Да другу будет трудно без меня.

Этот перевод сделал Борис Пастернак. У Самуила Маршака концовка этого же сонета звучит несколько иначе:

> Все мерзостно, что вижу я вокруг,
> Но жаль тебя покинуть, милый друг.

Героини нашей книги — принцессы и королевы. Но эту главу мы начнем с короля, с Генриха VIII (годы жизни 1491—1547), который умудрился жениться 8 раз и все жены которого пострадали от его жестокости и необузданного нрава. Диккенс называл его «самым непереносимым мерзавцем, позором для человеческой природы, кровавым и сальным пятном в истории Англии». А историк Фруд в книге «История Англии» превозносил Генриха как народного героя.

В начале 30-х годов XX века Александр Корда поставил

Анна Болейн

фильм «Частная жизнь Генриха VIII», роль короля в котором блистательно исполнил Чарлз Лоутон (премия «Оскар»). Генрих VIII в исполнении Лоутона — король-плейбой на троне, человек неистощимой энергии, обжора, весельчак, пьянчуга. Он менял жен как перчатки и легко отправлял их на плаху, а закончил свои дни с бывшей нянькой своих детей, худшей из всех его подруг. Фраза короля, прозвучавшая с экрана, — «Если хочешь быть счастливым, женись на дурочке» — вызывала восторг у мужской части кинозрителей.

Первой женой Генриха VIII была Екатерина Арагонская, сестра испанского короля. Но она ему быстро надоела, и приглянулась другая — Анна Болейн. Король попросил у папы Климента VIII разрешения на развод. Тот отказал, и тогда Генрих VIII объявил себя верховным главой церкви в своих владениях, и таким образом необходимость в разрешении папы на развод отпала сама собой. Анна Болейн стала официальной, второй по счету, женой короля. При этом Генрих издал закон, по которому его дочь от первого брака Мария объявлялась незаконнорожденной, а право наследования престола переходило к потомству Генриха и Анны Болейн («все могут короли»...). С этим не согласился канцлер и автор знаменитой «Утопии» Томас Мор. «Ах, ты не согласен!» — рассвирепел король и отправил Мора на плаху. Казнь состоялась 6 июля 1535 года.

Не пройдет и года, как на плаху взойдет и Анна Болейн, законная супруга короля.

Вполне возможно, что шутка короля по поводу жены-дурочки появилась именно после Анны Болейн, ибо как раз она была образованной и умной женщиной. Дочь английского посла во Франции, Анна Болейн прожила там несколько лет, и эти годы превратили ее в утонченную молодую даму. Ее французский был так хорош, что сами французы не верили, что она англичанка. Анна вернулась на родину, когда там вовсю бушевала мода на все французское, и покорила англичан своим континентальным шармом. Она получила место фрейлины в свите королевы Екатерины Арагонской. За новой фрейлиной потянулся целый шлейф поклонников, наиболее примечательной фигурой среди которых был поэт Томас Уайет. Не будучи особой красавицей, Анна Болейн привлекала мужчин своим обаянием, умом и изяществом. Естественно, мимо нее не мог равнодушно пройти и король. Она привлекла его внимание своими самостоятельными суждениями и непосредственностью, чем не отличалась ни одна придворная дама. Генриха VIII поведение Анны Болейн привело в восторг. Само собой разумеется, она стала его фавориткой и, соответственно, наложницей.

А когда Анна Болейн в начале 1533 года объявила королю, что ожидает от него ребенка, тут и закрутилось дело о разводе с Екатериной Арагонской. И уже 1 июня 1533 года состоялась торжественная коронация Анны Болейн в Вестминстере.

Меньше трех лет побыла английской королевой Анна Болейн, но даже за это короткое время успела многое. Сблизившись с евангелистами — сторонниками реформированной религии, она способствовала развитию Реформации в стране. Многие ученые, поддерживавшие идеи Реформации, получили благодаря Анне Болейн высокие посты в церкви, в частности архиепископ Кентерберийский Томас Кранмер.

Анна Болейн активно вмешивалась и в политические дела Англии. У нее был властный характер, и это многим придворным не нравилось. До поры до времени она имела влияние на короля, но не смогла родить ему наследника — родилась девочка. В другой раз у нее случился выкидыш. Третьего ребенка она потеряла в январе 1536 года, потрясенная известием о том, что король во время охоты упал с лошади.

Итак, наследника нет, и король возмущен. Но к возмущению добавляется и чувство раздражения против королевы. Он вполне наигрался Анной Болейн, и ему хочется уже чего-то новенького. Однако идти на второй развод король не желает, и тогда он решает избавиться от надоевшей супруги другим способом. Каким? Да очень простым: необходимо составить дело о заговоре. При этом Генрих VIII разъясняет придворным, что Анна Болейн нарушила «обязательство» родить ему сына. Более того: была ему неверна и имела более ста любовников. Королю самому понравилась эта придуманная им цифра: она звучала ошеломляюще.

Но найти сотню любовников не удалось, «раздобыли» только шестерых из придворных и в придачу музыканта королевской семьи Марка Смитона. Все джентльмены стойко отрицали свою вину, и лишь бедный музыкант «сознался» в грехе (для этого его пытали). Судьи вынесли Марку Смитону и брату королевы Джону Болейну смертный приговор, после чего самым решительным образом принялись за королеву. Она находилась в состоянии шока.

> Ты бросишь ли меня?
> Скажи, скажи, что нет!
> Тебя ль ославит свет
> Виной скорбей и бед?
> Ты бросишь ли меня?
> Скажи, что нет!

Эти строки Томаса Уайета Анна Болейн вполне могла произносить как заклинание. Но заклинай не заклинай, а смертный приговор вынесен: она обвинена в многократном нарушении супружеской верности.

Через 12 часов после объявления о разводе в Тауэр, печально знаменитую лондонскую тюрьму, поступил королевский приказ: обезглавить бывшую королеву. В своей предсмертной речи Анна Болейн сказала лишь, что нет смысла касаться причин ее смерти, и добавила: «Я не обвиняю никого. Когда я умру, то помните, что я чтила нашего доброго короля, который был очень добр и милостив ко мне. Вы будете счастливы, если Господь даст ему долгую жизнь, так как он одарен многими хорошими качествами: богобоязненностью, любовью к своему народу и другими добродетелями, о которых я не буду упоминать».

Какое благородство души! И какое мужество!

Даже прощаясь с жизнью, Анна Болейн проявила присущую ей утонченность: попросила выписать французского палача, который казнил бы ее мечом, а не грубой секирой. Просьбу удовлетворили. Был выписан палач из Кале. И «опыт» с мечом прошел весьма удачно. Узнав об этом, нервничавший в нетерпеливом ожидании король повеселел и закричал: «Дело сделано! Спускайте собак, будем веселиться!»

Казнь произошла 19 мая 1536 года (Анне Болейн было всего лишь 35 лет). А король... король не стал тянуть с новой свадьбой. Его выбор пал на Джейн Сеймур. Третья жена подарила Генриху VIII наследника, принца Эдуарда, но сама скончалась от трудных родов. Королю она, кажется, нравилась, он даже немножечко любил Джейн, но, когда врачи спросили его, кого им спасать — мать или ребенка, Генрих категорически ответил: «Спасайте ребенка. Жен я могу иметь множество».

Малыш Эдуард появился на свет, а Джейн Сеймур скончалась.

Четвертой женой короля стала Анна Клевская, жившая в захудалом дворце в Дюссельдорфе: приличные королевские дома боялись выдавать своих принцесс за английского Генриха. Сначала ему прислали портрет Анны Клевской, написанный Гансом Гольбейном, и портрет произвел благоприятное впечатление. Но при личной встрече король выразил полнейшее неудовольствие от того, как выглядела эта, по его выражению, «фламандская корова». Однако отступать было поздно, политические соображения взяли верх над чисто мужскими, и Анна Клевская стала женой Генриха VIII. Уже после первой ночи король отправил в Тайный совет бумагу, где говорилось, что королева остается девственницей, поскольку его величеству «не нравится ее тело и он не может найти в себе силы исполнить супружеский долг».

Тайный совет стал вразумлять короля, что надо смириться со своим выбором, коль он уже сделан.

— Мне она не нравится! — закричал Генрих VIII. — Я прикажу казнить ее за измену!

Лорд Томас Кромвель воспротивился этому, назвав желание короля безумством, и поплатился головой (позднее его родственник Оливер Кромвель возьмет реванш, содействуя казни очередного короля).

В июле 1540 года все же состоялся развод, который Анна Клевская встретила стоически: в конце концов, она хоть на один день да сходила замуж, а откупные оказались просто великолепными!.. И самое главное: ей удалось сохранить свою голову!

Следующей женой Генриха VIII после Анны Клевской стала 18-летняя Екатерина Говард, племянница герцога Норфолка и двоюродная сестра Анны Болейн. Кэт Говард оказалась веселой резвушкой и умудрилась спустя всего четыре месяца после свадьбы наставить королю рога с одним из его придворных. Но не это ее сгубило. А то, что, оказавшись в лихом водовороте дворцовых интриг, она сумела как-то опутать короля своими чарами и влиять на его решения. Это было уже слишком: какая-то девчонка вертит королем!

Екатерину Говард обвинили в добрачных связях (!) с двумя кавалерами. Этих кавалеров — Дергема и Келпенера — тут же повесили. Казнена была и Екатерина Говард. Казнь произошла 13 февраля 1542 года. А герцогу Норфолку пришлось каяться перед королем по поводу «отвратительных деяний» двух своих племянниц — Анны Болейн и Екатерины Говард.

Прошло чуть больше года, и 12 июля 1543 года Генрих VIII вступил в очередной брак — с Екатериной Парр. Самое любопытное было то, что свидетельницей на этой свадьбе выступила Анна Клевская, которая так и осталась жить в Англии. Приникнув к уху новой королевы, Анна Клевская довольно зашептала: «Я-то сумела ускользнуть от тяжести короля. А удастся ли тебе, милочка?..»

Екатерине Парр удалось выжить и не взойти на плаху из-за очередного приступа королевского гнева. Она и Анна Клевская сумели пережить Генриха VIII. А что касается казненных Анны Болейн и Екатерины Говард, то они и по сей день бродят призраками по королевским замкам. В одной из башен Тауэра по ночам можно видеть обезглавленную фигуру Анны Болейн. Так по крайней мере утверждают некоторые, наиболее эмоциональные, посетители Тауэра.

Живописать все последующие художества (а точнее сказать, зверства) кровавого Генриха VIII, честно говоря, не хочется. А хочется поскорее перейти к драматической, поистине шекспировской, истории Марии Стюарт. К ее любви. Страсти. И гибели.

ЮНЫЕ, НЕЖНЫЕ ГОДЫ

Мария Стюарт родилась 9 декабря 1542 года. И здесь сразу надо высветлить исторический фон рождения маленькой принцессы. Шотландия и Англия находились в перманентном состоянии вражды и войны. Соперничали между собой и два королевских дома — Тюдоров и Стюартов. Отец Марии Стюарт шотландский король Яков V испустил дух в день рождения дочки, которая автоматически стала королевой Шотландии. И тут же знакомый нам уже английский король Генрих VIII решает, что лучшим поводом для прекращения войны между двумя братскими странами — Англией и Шотландией — может стать брачный союз между появившейся на свет шотландской принцессой и его сыном Эдуардом.

Идея замечательная, но, учитывая давнюю ненависть между Тюдорами и Стюартами, она чуть не приводит к войне, ибо один двор не доверяет другому и наоборот. В конечном счете войска Генриха VIII вторгаются в Шотландию, но захватить драгоценную добычу английскому королю не удается — шотландская крошка невеста спрятана в надежном месте. Вместо нее Генрих VIII получает договор, по которому Шотландия обязалась выдать Марию Стюарт Англии (такая уж судьба у принцесс: вечно их продают и покупают, как товар!) в день, когда ей исполнится 10 лет. Однако шотландская знать, не дожидаясь этого срока, отправляет 6-летнюю Марию Стюарт во Францию — как говорится, подальше от греха. В дальнейшем именно Франция помогла шотландцам разбить англичан и сохранить свою независимость.

Итак, маленькая Мария во Франции. Здесь она проживет более 10 лет, и эти годы станут самыми беззаботными и счастливыми, и не только потому, что в те времена французский двор был одним из самых блестящих и пышных в мире, а еще и потому, что именно здесь она превратилась в красивую девушку. Как отмечают биографы, она была высока и хороша собою. Ее блестящие глаза лучились умом, у нее были изящные руки. Она имела нежный голос и благородную наружность, была исполнена грации, говорила с воодушевлением и вообще отличалась чарующей привлекательностью. Ее любили прелестным ребенком, а повзрослев, она очаровывала прелестью плоти.

Воспитывалась Мария Стюарт вместе с дочерьми Екатерины Медичи, под надзором ученой Маргариты, сестры французского короля. Юность ее проходила в роскошных дворцах Фонтенбло и Сен-Жермен, в окружении придворных короля Франции Генриха II. В этих дворцах, как отмечает историк Брант, «всегда можно было наслаждаться обществом земных богинь, одна прелестней другой; каждый вельможа говорил с тою, которая нравилась ему больше всех, между тем король со своими приближенными беседовал с королевою и занимал разговором королеву-дофину (Марию Стюарт. — Ю. Б.) и других принцесс...».

Мария Стюарт получила безукоризненное воспитание. Знала классические языки — латынь и греческий, а также современные — итальянский, английский, испанский. Уже тринадцати лет, изучив латынь по «Беседам» Эразма Роттердамского, выступая в Лувре перед всем двором, она произносит речь по-латыни и приводит знатоков ораторского искусства в восторг. Ее дядя, кардинал Лотарингский, с гордостью сообщает ее матери, Марии де Гиз: «Душевное величие, красота и мудрость Вашей дочери столь возросли и возрастают с каждым днем, что она уже сейчас владеет в совершенстве всеми славными и благородными науками, и ни одна из дочерей дворянского или иного сословия в нашем королевстве не может с ней сравниться. Я счастлив сообщить Вам, что король очень к ней привязан, иногда он более чем по часу беседует с ней одной, и она так умеет занять его разумными и здравыми речами, что впору и двадцатилетней!..»

Мария Стюарт не только прекрасная собеседница, она овладела и другими видами светского времяпрепровождения: пением, игрой на лютне, танцами, сочинением стихов. Еще она неутомимая наездница, охотница, мастерски играет в мяч. Словом, юная принцесса из Шотландии — романтический идеал женщины времен французского Ренессанса. Поэт Дю Белле поет Марии Стюарт гимны, считая, что она, подобно богине, вобрала в себя «жар сердца, блеск ума, вкус, прелесть форм и линий». Восторгаясь далее, Дю Белле пишет:

Творя ваш светлый дух, Бог превзошел себя,
Искусства к вам пришли, гармонию любя,
Ваш облик завершить прекрасный от природы.

МАРИЯ СТЮАРТ В МОЛОДОСТИ

Все сочинители, поэты, вздыхатели расточают похвалы юной королеве.

Разглядывая дошедшие до нас портреты Марии Стюарт, можно отметить нежный овал ее лица, чуть заостренный гордый нос, загадочно мерцающие темные глаза с поволокой, тонкие бесстрастные губы, густые пепельные волосы, изумительно белую с матовым отливом кожу, белоснежную грудь, узкую руку с длинными тонкими пальцами. Кисть художника воспроизвела холодную безупречную красоту Марии Стюарт. Красота? Да. Но холодная?.. Вся жизнь сначала принцессы, а затем королевы свидетельствовала как раз об обратном: о ее порывистом и страстном характере. Настоящий вулкан страстей с лавой, испепелившей все вокруг.

Но это произошло потом, а пока вулкан дремал и лишь слегка курился. В нежном возрасте, в 14 лет, Марию Стюарт спешно отдают замуж за наследника французского престола Франциска из династии Валуа, рассчитывая со временем объединить под одной короной Шотландию и Францию, а заодно, возможно, и Англию. Так сказать, большая династическая игра. И вот в нее вовлечены ничего не подозревающие о геополитических замыслах юная Мария Стюарт и такой же юный, к тому же чрезвычайно болезненный, Франциск.

Пышная свадьба состоялась 24 апреля 1558 года в Париже. И в тот же самый год скончалась Мария, королева Английская, и на престол вступила ее сводная сестра Елизавета. Мария родилась от брака Генриха VIII с Екатериной Арагонской, а Елизавета — от брака с Анной Болейн (да, той самой, что погибла на плахе). Так как папа римский не признал брак Генриха с Анной Болейн, то у многих возникают сомнения относительно законности восхождения на трон дочери Анны Болейн. Скорей всего, на английский престол должна претендовать, как считают законники, Мария Стюарт.

По молодости лет и непомерным амбициям Мария Стюарт захотела быть королевой трех стран — Франции, Шотландии и Англии. Но на английском престоле уже сидит Елизавета. Как быть? Мария Стюарт заявляет о своих претензиях на трон и вносит в свой герб английскую корону. Ну а дальше надо свергать с трона Елизавету при помощи прямых военных действий, но на это ни Мария Стюарт, ни стоящая за ней Франция не идут. Так, только одни притязания. Но они положили начало страшной борьбе между Елизаветой и Марией Стюарт. Как замечает Стефан Цвейг, «всего лишь символически вписанная в герб Марии Стюарт английская корона стоила больше крови, чем пролилось бы в настоящей войне ради настоящей короны».

Да, амбиции порой стоят очень дорого.

10 июля 1559 года на рыцарском турнире неожиданно погибает от удара копьем Генрих II, и французским королем становится молодой Франциск II, а Мария Стюарт в свои неполные 17 лет — французской королевой. Товарищи по детским играм, Франциск и Мария Стюарт отныне настоящие супруги. Наступает короткий период тихого счастья, омраченный

болезнью короля. Мария Стюарт трогательно ухаживает за больным.

1560 год — роковой год. В июне умирает мать Марии Стюарт, Мария де Гиз, правящая вместо нее в Шотландии. А 6 декабря испускает дух супруг, Франциск II. В 18 лет Мария Стюарт — уже вдова. Так как во Франции две вдовствующие королевы, то младшая, Мария Стюарт, уступает трон старшей — Екатерине Медичи, жене погибшего ранее Генриха II.

Встает вопрос: что делать дальше? Как жить? Где жить? Выходить замуж второй раз или не выходить? Все эти вопросы оттесняют в прошлое беззаботную юность. Конечно, такой красивой и умной женщине, как Мария Стюарт, не грозит остаться одинокой. Испанский король поручает своему послу в Париже сватать ее за дона Карлоса, наследника престола. Австрийский двор присылает к Марии Стюарт тайных сватов. В свою очередь шведский и датский короли предлагают руку и престол. Но она отвергает одно предложение за другим. И решает вернуться в Шотландию, а втайне — побороться за английский трон. Эта цель ей кажется грандиозной, а поэтому весьма привлекательной.

Свою тайную цель Мария Стюарт почти выдает английскому посланнику, говоря о том, что хочет увидеться с английской королевой Елизаветой, ведь она — дальняя родственница и глава соседнего государства. «...Я ищу одной только дружбы, я не тревожу мира в ее государстве, не вступаю в переговоры с ее подданными, хотя известно мне, что среди них немало нашлось бы таких, кто с радостью откликнулся бы на любое мое предложение».

Согласитесь, чисто фрейдистская проговорка.

14 августа 1561 года Мария Стюарт садится на корабль в Кале. На глаза невольно наворачиваются слезы, и она шепчет: «Прощай, Франция!..»

Печальны в расставании и те, кто провожает ее. Как пишет Стефан Цвейг в биографическом романе «Мария Стюарт»: «Они знают, что с отъездом этой молодой женщины, грезившей о дворе — прибежище радости и красоты, музы покинут Францию; наступает темная пора как для них, так и для других французов — пора политической борьбы, бесконечных свар, склок и распрей, пора гугенотских восстаний, Варфоломеевской ночи, фанатиков, узурпаторов и зилотов. Уходит все рыцарское и романтическое, все светлое и беспечно-прекрасное — вместе с этим юным видением уходит и расцвет искусств...»

Несравненный Пьер де Ронсар, глава «Плеяды», посылает Марии Стюарт стихи:

> Как может петь поэт, когда, полны печали,
> Узнав про ваш отъезд, и музы замолчали?
> Всему прекрасному приходит свой черед.
> Весна умчится прочь, и лилия умрет.
> Так ваша красота во Франции блистала
> Всего пятнадцать лет, и вдруг ее не стало,
> Подобно молнии, исчезнувшей из глаз,
> Лишь сожаление напечатлевшей в нас,
> Лишь неизбывный след, чтоб в этой жизни бренной
> Я верность сохранил принцессе несравненной.

ВОЗВРАЩЕНИЕ В ШОТЛАНДИЮ

Не знаю, как у вас, любезный мой читатель, но у меня при
слове «Шотландия» возникает устойчивая ассоциация — стихотворение Осипа Мандельштама:

> Я не слыхал рассказов Оссиана,
> Не пробовал старинного вина;
> Зачем же мне мерещится поляна,
> Шотландии кровавая луна?
>
> И перекличка ворона и арфы
> Мне чудится в зловещей тишине;
> И ветром развеваемые шарфы
> Дружинников мелькают при луне!
> Я получил блаженное наследство...

Стоп! Тут прервем цитату. Ибо наследство, которое получила Мария Стюарт, очень ее огорчило: бедность и дикость
Шотландии по сравнению с пышностью и веселостью Парижа
поразили Марию Стюарт в самое сердце. Нищий край. Нео-
бузданная знать, радующаяся любому поводу для смуты и
войны.

Да, конечно, не Париж. Но жить-то надо. Точнее, не жить,
а править и царствовать. И первая трудность, с которой она
столкнулась, — религия. Мария Стюарт была истовой католичкой, и первым ее врагом стал Джон Нокс, проповедник реформатской церкви. Молодая королева оказалась перед трудным выбором — между реформацией и контрреформацией. По
Джону Ноксу, Мария Стюарт исповедует сатанинскую веру,
то есть католическую, поэтому королеве приходится совершать сложные маневры, чтобы, с одной стороны, сильно не

раздражать реформатов, а с другой — не уронить свою веру. Много сил пришлось отдать Марии Стюарт в борьбе с господствующей кальвинистской партией.

Трудности возникли и с выбором союзников и друзей: Мария Стюарт была слишком экзотической женщиной для традиционалистов шотландцев, их удивляли и пристрастие королевы к каждодневным бешеным скачкам на лошади, и ее увлечение поэзией, и ее чересчур изящные манеры.

Сложными остались отношения между Марией Стюарт и Елизаветой Английской. Вроде бы они почти рядом — от Эдинбурга до Лондона не так уж и далеко. Но их общение ограничивается всего лишь перепиской. Правда, Мария Стюарт посылает Елизавете в дар любви бриллиантовое кольцо, а та шлет в ответ перстень еще более драгоценный. Обе признаются друг другу в нежных сестринских чувствах. Но, что примечательно, обе женщины увиливают от личной встречи. Елизавета хочет, чтобы Мария Стюарт отказалась от всех притязаний на английский престол, а Мария Стюарт делать этого не хочет — и в этом камень преткновения. Они — соперницы. Конкурентки. Враги. Ибо, как заметил завоеватель мира Чингисхан, «не бывать двум солнцам в небе и двум ханам на земле».

Ну а пока идет переписка, дипломатический зондаж намерений, Мария Стюарт в своем Холирудском замке заводит собственный Трианон во французском вкусе — с затейливыми коврами и гобеленами, привезенными из Парижа, роскошною мебелью, картинами, книгами. Пытается пересадить на шотландскую почву парижские вечера со свечами, музыкой, стихами и флиртом. Вот эта игра в куртуазность и погубила поэта Пьера де Шателяра. Он думал, что все еще находится во Франции, а тут, в Шотландии, царили другие, более пуританские законы. И когда однажды его обнаружили в спальне Марии Стюарт, и даже не в постели, а всего лишь за занавесками, с ним расправились весьма сурово.

Как было дело? Попробуем к фактам подключить воображение. Шателяр с помощью подкупленной придворной фрейлины попал в королевскую спальню и затаился за занавесом. Часы показывают полночь. Мария Стюарт готовится ко сну. С грациозной неспешностью освобождается от одежды. Волнующе шуршат шелка. У Шателяра перехватывает горло. Королева слышит шорох, в испуге замирает, но, увидев выступившего из-за занавеса молодого поэта, успокаивается: этот не способен на насилие.

— Как вы попали сюда, мой друг? — спрашивает Мария Стюарт, напуская на себя гнев.

— О, только не сердитесь, — бормочет пунцовый Шателяр. — Я лишь хотел посмотреть на вас поближе, без свидетелей, чтобы убедиться, как вы божественно прекрасны...

— И убедились?

— Да, — благоговейно шепчет Шателяр и опускается на колени. — Прекрасней вас нет на свете. Позвольте поцеловать вам руку.

— Негодник, — продолжает изображать гнев королева, — дай вам руку, вы захотите что-то еще.

— Не смею мыслить.

— Неслыханная дерзость — проникнуть в спальню королевы! — Голос Марии Стюарт становится металлическим, ибо она наконец осознает, что попала в щекотливую ситуацию. — Шателяр, — голос Марии Стюарт уже угрожающе звенит, — вы преступник!

Поэт еще не воспринимает всерьез перемену в настроении королевы и, не вставая с колен, пытается поймать ее руку. И тут Мария Стюарт хватает колокольчик. Через какие-то секунды вбегают люди.

— Этот человек, — говорит Мария отстраненным ледяным голосом, — преступник. Уведите его!

Шателяра уводят.

«Конечно, он мальчик милый... — размышляет королева, оставшись одна, — но всему есть предел».

Отдав Шателяра страже, Мария Стюарт четко понимает, что он обречен на смерть. Но никаких сожалений не испытывает.

Шателяр умирает как рыцарь без страха и упрека. Перед смертью он декламирует знаменитое «Пожелание к смерти» своего друга Ронсара:

> О, смерть, я жду тебя, прекрасный, добрый друг,
> Освобождающий от непосильных мук.

Королева не ответила на его любовь, и поэтому лучше умереть, чем жить и страдать.

Смерть Шателяра открыла список влюбленных мужчин, погибших от пагубных чар Марии Стюарт. Она приманивала их. Дразнила. А потом отвергала и наказывала за дерзкую любовь. Я даже слышу, как кто-то из читательниц восклицает: «Вот стерва!» Нет, не стерва. Просто королева. Со своей психологией и моралью.

Случай с Шателяром поставил со всей остротой вопрос о

замужестве королевы и преемстве (без наследника трон не трон!). И тут возникает английская королева Елизавета, которая настойчиво советует Марии Стюарт взять в супруги Роберта Дадлея. Пикантная подробность: бывшего своего любовника. Мария Стюарт отвергает такую сомнительную кандидатуру и делает свой выбор. Это 18-летний Генри Дарнлей, правнук Генриха VII, а стало быть, в нем течет королевская кровь. Кровь Тюдоров. Но, увы, кроме своего происхождения, ему похвастаться нечем. Как заметил дипломатический представитель Марии Стюарт Джеймс Мелвилл: «Ни одна умная женщина не изберет в мужья повесу с такой стройной талией и таким пригожим безбородым лицом, более подобающим женщине, чем зрелому мужу».

Характеристика, конечно, убийственная, но Мария Стюарт оставляет ее без внимания. Ей понравился этот молодой человек. Более того, она влюбляется в него. А теперь послушаем рассуждения Стефана Цвейга:

«Долго сдерживаемая нетерпеливая страсть пробивается с вулканической силой, как это бывает с цельными натурами, не растратившими и не промотавшими своих чувств в пустых интрижках и легкомысленных увлечениях; благодаря Дарнлею впервые в Марии Стюарт заговорило женское естество, ведь ее супружество с Франциском II так и осталось ничем не разрешившейся детской дружбой и все эти годы женщина в королеве прозябала в каких-то сумерках чувств. Наконец-то перед ней человек, мужчина, на которого оттаявший и запруженный переизбыток ее страстности может излиться кипящей стремниной. Не размышляя, не рассуждая, она, как это часто бывает с женщинами, видит в первом попавшемся шалопае единственного возлюбленного, посланного ей судьбой. Конечно, умнее было бы повременить, проверить человека, узнать его настоящую цену. Но требовать логики от чувств страстно влюбленной молодой женщины — все равно что искать солнца в глухую полночь...»

Лучше Цвейга, пожалуй, и не скажешь.

Родственник королевы лорд Меррей даже пытался организовать заговор, чтобы не допустить этого нежелательного брака, но куда там! Мария Стюарт непреклонна: хочу только его! 20 июня 1565 года королева возводит Дарнлея в сан герцога, 29 июня — торжественное бракосочетание. Марии Стюарт — 22 года, Дарнлею — 19. Четыре дня и четыре ночи кипит веселье.

Недовольных этим браком в Шотландии великое множество. Недовольна и английская Елизавета, ведь она королева-

девственница и по каким-то неведомым медицинским парамет-
трам неспособна к деторождению. К тому же она незамужняя,
да и не хочет с кем-либо делить свою королевскую власть.
Другое дело — любовники и поклонники, но это все входит в
разряд шалостей королевы.

А тем временем в Шотландии зреет заговор, однако Мария
Стюарт, как отважная амазонка, вскакивает на лошадь и лично ведет преданные Марии войска на разгром заговорщиков.
И это ей удается. Побежденные лорды один за другим возвра-
щаются с повинной к своей законной государыне. В какой-то
миг у Марии Стюарт на гребне победы появилась мысль, а не
вторгнуться ли в Англию, но она отказалась от нее: все же
Елизавета — ее «добрая сестрица». Однако именно «добрая
сестрица» была подстрекательницей мятежа против Марии
Стюарт. Великая мечта — объединение престолов Шотландии
и Англии — попеременно будоражит голову то Елизавете, то
Марии Стюарт.

А пока Мария Стюарт у себя в Шотландии достигает вершины своей славы и власти. Но слава и власть — величины динамические, они подвержены постоянным колебаниям. И вот
уже чрезмерно любимый и запредельно обласканный (а все
любовь, любовь!) Генри Дарнлей требует равной с ней власти.
Его непомерные амбиции сначала настораживают Марию
Стюарт, а затем начинают раздражать. Спустя шесть месяцев
после замужества королева, исчерпав всю свою страсть, начинает испытывать и физическую неприязнь к молодому мужу. К
тому же она беременна, а в этом состоянии легко находить отговорки, чтобы избежать интимных отношений.

Дальше — больше. Мария Стюарт лишает Дарнлея многих
привилегий. Бывший кумир низведен на положение простого
королевского приживальщика. Никто не гнет перед ним спину.
Но это еще не все. У королевы новый фаворит — Давид Ричч-
чо, итальянец из Пьемонта, искусный певец и одаренный музыкант.

Отвергнутый Дарнлей и обласканный Риччо — это уже за-
вязка для кровавой интриги.

В СЕТЯХ ИНТРИГ

Риччо — католик и, возможно, папский агент. Вполне вероятно, он приехал разузнать, насколько пошатнулись позиции
католицизма в Шотландии и нельзя ли что-то предпринять,
чтобы остановить протестантов. Кто знает, выполнил ли он

свою миссию, если таковая была (документов на этот счет нет), но из истории доподлинно известно, что красивому итальянцу удалась другая миссия — обольстить королеву. И это ему удалось с блеском, играя на контрасте. Дарнлей неотесан и груб, а Риччо обладает живым умом и тонким вкусом. Дарнлей далек от искусства, а Риччо — яркий его представитель. И, как следствие, итальянец делает стремительную карьеру при дворе королевы: сначала простой камердинер в толпе дворцовой челяди, а на взлете — доверенное лицо Марии Стюарт, что-то вроде государственного секретаря. Ему доверены государственная печать и государственные тайны. На зависть всему двору, иностранец засиживается в покоях королевы до глубокой ночи, беседуя с нею с глазу на глаз. А если не только беседуют, но и что-то еще? Холирудский дворец раскаляется от возмущения.

А когда недовольных много, то жди заговора. И он не заставил себя ждать. Отстраненные от власти шотландские лорды спешно сплотились и в качестве ударного тарана избрали Генри Дарнлея, всячески пробуждая в нем ревность и давая понять, что Риччо, этот невесть откуда взявшийся «итальяшка», делит с королевой не только трапезы, но и ложе. Ревность и неудовлетворенное тщеславие заставляют Дарнлея стать номинально во главе заговора. Между прочим, заговора против собственной жены. Цель такая: убрать с дороги Риччо, отнять власть у Марии Стюарт и передать ее, власть, Дарнлею, а уж при нем знать, а следовательно, и вся Шотландия начнут процветать. Эдакий средневековый ГКЧП.

9 марта 1566 года наступает роковой вечер в Холируде. У королевы в малой башенной комнате, смежной с ее спальней, собираются на поздний ужин ее приближенные, среди них главный — Давид Риччо, разодетый словно знатный вельможа (скромностью он не страдал и своими роскошными туалетами только подливал масла в огонь). Прежде чем приступить к трапезе, королева и гости услаждают себя поэзией и музыкой. Все изящно и галантно, как в Париже.

И вдруг появляется Генри Дарнлей, редкий гость на подобных вечеринках. Он садится рядом с королевой и нежно целует ее в щеку — так называемым иудиным поцелуем, ибо почти в тот же момент в комнате появляется один из заговорщиков, лорд Патрик Рутвен, с обнаженным мечом. Охваченная недобрым предчувствием, королева спрашивает, что заставило Рутвена подняться сюда без доклада по тайной лестнице. Заговорщик с мечом лишь ухмыляется: «Исключительно ради труса Давида». Риччо бледнеет, понимая, что́ его ждет.

Далее происходит жуткая сцена. Рутвен грубо сгребает Риччо, тот взывает к королеве: «Государыня, спасите меня!..» И крик по-итальянски: «Мадонна, умираю, справедливости, справедливости!»

Какая справедливость?! Ее не было и нет — ни в Шотландии, ни в Италии, ни в России!..

Мария Стюарт мужественно бросается на защиту своего любимца, но ее, беременную, грузную, обхватывает Дарнлей и почти повисает на ней. А тем временем Риччо тащат в соседнюю комнату, и в расправе участвует не один Рутвен, а и другие заговорщики. Все они крайне возбуждены и вместо того, чтобы заточить Риччо, а назавтра прилюдно повесить его на площади, как было задумано и оговорено ранее, в ярости начинают колоть его кинжалами. Снова крик о смерти — «Соно морто!», — кровь, конвульсии; и в итоге королевского фаворита, как груду мяса, выбрасывают из окна во двор замка. Финита ля...

Королева в страшном гневе, она угрожает Дарнлею:

— Милорд! Вы были виновником нанесенного мне оскорбления. Отныне я вам больше не жена и не успокоюсь до тех пор, пока ваше сердце не будет истерзано так же, как сегодня мое.

Мария Стюарт грозит карами и другим заговорщикам. Но как их осуществить? После убийства Риччо она фактически пленница Дарнлея. У всех дверей и ворот замка выставлен тройной караул. Мартовская ночь 1566 года стала для Марии Стюарт ночью крушения всех надежд и ночью ненависти. Простить своих врагов? Никогда! Нет больше мягкой и романтической королевы Марии Стюарт. Родилась новая Мария Стюарт, жесткая и мстительная.

Обманом ей удается передать весточку на волю своим верным приближенным Босуэлу и Хантлею, чтобы они ответили заговором против заговора, ударом на удар. Это первое, что делает королева. Второе: она склоняет на свою сторону Дарнлея, убеждая мужа, что заговорщики обречены, что она по-прежнему его любит и поэтому в целях безопасности ему лучше быть с ней, а не с теми, кто убил Риччо. Мария Стюарт настолько убедительна в своих объяснениях, а Генри Дарнлей настолько легковерен и доверчив, что план побега Марии Стюарт удается осуществить. Она бежит вместе с Дарнлеем, они выбираются по тайному ходу из замка, садятся на коней (не забудьте: королева беременна) и лихо скачут в замок Данбар, где уже собирается войско, верное Марии Стюарт.

Заговорщики в замешательстве: Холируд пуст, королева

сбежала, а вместе с ней исчез и их ставленник — Дарнлей. 16 марта было обнародовано обращение Марии Стюарт. В нем она излила гнев на бунтовщиков, которые осмелились обагрить кровью дворец и содержать ее там в плену, что заслуживает самого сурового наказания. Кто-то из заговорщиков, оценив ситуацию, бежал в Англию, а кто-то отправился к королеве вымаливать прощение. Что касается Дарнлея, то ему предписывалось публично отречься от участия в убийстве Риччо. Выхода не было, и Дарнлей публично заявляет, что он ничего не знал о готовящейся вероломной измене и, конечно, в ней не участвовал. Лжеприсягой на эдинбургской площади перед лицом всей страны и народа Дарнлей сам себе подписал приговор.

Но прежде чем мстить вероломному супругу, королеве пришлось заниматься совсем другим делом. 9 июня 1566 года Мария Стюарт родила сына Якова (Джеймса). После смерти матери под именем Якова VI он 37 лет процарствует в Шотландии, а после смерти Елизаветы в 1603 году станет английским королем Яковом I. По одной из версий, он не сын Дарнлея, а сын Давида Риччо, «Давидово семя», как шушукались в народе.

Рождение наследника в корне поменяло ситуацию на вершине власти в Шотландии. Мария Стюарт затевает «Дело о разводе королевы с мужем». Мосты сожжены, и она не хочет видеть Дарнлея рядом с собой, тем более что зарождается в ее сердце новая пламенная любовь — к 30-летнему Джеймсу Хепберну, графу Босуэлскому, одному из преданных приближенных, который участвовал в ее освобождении из Холируда. Новая любовь терзает сердце Марии Стюарт, и ей хочется поскорее соединиться с Босуэлом. Но как? Пойти на развод сразу после рождения ребенка — значит дать пищу опасным сплетням насчет того, что он зачат от связи с Риччо, следовательно, бастард. Нет, нужно другое решение, чтобы избавиться от Дарнлея.

Складывается парадоксальная ситуация. Номинально Дарнлей — король. Но у него нет никаких прав, и, более того, он удален от королевы. Босуэл на правах первого советника Марии Стюарт сосредоточивает в своих руках нити правления, к тому же он весьма приближен к королеве. Но юридически он никто. Этот узел следовало разрубить. И он был разрублен...

Начинается охота на Дарнлея. Чувствуя опасность, он перемещается по стране как загнанный заяц. Чтобы выманить его, Мария Стюарт приезжает в Глазго. Дарнлей болен, у него оспа, и королева нежно за ним ухаживает (о, это настоящий Макиавелли в юбке!). Мария Стюарт подобна леди Макбет, кроткими и льстивыми словами провожающей ко сну короля Дункана, которого потом зарежет во сне. Ослепленная любовью к Босуэлу, королева готова на любое преступление, лишь бы достичь своей цели — быть рядом с любимым. Поэтому она льстит Дарнлею и уговаривает его покинуть Глазго и уехать вместе с нею. В который раз наивный Дарнлей верит ей.

Уговаривая мужа, Мария Стюарт отправляет письмо Босуэлу, в котором пишет: «Вы принуждаете меня до такой степени притворяться, что я прихожу в ужас; мало того, что Вы заставляете меня играть роль предательницы; не забудьте, что, если бы не желание угодить Вам, я решилась бы скорее на смерть, чем на подобные поступки... Он хочет ехать со мной не иначе как с условием делить со мной по-прежнему стол и ложе... если я соглашусь на это, то он сделает все, что мне угодно, и последует за мной».

Письмо примечательное. Мария Стюарт — не преступница, она ужасается навязанной ей роли пособницы убийц. Она подчиняется чужой и злой воле, и все потому, что безумно, безоглядно влюблена в Босуэла. Любовь сделала ее слепой и глухой. «И все же я счастлива, — пишет она в письме к Босуэлу, — что могу писать тебе, пока все кругом спит, мне же не уснуть, так рвется все мое существо к тебе, в твои объятия, жизнь моя, мой ненаглядный».

А у «ненаглядного» на уме лишь одно: устранить Дарнлея и занять его место, а там, глядишь, можно избавиться и от королевы или, на худой конец, сделать из нее послушную овечку.

Коварный план сработал. По совету Босуэла Мария Стюарт перевозит все еще слабого от болезни Дарнлея в уединенный особняк. Там она провела со своим супругом несколько ночей — пусть все в Эдинбурге знают, что королева нежно ухаживает за больным мужем. А тем временем Босуэл со своими верными подручными готовит заключительный эффектный финал с подложенным бочонком пороха (тротила тогда ведь не было).

9 февраля 1567 года произошло то, что должно было произойти. В 10 часов вечера под благовидным предлогом — побывать на свадьбе своей любимой фрейлины — Мария Стюарт покинула Дарнлея. Она попрощалась с супругом и в сопровождении Босуэла и свиты при свете факелов оставила обреченный дом.

Дарнлей, видимо, чувствовал недоброе и искал утешения в

Библии, громко читая псалмы. А может быть, и Книгу пророка Иезекииля:

«...Идет пагуба; будут искать мира, и не найдут. Беда пойдет за бедой и весть за вестью; и будут просить у пророка видения, и не станет учения у священника и совести у старцев...»

Что касается совести, то она начисто отсутствовала у Босуэла. Жадный до власти, он готов был совершить любое злодейство. И совершил, вернувшись в дом и с помощью тайного ключа проникнув в спальню супруга королевы. Здесь Босуэл и его хваты задушили Дарнлея, а заодно прикончили и его молодого пажа. Трупы выносят в сад, после чего зажигают фитиль, ведущий к пороховой бочке. Следует взрыв, и дом взлетает на воздух. Дело сделано. Вся нация поставлена перед фактом: супруг Марии Стюарт, Генрих, король Шотландский, убит неведомыми злодеями, скрывшимися неведомо куда... А мы с вами сетуем на то, что вот кого-то убили из «крупняков» и соответствующие органы никак не могут найти убийц. Как видите, и раньше случалось такое...

Когда Босуэлу доложили о случившемся: «Дом королевы взлетел на воздух, и король убит», он негодующе воскликнул: «Измена!» Его наигранность выглядела довольно естественной. А вот у Марии Стюарт нервы сдали: она впала в безмолвное уныние. Подобное оцепенение, если покопаться в истории, испытывал Наполеон Бонапарт перед решающей битвой при Ватерлоо. И Оскар Уайльд перед арестом: вместо того чтобы покинуть Англию, где его не ждало ничего хорошего, он бездействовал. Или, как говорят в народе, на него нашел столбняк. Столбняк нашел и на Марию Стюарт. Она вдруг отчетливо осознала, в какую пропасть завела ее безумная любовь к Босуэлу.

Следствие по делу об убийстве мужа королевы велось медленно и вяло, хотя многие, сопоставив факты, догадались, что организатором убийства Дарнлея был Босуэл. Но официальная версия гласила, что покушались-де не столько на короля, сколько на королеву, и убийцы не знали, что она покинула дом, где позднее прогремел взрыв. В анонимных убийцах Босуэл не числился.

Далее весьма странным образом прошли и похороны Генри Дарнлея: без подобающих королевских почестей, без выстрелов из пушек и звона колоколов, все было сделано в какой-то трусливой спешке — поскорее убрать тело убитого короля и приступить ко второму акту задуманной пьесы под названием «Власть».

РАСПЛАТА

Версия о «неведомых злодеях», разумеется, вскоре рассыпалась, и по Эдинбургу запестрели тайно расклеенные листовки, в которых назывались имена истинных убийц — Босуэла и его первого помощника Джеймса Балфура. Новость разлетелась и по Европе, и во всех королевских дворах сложилось мнение, что именно Босуэл — зачинщик убийства. И что самое худшее: его пособница — королева. На Марию Стюарт ложится темное пятно.

Понимает это королева или не понимает, действует по слепой любви или под давлением, но она совершает следующий роковой шаг: выходит замуж за явного убийцу своего мужа. Это уже за гранью любой морали.

Свои чувства к Босуэлу Мария Стюарт изливает в стихах:

> Ему во власть я сына отдаю,
> И честь, и совесть, и страну мою,
> И подданных, и трон, и жизнь, и душу.
> Все для него! И мысли нет иной,
> Как быть его женой, его рабой,
> Я верности до гроба не нарушу!
> С ним каждое мгновенье, каждый час,
> А там — пусть зависть осуждает нас!

Комментарии тут излишни. Решение королевы: с головой в омут.

История брака Марии Стюарт и Босуэла — целая бездна преступлений и позора, как замечает Иван Сахаров в книге «Казнь королей. Живые исторические картины из времен мировых революций и переворотов» (1918).

Вначале высокий суд, состоявший из лордов, католических и протестантских прелатов, признал Босуэла невиновным в убийстве короля Шотландии. Затем Босуэл разводится со своей женой Джейн Гордон. А уж потом, 15 мая 1567 года, Мария Стюарт отдает свою руку убийце. Но до венчания происходит еще одно любопытное событие: фарс похищения королевы из замка и спасения ее Босуэлом. В плену якобы над Марией Стюарт «учинено насилие», и это становится поводом для брака, чтобы покрыть королевский позор. Но подоплека была, естественно, совсем иная: Мария Стюарт забеременела от Босуэла и поэтому торопилась узаконить рождение ребенка, спасти его честь и отчасти собственную. Перед ней стояла ужасающая альтернатива: родить внебрачного ребенка или взять в мужья убийцу своего мужа. То и это ужасно, но третьего варианта нет.

Когда-то Мария Стюарт в одном из сонетов писала:

> Я для него забыла честь мою —
> Единственное счастье нашей жизни,
> Ему я власть и совесть отдаю,
> Я для него покинула семью,
> Презренной стала в собственной отчизне.

Но то, что было только литературой, фантазийным допуском, неожиданно обернулось реальностью. И какой жестокой!.. Мария Стюарт после брака с Босуэлом стала презренной не только в своей отчизне, но и по всей Европе. Она утрачивает благословение папы.

Как отмечает Стефан Цвейг, «исступленная ее мечта — завладеть Босуэлом и удержать его — сбылась». Но какова цена?! Мария Стюарт раздавлена. У нее возникают мысли покончить с собой. Вместо медового месяца — дни и ночи неизбывного страха.

Пока Мария Стюарт пребывала в депрессии, шотландская знать пришла в себя и возмутилась: как, этот убийца Босуэл — наш король?! Не бывать этому! И подняла восстание. Как справедливо замечает Вальтер Скотт в одном из своих исторических романов по поводу реакции лордов, «они бросили несчастную королеву в объятия Босуэла, этого разбойника, они оставили ее на произвол судьбы, не изломав ни одного копья, не обнажив даже меча в защиту ее; но только когда Мария неразрывными узами была прикована к злодею, они затеяли бунт».

Далее, как в кино, — сплошной «экшн», то есть динамический разворот событий. Босуэл со своим войском терпит поражение и вынужден бежать. Мария Стюарт, переодетая в мужское платье, садится на лошадь и мчится к Босуэлу, пренебрегая просьбами мятежников отказаться от него и вернуться в Эдинбург снова королевой, но только без мужа-убийцы. Лорды настигают Марию Стюарт и еще раз предлагают ей отказаться от Босуэла. Мария Стюарт непреклонна, и один из ее противников вынужден признать: «Никогда не приходилось мне видеть женщину более мужественную и неустрашимую, чем королева в эти минуты».

Выскажу свое предположение. Может быть, это были не мужественность и неустрашимость, а женская порабощенность любовью: Босуэл — убийца и тиран, но я должна быть верна ему. И поэтому на мирные предложения восставших королева отвечала не простым отказом, а отказом в оскорбительной форме. Это уже было чересчур. Королеву берут в плен и отправляют в дальний укрепленный замок Лохливен. Там она содержится под домашним арестом. Ребенка у нее отбирают, и граф Меррей, ставленник английской Елизаветы, провозглашает себя регентом при дофине.

А теперь можно подвести промежуточный итог роковой связи Марии Стюарт с Джеймсом Хепберном, графом Босуэлским. Королева познала с ним сильную чувственную любовь, но в конечном счете потеряла своего любовника, возведенного на трон, а заодно и все королевство. 17 июня 1567 года за 24-летней Марией Стюарт с отвратительным железным лязгом захлопнулись ворота замка Лохливен. С этого дня она больше не королева, а всего лишь пленница. Вот так, с высот страсти, она опустилась на дно плена.

Но даже тогда у Марии Стюарт был шанс выйти на волю, для чего ей следовало признать свой брак с Босуэлом незаконным и тем самым покаяться в совершении ужасной ошибки. Нет, этого она делать не желает. Признать свою ошибку — значит не быть королевой. А она настоящая королева. И ее воля — закон.

Положение Марии Стюарт резко ухудшилось, когда Джеймс Балфур, правая рука Босуэла, выдает лордам тайну хранения драгоценного серебряного ларца (подарок Франциска II Марии Стюарт в бытность ее во Франции). В ларце спрятаны письма Марии Стюарт к Босуэлу и ее сонеты, из которых явствует, что королева была в курсе заговора Босуэла и, следовательно, соучастница убийства Дарнлея. То есть преступник не только Босуэл, но и сама королева! Это подарок протестантам, и Джон Нокс изрыгает с церковной кафедры проклятья в адрес Марии Стюарт. По всей Шотландии несется клич: «На костер шлюху!»

И еще одна проблема у Марии Стюарт: она беременна, и когда родится ребенок, то легко будет вычислить, что он — плод недозволенной любви. По одной из версий, родилась девочка и была тайно увезена во Францию, где и умерла в одном из женских монастырей.

А как сложилась судьба отца девочки, Босуэла? От разъяренных лордов ему пришлось спасаться бегством. На Оркнейских островах он собирает остатки былого воинства, но и тут его настигают наемники графа Меррея. Последняя битва проиграна, и Босуэл на утлом суденышке спасается от преследователей. В Норвегии он выдает себя за пирата — это более безопасно, чем быть разыскиваемым королем Шотландии. Кара настигает его в Дании со стороны простой женщины, которую Босуэл обольстил и на которой обещал жениться. Она подала в суд на обманщика, и тут судьи из Копенгагена неожиданно обнаружили, что перед ними не обычный брачный аферист, а супруг Марии Стюарт, которого жаждут судить в Шотландии и которого хочет иметь в качестве свидетеля против Марии Стюарт Елизавета Английская. Поняв, что капкан захлопнулся, Босуэл пытается разбить голову о железные прутья клетки, в которую его посадили. Но судьба отказала ему в самоубийстве. Он был казнен в столице Дании.

Но вернемся к Марии Стюарт. У нее уже нет времени думать о возлюбленном Босуэле, все ее мысли сосредоточены на побеге. Как вырваться из стен Лохливена? Надежд разжалобить главную свою надсмотрщицу, леди Дуглас, нет никаких, но вот ее 18-летний сын Джордж Дуглас — слабое звено в цепи. Как опытной женщине, ей легко удается обольстить юношу, и он помогает ей бежать. Эту романтическую историю искусно расцвечивает Вальтер Скотт в своем романе «Аббат». Однако более поздние историки считают, что в удавшемся побеге основную роль сыграли деньги, а не влюбленность молодого Дугласа.

Так или иначе, но 2 мая 1568 года Мария Стюарт совершает дерзкий побег, переодевшись в платье одной из служанок. На лодке она пересекает озеро, а на берегу ее уже ждет группа вооруженных всадников. Королева немедленно садится в седло и скачет во весь опор к замку Гамильтонов. Она снова исполнена мужества и отваги и готова бороться за шотландскую корону. Она — да, но не ее сторонники, им как раз и не хватило этих боевых качеств. 13 мая происходит битва при Лангсайде, и небольшое войско Марии Стюарт разбито наголову. И снова бегство. Стремительная скачка в ночь.

А дальше тяжелое раздумье: куда податься? Возвращаться во Францию жалкой просительницей ей не хочется. В Испанию — тоже унизительно. Остается только Англия, тем более не так уж давно Елизавета заверяла Марию Стюарт, что она «в любое время найдет в английской королеве верную подругу».

Спасительные слова для Марии Стюарт, но можно ли им верить? В быту, с натяжкой — да, но на государственном уровне, в политике — конечно, нет. Ибо, как говорил выдающийся дипломат Шарль Морис Талейран, «язык дан человеку, чтобы скрывать свои мысли». И это тем более верно, если учесть, что Елизавета и Мария давно находились в весьма сложных отношениях. Но другого выхода нет. И Мария Стюарт посылает Елизавете письмо:

«Дорогая сестра. Всемогущему вершителю судеб угодно было освободить меня из жестокого заточения, в кое я была ввергнута. С тех пор, однако, я проиграла сражение и все мои верные люди погибли на моих глазах. Ныне я изгнана из своего королевства и обретаюсь в столь тяжких бедствиях, что, кроме Вседержителя, уповаю лишь на твое милосердие. А потому прошу тебя, милая сестра, позволь мне предстать перед тобой, чтобы я могла рассказать тебе о моих злополучных обстоятельствах...»

Письмо поверженной королевы.

16 мая Мария Стюарт в простой рыбачьей лодке отправляется к берегам Англии.

АНГЛИЙСКОЕ ЗАТОЧЕНИЕ

Мария Стюарт в Англии! Шокирующая новость. Как пишет Цвейг: «Ни разу Елизавета не позвала Марию Стюарт приехать в Англию, напротив, все эти годы она парировала всякую возможность личной встречи. И вдруг, как снег на голову, эта назойливая особа объявилась в Англии, в той самой Англии, на которую она еще недавно притязала в качестве единственной законной престолонаследницы. Прибыла самовольно, непрошеная и незваная...»

Встречавшие Марию Стюарт на английском берегу вельможи докладывали Елизавете: «Судя по разговорам, которые мы имели с шотландской королевой, у нее изобретательный ум и красноречивый язык; кроме того, она обладает гордостью и большой энергией».

Легко догадаться, что подобная характеристика еще более раздражает Елизавету. И тут, наверное, самое время подробней представить Елизавету, антагонистку Марии Стюарт, какой она была.

Вот как описывал Елизавету незадолго до ее восшествия на престол венецианский посланник в 1556 году: «Она одинаково замечательна как по своей наружности, так и по уму, хотя лицо ее скорее привлекательно, чем красиво. Она высока ростом и хорошо сложена. Цвет лица ее нежен, хотя она довольно смугла. У нее прекрасные глаза, но особенно хороши ее руки, которые она любит выставлять напоказ. Ее ум и проницательность удивительны, и она доказала это уменьем держать себя среди подозрений и опасностей, которые окружали ее. В знании языков она превосходит свою сестру — королеву Анну...»

Елизавета прекрасно танцевала и музицировала. Характер у нее был изворотливый и высокомерный. Плюс деятельное честолюбие. Все эти качества она проявила, когда пришла к власти. Не следует забывать, что Елизавета как женщина была «не такая, как все». Отсюда неустойчивая психика, некая истеричность, излом, утонченное и хитрое комедиантство. И потаенная зависть к Марии Стюарт как к женщине, ведь Елизавета была незамужней и бесплодной и при всех фаворитах так и осталась до конца своих дней королевой-девственницей.

И еще одно различие между двумя королевами: Мария Стюарт — поборница старой, католической церкви, а Елизавета — защитница новой, реформатской. Так что разногласий и различий много, через край, и самое главное — претензия Марии Стюарт на английскую корону. Поэтому немудрено, что в Англии Марии Стюарт суждено стать пленницей на целых 19 лет.

Официальных оснований содержать Марию Стюарт в плену нет, но фактически ее содержат в неволе, хотя ей и позволено иметь небольшой двор со статс-дамами, горничными и камеристками, есть у нее и небольшие свободы, и даже приемный зал украшен королевской короной. Вроде бы королева, но на самом деле — пленница.

Это положение тяготит Марию Стюарт, и она требует судебного разбирательства, которое докажет, что она ни в чем не виновна. Но, соглашаясь на судебное разбирательство, Мария Стюарт совершает величайшую ошибку. Суд докажет, что она виновна, — и, как говорили древние, горе побежденным!..

Поначалу процесс шел крайне медленно, но когда в руки судей попали «письма из ларца», то участь Марии Стюарт сразу определилась, тем более что она никак не хотела ценой отречения купить себе милость судей. Гордость Марии Стюарт чрезмерна: «Ни слова о том, чтобы мне отказаться от короны! Чем согласиться, я предпочту умереть, но и последние слова мои будут словами королевы Шотландской».

Все понимают, что так долго продолжаться не может: не должно быть двух королей в одной стране, даже если одна на троне, а другая находится фактически в заточении. Формально Мария Стюарт — гостья, а по сути — узница. И эта ситуация чревата: случись что с Елизаветой, королевой Англии окажется Мария Стюарт.

Но это теоретически. А практически Мария Стюарт, годами пребывая в неволе, ищет утешения в домашних занятиях: вышивает златотканые узоры, читает любимые книги, пишет сонеты, полные меланхолической отрешенности:

> Чем стала я, зачем еще дышу?
> Я тело без души, я тень былого.
> Носимая по воле вихря злого,
> У жизни только смерти я прошу.

Мария Стюарт на глазах стареет, теряет живость и цвет кожи, испытывает затруднения со здоровьем. И только дух ее не стареет. Неукротимая воля продолжает биться в ее сердце. Она постоянно ищет конспиративные способы связаться с внешним миром и выйти на своих сторонников с целью освобождения. Но не только освобождения. Она хочет отомстить Елизавете, свергнуть ее с трона и возложить английскую корону на себя. И тут уместно привести русскую поговорку: битому все неймется!

Однако все ее тайные происки обречены на провал. Как справедливо сказал представитель английской знати Норфолк: «Все, что бы она ни затевала и что бы для нее ни затевали другие, заранее осуждено на неудачу». Другая высокая особа выразилась еще резче и грубее: «Несчастная дура до тех пор не успокоится, пока не свихнет себе шею. Она дождется, что ее казнят. А все по собственной глупости...»

Бросил и, по существу, отрекся от матери и ее сын Яков, сознательно подкормленный Елизаветой. Его слова, обращенные к Марии Стюарт, поражают цинизмом: «Пусть моя мать подавится тем пивом, которое сама заварила».

С раннего детства ему, сыну Марии Стюарт и Генри Дарнлея, вдалбливалось, что мать, в сущности, чужая ему женщина, досадная помеха на пути его честолюбивых устремлений. К этому приложила руку и Елизавета: для нее союз матери и сына мог быть роковым. И поэтому под диктовку Елизаветы Яков, король Шотландский, составляет рескрипт, согласно которому Мария Стюарт навсегда лишена титула и всех прав королевы Шотландской. В ответ Мария Стюарт называет сына выродком, проклинает и лишает всех прав (ей кажется, что она еще обладает юридической властью).

А годы тем временем идут и идут, Марии Стюарт уже под сорок, уже сорок, уже за сорок. Опасный возрастной период. У нее нет никакой поддержки. Нет ни тепла, ни любви. Одна клокочущая злоба, и прежде всего — на Елизавету. И Мария Стюарт разражается убийственным письмом в адрес своей английской сестры, в котором пишет, что знает все ее неприглядные интимные тайны. Называет имена и приводит подробности. Письмо дерзкое, неистовое, пылающее гневом, и оно, конечно, сжигает последние мосты, еще соединяющие двух женщин. Письмо — как объявление войны на уничтожение противника.

Однако Марии Стюарт мало излить свое негодование на бумаге, она жаждет активных действий. И вот зреет очередной заговор, в который вовлечен романтический юноша Энтони Бабингтон (еще одна жертва Марии Стюарт). Бабингтон намерен не только помочь бежать шотландской королеве, но и заколоть кинжалом английскую. В этом ему вызвался содействовать друг Сэвидж, такой же юный романтик, как и он сам. Раскрыть заговор не составило труда, и обоих заговорщиков арестовали и казнили, причем зверски: палачи искромсали живьем своих жертв. Шателяр, Дарнлей, Бабингтон — все они погибли из-за Марии Стюарт...

В последний раз Елизавета протянула руку пленнице: признайся и отрекись!.. Но гордыня Марии Стюарт оказалась сильнее, чем жажда жизни. 14 августа 1586 года в парадном зале замка Фотерингей начался суд. Войдя в зал, Мария Стюарт, одетая во все черное, презрительно оглядела собравшихся и громко сказала: «Столько сведущих законников, и ни одного для меня!»

Описывать процедуру суда не имеет смысла. Вердикт единогласный: судьи признали вину Марии Стюарт и потребовали ее смерти. Судьи легко приняли решение, труднее всего оказалось их заказчице Елизавете. Ее раздирали противоречия: с одной стороны, ей хотелось наконец-то избавиться от своей вечной противницы, с другой — предстать перед Европой и миром в ореоле великодушия и всепрощения. Стало быть, казнить или миловать? Разумеется, вопрос бы отпал, если бы Мария Стюарт попросила Елизавету о помиловании. Но шотландская королева тверда как скала: лучше смерть, чем унижение.

Почти полгода Елизавета тянет с собственным решением и не дает согласия на казнь. Елизавета против Елизаветы? Выходит, так. Наконец она отдает распоряжение о казни, но какое-то двусмысленное, которое можно понимать и так и этак. Исполнители все же угадывают ее желание избавиться от Марии Стюарт.

8 февраля 1587 года состоялась казнь. Свои последние часы Мария Стюарт провела мужественно и без всяких внешних эмоций. Решив встретить смерть с истинным величием, Мария Стюарт продумала и обставила свой уход как величественную церемонию. Она собирает свое окружение на прощальный

ужин. И как пишет Цвейг: «С глубокой серьезностью, но с просветленным челом поднимает она полную чашу с вином над слугами, павшими перед ней на колени. Она выпивает ее за их благополучие, а потом обращается к ним с речью, увещевая хранить верность католической религии и жить в мире друг с другом. У каждого просит она — и это звучит как сцена из vita sanctorum (Жития святых — лат. — Ю. Б.) — прощения за все обиды, которые вольно или невольно им причинила. И лишь после этого дарит каждому любовно выбранный подарок — кольца и драгоценные камни, золотые цепи и кружева, изысканные вещицы, когда-то красившие и разнообразившие ее уходящую жизнь...»

В последний вечер Мария Стюарт пишет письма французскому королю и своим родственникам, и лишь одной властительной особе она не написала ни строки. Легко догадаться кому. Елизавете.

Утром в день казни Мария Стюарт одевается тщательно и обдуманно. Для своего наряда она выбирает самое строгое и изысканное платье из темно-коричневого бархата, отделанное куньим мехом, со стоячим белым воротником и пышно ниспадающими рукавами. Снежно-белое покрывало и черный шелковый плащ. На ногах белые сафьяновые башмачки.

В парадный зал Фотерингейского замка, где воздвигнут помост для казни, Мария Стюарт входит медленно и торжественно, с гордо поднятой головой. Никто из присутствующих в зале не находит ни малейшего волнения в ней. Несколько волнуется только палач. Он просит прощения у Марии Стюарт (таков ритуал королевской казни), что вынужден лишить ее жизни. Шотландская королева отвечает: «Прощаю вас от всего сердца, ибо в смерти вижу я разрешение всех моих земных мук».

Последние приготовления к казни. Мария Стюарт снимает плащ и свое темное платье, под которым оказывается пунцовое исподнее, а на руках — длинные, огненного цвета перчатки. От этих алых цветов все вздрагивают.

Палач неудачно нанес секирой первый удар, потом второй и только после третьего взмаха отсек несчастной голову. Далее он хотел, взяв за волосы, показать голову всем зрителям, но голова выскользнула, и в руках палача остался лишь парик. А стриженая седая голова Марии Стюарт покатилась по деревянному настилу словно кегельный шар. Вздох ужаса пронесся по залу.

Но это еще не все. Когда помощники палача подошли к туловищу, чтобы вынести труп, в платье что-то зашевелилось, и обнаружилась маленькая любимая собачка королевы. Она залаяла и завизжала. Ее еле оттащили от мертвой хозяйки.

Мария Стюарт прожила 44 года и 2 месяца без одного дня.

ПОСЛЕСЛОВИЕ

Романтическая драма жизни и трагическая смерть Марии Стюарт на плахе не оставили последующие поколения равнодушными. К образу Марии Стюарт обращались многие писатели, включая Шекспира и Шиллера. В декабре 1901 года Валерий Брюсов написал стихотворение «Мария Стюарт». Приведем его полностью:

> О, если б знала ты, что пред тобою было,
> Когда бежал корабль к туманной полосе,
> От милой Франции к Шотландии немилой,
> Все беды, весь позор и униженья все!
>
> Любила ты балы и пышный чин обеден,
> И отдалась стране, где властвует туман,
> Где в замках дедовских строй жизни хмур и беден
> И где звучат псалмы угрюмых пуритан.
>
> Ты страсти жаждала, как неба жаждут птицы,
> Вся подчинялась ей, тонула в ярких снах, —
> И слышала в ответ название блудницы,
> И твой возлюбленный погиб в твоих руках.
>
> Потом, захвачена соперницей надменной,
> В тюрьме ты провлекла семнадцать гордых лет,
> И, наконец, без сил, к ее ногам, смиренно,
> Припала ты рабой... И смерть была ответ.
>
> О! ты ждала ее! ты, с сердцем омертвелым,
> У плахи слушала последних верных плач,
> Но солгала и смерть: твоим безглавым телом
> В последний раз насытился палач.

Палач насытился. А Елизавета? Узнав о свершившейся казни, она устраивает целый спектакль: исступленно рыдает и требует к ответу министра Сесила. Грозит ему смертной казнью, ибо смерть Марии Стюарт ею якобы не была санкционирована. «Произошла трагическая ошибка», — пишет она в письме к шотландскому королю Якову VI, но тот давно отрекся от своей матери, и смерть Марии Стюарт не вызывает в нем сожалений, только внешние — исключительно для окружения.

Не протестует он, что тело матери обретается в закоулках какой-то простой церкви и что нарушено ее завещание быть погребенной на французской земле. Для Якова VI все это не имеет значения, ибо главное свершилось — он король. Мораль и политика — вещи несовместимые.

Убрав с политической сцены Марию Стюарт, Елизавета спокойно продолжала царствовать на английском троне. Ее 45-летнее правление отмечено подъемом торговли, промышленности, расцветом науки и искусства. Победив испанскую «Непобедимую армаду», Англия при Елизавете стала «царицей морей». Захватив колонии по всему свету, Англия превратилась в Великобританию. И ее правительница Елизавета заслужила титул «Великая». Все было в ее правлении и жизни замечательно, кроме одного: несмываемого пятна — гибели Марии Стюарт.

В январе 1922 года Владислав Ходасевич пишет стихотворение, навеянное шекспировской трагедией «Макбет»:

> Леди долго руки мыла.
> Леди крепко руки терла.
> Эта леди не забыла
> Окровавленного горла.
>
> Леди, леди! Вы как птица
> Бьетесь на бессонном ложе.
> Триста лет уж вам не спится —
> Мне лет шесть не спится тоже.

Английская королева Елизавета, Великая королева, старая королева-девственница упокоилась 24 марта 1603 года, прожив целых 70 лет. Так как у нее не было наследников, то день ее смерти стал днем восхождения на престол сына Марии Стюарт Якова. Он стал английским королем Яковом I, сохранив и шотландскую корону. Так в нем соединились обе короны, и на этом закончилась злосчастная борьба многих поколений.

На английском троне Яков I ничем себя особенно не проявил. Единственное, что он сделал знаменательного, — это приказал перенести прах матери с погоста в Питерборо в Вестминстерское аббатство, в усыпальницу английских королей, что и было сделано при торжественном свете факелов. Это был знак, что вражда между Елизаветой и Марией Стюарт навечно забыта. Высеченные из камня изображения Елизаветы и Марии Стюарт стоят неподалеку друг от друга. Стоят торжественно и молча. Выражая величие и немую любовь.

Два столетия победно шествует по театральным подмосткам мира написанная Фридрихом Шиллером в 1800 году драма в стихах «Мария Стюарт». Премьера ее состоялась 14 июня 1800 года в Веймарском театре. В России «Мария Стюарт» впервые была поставлена в 1825 году на Московской казенной сцене (Марию играла актриса Львова-Синецкая, Елизавету — Борисова). В Малом театре постановка «Марии Стюарт» была осуществлена 14 февраля 1886 года. Марию Стюарт играла Мария Ермолова, Елизавету — Гликерия Федотова. В советские годы шиллеровская драма игралась в различных городах СССР, но, пожалуй, лучшей исполнительницей роли Марии Стюарт была прославленная грузинская актриса Верико Анджапаридзе. Следует отметить и постановку МХАТа в 1957 году, там соперниц играли выдающиеся актрисы своего времени Алла Тарасова (Мария Стюарт) и Ангелина Степанова (Елизавета).

В 2002 году на XI театральном фестивале в Мангейме (Германия) были представлены две постановки драмы Шиллера «Мария Стюарт», одна из них — театром «Современник». Главных исполнительниц мы знаем прекрасно — Елена Яковлева (Мария Стюарт) и Марина Неёлова (Елизавета). А у московского режиссера Андрея Житинкина возникла идея поставить мюзикл «Мария Стюарт». Вот уж точно: от трагедии до мюзикла!..

Итак, что осталось от Марии Стюарт? Исторические предания, книги, театральные постановки и еще три жемчужины, которые, согласно поверью, упали на эшафот из разорванного ожерелья обезглавленной Марии Стюарт. Это ожерелье в свое время папа Климент VII подарил Екатерине Медичи, а та — Марии Стюарт. После казни шотландской королевы жемчужины попали к ее сыну Якову, а от него — к Георгу I. В 1837 году они были вставлены в мальтийский крест, венчающий корону королевы Виктории. Сегодня эту корону носит нынешняя королева Англии, Елизавета II.

Ну а жемчужины... жемчужины сверкают. В их блеске отражается красота и трагедия мировой истории.

РУССКИЕ СТРАНИЦЫ

Русь моя, жизнь моя, вместе ль нам маяться?
Царь, да Сибирь, да Ермак, да тюрьма!
Эх, не пора ль разлучиться, раскаяться...
Вольному сердцу на что твоя тьма?..

Александр Блок, 1910

История России полна роковых коллизий, драм и трагедий. Насыщена насилием и густо приправлена кровью. Заговоры, дворцовые перевороты, народные бунты и восстания, революции и войны — всего не перечесть. В этой исторической мясорубке нередко доставалось и женщинам — принцессам и царицам. Их травили. Их отлучали от власти. Их ссылали из столицы в далекие края. И еще одна национальная особенность. Если в Европе носительниц высшей власти отправляли на эшафот, чтобы избавиться от них решительно и сразу, то в России царских особ заключали в монастырь, где они доживали в несвободе и тлели заживо. Гуманно, не гуманно — кто как считает.

Вначале немного коснемся общего положения женщин в Средние века. В Европе, согласно римским, германским и скандинавским законам, женщина была низведена на степень вещи, которой можно распоряжаться. На Руси же до Судебника Ивана IV женщина пользовалась равными с мужчиной юридическими правами. Однако на этот принцип в 1557 году посягнул Иван Грозный, в частности по поводу прав наследования: «Что муж прикажет, то жена и напишет». В книге Казимира Валишевского «Иван Грозный» (1912) можно прочесть следующее:

«"Что такое женщина? — читаем мы в одном древнем поучении, попавшем на Русь с Востока. — Это сеть для мужей. Своим светлым лицом и глазами она производит чары"... Что такое женщина? "Гнездо ехидны". Ева византийского мира — существо "двенадцать раз нечистое" и всегда опасное. В некоторые дни нужно избегать сидеть вместе с ней за одним столом. Даже мясо убитого ею тогда животного бывает ядовито. Чем женщина моложе и красивее, тем она опаснее и больше заслуживает проклятия. Поэтому для изготовления просфор берут только старых женщин.

Чтобы уменьшить зло, чтобы удалить опасность, женщину держат взаперти. "Сидит она за двадцатью семью замками, заперта на двадцать семь ключей, чтобы ветер не веял на нее, чтобы солнце не жгло ея белого лица, чтобы лихой молодец не увидел ее..." Что касается женщин высшего класса, то перечисленные в народной песне предосторожности буквально применяются к ним».

И далее. «Церковь запрещала самые невинные пляски и разного рода увеселения и удовольствия. Таким путем старались закрыть дверь перед дьяволом... Женщина была существом проклятым во имя аскетического идеала, но она могла возвыситься до него путем добродетели, становясь святой...»

Всякие подробности из быта опускаем, чтобы книга наша не разбухла до невероятных размеров. Зададимся вопросом: легче ли было жить на Руси княжнам и царевнам, чем простым женщинам? Ответ можно найти в знаменитой народной песне про Стеньку Разина и про его расписные челны:

> На переднем Стенька Разин
> С молодой сидит с княжной,
> Свадьбу новую справляет,
> Сам веселый и хмельной!..

Далее, как вы помните, казаки стали укорять атамана: «Нас на бабу променял...» Ах, променял? Да никогда! Подумаешь, княжна!

> Одним взмахом поднимает
> Он красавицу княжну
> И за борт ее бросает
> В набежавшую волну...

И все дела. Баба, княжна она или нет, разве человек? Этот эпизод отражает нравы, царившие на Руси, так сказать, умонастроение народа. Хотя, конечно, эти дикие нравы пытались смягчить и облагородить поэты и прочие сочинители, начитавшиеся французской литературы. Пример? Пожалуйста. Стихотворение «Русские девушки» Гавриила Державина:

> Зрел ли ты, певец Тииский,
> Как в лугу весной бычка
> Пляшут девушки российски
> Под свирелью пастушка?
> Как, склонясь главами, ходят,
> Башмаками в лад стучат,
> Тихо руки, взор поводят
> И плечами говорят?
> Как их лентами златыми
> Челы белые блестят,
> Под жемчугами драгими
> Груди нежные дышат?..

Тут чувствуется неподдельное восхищение поэта перед нежным и слабым полом. Так что на Руси было все: и зверства, и нежность, и пагуба, и милосердие, и равнодушие, и любовь.

> Нет отрады! Все теряю —
> Час разлуки настает!
> Стражду, мучусь, рвусь, рыдаю —
> Ах, прости... прости, мой свет!

Это Михаил Херасков, конец XVIII века. Но вступление затянулось, и надо переходить к делу — к женщинам, восседавшим у российского трона

> На стуле, на бархате
> На златом, на ременчатом... —

как пелось в далеком XIV веке.

ДЕЛА ДАВНО МИНУВШИХ ДНЕЙ

Династические браки были характерны для ранней Руси. Достаточно вспомнить Ярослава Мудрого — князя Новгородского и великого князя Киевского (правил по 1054 год). Он укрепил свое положение многочисленными династическими браками. Женатый на Ингегерде (Ирине), дочери шведского короля, своих дочерей сделал королевами, выдав замуж Елизавету за Гарольда Смелого, короля Норвегии, Анну — за французского короля Генриха I, Анастасию — за Андрея I (Андроша), короля Венгрии. Его родная сестра, Доброгнева (Мария), стала женой польского короля. Его сыновья также породнились с иностранными дворами.

Внук Ярослава Мудрого великий князь Киевский Владимир II (1053—1125) был женат на английской принцессе Гите, дочери короля Гарольда Саксонского. В истории Владимир Всеволодович известен шапкой Мономаха, которую ему подарил византийский император Константин. Личную жизнь пока пропускаем — уж больно много было на Руси всяких великих князей. Один из них, Дмитрий Михайлович (1299—1326), был женат на дочери великого князя Литовского Гедимина — Марии.

И вот, наконец, фигура Ивана III, с которого начинается новый раздел русской истории — Русь Московская. Именно при Иване III было окончательно свергнуто монгольское иго. Первая жена Ивана Васильевича, тверская княжна Мария, умерла, и он женился во второй раз, на византийской принцессе Софье Палеолог, и, что примечательно, при этом был впервые введен обряд царского венчания. Вместе со второй женой Иван III взял и герб Византии, двуглавого орла, символизирующего раздел Римской империи на Западную и Восточную — Византию. «Государь всея Руси» стал именовать себя царем, что соответствовало титулу «император» (цезарь). По мнению историка Карамзина, с Ивана III Россия вышла из «сумрака теней». Большая заслуга в этом принадлежит Софье Палеолог. Она привнесла в жизнь московского двора царственное величие. Софья приехала в Москву 12 ноября 1472 года, и в тот же день в деревянной церкви Успения молодых обвенчал коломенский протопоп Иосиф. Стоя перед алтарем, Софья поклялась возродить на новой родине пышность и блеск погибшей Византии.

Тридцать лет прожила в Москве племянница последнего императора Византии — по-русски ее величали Софьей Фоминичной, — но так и не полюбилась она народу. Почему? Да потому, что жаждала перемен и новшеств, а задававшие тон бояре желали жить по старинке. Не нравилось им и увеличившееся под влиянием Софьи самодержавие Ивана III. Через много лет князь Андрей Курбский, ненавидевший самовластие Ивана Грозного, внука Софьи Палеолог, обвинил ее во всех российских бедах и назвал «чародейницею».

Внешне Софья была типичной византийкой: невысокая, полная, с густыми черными волосами и огненным взглядом больших черных глаз. Пылая очами и обладая красноречием, она умела управлять действиями царя. Все было хорошо до тех пор, пока не встал вопрос о наследнике престола, на который претендовал Дмитрий Внук, сын Ивана Молодого, рожденного первой женой Ивана III. Но царь пожелал видеть своим преемником сына Софьи Василия. Победила Софья. А Дмитрий Внук и его мать — тверская княжна Мария Борисовна — были помещены в тюрьму, где окончили свои жизни. Любопытно, что тверскую княжну обвинили в «жидовской ереси». Ну а Софья умерла в апреле 1503 года, исполнив все свои честолюбивые мечты и амбициозные замыслы. При ней Москву стали называть Третьим Римом.

Старшая дочь Ивана III и Софьи Палеолог, Елена, своей русской красотой в сочетании с византийской утонченностью покорила великого князя Александра II Ягеллона. Став его женой, Елена Благочестивая (так ее звали) отстаивала при польско-литовском дворе православную веру и отвергла все попытки обратить ее в католицизм. После смерти Александра II положение Елены резко ухудшилось, и новый польский король, Сигизмунд Казимирович, заключил ее под арест. Сначала ее держали в Троках, потом в Бершанах. Отобрали подаренные мужем земли, разграбили ее казну. Но этого показалось мало, и возник еще заговор, чтобы окончательно избавиться от 37-летней вдовствующей королевы. Заговор возглавил литовский вельможа Николай Радзивилл. Экс-принцесса и экс-королева Елена была отравлена. По всей вероятности, ей бы сохранили жизнь, если бы она поменяла веру, но этого она не сделала. Цена твердости духа: ранняя смерть.

А тем временем брат Елены стал русским государем — под именем Василия III он вошел в историю как последний собиратель Русской земли. В 26 лет Василий III женился на Соломонии Сабуровой, отказавшись от поисков иностранных принцесс. Этим он хотел подчеркнуть свою связь с местной знатью. Княжон и барышень было привезено в Москву на смотрины великое множество, и выбор пал на представительницу рода Сабуровых. Однако брак с красавицей Соломонией оказался бездетным, и ее по приказу государя сослали в Суздаль, в Покровский монастырь. Об этом событии была сложена историческая песня:

> Уж что это у нас в Москве приуныло,
> Заунывно в большой колокол звонили?
> Уж как царь на царицу прогневался,
> Он ссылает царицу с очей далеж,
> Как в тот ли город во Суздаль,
> Как в тот ли монастырь во Покровский...

Бедная Соломония, по рассказам ее брата Ивана, «плакала и кричала, когда митрополит в монастыре совершал обряд пострижения, никак не хотела надевать куколь, вырвала его из рук митрополита, бросила на землю и топтала ногами».

Молодая и полная сил Соломония понимала: монастырь — это конец жизни. Но до ее переживаний Василию III не было дела: ему надобна была жена, способная рожать детей. И выбор пал на Елену Глинскую из литовского рода, которая и родила царю наследника. Да какого! Будущего Ивана Грозного.

В книге «Первая русская царица» В. Череванского (1913) говорится: «Психологическая неуравновешенность Иоанна Васильевича легко объясняется законом наследственности, по которому таинственные элементы крови греческой принцессы Зои (Софьи Палеолог. — Ю. Б.), утратившей трон и царство, и страстной дочери Литвы Елены (Глинской) доставили миру идеального вырожденца».

В 1583 году умер Василий III, и Елена Глинская стала регентшей при малолетнем сыне Иване. Это была сильная и страстная женщина, она сумела уничтожить двух претендентов на русский престол — братьев Василия III князя Юрия Дмитровского и князя Андрея Старицкого и правила вместе со своим фаворитом Иваном Телепневым-Оболенским. Кстати, при Елене Глинской в Москве был построен Китай-город. Легко предположить, что бояре были недовольны правлением пришелицы из Литвы, и в 1538 году Елену Глинскую отравили. Яд — эффективное средство перемен в государстве.

СЕМЬ ЖЕН ИВАНА ГРОЗНОГО

Иван Васильевич, Иван IV, Иван Грозный — о нем и его времени написаны десятки, а может быть, и сотни книг. Его имя огненными буквами вписано в российскую историю. Вот только несколько мнений о царе.

«Рожденный с пылкою душою, редким умом, особенною силою, он имел бы все главные качества великого монарха, если бы воспитание образовало или усовершенствовало в нем дары природы; но, рано лишенный отца (Василий III) и матери (Елена Глинская) и преданный в волю буйных вельмож, ослепленный безрассудством, личным властолюбием, был на престоле несчастнейшим сиротою державы российской: ибо не только для себя, но и для миллионов готовил несчастие своими пороками...» (Николай Карамзин).

«Мучительные казни доставляли ему удовольствие: у Ивана они часто имели значение театральных зрелищ; кровь разлакомила самого властителя: он долго лил ее с наслаждением, не встречая противодействия, и лил до тех пор, пока ему не приелось этого рода развлечение...» (Николай Костомаров).

«Казни Грозного, лютость его, вошедшая в легенду... что это — обычное явление кануна абсолютизма, своеобразная историческая закономерность? Или же следствие болезненной подозрительности достигшего бесконтрольной власти царя-садиста?.. Жизнь Грозного-царя была трагедией: он и мучил других, и мучился сам, терзался от страха, одиночества, от угрызений совести и от сознания невозможности осуществить задуманное и непоправимости совершенных им ошибок...» (Отто Шмидт. «16-й таинственный век», 1969).

В конце XIX века известный русский психиатр П. Ковалевский после изучения большого количества литературных данных убедительно доказал, что жестокий царь страдал психическим заболеванием — паранойей.

О деяниях Ивана Грозного рассказывать, естественно, не будем, сосредоточимся на одном вопросе: царь и женщины. Если верить книге С. Горского «Жены Иоанна Грозного» (1912), то Иван узнал женщин с 13-летнего возраста. Бояре подкладывали под него не один десяток, а по некоторым источникам, даже «несколько сотен девушек». Соответственно, гарем и несметное число наложниц. Половой террорист?.. Впервые женился Иван IV в 17 лет, произошло это 3 февраля 1547 года. Вот что пишет по этому поводу Казимир Валишевский в книге «Иван Грозный»:

«В браке Ивану суждено было насладиться счастьем, не выпадавшим на долю его предков. Выбор невесты производился по общему правилу. Благородные девицы всего государства были собраны в Москве. Для приема их были отведены огромные палаты с многочисленными комнатами; в каждой из них было по 12 кроватей... Когда в серале собирались кандидатки, туда являлся государь в сопровождении одного из старейших вельмож. Проходя по покоям, он дарил каждой из красавиц по платку, вышитому золотом. Он набрасывал платки девицам на шею. После того, как выбор был сделан, девицы отпускались с подарками по домам. Так в 1547 году Иван выбрал себе Анастасию, дочь покойного Романа Юрьевича Захарьина-Кошкина, происходившего из старого боярского рода... Красивая и ласковая Анастасия казалась ангелом-хранителем, который удержит государя от вспышек гнева и даст покой подданным. Но это был самообман...»

Народ прозвал царицу «Милостивая», поскольку она как-то пыталась умерить садистские наклонности Ивана IV. После ее смерти у летописца появилось основание сказать: «Умершей убо царице Анастасии начал царь быти яр и прелюбодействием зело».

Анастасия родила от Ивана Грозного шестерых детей, но выжили только двое. Одни умирали в младенчестве, а царевич Дмитрий погиб в Угличе от ножичка (знаменитое «Угличское дело»). Взрослого царевича Ивана убил самолично Иван Грозный. Остался в живых последний — царевич Федор, слабый и слабовольный (помните слова из трагедии: «Иринушка, я царь или не царь?!»).

Первая жена Грозного, Анастасия, скончалась 7 августа 1560 года, не прожив и 30 лет, умерла от физического истощения и одолевавших ее болезней. Похоронили ее в Вознесенском монастыре в Кремле. На ее похоронах государь сильно рыдал и «от великого стенания и от жалости сердца» едва держался на ногах. А в народе сложилась песня на смерть царицы:

> Приутихло, приуныло море синее,
> Приутихли, приуныли реки быстрые,
> Приутихли, приуныли облака ходячие:
> Благоверная царица преставилася,
> Воску ярого свешша перед ей да загорелася...

Однако Иван Грозный горевал недолго, да и бояре хотели поскорее освободиться от засилья Захарьиных, родственников умершей царицы, и быстренько подыскали государю невесту из Кабарды, княжну Черкасскую. Привезли черноокую черкешенку в Москву, царь на нее глянул и, как сказано в летописи, «полубил ее». Уж очень она отличалась своею яркостью от русских женщин. Княжна Кученей приняла православие, стала именоваться Марией Темрюковной. Будучи натурой страстной и жестокой, она принимала активное участие в «развлечениях» царя. Родила она царю наследника Василия, но он умер в младенчестве (увы, смертность в те времена была высочайшей, а лечились как? Вином с протертым в нем порохом, чесноком да луком, а после баней — и все!).

Страстная Мария Темрюковна, будучи недовольна ласками Ивана Грозного, завела себе любовника, которого, по преданию, самолично убил царь. Да неясно и со смертью самой Темрюковны. То ли она скончалась от болезни в Вологде, куда ездила с царем на богомолье, то ли Иван Васильевич заморил ее сам в Кремлевском дворце. Короче, все по теме: гибель принцесс. Произошло это в 1569 году.

Через два года встал вопрос о новой женитьбе. Снова клич по всей Руси, и вот на царский выбор предстали 1500 дворянских девиц, одна краше и здоровее другой. Иван Грозный не смог сделать выбор и поручил его своему верному Малюте Скуратову. Тот указал на дочь простого новгородского купца Марфу Собакину. Состоялась свадьба, а через две недели здоровая и краснощекая Марфа умирает. Молва утверждала: умерла она девственницей, государь к ней так и не прикоснулся. Официальная версия смерти — «действо» злых людей, которые «извели ее ядом». Интересно, что спустя 360 лет после ее гибели, в 1931 году, вскрыли гробницу и... ахнули. Марфа Собакина лежала будто живая, совершенно не тронутая тлением (может быть, яд и способствовал этому?). По одной из версий, Марфу отравил из мести брат покойной царицы Марии — Михаил Темрюк. За это или не за это, но по приказу Грозного его посадили на кол.

Согласно православным обычаям, церковь разрешает лишь три брака. Но что писано для всех, не годится для царя. И Иван Грозный добился разрешения в четвертый раз вступить в брак на том основании, что все предыдущие три жены его были отравлены. И еще один довод: Иван IV заявил церковным иерархам, что ему обязательно нужна законная жена, дабы «избежать греха». Довод оказался убедительным, и в 1572 году Иван Грозный повел к алтарю дочь одного из своих придворных вельмож — Анну Колтовскую.

Анна Колтовская, четвертая по счету царица, обладала свежестью и красотой и сумела хотя бы немного влиять на действия Ивана Грозного — в частности, при ней сократилось число казней и пыток, она даже пыталась несколько утихомирить опричнину, за что и была наказана. Князь Воротынский подослал к Анне своего племянника Бориса Ромодановского, переодетого девицей (так было легче проникнуть в покои царицы), и дал знать о тайном свидании государю. Легко представить гнев Грозного: он посохом исколол насмерть молодого Ромодановского, а жену насильно постриг в монахини, да еще отобрал земли у ее родственников. Анна Колтовская прожила в монастыре в Тихвине до 1626 года под именем инокини Дарьи, то есть пережила грозного мужа на 42 года.

Далее Иван Грозный, вопреки запретам церкви, снова вступал в официальные браки, по существу незаконные, но тем не менее он заставлял себя венчать. Есть такая русская поговорка: что хочу, то и ворочу. Очевидно, это исключительно про царей.

Брак с княжной Анной Васильчиковой длился всего 3 месяца. Свадьбу справляли в узком кругу. Но в узком ли, в широком ли — конец един. Она стала не нужна Ивану Грозному. В исторической драме Александра Островского царь говорит, обращаясь к Анне Васильчиковой: «Ты похудела, я не люблю худых». По преданию, ее сослали в монастырь, где она вскоре умерла «от грудной болезни», хотя до свадьбы была совершенно здорова.

Затем Иван Грозный обратил внимание на жену своего стременного Никиты Мелентьева, Василису. Замужем? Это не препятствие. Опять же по преданию, царь лично отравил Никиту Мелентьева, а затем забрал к себе его вдову. Как записано в «Хронографе о браках царя Ивана Васильевича», царь «обрачился со вдовою Василисою Мелентьевою». Василиса Мелентьева стала шестой женой Ивана Грозного. По возрасту она была старше других цариц, женщиною опытной, но и опыт не помог ей уцелеть рядом с царским троном. В драме Островского «Василиса Мелентьева» (1867) Василиса горько жалуется:

> ...Жена царю по плоти,
> По сердцу я чужая. Он мне страшен!
> Он страшен мне и гневный, и веселый,
> В кругу своих потешных развратных
> За срамными речами и делами.
> Любви его не знаю я, ни разу
> Не подарил он часом дорогим
> Жену свою, про горе и про радость
> Ни разу он не спрашивал. Как зверь,
> Ласкается ко мне, без слов любовных,
> А что в душе моей, того не спросит...

Боюсь, что эти жалобы может повторить не одна российская замужняя женщина. Более четырех веков прошло, а что изменилось в отношениях между мужчиной и женщиной? Боюсь, что ни-че-го!..

По одной из версий, Василиса умерла естественной смертью. По другой (точные данные до нас не дошли: не всё летописцы успевали записывать и не всё, вполне возможно, им дозволялось фиксировать), конец ее был ужасный. Отринутая царским равнодушием, Василиса сошлась с царским сокольничим Иваном. Узнав об этой связи, Иван Грозный рассвирепел, самолично убил сокольничего, а Василису приказал живой положить в гроб рядом с любовником. Крут и изощрен был Иван Васильевич в своем гневе!.. Досталось на орехи и родственникам Василисы — их царь собственноручно зверски пытал. И, очевидно, каленым железом (в те времена любили такие приемчики).

В поэме Алексея Константиновича Толстого «Василий Шибанов» говорится о том, что Иван Грозный любил трезвонить в колокол:

> Но часто и мерно он в колокол бьет,
> И звону внимает московский народ
> И молится, полный боязни,
> Чтоб день миновался без казни...

И вздох другого поэта, уже нашего времени, — Давида Самойлова:

> — Страшно тебе? — вопрошает холоп.
> — Страшно! — ему отвечает холоп.
> — Ты милосердья, холоп, не проси.
> Нет милосердных царей на Руси.

А тем временем Иван Грозный продолжал тешиться женами. На смену Василисе в 1573 году явилась новая — Мария Долгорукая. У Казимира Валишевского об этом говорится так: «Однако после первой же ночи Иван бросил ее. Одни говорят, что Грозный заподозрил ее в любви к другому. Другие же утверждают, что она оказалась уже лишенной девственности. Так или иначе, а Долгорукая погибла: ее посадили в коляску, запряженную лихими лошадьми, и утопили в реке Сере».

Есть и другая версия: Марию Долгорукую утопили в проруби в присутствии самого царя. Ему, отъявленному садисту, конвульсии и крики бедной женщины были сладостно приятны.

Со следующей жертвой, Натальей Коростовой, царь не венчался, а просто взял ее к себе в постель. Дядя Натальи, архиепископ Новгородский Леонид, весьма возмутился подобным поруганием своей племянницы. На что последовала незамедлительная реакция царя: архиепископа зашить в медвежью шкуру и отдать на растерзание псам. Потеха была лихая!.. Через несколько месяцев совместной жизни с царем бесследно исчезла и Наталья. То ли утопили ее, то ли задушили, то ли еще что.

Седьмой и последней официальной женой Ивана Грозного (по крайней мере так он считал сам) стала Мария Нагая, дочь боярина Федора Нагого. Вскоре она родила Ивану Грозному царевича Дмитрия.

Меняя жен и любовниц, Иван IV мечтал о «настоящем» браке. Очень ему хотелось взять в жены английскую королеву Елизавету, а когда понял, что это недостижимо, он стал рассчитывать хотя бы на какую-нибудь ее родственницу. Этот династический интерес русского царя строился целиком на выгоде от торговых и военных отношений с туманным Альбионом. Судя по историческим хроникам, Иван Грозный был сильно поражен величием и гением английской нации.

В течение долгих лет шли переговоры между Москвой и Лондоном на предмет брачного союза. Елизавета сначала отвечала на предложение Грозного весьма неопределенно (в духе английского тумана), а потом все же ответила решительным «нет». Иван IV обиделся и в послании назвал ее «пошлой девицей», — как вам нравится такое обращение к королеве?! В январе 1583 года разговор пошел о сватовстве к королевской племяннице Марии Гастингс. Любопытно, что именно в это время Мария Нагая родила царю наследника Дмитрия, но это никоим образом не останавливало Ивана Грозного.

Посланник царя Писемский докладывал царю о том, как

выглядела Мария Гастингс: «...роста высокого, бела лицом. Глаза у нее серые, волосы русые, нос прямой, пальцы на руках тонкие и длинные».

На все расспросы заинтересованных в этом сватовстве лиц Писемский отвечал:

— Мне она показалась красивой. Остальное — дело Божие.

Однако Елизавета не торопилась выдавать за русского царя свою племянницу, пошли в ход отговорки, что она якобы больна. Об этом доложил Ивану IV английский посланник Боус. Но, видя страшное огорчение государя, добавил, что у королевы есть еще целый десяток родственниц, более близких и более красивых.

— А кто они? — спросил Грозный, воспрянув духом.

— Я не уполномочен об этом говорить, — ответил Боус.

У Грозного возникло желание побить англичанина, но он с превеликим трудом сдержал себя.

Короче, брак Ивана IV с английской принцессой так и не состоялся. А 18 марта 1584 года, не дожив несколько месяцев до 54 лет, Иван Грозный умер. Как съязвил Алексей Константинович Толстой:

> Но ах! ничто не вечно —
> И царь Иван умре!

Сам умер или ему «помогли» — к нашей теме это не имеет никакого отношения. Для нас главное — жены. И остается только гадать и фантазировать, как сложились бы отношения Ивана Грозного с английской принцессой, если бы ему отдали ее... в супруги (признаюсь, я чуть было не написал другое: на заклание).

ИЗ ПОЛЬСКОЙ ПАННЫ В РУССКИЕ ЦАРИЦЫ

(Марина Мнишек)

После смерти Ивана Грозного, а затем Бориса Годунова на Руси началась великая смута. Авторитет власти упал. Страну поразил голод. И в этих условиях победа самозванца была обеспечена, по словам Пушкина, «мнением народным».

Он и явился — Лжедмитрий I. Был ли это Григорий Отрепьев, дьякон-расстрига, или кто иной — неважно, главное, что он был умен и сообразителен и, похоже, верил в свое царское происхождение. Ситуация на Руси была такова, что его быстренько признали русским царем. Как замечал историк Василий Ключевский, «он был только испечен в польской печке, а заквашен в Москве».

Царь есть. Теперь нужна царица.

Марине Мнишек было около 16 лет, когда в феврале 1604 года в прикарпатский городок Самбор к ее отцу, сандомирскому воеводе Ежи (Юрию) Мнишеку, прибыл молодой человек, которому по прихоти истории суждено было на краткое время вознестись на русский престол. Ежи Мнишек и стал организатором операции «Царевич Димитрий» — вместе с украинскими магнатами князьями Вишневецкими, Адамом и Константином. В качестве фона к этой истории возьмем трагедию Пушкина «Борис Годунов», где «все» хором кричат:

> В поход, в поход! Да здравствует Димитрий,
> Да здравствует великий князь московский!

Большую роль в истории с Лжедмитрием I сыграла Марина Мнишек, это как раз тот случай, когда говорят «шерше ля фамм» — ищите женщину. Именно юная Марина вдохновила на решительное деяние сомневающегося Лжедмитрия, что, кстати, подчеркивает и Александр Сергеевич. Польской панне захотелось стать русской царицей? Что ж, мечтать не запрещено.

Марина Мнишек не была красавицей; судя по дошедшим до нас портретам, у нее почти аскетическое лицо, плотно сжатые тонкие губы, взгляд «в себя», все черты говорят о сдержанной, но весьма целеустремленной натуре. Она отвергала всех кавалеров — как будто чего-то ждала. Многие знатные польские вельможи состязались за ее сердце и руку, дело доходило даже до дуэлей, но гордая паненка оставалась равнодушной ко всем соискателям.

Максимилиан Волошин в книге «Неопалимая купина» так рисует Марину:

> Марина Мнишек была прельстительна.
> Бела лицом, а брови имея тонки.
> Глаза змеиные. Рот мал. Поджаты губы.
> Возрастом невелика.
> Надменна обращением.
> Любила плясания и игрища
> И пялишаяся в платья
> Тугие с обручами,
> С каменьями и жемчугом,
> Но паче честных камней
> Любяше негритенка.

Этого негритенка Марина Мнишек даже взяла в Москву.

Итак, гордая Марина чего-то ждала. И дождалась: появился приятной наружности молодой человек, полный честолюбивых планов. Пушкин так живописует сцену в замке воеводы Мнишека в Самборе:

Мнишек

Он говорит с одной моей Мариной,
Мариною одною занят он...
А дело-то на свадьбу страх похоже;
Ну — думал ты, признайся, Вишневецкий,
Что дочь моя царицей будет? а?

Вишневецкий

Да, чудеса... и думал ли ты, Мнишек,
Что мой слуга взойдет на трон московский?

Мнишек

А какова, скажи, моя Марина?
Я только ей промолвил: ну, смотри!
Не упускай Димитрия!.. и вот
Все кончено. Уж он в ее сетях.

До встречи с самозванцем про Марину говорили:

Да, мраморная нимфа:
Глаза, уста без жизни, без улыбки...

Но это до, а при встрече с Судьбою (так, очевидно, Марина определила встречу с самозванцем) она расцветает как женщина и пускает в ход все чары обольщения. Да так, что Лжедмитрий сходит с ума от любви:

Как медленно заря вечерня гасла!
Как долго ждал во мраке я ночном!

Это он говорит о счастливом часе свидания, на что Марина сразу его остужает ледяными и рассудительными словами:

Часы бегут, и дорого мне время —
Я здесь тебе назначила свиданье
Не для того, чтоб слушать нежны речи
Любовника. Слова не нужны. Верю,
Что любишь ты; но слушай: я решилась
С твоей судьбой и бурной и неверной
Соединить судьбу мою; то вправе
Я требовать, Димитрий, одного:

> Я требую, чтоб ты души своей
> Мне тайные открыл теперь надежды,
> Намеренья и даже опасенья;
> Чтоб об руку с тобой могла я смело
> Пуститься в жизнь — не с детской слепотой,
> Не как раба желаний легких мужа,
> Наложница безмолвная твоя —
> Но как тебя достойная супруга,
> Помощница московского царя.

Сформулировано все достаточно четко и откровенно, что не могло не насторожить самозванца:

> Не мучь меня, прелестная Марина,
> Не говори, что сан, а не меня
> Избрала ты. Марина! ты не знаешь,
> Как больно тем ты сердце мне язвишь...

Самозванец в смятенье: а ежели б «я был не Иоаннов сын»? На что Марина жестко отвечает, пресекая путь ко всякому отступлению:

> Димитрий ты и быть иным не можешь;
> Другого мне любить нельзя.

Сказала — как отрезала. Деваться некуда, и самозванец, собрав всю волю, объявляет, что он-де сын Ивана Грозного и готов биться за русский престол:

> Теперь иду — погибель иль венец
> Мою главу в России ожидает.

Марина Мнишек довольна отлично проведенной психологической обработкой и в конечном счете своим избранником:

> Постой, царевич. Наконец
> Я слышу речь не мальчика, но мужа.

Такова версия Пушкина, и мне кажется, что она верная: разве можно отказать нашему классику в гениальной интуиции и прозорливости?..

А если взять Марину Цветаеву, ее версию, выраженную в цикле стихотворений «Марина» (1921), то тут иная трактовка. Поэтесса, сама Марина, сама почти полька, сама авантюристка по натуре, пылкая в своих любовных желаниях и стремлениях, говорящая в «Офелии»:

> Принц Гамлет! Не Вашего разума дело
> Судить воспаленную кровь, —

так вот, Марина Цветаева примеряет судьбу Марины Мнишек на себя и переворачивает любовь давно умершей польки на свой лад — как бы она, Марина Цветаева, на месте Марины Мнишек любила самозванца. Никакой рассудочности. Один пламенный порыв:

> Быть голубкой его орлиной!
> Больше матери быть — Мариной!
> Вестовым, часовым, гонцом —
>
> Знаменосцем — льстецом придворным!
> Серафимом и псом дозорным
> Охранять неспокойный сон.
>
> Сальных карт захватив колоду, —
> Ноги в стремя! — сквозь огнь и воду!
> Где верхом — где ползком — где вплавь!
>
> Тростником — ивняком — болотом,
> А где конь не берет — там лётом,
> Все ветра полонивши в плащ!
>
> Черным вихрем летя беззвучным,
> Не подругою быть — сподручным!
> Не единою быть — вторым!
>
> Близнецом — двойником — крестовым
> Стройным братом, огнем костровым,
> Ятаганом его кривым.
>
> Гул кремлевских гостей незваных.
> Если имя его — Басманов,
> Отстранись. — Уступи любви!
>
> Распахнула платок нагрудный.
> — Руки настежь! — Чтоб в день свой Судный
> Не в басмановской встал крови.

Это Марина Цветаева желала быть при любимом мужчине второй и сподручной. Марина Мнишек хотела быть первой. Вот в чем разница. Но оставим литературоведческие параллели и вернемся в контекст истории.

Вот что пишет историк Николай Костомаров о Лжедмитрии: «Король Сигизмунд допустил его к себе, объявил, что верит ему, назначил на его нужды 40 000 злотых в год и позволил ему пользоваться помощью и советом поляков. Тогда с Димитрия взяли условие, что по восшествии на престол он должен возвратить Польской Короне Смоленск и Северскую землю, дозволит сооружать в своем государстве костелы, ввести иезуитов и содействовать на будущее время соединению Московского Государства с Польшею. Сам Мнишек взял с него условие: по восшествии на престол непременно жениться на Марине, заплатить долги Мнишка, дать ему пособие на поездку в Москву, записать своей жене Новгород и Псков...»

25 мая 1604 года в Самборе был подписан соответствующий документ. 12 ноября 1605 года состоялось заочное венчание между Димитрием и Мариной. Обряд исполнил краковский кардинал Бернард Мациевский.

Современный историк Станислав Думин повествует: «Избранница московского царя с огромным удовольствием играла роль царицы: восседала в церкви под балдахином в окружении свиты, посетила Краковский университет и оставила свой автограф в книге почетных посетителей. В декабре, в день приезда австрийской принцессы, невесты польского короля, она демонстративно покинула Краков, чтобы не уступить первенства во время придворных церемоний. Осыпанная драгоценностями, как чудотворная икона в окладе, Марина наслаждалась ролью царственной особы, и почести явно кружили ей голову...» (журнал «Родина», 1994, № 5).

Лжедмитрий I воссел на московский престол. 30 июля 1605 года он венчался на царство и поразил народ своим великодушием: простил всех Годуновых, а приговоренного судом к смерти Василия Шуйского всего лишь сослал в Вятку. «Есть два способа царствовать, — заявил новый царь, — милосердием и щедростью или суровостью и казнями; я избрал первый способ, я дал Богу обет не проливать крови подданных и исполню его».

Но подданные не поняли и не оценили гуманных действий Лжедмитрия. Они убили царя и ввергли страну в смуту. Но это мы забежали вперед. Поэтому вернемся ко 2 марта 1606 года, когда Марина Мнишек выехала из родного Самбора в направлении Москвы, окруженная огромной свитой.

«Путешествие Марины продолжалось долго — мешали плохие дороги и чрезмерное гостеприимство литовских и белорусских магнатов, устраивавших пиры в честь молодой русской царицы. Наконец 18 апреля Марина и ее свита пересекли русскую границу. Торжественно встречали ее в Смоленске, других русских городах на пути к Москве. Навстречу ей был отправлен воевода Басманов. Царь прислал очередные подарки, в том числе огромную карету с позолоченными колесами, обитую внутри красным бархатом и украшенную серебряными царскими гербами.

Въезд в столицу состоялся утром 2 мая. Он был обставлен

с необыкновенной пышностью и роскошью, поразившими тогда многих современников. Малиновый звон бесчисленных колоколов придал всему действию особую торжественность. Толпы москвичей ломились, чтобы увидеть свою новую государыню. "...А как пан Юрий с своею дочерью въехал в Китай-город в Никольские ворота, — описывал очевидец, — и ростриги Гришке была радоста велия; велел в те поры по накрам и по литаврам бити: и в трубы трубити в разные и сурны играти во многия..."»

В четверг 8 мая — венчание. В Успенском соборе патриарх Игнатий помазал Марину на царство и венчал царским венцом. Почувствовала ли при этом Марина Мнишек тяжесть шапки Мономаха?..

Максимилиан Волошин от лица убиенного и восставшего царевича Дмитрия писал:

> На Московском венчанный престоле
> Древним Мономаховым венцом,
> С белой панной — с лебедью — с Мариной
> Я — живой и мертвый, — но единый
> Обручался заклятым кольцом.

Царь и царица восседали в соборе на золотом и серебряном тронах, облаченные в русский наряд. Бархатное, с длинными рукавами платье Марины было так густо усыпано драгоценными камнями, что даже было трудно определить его цвет.

На следующий день новобрачные, по словам одного иностранного очевидца, встали очень поздно. Празднества продолжались. Облаченные в польское платье, Димитрий с Мариною танцевал «по-гусарски», а тесть, Ежи Мнишек, преисполненный гордости, прислуживал на пиру своей дочери, красовавшейся в царском венце.

Пир был веселым, да похмелье оказалось горьким. Неосмотрительно прощенный новым царем князь Василий Иванович Шуйский затеял интригу — якобы поляки хотят извести государя и надо его спасать. Толпа бросилась в Кремль, и там в суматохе сторонники Шуйского намеревались прикончить царя с «иноверкой». Произошло это в ночь на 17 мая. Лжедмитрий пытался спастись бегством, да оступился и упал. Этого оказалось достаточно, чтобы настичь его и жестоко казнить.

Во благо или во вред России была казнь Лжедмитрия I? Доктор исторических наук Владимир Кобрин пишет: «Думается, личность Лжедмитрия была хорошим шансом для страны: смелый и решительный, образованный в духе русской средневековой культуры и вместе с тем прикоснувшийся к кругу западноевропейскому, не поддающийся попыткам подчинить Россию Речи Посполитой».

Но шанс был упущен, и на престол русский сел бесчестный интриган Василий Шуйский, всегда готовый солгать и даже подкрепить ложь клятвой на кресте, «лукавый царедворец», по выражению Пушкина. Но это, как говорится, не по теме. А как Марина?

В ту трагическую ночь в Кремле Марина Мнишек чудом спаслась. Сторонники Шуйского ее тоже искали, но она бросилась из спальни в покои своих придворных дам, где спряталась под юбкой гофмейстерины Барбары Казановской. Хорошо, что тогда было в моде платье-колокол, под которым действительно можно укрыться...

Марина спаслась от расправы. Толпа так и не нашла «еретицу» и довольствовалась разграблением ее приданого, подарков и драгоценностей, о чем та даже не пожалела: по слухам, сказала, что предпочла бы, «чтобы... вернули негритенка, которого отняли, нежели все драгоценности и уборы». Не блеск золота притягивал Марину Мнишек, а лишь блеск короны. Но ни того, ни другого уже не было.

Марина Цветаева в своем цикле «Марина» вынесла суровый вердикт Марине Мнишек:

Трем самозванцам жена,
Мнишка надменная дочь,
Ты — гордецу своему
Не родившая сына...

В простоволосости сна
В гулкий оконный пролет
Ты — гордецу своему
Не махнувшая следом...

На роковой площади
От оплеух и плевков
Ты — гордеца своего
Не покрывшая телом...

В маске дурацкой лежал,
С дудкой кровавой во рту...
Ты — гордецу своему
Не отершая пота...

— Своекорыстная кровь!
Проклята, треклята будь,
Ты — Лжедимитрию смогшая быть Лжемариной!

Вот так — Лжемарина! Не приняла смерть вместе со своим избранником, значит, предательница. Своя рубашка ближе к телу — это не модель поведения Марины Цветаевой. Но у Марины Мнишек целью была не любовь, а трон. Идея фикс, с которой она никак не хотела расстаться. И горячо восприняла версию второго чудесного спасения Димитрия (дескать, убили двойника, некоего Барковского). И Лжедмитрий II не заставил себя ждать. Но, увы, это был совсем другой человек — то ли школьный учитель из белорусского местечка Шклова, то ли русский выходец из тех же краев, то ли крещеный еврей, «мужик грубый, обычаев гадких, в разговоре сквернословный», как аттестовал его польский ротмистр Самуэль Мацкевич.

Известие о появлении Лжедмитрия II застало Марину в Ярославле, куда она была сослана Шуйским (горячка убийства прошла, и ее по политическим соображениям тихо сплавили из столицы — как оказалось, зря). Лжедмитрий окопался в Тушине, отчего получил прозвище «тушинский вор». В его окружении не было ни польских магнатов, ни русских бояр, но тем не менее он выстоял полтора года, держа в напряжении царя Василия Шуйского.

На встречу с любимым и неожиданно спасшимся мужем Марина Мнишек отправилась в Тушино. Как пишет Руслан Скрынников в этюде «Смута в русском государстве», «многие люди, хорошо знавшие Лжедмитрия I, спешили предостеречь Марину Мнишек, говоря, что тушинский царек вовсе не похож на ее мужа». Подобные предостережения нисколько не смущали «московскую царицу». Через верных людей она уведомила «тушинского вора», что собирается приехать к нему в качестве «законной жены».

И вот встреча. Перед Мариной предстал не ее муж, а совсем другой человек. Большие тоскливые глаза, вислый нос, толстые губы, усы и редкая бороденка, окаймляющая подбородок, согбенная шея и сутулая спина — таким запечатлел Лжедмитрия II польский живописец на старинной гравюре.

Вульгарная внешность Лжедмитрия II произвела на Марину Мнишек отталкивающее впечатление. Но ради короны она готова была на все. На кону стояла корона. А ради нее Марина закрыла глаза на непрезентабельность претендента на ее ложе. Она блестяще разыграла роль любящей жены, обретшей чудесно спасшегося супруга. Ее взор изображал нежность и восхищение, она лила слезы и клонилась к ногам проходимца. По свидетельству ее собственного дворецкого Мартина Стадницкого, Марина жила с самозванцем невенчанная, ибо жажда власти была у нее сильнее стыда и чести.

Однако все усилия Марины Мнишек вдохнуть мужество в Лжедмитрия II и вдохновить его на военные подвиги ни к чему не привели. А тут еще в русские дела вмешался польский король Сигизмунд III из шведской династии Ваза, и надобность в марионетке Лжедмитрии II сразу отпала. В конце декабря 1609 года, боясь королевской немилости, самозванец бежал из Тушина в Калугу. Оставшаяся одна в тушинском лагере, Марина Мнишек 5 января 1610 года обратилась с письмом к Сигизмунду.

«Уж если кем счастье своевольно играло, — говорилось в нем, — так это со мною; ибо оно возвело меня из шляхетского сословия на высоту Московского царства, с которого столкнуло в ужасную тюрьму, а оттуда вывело меня на мнимую свободу, из которой повергло в более свободную, но и более опасную неволю... Всего лишила меня превратная фортуна, одно лишь законное право на московский престол осталось мне, скрепленное венчанием на царство, утвержденное признанием меня наследницей и двукратной присягой всех государственных московских чинов».

Такое вот любопытное письмо, в котором Марина Мнишек утверждала собственное право на московский престол, а отнюдь не Лжедмитрия II. Он исчез, и, как говорится, слава богу, теперь царица — только она. Она одна.

Сигизмунд III не спешил с ответом. Спешила Марина Мнишек и решила напрямую воздействовать на войско. Какую-то часть она сумела убедить поддержать ее — в царицу поверили прежде всего донские казаки. Но князь Роман Ружинский силой подавил бунтарей, и тогда Марине пришлось обратиться в бегство — подобное подстрекательство Сигизмунд III наверняка бы ей не простил. В ночь на 24 февраля Марина Мнишек бежала из Тушина. Как ехидничает Станислав Думин: «С этого момента ее фигура все более напоминает известную нам по «Трем мушкетерам» леди Винтер: мужские костюмы, бешеная скачка на лошадях, погони, засады, осады крепостей...»

А что оставалось делать? Перечеркнуть все честолюбивые мечты и возвратиться домой, в Польшу, ни с чем, с пустыми руками? Ни за что! Надо бороться. Только вперед! «Я уезжаю для защиты доброго имени, добродетели самой, — писала она, — ибо, будучи владычицей народов, царицей московской, возвращаться в сословие польской шляхтинки и становиться опять подданной не могу...»

Только корона. Aut Caesar, aut nihil. Или Цезарь, или ничто! Никакой половинчатости. Никаких компромиссов.

МАРИНА МНИШЕК – АМБИЦИИ И ВОЛЯ

Марина Мнишек поехала в Калугу и стала там вновь поддерживать Лжедмитрия II, позиции которого с каждым днем все более слабели. Сигизмунд III выдвинул своего сына Владислава на московский престол, и русские бояре с этим согласились. А куда девать Лжедмитрия II с «московской царицей»? Гетман Станислав Жулкевский от имени польского короля предложил им сделку: откажитесь от всех притязаний на трон в Москве, а за это вам отдадут Самбор или Гродно. Под давлением Марины Лжедмитрий II не принял предложение. И

возмущенный Жулкевский писал в мемуарах: «...он не думал
тем довольствоваться, а тем более его жена, которая, будучи
женщиной амбициозной, довольно грубо бормотала: "Пусть
Его Величество король уступит Его Величеству царю Краков,
а царь Его Величество уступит королю Его Величеству Вар-
шаву"».

Сделка не состоялась. Тогда гетман Жулкевский решил
арестовать несговорчивую пару. И снова Лжедмитрию II и
Марине Мнишек пришлось бежать, опасаясь худшего. 12 декабря 1610 года Лжедмитрий был все же убит. Что удивительно (а может, и естественно) — Марина Мнишек искренне оп-
лакивала его. Кстати, она была на последних месяцах беременности. В начале января 1611 года, уже будучи в заключении,
она родила сына, названного в честь «деда» Иваном.

Итак, Марина Мнишек — дважды вдова, да еще с маленьким сыном. Без власти. Без поддержки. Без надежд. Без всего. И снова обратимся к Марине Цветаевой:

> — Грудь ваша благоуханна,
> Как розмариновый ларчик...
> Ясновельможная панна!
> — Мой молодой господарчик!
>
> — Чем заплачу за щедроты:
> Тёмен, негромок, не признан...
> Из-под ресничного взлету
> Что-то ответило: — Жизнью!
>
> В каждом пришельце гонимом
> Пану мы Иезусу — служим...
> Мнет в замешательстве мнимом
> Горсть неподдельных жемчужин.
>
> Перлы рассыпались, — слезы!
> Каждой ресницей нацелясь,
> Смотрит, как, в прахе елозя,
> Их подбирает пришелец.

Новый пришелец в судьбе Марины Мнишек — донской
атаман Иван Заруцкий (родом из западноукраинского села
Заруды). Пользуясь смутным временем, он тоже захотел по-
ловить рыбку в мутной воде. Заруцкий намеревался посадить
на московский престол новорожденного сына Марины Ивана,
а сам стать при нем регентом (а что бы делала Марина Мнишек при таком раскладе?..). Этот план возмутил патриарха
Гермогена, который заклинал народ не допустить на престол
«проклятого Маринкина панина сына». Казаки Заруцкого,

тем не менее признали Марину Мнишек московской царицей, а ее сына Ивана — царевичем. Оставалась самая малость — захватить Москву, где уже собирались грозные силы под водительством Минина и Пожарского.

События развивались стремительно. И как сообщала «Летопись о многих мятежах», «Заруцкий из-под Москвы побеже, и пришеше на Коломну, Маринку взя, и с воренком ея сыном, и Коломну град вгромив, пойде в Рязанские места, и там многую пакость делаше».

А тем временем в Москве Земский собор 7 февраля 1613 года избрал царем Московского государства Михаила Романова — компромиссную фигуру, которая устроила всех. Участники собора присягнули «на Московское государство иных государей и Маринку с сыном не собирати и им ни в чем не доброхотати, и с ними ни с чем не ссылатися».

Если переводить со старославянского на язык шолоховского деда Щукаря: полный отлуп!

И что делать? Марина Мнишек подумывала вернуться в Литву, а атаман Заруцкий замышлял отправиться в Персию. Но вышло не то и не другое: новая пара Мнишек—Заруцкий очутилась в Астрахани, откуда Заруцкий продолжал рассылать наказы и грамоты от имени «государя царя и великого князя Дмитрея Ивановича Всея Руси, и от государыни царицы и великой княгини Марины Юрьевны Всея Руси, и от государя царевича и великого князя Ивана Дмитриевича Всея Руси». Когда эти документы попадали в Москву, то там новые власти приходили в ярость и посылали в Астрахань ответные грамоты, в которых Марину Мнишек именовали «еретицею богомерзкия, латынские веры люторкою, прежних воров женою, от которых все зло Российского государства учинилось».

Вслед за грамотами из Москвы был явлен и последний «царский довод» — пушки. 12 мая 1614 года Заруцкий с Мариной Мнишек, «воренком» и горсткой верных казаков бежали из Астрахани, взяв курс на реку Яик. Это было последнее и бесполезное бегство. Верные казаки вдруг одумались и присягнули царю Михаилу Романову, а в дар ему связали Заруцкого, Марину и сына Ивана и скованными отправили в Москву. Ну а там, нетрудно догадаться, ждала их расправа.

Маленький сын Марины Мнишек Иван был всенародно повешен за Серпуховскими воротами.

> Вся Москва собралась, что к обедне,
> Как младенца — шел мне третий год —
> Да казнили казнию последней
> Около Серпуховских ворот, —

писал от имени царевича Максимилиан Волошин. Атамана Ивана Заруцкого также казнили (по одной из версий, он был посажен на кол), ну а Марина Мнишек... дальнейшая ее судьба темна и загадочна. Летом 1614 года ее заточили в башню в Коломне («Маринкина башня», как прозвал ее народ), где, как свидетельствует летопись, «Маринка умре». И тут версии расходятся: по одной — она умерла естественной смертью (может быть, от больших переживаний из-за краха всей ее жизни), по другой — возмущенный народ сбросил польскую авантюристку с башни, труп ее сожгли, а пеплом начинили заряд и пальнули из пушки (аналогия с Лжедмитрием I), по третьей — ее замуровали в одной из стен башни. И существует четвертая гипотеза, фантастическая: Марина Мнишек сама выбросилась из окна, но не разбилась — она же чернокнижница! — а превратилась в ворону и улетела прочь. Так или иначе, но до сих пор, как утверждают наши современники, в «Маринкиной башне» слышится легкий стук каблучков Марины Мнишек. Нет, так просто эта женщина не могла уйти с российской сцены...

Пушкин как-то сказал, что Марина Мнишек «была самая странная из всех хорошеньких женщин, ослепленная только одной страстью — честолюбием, но в степени энергии, бешенства, какую трудно и представить себе». Она прожила всего 25 или 26 лет (точной даты рождения нет), из них лишь 10 дней пробыла в качестве московской царицы. Десять дней, которые ослепили ее жизнь. Десять великолепных пьянящих дней...

У Черубины де Габриак есть строки, написанные совершенно по другому поводу, но они, мне кажется, вполне подходят под финал рассказа о Марине Мнишек:

> Стану я биться и рвать свое платье,
> Плакать, кричать и стонать.
> Божье на мне тяготеет проклятье,
> Черной болезни печать...

Печать «черной болезни» — это непомерная гордыня. Бьющее через край честолюбие. Острые, как нож, амбиции. А отсюда все житейские беды.

Но с другой стороны, эти противоречивые яркие женщины, у которых вместо сердца в груди клокочет вулкан, оставляют след в человеческой памяти. Только о них и помнят. В разгар любви-дружбы с Мариной Цветаевой София Парнок в мае 1915 года написала «Сонет», в котором причудливо переплела судьбы Марины Мнишек, Беттины Арним и Марины Цветаевой:

Следила ты за играми мальчишек,
Улыбчивую куклу отклоня.
Из колыбели прямо на коня
Неистовства тебя стремил излишек.

Года прошли, властолюбивых вспышек
Своею тенью злой не затемня
В душе твоей, — как мало ей меня,
Беттина Арним и Марина Мнишек!

Гляжу на пепел и огонь кудрей,
На руки, королевских рук щедрей, —
И красок нету на моей палитре!

Ты, проходящая к своей судьбе!
Где всходит солнце, равное тебе?
Где Гёте твой и где твой Лже-Димитрий?

Тут необходимо разъяснение. О Марине Мнишек только что рассказано. О Цветаевой почти все известно. А вот Беттина Арним? Кто такая? Женщина из того же ряда. Гёте звал ее «демоническим духом». Беттина Арним — младшая сестра немецкого писателя-романтика Клеменса Брентано, вышедшая замуж за поэта Ахима фон Арнима. Эта женщина не знала удержу в своих фантазиях. «Как скоро, — говорил о ней современник, — вы станете судить о ней серьезно, вам в ответ пожмут плечами и скажут: "Ведь это Брентано", полагая, что этой фразой все сказано. В Германии даже сложилась пословица: "Где кончается безумие других, там начинается безумие Брентано"».

Беттина Брентано фон Арним вилась около Гёте, преследуя его любовью, клятвами и ревностью. От ее сумасбродства Гёте не знал, куда деваться. Беттина писала стихи. В браке родила семерых детей. Но это не мешало ей бурно проявлять себя и на общественном поприще. Она выступала за права обездоленных, за равноправие евреев, поддерживала освободительное движение в Польше, показывала молодому Карлу Марксу нищету в берлинских квартирах. Беттина Арним прожила 74 года и скончалась в 1859 году. Теперь более понятны строки:

Где всходит солнце, равное тебе?
Где Гёте твой и где твой Лже-Димитрий?

Однако Беттина Арним — это маленькая боковая ветвь в нашем повествовании. Ведь героини его — не поэтессы, а принцессы. А поэтому продолжим наше историческое исследование, прерываемое лирическими отступлениями, дальше.

ЕЩЕ ОДНА ЧЕСТОЛЮБИЦА

(Царевна Софья)

В 1682—1689 годах правительницей России была Софья Алексеевна, дочь царя Алексея Михайловича.

«Во главе правления стала девица — событие небывалое до того времени на Руси... Царские дочери до тех пор жили затворницами, никем не видимые, кроме близких родственников, и не смели даже появляться публично», — писал Николай Костомаров.

Да, действительно, уделом царевен были рукоделие да нехитрые теремные развлечения — песни и сказки, а как повзрослеют — одна дорожка: в монастырь. Софья такой жизни не хотела. В 9 лет она сумела настоять, чтобы ей разрешили учиться вместе с братьями. Она училась под руководством лучших учителей своего времени — Симеона Полоцкого, Сильвестра Медведева и Кариона Истомина. Из всех наук ей более всего нравилась история. Софью вдохновляли выдающиеся женщины прошлого. Она много читала и даже сочиняла вирши. Восхищенный ее успехами Полоцкий назвал ее «великого ума и самых нежных проницательств, больше мужеска ума исполненной» девой. Да, своим почти мужским характером — деятельным, пылким, страстным — она очень походила на своего младшего брата, Петра, будущего Петра Великого. Не случайно он, посетив ее в заточении в Новодевичьем монастыре, с горечью сказал: «Каким помощником могла бы стать, а стала врагом!»

Не могла Софья быть помощником Петру I. Она сама хотела править Россией. И Петр был ей не братом, а соперником в борьбе за власть. Борьбу за московский престол вели Милославские (первая жена Алексея Михайловича — Мария Милославская) и Нарышкины (вторая жена — Наталья Нарышкина). Два клана, две партии отчаянно цеплялись за трон. В итоге политической борьбы и интриг установилось «двоецарствие» малолетних царевичей Ивана и Петра, а регентом при них стала Софья. К власти она пришла в 25 лет. В сентябре 1682 года вздумали бузить стрельцы во главе с князем Иваном Хованским и его старшим сыном, Андреем Хованским (тут меломаны сразу же вспомнят оперу Мусоргского «Хованщина»). Софья Алексеевна действовала быстро и решительно. Тут же приказала арестовать и доставить к ней в село Воздвиженское руководителей бунта — князей Хованских. Не утруждая себя ни следствием по их делу, ни лишними разгово-

рами, а тем более допросами, царевна потребовала казнить
обоих, дабы неповадно было другим посягать на ее власть. Хованским, а вместе с ними 37 их сподвижникам и бунтарям, отрубили головы.

Казнь пришлась на 17 сентября — день именин Софьи (Вера, Надежда, Любовь и мать их София) по старому стилю, но
это ее ничуть не смутило, а даже привнесло некоторую пикант-
ность в празднование. Жестокий век. Жестокие нравы!.. Так
же поступал и братец, Петр Великий. Как писал Дмитрий
Мережковский в романе «Антихрист» по поводу казни
стрельцов (это произошло позднее), царь «выпивал стакан и
отрубал голову, стакан за стаканом, удар за ударом; вино и
кровь лились вместе, вино смешивалось с кровью».

Софья еще до Петра почувствовала таящуюся опасность в
стрелецких войсках. Нужны были войска регулярные, но Софья создать их не смогла. Тем не менее многое ей удалось сделать за годы своего правления. Царевна прекратила волнения
среди раскольников. Заключила выгодный для России вечный
мир с поляками, по которому левобережная Украина и Киев
навсегда остались за Москвою. Этот мир окончательно прекратил многолетнюю борьбу Москвы с Польшей за Малорос-
сию. Софья подписала указ об открытии в Москве Славяно-
латинской академии, ректором которой был назначен Симеон
Полоцкий. Были предприняты и другие шаги по реформирова-
нию старой Руси, заложившие фундамент для радикальных
реформ Петра. Даже враг Софьи князь Борис Куракин вынужден был признать, что «правление Софьи началось со вся-
кою прилежностью и правосудием всем и ко удовольствию на-
родному, так что никогда такого мудрого правления в Российском государстве не было; и все государство пришло во время
ее правления через семь лет в цвет великого богатства... И тор-
жествовала тогда довольность народная».

Любопытная оценка деятельности царевны Софьи. Она
контрастирует с мнением Ключевского, который называл Софью не иначе как «интриганкой» и считал, что она едва не загубила «дело Петра». «Задержала прогресс, — поддакивал
ему Алексей Толстой в романе «Петр Первый». — Одних бояр поменяла на других. Вот и все. Скука. Время остановилось.
Ждать нечего...»

Так что все зависит от угла зрения и от исторических при-
страстий. У современников Софья вызывала ненависть, ува-
жение, восторг, вражду — чувства определенные, сильные:
равнодушным к ней царевна не оставляла никого. Представитель французского двора Невиль отмечал: «Эта принцесса с

честолюбием и жаждой властолюбия, нетерпеливая, пылкая, увлекающаяся, с твердостью и храбростью соединила ум обширный и предприимчивый».

А вот мнение такого авторитета, как Вольтер: «Правительница имела много ума, сочиняла стихи, писала и говорила хорошо, с прекрасной наружностью соединяла множество талантов; все они были омрачены громадным ее честолюбием».

Поговорим о «прекрасной наружности». Если смотреть на один из найденных портретов Софьи XVIII века, то у нее в меру приятное, спокойное, круглое, типично русское лицо женщины центра России. В романе «Царь-девица» Всеволод Соловьев (сын историка Сергея Соловьева) изобразил ее «тучной, некрасивой полудевицей, с большой неуклюжей головой, с грубым лицом, широкой и короткой талией, в 25 лет казавшейся 40-летней».

Под влиянием, очевидно, Всеволода Соловьева и Илья Репин изобразил ее угрюмой и неприглядной на своей картине «Царевна Софья»: сжатые в гримасу губы, выпученные глаза, скрещенные на груди руки и вся поза говорят о жестком и необузданном нраве. Явно не прекрасная Семирамида, с которой сравнивали Софью Алексеевну при ее жизни.

Женская судьба царевны Софьи была непростой. Заморских, «ихних» женихов ей не полагалось, а своих не нашлось. И обратила она внимание на женатого князя Василия Голицына. Пригож был князь и даже красив, к тому же большой щеголь, летописцы сказывают, что имел он более 100 богатейших кафтанов. Но не только красивой наружностью да щегольством нарядов прельстил он Софью: князь Голицын был образованнейшим человеком, знал четыре иностранных языка, имел обширнейшую библиотеку. Мечтал о распространении просвещения на Руси, веротерпимости, о свободе совести и улучшении нравственности. Вынашивал замысел военной реформы и подумывал об освобождении крестьян (задолго до Александра-освободителя). Короче говоря, был либералом-мечтателем.

Василий Голицын стал в правление Софьи главным государственным человеком, ее опорой и силой. Однако выбор царицы был крайне неудачным. Как теоретик и идеолог Голицын был хорош, но как администратор и практик — весьма слаб, что и подтвердили неудачные Крымские походы. Провал военной кампании подорвал авторитет власти. Положение Софьи — невенчанной девки у кормила власти — стало шатким...

А все любовь, любовь! Очень люб был Софье Василий Голицын, «свет мой, братец Васенька!». Вот как описывает ожидание встречи с князем Алексей Толстой в «Петре Первом»:

«Скрипнула половица. Софья вскинулась, пронзительно глядя на дверь, будто влетит сейчас в золотых ризах огненнокрылый погубитель. Губы задрожали, — опять облокотилась о бархатный подлокотник, опустила на ладонь лицо. Шумно стучало сердце...»

> Не скрывайся, не усердствуй —
> Все равно придешь ты вновь,
> Укусила прямо в сердце
> Нас цыганская любовь, —

писала Софья Парнок (в 1932 году, в год моего рождения). Одна лишь поправочка: не цыганская любовь, а царская.

Однако следует заметить, что наверху, когда идет борьба за власть, нужна не любовь ближних, а их верность и твердость. Именно в этих качествах и подкачал князь Голицын. Летом 1689 года, после возвращения из второго неудачного похода в Крым, Голицын хотел переговорить с Петром (Иван не занимался политическими вопросами), но Петр не принял Голицына. Софья расценила это как опасный прецедент. По ее наущению Федор Шакловитый, сменивший князя Хованского, подбил стрельцов на убийство «медведицы» — матери Петра Натальи Нарышкиной, а если сын вздумает заступиться за нее, то и ему «спускать нечего». Другими словами, Софья решила убрать своего брата и опасного конкурента Петра. Но измена двух стрельцов — Мельнова и Ладогина — спутала все карты. Предупрежденный об опасности, Петр избежал расправы.

А дальше уже Петр диктовал свою волю. Шакловитого казнили. Явившегося с повинной Голицына сослали. А Софья отделалась легким испугом: Петр ее пожалел и вместо сурового наказания выбрал легкое.

«Младший брат приказал ей покинуть Кремль, перебраться в Девичий (Новодевичий. — *Ю. Б.*) монастырь, и она спешила исполнить это требование добровольно, чтоб не повезли ее силою с великим срамом. Ее участь была ясна, ее имя должно было присоединиться к длинному списку цариц и царевен, кончавших дни свои в монастырских кельях, в темной доле инокинь. Монахини, заранее предупрежденные и вышедшие встретить царевну, провели ее в назначенное для нее помещение и с глубокими поклонами удалились...» (Вс. Соловьев, «Царь-девица»).

Почти десять лет провела Софья в монастыре, но не как монахиня, а с предоставленными ей свободами, вплоть до свиты: мамка-кормилица Вяземская, две казначейши, 9 постельничих девок. Ежедневно от царского стола ей отпускались рыба, пироги, сайки, караваи, мед, водка, брага и лакомства:

еш-пей, хмелей и вспоминай былое. Софья свободно передвигалась по территории монастыря. Но это был, так сказать, первый акт монастырской жизни. Второй начался после смерти в январе 1696 года брата Ивана. С его смертью закончилось двоецарствие. Вошедший в силу Петр покорил Азов, довершив то, с чем не справился Голицын. И уехал в Голландию учиться кораблестроению.

Российская «лавка» осталась без хозяина — благоприятнейший момент для интриг и нового дележа пирога власти. Как пишет Николай Васецкий в книге «Женщины российской короны» (1994): «Кажется, сама судьба предоставила Софье шанс вернуть утраченное. Но так и осталось невыясненным, сама ли она решила воспользоваться этим шансом, или ее имя использовали для очередного мятежа недовольные самовластием и притеснениями Петра стрельцы, а точнее — их руками — бояре...»

Бунт стрельцов был подавлен. 25 августа 1698 года в Москву прискакал разъяренный Петр. Начались допросы и пытки. Естественно, стрельцы сознались в замысле посадить на престол Софью. Сама Софья отвергла все обвинения в «захвате власти». Однако Петр ей не поверил. И велел повесить 195 стрельцов аккурат перед окнами сестрицы в Новодевичьем монастыре: смотри, мол, и трепещи от страха!

Но мало этого. Петр приказал лишить Софью всех остатков ее свобод и постричь в монахини под именем Сусанны. Это был уже крах. В горести она продолжала думать о «братце Васеньке», а тот Софью вовсе забыл. Боясь за собственную жизнь, князь Голицын долго каялся перед Петром и вымолил жизнь: был сослан и умер в ссылке. А Софья Алексеевна скончалась 3 июля 1704 года: как гласит надпись на ее гробнице — сорока шести лет девяти месяцев и пятнадцати дней от рождения. Родилась она 17 сентября 1657 года.

Вот и весь сказ о женщине, которая «не знала меры гордости и мечтала об упрочении власти своей и самодержавия». Остается добавить: и которую переиграл в борьбе за власть ее младший брат Петр. Петр стал Великим. А Софья?..

ПЕТРА ТВОРЕНЬЯ...
(Петр I и женщины)

«Только в России мог появиться такой необычный человек, — писал об императоре Николай Бердяев. — Русскими чертами в нем были простота, грубость, нелюбовь к церемониям, условностям, этикету, своеобразный демократизм, любовь к правде и любовь к России. И вместе с тем в нем пробуждалась стихия дикого зверя. В Петре были черты сходства с большевиками. Он и был большевик на троне...»

Помните, в «Медном всаднике»: «И думал он: отсель грозить мы будем шведу...» Петр Первый грозил не только шведам, но и своим боярам и чиновникам. Угрозы часто встречаются в его указах: «...тогда не минете не только жестокий ответ дать, но и истязаны будете». Не церемонился Петр и с женщинами. Одних он брал силой, другим платил. Кстати, за первое свидание с будущей Екатериной I, тогда она была неизвестной Мартой Скавронской, царь заплатил целый дукат, то есть червонец, — солидные по тем временам деньги. Он остался весьма довольным предоставленными ему «услугами».

Рос Петр мальчиком шустрым, ретивым, а уж когда переступил порог юности, то и вовсе отбился от рук. Мать его, Наталья Кирилловна Нарышкина, не находила себе места, беспокоясь за сына: Петруша пил и веселился непотребно с иноземцами в Немецкой слободе. Оставалась одна надежда: женить гулящего сына. Женится — остепенится. Увы, не остепенился...

Невесту Петру выбирали долго и тщательно, наконец выбор пал на Дуню Лопухину: и род знатный, и сама уж больно пригожа — белолица, кровь с молоком, пышнотелая и статная, прямо русский эталон красоты. Узнав, что она будет невестой молодого государя, Дуня Лопухина сильно оробела и во время венчания чуть не упала в обморок от сознания, что ей предстоит быть царицей. Свадьба состоялась 27 января 1689 года. Петру шел лишь 17-й год (17 ему исполнилось 30 мая).

Мать выбирала жену сыну по внешним данным, а Петру предстояло жить не только с лицом и телом супруги, а еще и с ее душою. А тут был полный разлад. Евдокия Лопухина была воспитана в духе традиций боярской старины, цеплявшейся за все отжившее и боявшейся всего нового. К тому же по характеру она была упряма, норовиста и постоянно причитала о невнимании к ней «лапушки Петруши». Ей хотелось, чтобы он чаще сидел около ее юбки и слушал ее нехитрые рассказы о бытовых пустяках. А Петр думал совсем о другом: как перестроить старую Россию, взнуздать ее, поднять на дыбы. Он даже хотел переделать свою жену, заставляя ее изучать «гишторию». Евдокия, конечно, историю не одолела, а после неудачных попыток разобраться, что к чему, возненавидела «науки заморские и всякие хитрости» и стала и своего мужа отвращать от них, наставлять его, как говорится, на путь истинный. Она убеждала Петра: «Не нужны нам никакие новшества, жил бы ты, Петруша, по-старому, как искони живали цари великие». Но Петр I не хотел этого «искони», он жаждал все переделать по-новому, ну, как в Европе, оттого и безжалостно обрезал боярам бороды и приказывал всем носить европейскую одежду вместо противных ему кафтанов.

Короче, раскол между Петром и Евдокией Лопухиной шел по мировоззренческим и идеологическим позициям. А потом пошел и по другой линии. Самой опасной. По интимной... От Евдокии Петру доставались лишь причитания да жалобы, тут любой муж заскучал бы, а уж Петр Великий — тем паче. И повадился молодой царь ездить в Немецкую слободу, где всегда было весело, хмельно и интересно. А уж какая там была девица! — дух захватывало у Петра. Немка Анна Монс была полной противоположностью Евдокии Лопухиной: веселая, щедрая на ласки, никогда не унывающая, не знающая, что такое ревность и причитания, а еще постоянно кокетливая и завлекающая «герра Питера».

Зачастил Петр I к Анне Монс, специально для нее построил каменный дворец, почти европейское палаццо, осыпал ее подарками, пригрел ее родных и стал думать, что делать дальше. В Анне Монс царь видел женщину, достойную делить с ним не только постель, но и трон. Впоследствии Петр признавался прусскому посланнику барону Кейзерлингу, к которому «перешла» его бывшая любовница: «Я держал твою Анну при себе, чтоб жениться на ней...» Однако Анне не было суждено стать русской царицей, но об этом чуть позже, а пока разберемся с судьбой первой жены Петра I.

Анна Монс так крепко завладела сердцем Петра, что законная жена стала ему постылой, и он решительным образом от нее отделался — старым испытанным способом: в монастырь!.. Евдокию Лопухину спешно увезли в Суздаль, в Покровский девичий монастырь. Там для царицы построили специальный сруб, где ее и разместили в келье размером в четыре квадратных сажени. Через десять месяцев, после обряда пострижения, послушница Евдокия стала монахиней Еленой. Об этом доложили в Москву, а в ответ в октябре 1699 года пришел царский указ: «...в Суздале в Покровском девичьем монастыре построить вновь кельи с сенями и со всякими монастырскими и нужными покоями, как пристойно, да противную (противоположную. — *Ю. Б.*) избу для слуг и всякой потреби».

Да, какие-то послабления у Лопухиной были. И все же монастырь — это несвобода. В народе сложили песню «Пострижение царицы», и в ней пелось:

Выезжаяла государыня из Москвы вон
И молилась московскем чудотворцам:
«Вы простите ли, московские чудотворцы,
Что и мне ли в Москве уж не бывати!
Вы простите, московские обыватели,
Что и мне ли вас не видати!
Ты прости, прости, моя грановитая палата,
Что и мне ли в тебе не живати,
Мне московскою царицей не слывати.

Тема заточения прозвучала и в стихотворении Аделаиды Герцык «Женщинам» (1919):

Не грезится больше, не спится,
Ничто не радует взоры.
Владычица стала черницей,
И сняты с нее уборы.

Тревогою сердце сжато.
Рассыпалось все на свете.
Не стало ни мужа, ни брата,
Остались только дети...

Что касается детей Евдокии Лопухиной, то это царевич Алексей. Не смирившаяся со своей участью бывшая царица стала строить чудовищные планы мести Петру и втянула в свои планы Алексея. Известно, чем это кончилось: во имя сохранения России царь казнил собственного сына. Заодно пострадал и «дружочек» Евдокии, появившийся в Суздале, майор Степан Глебов. Давно расставшийся с супругой, Петр вдруг, узнав о тайной ее связи с Глебовым, заревновал: как она могла?! Глебова посадили на кол, а Евдокию избили батогами, но оставили в живых. И сослали бедную женщину, которой, видите ли, захотелось любви и нежности в монастырских стенах, от Москвы подальше, на север — в Успенский монастырь на Ладоге, где ее держали в строгом режиме.

После смерти Петра Великого взошедший на престол Петр II велел перевезти Евдокию Лопухину в Москву, в Новодевичий монастырь, где ей оказывали всяческие знаки внимания. Но прежней красавицы Дуни уже не было — это была седая, рано состарившаяся женщина с потухшими глазами. После неожиданной смерти Петра II рассматривался даже вопрос о том, чтобы вдова императора Петра Великого воцарилась на троне (из инокини в императрицы?!), но вопрос этот тут же отпал: сил у претендентки на корону совсем не было.

Евдокия Лопухина скончалась 10 сентября 1731 года 58 лет от роду, пережив Петра I на 6 лет.

ПОРТРЕТ ПЕТРА I
В БРИЛЛИАНТОВОМ ОФОРМЛЕНИИ

А теперь вернемся к Анне Монс. Петра познакомил с ней Франц Лефорт в 1692 году. Судя по некоторым дошедшим до нас документам, Анна Монс была любовницей Лефорта, но он благородно уступил ее Петру: Запад ставил на Петра и был заинтересован во влиянии на него. Анхен стала настоящим «приворотом» для русского царя и крутила ему голову целых десять лет. По свидетельству немецкого историка Гельбиха, Анна Монс была образцом женских совершенств: «С необыкновенной красотой она соединяла самый пленительный характер; была чувствительна, не прикидывалась страдалицей, имела обворожительный нрав, не возмущаемый капризами, не знала кокетства, пленяла мужчин, сама того не желая, была умна и в высшей степени добросердечна».

Любила ли она Петра I? Вряд ли. Терпела его, будучи истинной прагматичной немкой: от государевых подарков и внимания не отказываются, все обращают в свою выгоду. Терпела Анхен, когда русский царь с пьяной оравой являлся к ней «в гости», требовал выпивки и буянил. А то и заваливал на лавку при людях — темперамент-то буйный! Не царь был нужен Анне Монс, с его разудалым нравом и несметными богатствами, ей больше хотелось простого мещанского счастья: домик, нормальный муж без завихрения страстей, детки и порядок, порядок во всем — в столовой, на кухне, в постели... В этом плане ухаживающий за ней саксонский посланник Кенигсек был для Анхен предпочтительней, чем русский царь Питер.

В 1703 году Кенигсек утонул при осмотре Шлиссельбурга, а оставшиеся бумаги его были доставлены Петру I. Каково же было негодование царя, когда он обнаружил нежнейшие письма Анны Монс к Кенигсеку и ее портрет с дарственной надписью в самых что ни на есть любовных выражениях!

Гнев Петра был страшен, однако рука все же на Анну Монс не поднялась — любил, значит, сильно. Алексей Толстой в своем романе утверждает, что «Петр, как куст сорной травы, вырвал эту женщину из сердца». Не вырвал однако. Не смог. Просто перестал к ней ездить. И очень болезненно реагировал на связь Анны Монс сначала с прусским посланником Кейзерлингом, а затем со шведским капитаном Миллером. Уже будучи женатым на Екатерине, Петр пытался «амнистировать» Анхен и вернуться к ней. Но она не захотела повторного сближения с порядком надоевшим ей Питером.

Осенью 1714 года Анна Монс скончалась от чахотки. Но фамилия Монс еще раз... нет, не мелькнула, точнее сказать, сверкнула в жизни Петра I. Царь решил взять в свиту своей второй жены, Екатерины, брата Анны Монс, Виллема, красивого молодого человека. Чем руководствовался при этом царь, сказать трудно (может быть, это было данью любви к Анне Монс?), но, так или иначе, Петр Алексеевич подписал документ, согласно которому «Виллем Монс употреблен в дворовой нашей службе при любезнейшей нашей супруге быть неотлучно».

Вот это «неотлучно» и сыграло роковую роль: Виллем Монс легко завладел сердцем Екатерины и, соответственно, без всякого труда перекочевал в ее постель. Шила в мешке, а тем более Монса в кровати, не утаишь, и Петром овладел страшный гнев. 28 ноября 1724 года Виллему Монсу отрубили голову. Мало того, голова была заспиртована и помещена в спальню царицы: смотри, мол, наслаждайся красотой своего полюбовничка!

Удар, нанесенный Петру Великому Виллемом Монсом, был сильнейшим и подорвал и без того обессиленный организм императора. 28 января 1725 года Петр I скончался. Сорок суток пролежало его тело в большом зале Зимнего дворца, и каждый день Екатерина I исправно стенала у гроба, целуя почерневшие руки усопшего грозного супруга. Видно, замаливала грехи...

ПРИКЛЮЧЕНИЯ ШАРЛОТТЫ
(Жена царевича Алексея)

В 40 лет Екатерина Алексеевна (бывшая Марта Скавронская) оказалась на российском престоле. Конечно, если бы Петр не убил царевича Алексея, не бывать бы ей на троне. Но наследника давно не было в живых: 26 июня 1718 года он не выдержал «допроса с пристрастием». Как написано в журнале пыток, «в тот день (вечер) царевич Алексей Петрович от сего света в вечную жизнь переселился».

Алексей был рослым, красивым, здоровым юношей. Свободно говорил на немецком, французском, голландском языках, знал к тому же латынь, был большим книголюбом и книгочеем... Но, впрочем, я хочу рассказать не о его судьбе (тем более что это совсем не по теме книги), а о судьбе его жены, принцессы Шарлотты (это уж точно по теме!). Итак, Шарлотта.

Шарлотта Кристина Софья родилась 28 августа 1694 года в семье саксонского герцога из рода Брунсвик-Вольфенбюттель. Со временем она превратилась в не очень красивую (на ее лице остались следы оспы), но умненькую женщину, которая пленяла многих своим красноречием. В женихи ей метили шведского короля Карла XII, находившегося в зените военной славы. Однако сокрушительное поражение под Полтавой значительно понизило привлекательность брака с ним, и саксонские монархи решили поменять ставки и повернули свои взоры ко двору русского царя Петра I, героя полтавской виктории.

Петр, поразмыслив, решил, что брак его сына Алексея и принцессы Шарлотты вполне выгодный союз, так как сестра Шарлотты принцесса Элизабет была замужем за великим герцогом Карлом Австрийским. А такие родственные связи никогда не помешают.

Летом 1711 года в Карлсбаде состоялась встреча Шарлотты и Алексея, после которой, не мешкая, составили брачный контракт. По нему молодая принцесса не принуждалась к отказу от лютеранской религии и принятию православия. Кроме того, договорились, что она сможет привезти с собой в Санкт-Петербург, в новую столицу России, свиту из 67 человек, в том числе 37 женщин. Все шло своим чередом. 25 октября в Торгау — в одном из замков — состоялась пышная церемония по случаю бракосочетания саксонской принцессы и русского царевича.

Казалось, все хорошо, и монархи с обеих сторон потирали руки от удовольствия: удачный союз! Только вот у молодых что-то там не заладилось, и Алексей стал предъявлять своей супруге претензии: это не то да это не так! Вполне возможно, причиной была сексуальная неудовлетворенность Алексея, что вскоре и подтвердилось увлечением царевича другой женщиной — Ефросиньей, служанкой его воспитателя Никифора Вяземского. Вместо принцессы служанка? Ничего удивительного: ведь мужчине приходится, вульгарно выражаясь, спать не с социальным статусом, а с конкретной, живой женщиной. И ласки служанки, возможно, были для Алексея значительно горячей, чем супружеские объятия саксонской принцессы.

Шарлотта очень страдала, ибо любила русского царевича безоглядно, но его любовь так и не смогла завоевать, несмотря даже на то, что родила ему двоих детей. 12 июля 1714 года родилась великая княгиня Наталья, а 12 октября 1715 года появился на свет мальчик, который впоследствии станет императором Петром II. Как писал один из придворных, симпатизирующих Шарлотте, «лишь стены дворцов знают о слезах несчастной принцессы и о том, как преданно и верно она любила Алексея Петровича и как равнодушен и холоден он был к ней».

Судьбе было угодно развязать этот несложившийся брак. Через 10 дней после рождения сына Петра, внука Петра Великого, в ночь с 21 на 22 ноября 1715 года Шарлотта скончалась в результате родильной горячки. Умершую похоронили, и, казалось, в ее истории была поставлена точка. Но... Ах, это знаменитое драматургическое «но»! Неожиданный поворот сюжета — и пьеса смотрится дальше с неослабеваемым интересом.

Прошло 15 лет. И вот однажды в Париже, прогуливаясь по саду Тюильри, граф Морис де Сакс увидел женщину, очень похожую на принцессу Шарлотту Вольфенбюттель, которую он знал ранее по Дрездену. Он подошел к ней и убедился: да, это она. Шарлотта и не скрывала этого. И рассказала следующую историю. Жить с царевичем Алексеем было совсем невмоготу. Она инсценировала свою смерть и с преданным слугой сбежала во Францию — разумеется, домой никак нельзя было возвращаться. Но во Франции Шарлотта все время опасалась тайных агентов Петра I и поэтому убралась подальше, в Америку, в Новый Орлеан. Там ее взял под свое покровительство выходец из Европы дворянин д'Обан, которому саксонская принцесса — она же русская княгиня — все как есть рассказала. Получив известие о смерти Алексея, д'Обан предложил Шарлотте выйти за него замуж. Та согласилась. У них родилась дочь, которую тоже назвали Шарлоттой (но это уже была не принцесса). Далее новая семья приезжает по делам в Париж, и вот тут-то и увидел принцессу Шарлотту ее старый знакомый.

Морис де Сакс, будущий маршал Франции, в течение нескольких недель посещал дом д'Обанов, но потом семья таинственно исчезла — как выяснилось, отправилась на Иль-де-Франс, так в те времена именовался остров Маврикий. После смерти мужа и дочери принцесса Шарлотта вновь появляется во Франции. Узнавшая о ней австрийская императрица Мария Терезия, ее дальняя родственница и мать Марии Антуанетты, выделяет ей солидный пенсион — 20 000 флоринов. Скончалась Шарлотта в преклонном возрасте под именем мадам де Мальдак.

Свою лепту в историю принцессы Шарлотты внес Вольтер. Как раз в это самое время вышел первый том его «Истории Российской Империи при Петре Великом». Один экземпляр книги писатель подарил с авторской надписью своему другу, графу Шувалову, знаменитому камергеру российской императрицы. Он сопроводил подарок пространным письмом, в котором изложил ставшую ему известной историю принцессы Шарлотты — мадам д'Обан. В конце письма он восклицал: «Возможно ли придумать столько деталей и обстоятельств? Возможно ли, чтобы какая-то авантюристка присвоила себе имя жены царевича?»

На это ответил Игорь Северянин, написав строки в пору Февральской революции 1917 года в России:

Поверить трудно: вдруг — все ложно?!..
Трепещет страстной мукой стих...
Но невозможное — возможно
В стране возможностей больших!

ДОЧЬ ПЕТРА I АННА

А теперь вернемся к детям Петра I. Наследник Алексей был погублен. Сыновья от брака с Екатериной I, Петр и Павел, умерли во младенчестве. Дочери — Анна (родилась 27 января 1708 года) и Елизавета (18 декабря 1709 года) — выжили и прожили каждая свою судьбу, ту судьбу, которая была им определена свыше. Елизавета, «дщерь Петра», в неполные 32 года 25 ноября 1741 года взошла на российский престол. И провела веселую жизнь среди балов и театральных представлений. Как писал Николай Агнивцев:

Ау, века! Ах, где ты, где ты —
Веселый век Елисаветы,
Одетый в золото и шелк,
Когда в ночи, шагая левой,
Шел на свиданье, как Ромео,
К императрице целый полк;
Когда на царском фестивале
Сержанты томно танцевали
С императрицей менуэт...

Любила очень веселиться
Веселая императрица
Елисавет...

А вот старшей сестре Анне, «Аннушке», как звал ее Петр Великий, не повезло: ни трона, ни любви, одни напасти...

Интересно, что царевна Анна в первые свои годы не носила титулов ни княжны, ни царевны, потому что сама мать ее не имела никаких еще титулов, а называлась Мартою Скавронской, «госпожою Кох» или же «Катериною Василевской». Не было сестер среди членов царской фамилии и в календарях. Только в календаре на 1725 год — год смерти Петра I — отмечены дни тезоименитства великих княжон Анны и Елизаветы.

Воспитывалась княжна Анна (читай: принцесса) не по «Домострою», а по-европейски, знала французский и немецкий языки. В юные годы Анной заинтересовался голштинский принц Фридрих Карл. Он специально приехал в Россию, в «страну варваров», и в течение нескольких лет обхаживал русскую невесту. По словам камер-юнкера Бергхольца (из свиты голштинского герцога), юная царевна была прекрасна, как ангел, с чудным цветом лица, с удивительными руками и станом, довольно уже высокого роста, яркая брюнетка. Красота ее была действительно замечательная, по отзывам всех знавших царевну. Это был тип самого Петра — только тип женский, смягченный, улучшенный, хотя девушка и походила на отца поразительно.

Голштинский герцог так и вился вокруг любимой дочери Петра и даже исполнял серенады под окнами дворца, что было совсем непривычно и расходилось с российскими традициями — Россия ведь не Италия. Певческие и прочие старания герцога в конце 1724 года увенчались успехом — 24 ноября при посредничестве Андрея Ивановича Остермана (немец, прижившийся и ставший влиятельной персоной в России) был составлен брачный контракт. В контракте было оговорено, что Анна Петровна и муж ее отказываются и за себя, и за потомство от всех прав и притязаний на корону Российской империи. Однако контракт контрактом, а когда Петру стало худо, то, чувствуя приближение смерти, он послал за своей «Аннушкой», чтоб продиктовать ей последнюю волю. И не успел. По предположениям многих историков, он хотел передать корону именно старшей дочери Анне. Но на троне утвердилась ее мать, Екатерина I.

21 мая 1725 года в Петербурге, в Троицкой церкви, состоялось венчание Анны и голштинского герцога. Анне шел 18-й год, и она рассчитывала, что певший ей серенады Фридрих Карл и дальше будет расточать ей знаки внимания. Ожидания ее не оправдались. К удивлению Анны, герцог из дамского угодника превратился в надменного и бестактного гордеца и деспота. Какие ласки, какая нежность?! Холод. Равнодушие. И подчас даже брезгливость к молодой супруге. И, соответственно, реакция герцогини (да, уже не царевна, а герцогиня): слезы, ревность, отчаяние...

Как отмечает историк Даниил Мордовцев, «вообще герцог был далеко не находка: болезненный, некрасивый собой, дурной нравственностью, ревнивый и мот, он был, говорят современники, мучением для своей доброй и нежной жены, которую в один год вогнал в могилу».

И после смерти Екатерины I тайные надежды Анны Петровны на российский трон не осуществились, более того, новые власти выпроваживают ее вместе с голштинским герцогом из России с откупной в размере 200 000 рублей, да еще расписку потребовали. Анна хотела подписаться как «наследная принцесса российская», а ей предложили иную формулировку

ДОЧЬ ПЕТРА I
АННА ПЕТРОВНА

титула: «урожденная принцесса российская». Одним словом, отрезанный ломоть.

25 ноября 1727 года Анна Петровна, горько плача, навсегда оставила Россию. В Киле, где она стала жить, было ей совсем не сладко. Муж, оказавшись в родной стихии да при деньгах, гулял и веселился. А любимая дочь Петра I все горевала да плакала. Как писала в Россию ее приближенная из свиты Мавра Шепелева, «у нас в Кили очень дажди велики и ветри,

а печи — все железьния, и то маленкия». Ну все буквально не то, что в России!..

В немецком городе Киле Анна Петровна разрешается от бремени сыном Карлом Петром Ульрихом — будущим императором Петром III. Тем самым, у которого со временем отберет корону Екатерина II и которого с ее благословения Алексей Орлов убьет в Ропше. Но о его судьбе, к счастью, Анна Петровна не узнает: после рождения сына она вскоре умрет «чахоткой от неприятностей и семейных огорчений», как отметил Мордовцев.

12 октября 1728 года корабль «Рафаил» доставил тело Анны Петровны в Кронштадт, а 12 ноября ее прах с подобающими почестями был похоронен в Петропавловском соборе.

Старшая дочь Петра прожила всего лишь двадцать с половиной лет. Как отмечал современник, «это была прекрасная душа в прекрасном теле».

Через 45 лет появилось мистическое возмездие за судьбу Анны Петровны и ее убиенного сына Петра III, герцога Голштейн-Готторпского, в виде очередного самозванца — Емельяна Пугачева.

> Вся великая, темная, пьяная,
> Окаянная двинется Русь.
> Мы устроим в стране благолепье вам —
> Как, восставши из мертвых — с мечом, —
> Три угодника — с Гришкой Отрепьевым
> Да с Емелькой придем Пугачом.

Так писал Макс Волошин.

ИМПЕРАТРИЦА НА ЧАС
(Анна Леопольдовна)

Вернемся, однако, в хронологический ряд. Сын Алексея и Шарлотты Петр II процарствовал всего 3 года. После его смерти Верховный тайный совет отверг кандидатуру Елизаветы Петровны на российский престол — так же как и сына Анны Петровны, малолетнего Петра Ульриха, привезенного из Киля. Выбор пал на Анну Иоанновну (подробности ее царствования опускаем).

Далее на исторической сцене возникли Иван VI и его мать Анна Леопольдовна. У сводного брата Петра I, Ивана (Иоанна Алексеевича), были две дочери — Екатерина и Анна. Анна Иоанновна стала царицей, но была бездетна. Старшая сестра

Екатерина вышла замуж за герцога Мекленбургского Карла Леопольда и родила от него в 1718 году дочь Анну Леопольдовну. Точнее, вначале она звалась Елизавета Екатерина Христина. Позднее перешла в православие и сменила имя, став Анной Леопольдовной.

Бездетная императрица Анна Иоанновна решила передать престол потомству от брака своей племянницы Анны Леопольдовны, для которой срочно стали искать подходящего жениха. Перебрали многие кандидатуры и остановились на брауншвейгском принце Антоне Ульрихе, который и прибыл в 1733 году в Петербург. Принц оказался миниатюрным юношей (ему было 18 лет) и выглядел гораздо моложе своих лет. Маленького иноземного принца тут же приняли в русскую армию в чине полковника и назначили командиром тут же сформированного полка. Кстати, воевал принц весьма храбро. Воевал-то храбро, да ухаживал робко, впрочем, и внешность его как-то сразу не понравилась принцессе Анне. И было решено со свадьбой не торопиться.

Прошло несколько лет. Принцесса читала один французский роман за другим, мечтала о рыцарском поклонении, а Антон Ульрих никак не подходил под ее идеал. Держала она себя надменной гордячкой, но императрица решила, несмотря ни на что, довести свой план до конца (опять же: стерпится — слюбится).

Обручение 2 июля 1739 года было обставлено весьма пышно. Но роскошь обряда не смогла завуалировать отчужденность между женихом и невестой. По описанию жены британского резидента леди Рондо, на принце «был белый атласный костюм, вышитый золотом; его собственные очень длинные белокурые волосы были завиты и распущены по плечам, и я невольно подумала, что он выглядит как жертва». Проницательная леди: он и стал жертвой.

Невесте весь этот обряд был как нож в сердце, и она заливалась слезами. Вместе с ней всплакнула и императрица Анна Иоанновна. Принцесса Елизавета Петровна (будущая императрица — ее час еще не пробил) тоже расплакалась. Принц Антон Ульрих «выглядел немного глупо среди этого потока слез» (наблюдение все той же английской леди).

Венчание и свадьба состоялись на следующий день, 3 июля.

Через год родился сын, названный в честь прадеда Иваном. Удивительно хилый мальчик. Еще через три месяца Анна Иоанновна скончалась, и малолетний Иван, по счету шестой, стал наследником престола. Правительницей при нем была объявлена Анна Леопольдовна. Де-юре. А де-факто роль главного регента оспаривали между собой трое знаменитых остзейских немцев: Бирон, Миних и Остерман, каждый из них тянул одеяло на себя, и каждый хотел переиграть, перехитрить другого.

Поначалу главенствовал фаворит покойной императрицы герцог Эрнст Иоганн Бирон (есть даже такой термин — «бироновщина»). 19 октября 1740 года был обнародован указ о назначении Бирона регентом, но конкуренты, как говорится, не дремали. 7 ноября фельдмаршал Миних во время аудиенции у Анны Леопольдовны внимал жалобам рыдавшей принцессы: «Граф Миних! Вы видите, как обращается со мною регент. Мне многие надежные люди говорят, что он намерен выслать меня за границу». «О, какой шанс!» — подумал про себя Миних и тут же клятвенно заверил Анну Леопольдовну, что он что-нибудь придумает, чтобы Бирон больше не досаждал принцессе, а заодно — чтобы освободить Россию от надоевшего ей тирана. На что принцесса Анна фактически дала ему карт-бланш: «Ну хорошо, только делайте поскорее!»

Опытный военный и не менее искушенный интриган Бурхард Кристоф (по-русски Христофор Антонович) Миних принял решение быстро (уж не суворовское ли это было «Промедление смерти подобно»?) и в ночь с 7 на 8 ноября совершил, по сути, государственный переворот, арестовав Бирона. К шести утра с регентством Бирона все было кончено. Фельдмаршал рассчитывал на награду, он давно мечтал о звании генералиссимуса, но это звание получил не он, а супруг Анны Леопольдовны Антон Ульрих — может быть, за то, что абсолютно ничего не знал о грядущем перевороте: никто ему об этом не сообщил. А далее фельдмаршала Миниха оттеснил от властных полномочий его давний соперник Остерман. Казалось бы, при нем Анна Леопольдовна могла царствовать и царствовать, пока бы не подрос сын Иван, но она сама, можно сказать, выронила власть из своих рук.

Вот версия современного историка Николая Павленко: «Анна Леопольдовна приблизила час своего падения странным поведением. По отзыву Фридриха II, она «при некоторой трезвости ума отличалась всеми прихотями и недостатками дурно воспитанной женщины». У нее абсолютно отсутствовали способности государственного деятеля. Чтобы убедиться в этом, достаточно взглянуть на ее окружение и распорядок дня. По свидетельству современника, наблюдавшего двор, Анна Леопольдовна была женщиной беспечной и ленивой, значительную часть суток проводила в спальне с девицей Юлианой Менген, занимаясь праздным судачеством о придворных но-

АННА ЛЕОПОЛЬДОВНА С СЫНОМ –
«ИМПЕРАТРИЦА НА ЧАС»

востях. Пребывание в спальне позволяло правительнице быть непричесанной и экипированной так, чтобы лишь прикрывать свою наготу. Доверие, любовь и привязанность к фрейлине были настолько велики, что правительница соглашалась принимать только тех, кто был угоден фаворитке. А та протежировала своим родственникам и иноземным послам, приглашаемым по вечерам играть в карты.

Вместо того чтобы опереться на опытных советников, 23-летняя правительница руководствовалась внушениями своей недалекой фаворитки. Родом из Лифляндии, та получила деревенское воспитание, готовясь стать послушной супругой какого-либо преуспевающего помещика, но случай вознес ее к вершинам власти, которой она распоряжалась как домашняя хозяйка.

Русских вельмож раздражало не только пристрастие правительницы к иностранцам, но и невозможность проникнуть к ней для доклада. Если все же удавалось добиться аудиенции, то у робкой и нерешительной правительницы затруднительно было получить резолюцию — она предоставила все дела управления на усмотрение вельмож и чиновников. Деловые разговоры ее быстро утомляли и удручали, она без труда поддавалась сторонним влияниям, всегда имела грустный и унылый вид...» («Родина», 1994, № 6).

Как видим, доступ «к телу» правителя или правительницы — давняя российская проблема. Это первое замечание к пространной выдержке из публикации в журнале, а вот и второе: еще Сенека утверждал, что желающего судьба ведет, не желающего — тащит. Добавим: цель одна, зато пути при этом разные. Анна Леопольдовна не хотела быть хозяйкой своей судьбы и пустила все на самотек, и судьба потащила ее от Петербурга в Холмогоры, от царствования — в неволю.

Анна Леопольдовна допустила чрезмерно много ошибок. Помимо собственной лени и плохих советчиков, она не придала никакого значения тому обстоятельству, что у нее под боком находилась «дщерь Петра» Елизавета Петровна, которую, как опаснейшую конкурентку на престол, следовало как-то изолировать. Анне Леопольдовне указывали на это, но она проявила полную беспечность. Все ее внимание было сосредоточено на саксонском посланнике в Петербурге графе Линаре, который вскружил ей голову. Линар был ей люб, а муж Антон Ульрих — противен. И как подметил маркиз Шетарди (еще один иностранец в России), «правительница по-прежнему питает к своему мужу отвращение; случается зачастую, что Юлия Менгден отказывает ему входить в комнату этой принцессы; иногда даже его заставляют покидать постель».

Вы только представьте себе пикантную ситуацию, когда мужу говорят «Брысь!» — вылезай из пуховиков, ты мне порядком надоел!..

Связь с графом Линаром была настолько неприлична для монаршего двора, что Анна Леопольдовна решила защититься и не придумала ничего лучше, как женить Линара на своей любимой фаворитке Юлиане Менгден, чтобы иметь их обоих рядом, под рукой, и в постели...

Поэтому не следует удивляться той легкости, с которой был произведен дворцовый переворот. Елизавета Петровна подбила гренадеров из Преображенского полка, и те присягнули ей как будущей российской царице:

— Веди нас, краса писаная! Мы всех перережем!

В Зимнем дворце резать не пришлось, ибо корона сама упала к ногам Елизаветы... Остерман был болен. Миних в опале. Опытный Линар три месяца как выехал из России. Ну а у Анны Леопольдовны никакого авторитета, ни, как мы теперь любим говорить, харизмы не было. Так что переворот совершился без сучка без задоринки.

Анну Леопольдовну, принца Антона Ульриха, свергнутого малолетнего императора Ивана VI и других детей погрузили в сани (в конце ноября уже выпал снег, а переворот произошел в ночь с 24 на 25 ноября 1741 года) и вывезли из Зимнего дворца.

Поначалу Елизавета хотела выслать все семейство Анны Леопольдовны за пределы отечества, но затем передумала (очевидно, кто-то подсказал, что это опасно вследствие возможных заговоров), и всех отправили в ссылку. А младенца Ивана Антоновича упрятали сначала в тюрьму, а потом перевели в Шлиссельбургскую крепость. Позднее, 5 июля 1764 года, Иван VI при попытке освободить его офицером Василием Мировичем был убит. Несчастный принц!

А судьба принцесс? Несколько раз меняли место их заточения, наконец остановились на Холмогорах. В неволе пришлось Анне Леопольдовне коротать время с ненавистным своим супругом принцем Антоном Ульрихом. В Холмогорах родился еще один сын. Когда Анна Леопольдовна скончалась, императрица Елизавета устроила «сестрице» пышные похороны. Принц Антон Ульрих намного пережил свою супругу и умер 4 мая 1776 года. Менялась власть в Петербурге, но принца так и не выпустили из холмогорской неволи. Выпустили детей, к тому времени они уже были взрослыми, — в Данию, под покровительство сестры Антона Ульриха, датской королевы Юлианы Марии. Там их поселили в захолустном городке, вдали от больших дорог, в Горсенсе. Там нашла упокоение младшая принцесса Елизавета, затем умерли принцы Петр и Алексей. Последняя из брауншвейгской фамилии — Екатерина — умерла спустя 27 лет после переезда. Похоронены все принцы и принцессы в склепе монастырской церкви Горсенса, имена их выбиты на черной мраморной плите.

Имена выбиты. А их страдания так и остались неизвестными миру. Сохранился лишь рассказ, как в 1767 году в Холмогорах 23-летняя младшая принцесса Елизавета влюбилась в одного из охранников — сержанта Трифонова. Трифонов был человеком добрым и понимал, как тяжко молодым людям в неволе, он частенько сопровождал их на прогулках и даже играл им на флейте. Начальству подобная сердобольность показалась подозрительной, и Трифонова убрали. Принцесса Елизавета из-за этого оказалась на грани помешательства.

Мотивы неволи, темницы — очень распространенные в России. Вот и юный Лермонтов писал в «Узнике»:

> Отворите мне темницу,
> Дайте мне сиянье дня,
> Черноглазую девицу,
> Черногривого коня!
>
> Я красавицу младую
> Прежде крепко поцелую,
> На коня потом вскочу,
> В степь, как ветер, улечу.
>
> Но окно тюрьмы высоко,
> Дверь тяжелая с замком;
> Черноокая далеко
> В пышном тереме своем...

Опять просится слово «судьба». Анна Леопольдовна свою судьбу загубила, загубила вместе с ней и судьбу своих двух принцесс. Им не рубили головы. У них отняли юность. Свежесть и трепет первой любви. А пришла ли последняя с возрастом там, в Дании, — кто знает. Все равно на сердце оставался тяжелый камень прожитых в неволе, в ледяных Холмогорах, лет.

МИФИЧЕСКАЯ КНЯЖНА

История России изобилует темными тайнами. Большевики добавили свои. Советские тайны потихонечку раскрываются. А вот некоторые царские до сих пор остаются нераскрытыми. Одна из них — история княжны Таракановой.

В советской Исторической энциклопедии (1973) в четырнадцатом томе можно прочитать следующее:

«ТАРАКАНОВА, Елизавета (псевдоним, известна также под именами Франк, Шаль Тремуйль, Али Эмете, княгиня Волдомир, графиня Пинненберг, Зелинская и др.) (ок. 1745 – 4.XII.1775) — авантюристка-самозванка, выдававшая себя за дочь Елизаветы Петровны и графа А. Г. Разумовского. Происхождение Т. точно не установлено. В 1772 объявила себя в Париже претенденткой на росс. престол. В февр. 1775 обманным путем была арестована в Италии А. Г. Орловым, доставлена в Россию и заключена в Петропавловскую крепость. Здесь умерла от туберкулеза. Предание о гибели Т. при наводнении 1777 не соответствует действительности».

Сказано не шибко развернуто, скупо. «Выдававшая себя»? Версия, что княжна Тараканова — родная дочь царицы Елизаветы, внучка Петра, а ее отцом был Алексей Разумовский или другой фаворит Елизаветы, Иван Шувалов, никогда серьезно не опровергалась и не подкреплялась. Журнал «Русская беседа» в одном из номеров 1859 года предварил статью о Таракановой словами:

«В наше время уже утеряли свое значение причины политические, заставлявшие скрывать многое, что может бросить истинный свет на неясные события русской исторической жизни. Неужели русская история осуждена на ложь и на пробелы на все время, начиная с Петра I?..»

Можно подумать, что с допетровскими временами все ясно.

Но и в середине XIX века архив дела Таракановой так и не увидел свет. Екатерина II, Павел I, Александр I один за другим предпочитали политику умолчания. Они ни разу не опровергли доводов в выходивших за рубежом книгах (Кастер, «Жизнь Екатерины II»; Дюкло, «Секретные мемуары Франции») о том, что Тараканова — истинная дочь Елизаветы и погибла в крепости под кнутами палачей. А может быть, вовсе не погибла, а умерла естественной смертью в преклонном возрасте в качестве инокини Досифеи? Никакой ясности. Нет четких исторических линий. Сплошной туман.

Разберем первую версию: княжна Тараканова — самозванка. К тому были предпосылки. Если удался опыт чудесного спасения царевича Димитрия и появления Лжедмитрия, то почему бы чудесным образом не появиться кому-нибудь из принцесс? Положение в России после вступления на трон Екатерины II было нестабильным и шатким. Бунтовали монастырские и помещичьи крестьяне, фабричные. После удачных военных заговоров кружилась голова у гвардейцев. Преторианцам казалось, что на трон можно посадить любого. То есть идея самозванства витала в российском воздухе. Опять же Емельян Пугачев. Поэтому закономерно появление еще одной соискательницы на российскую корону.

В 1911 году в журнале Льва Толстого «Ясная Поляна» была помещена интересная публикация профессора Львовского университета Э. Лунинского о княжне Таракановой. Суть ее такова.

В Париже в 1772 году в гостинице Пельте на улице Сены появилась молодая особа, сразу обратившая на себя всеобщее внимание. Она представлялась под разными именами — от госпожи Франк до графини Пинненберг. От имен пестрило в глазах. И наконец последнее, самое звучное имя: российская княжна Елизавета.

Сколько ей было лет, трудно понять. По ее словам, 20 (соответственно, она родилась в 1752 году). Ксендз Глембовский в письме к примасу Подосскому называл ее «барышней-болтушкой, которой не более двадцати лет», а через три месяца давал ей уже 30 лет. Дело, очевидно, в том, что эта особа производила разное впечатление из-за перепадов в самочувствии: она страдала чахоткою и была подвержена горячке. Но болезненное состояние совершенно не отражалось на ее красоте. Она была чрезвычайно красива. Среднего роста, изящная, худощавая, энергичная. Черные брови, большие проницательные карие глаза — правда, с легкой косинкой. Лицо молочно-белое. Нос с горбинкой, черные волосы придавали ей вид итальянской княжны. А многие считали ее некой русской Марией Стюарт.

По словам Глембовского, «она очень хорошо сотворена Богом и, если бы не едва заметное косоглазие, могла бы соперничать с настоящими красавицами».

Кроме того, претендентка на российскую корону поражала своей образованностью. Она говорила чисто по-французски и по-немецки, немного по-итальянски и понимала английский язык. Плюс русский и польский. Все образованные люди, общавшиеся с ней, — князь Голицын, гетман Огинский, аббат Рокатани, маркиз Д'Античи и другие — в один голос говорили, что «принцесса Азовская» необыкновенно интеллектуальна: «у нее ум и богатые способности и разносторонние познания». Она хорошо говорит, очень сообразительна и восприимчива.

Княжна Волдомирская (имена можно выбирать произвольно), помимо прочих талантов, хорошо играла на арфе, рисовала, разбиралась в архитектуре. Многие поэты воспевали эту очаровательную богиню по образцу буколик Вергилия или страстных од Горация. Они рисовали фантастический фон, на котором выступала «королевская дева», «богиня-попечительница черкасского края», «мать счастливого народа».

Ах, поэты, вечно они что-то напридумывают, а потом разбирайся после них, где правда, где ложь, а где просто нагромождение метафор и гипербол.

Автор в журнале «Ясная Поляна» выделяет еще одно качество княжны Азовской: она умела использовать нужных ей людей. Многих она покоряла и подчиняла своей воле. В ее поступках была видна мужская хватка. Решения принимала незамедлительно. Вперед! Ни шагу назад! — был ее девиз, подобный девизу Петра Великого. Семь пистолетов было найдено среди вещей принцессы, а два заряженных висели у нее над кроватью во всякое время.

Решила свергнуть Екатерину II и сама усесться на трон и энергично взялась за дело. Стала подбивать видного сановника Карла Радзивилла устроить в России силами Польши большое замешательство. А там можно и до трона добраться. Княжна Азовская объявила себя дочерью Елизаветы Петровны и графа Разумовского, а Пугачева — своим родным братом, не зная, что к тому времени его песенка была спета. Претендентка направила письмо канцлеру Панину, в котором писала, что «империя российская колеблется», что ее «поглотит потоп», и выставляла себя единственной избавительницей, вроде Орлеанской девы. Стоявшему у берегов Ливорно русскому флоту она направила манифест, в котором призывала российских подданных подчиняться ей, законной дочери Елизаветы, а не этой немецкой принцессе Екатерине.

Снова напрашивается историческая параллель: княжна Волдомирская в роли Марии Стюарт в смертельной схватке с английской королевой Елизаветой. И нешуточные угрозы: «Я стану во главе моего народа и пойду "на ура!"». И еще грозилась претендентка обнародовать некие секретные документы, подтверждающие, что она — истинная дочь императрицы Елизаветы.

Могла ли все это спокойно терпеть Екатерина II? Конечно, нет. И началась «царская охота». Многие видели пьесу Леонида Зорина в театре Моссовета с таким названием — детективную историю, как Алексей Орлов (артист Леонид Марков) завлекал в сети самозваную принцессу Елизавету (Маргариту Терехову), — поэтому не буду пересказывать сюжет, лучше обратимся к классику авантюрного романа, к Александру Дюма-отцу. В 1858—1859 годах он совершил длительную поездку по России, собирая материал по истории. Таинственные жизнь и гибель княжны Таракановой не могли не заинтересовать французского романиста. И он изложил свою собственную версию в книге «Из Парижа в Астрахань». Версия Дюма не совпадает с версией Григория Данилевского, представленной в его романе «Княжна Тараканова» (1883). Данилевский полностью отрицает царское происхождение самозванки. Но в его изображении она не ловкая авантюристка, а, скорее, стойкая молодая женщина, запутавшаяся в паутине политических интриг.

Почитаем Александра Дюма.

«Ей было 20 лет, и была она красива, свободно и неизменно пользовалась успехом. В совсем юном возрасте ее увезли из Санкт-Петербурга во Флоренцию; она росла там, бедный цветок, благородным растением Севера, пересаженным под благословенное солнце — итальянских микеланджело и рафаэлей. Была королевой праздников во Флоренции, Пизе и Ливорно. Официально о ней ничего не знали, но тайна, наводящая на смутные мысли о ее императорском происхождении, лишь добавляла шарма, и он обволакивал ее, как богинь древности — облака, когда те воздерживались предстать взору смертных во всем величии. Двое, однако, ее разгадали (один — по мотивам честолюбия, другой — по злобе): Карл Радзивилл и Алексей Орлов...»

Прервем чтение Дюма и скажем от себя: у Радзивилла были тайные намерения — как остервенелый враг России, он хотел жениться на княжне Таракановой и с помощью этого брака поколебать трон Екатерины II. А далее снова Дюма:

«Екатерина добросовестно сокрушала все, что мешало, но барьеры снова появлялись на ее пути. Только она позволила удавить Петра III, только позволила убить юного Ивана, и вот в Италии рок уготовил ей соперницу, о которой она никогда не помышляла! Да будь это в России, в Ропше или Шлиссельбурге, там, куда может дотянуться ее рука; но в Италии, во Флоренции, в землях великого герцога?.. Она положилась на своих добрых друзей Орловых. Те никогда не останавливались ни перед чем...»

И вот три корабля Алексея Орлова бросили якорь в порту Ливорно.

«Было это в июле; все щеголи из дворян и престижные женщины Тосканы собрались в Ливорно дышать бризами Средиземного моря и купаться в его волнах. Приезд Алексея Орлова, то есть основного участника революции 1762 года и брата любовника Екатерины, надо думать, пробудил общее любопытство...»

Снова сделаем перебивку. У Петра Вегина есть стихотворение «Фонари Флоренции» и в нем строки:

> Вдоль по улице Мертвой,
> переулком Слепых,
> через Улицы Красивых Женщин —
> к статуе Справедливости!

Как хочется всем правды и справедливости! Но справедливость — это подчас кинжал, который пронзает нашу грудь.

Красивой женщине в Ливорно тоже хотелось справедливости. А еще власти и богатства. И она поймалась на крючок

Алексея Орлова, который при встрече с княжной начал нашептывать, что лучше всего ей вернуться на родину и свергнуть с престола Екатерину. Ну кто такая Екатерина? Принцесса Анхальт-Цербстская, то есть немка, в жилах которой нет ни капли крови Романовых. Другое дело — дочь Елизаветы Петровны...

«В багаже Орлова находилась императорская корона. Играючи он примерил ее к голове княжны Таракановой, и корона оказалась в самый раз, как если бы была изготовлена специально для нее. И княжна представила себе, как будет выглядеть в полном наряде императрицы...»

А далее Орлов замыслил и осуществил коварный план: пригласил на один из своих кораблей множество итальянских гостей, в том числе и княжну Тараканову. Корабль был украшен огнями и походил на волшебную галеру Клеопатры. Праздник сулил всем большое веселье. Но только не для русской княжны. По окончании праздника все гости отбыли на берег, а ее задержал князь Орлов, и, пока граф что-то продолжал ей рассказывать, корабль поднял якорь и пошел на всех парусах неизвестно куда.

«Бедная газель угодила в западню; несчастная княжна стала пленницей», — повествует Александр Дюма.

«Без всяких предисловий любезный дворянин, предупредительный влюбленный сделался мрачным и свирепым исполнителем приказов Екатерины. Княжну, как была, в бальном платье, с цветами, в бриллиантовых украшениях, заперли в одной из кают фрегата. Сначала она служила утехой для Орлова; потом, когда притомился и поскольку еще недостаточно она была осквернена его аристократической любовью, она была отдана на скотские ласки матросам, а им было позволено обращаться с ней, как им заблагорассудится.

Фрегат бросил якорь в Кронштадте, и Орлов отправился в Санкт-Петербург за указаниями императрицы. Вечером того же дня лодка, закрытая наподобие гондолы, та, что служила императрице для ее ночных прогулок по Неве, отделилась от фрегата, поднялась по Неве и пристала к берегу, против крепости...»

Так доставили княжну Тараканову в мрачную крепость.

«...Пересекли двор, открыли потайную дверь, спустились на 20 ступеней вниз, открыли дверь № 5, втолкнули женщину в камеру наподобие склепа и заперли за ней дверь. Дочь Елизаветы, прекрасная княжна Тараканова, это чудное создание, воспринимаемое созданием из перламутра, кармина, газа и атласа, оказалась полунагой в сырой и темной «мышеловке»

равелина св. Андрея и стала жить жизнью тех рептилий, какие —
она почувствовала ночью — несколько раз скользнули по ее
влажному лбу и холодным рукам...»

Двенадцать лет спустя произошло наводнение. Нева взбун-
товалась и проникла в камеру княжны Таракановой. Ей было
только 32 года. Этот трагический момент изобразил художник
Константин Флавицкий в картине «Княжна Тараканова в Пе-
тропавловской крепости во время наводнения» (1864). Силь-
нейшее отчаяние и неизбывный ужас молодой женщины запечатлел художник на своем полотне.

Снова Дюма: «Вскоре вода дошла до ее колен. Она звала,
она кричала. Она подняла камень, что накануне не могла сдви-
нуть с места, и била камнем в дверь.

Ее крики, делаясь все более душераздирающими, ее стенания, в которых все сильнее звучала мольба, продолжались остаток дня и почти всю ночь. Эти плачи, идущие из воды, были невыносимы. Наконец около 4 часов утра они угасли. Вода
полностью заполнила подвальный этаж равелина св. Андрея.

Когда наводнение прекратилось, когда вода спала, проник-
ли в карцер княжны и обнаружили там ее тело. Мертвая, она
не нуждалась больше в приказе императрицы, чтобы выйти
оттуда. Вырыли яму на земляном валу и ночью закопали
княжну...»

Далее Александр Дюма признается: «Такова легенда крепости. Я мог бы рассказать десяток таких же. Может быть,
они неверны, может быть, созданы воображением, порождены
террором против народа. Разве Бастилия не была населена
привидениями, что исчезли, когда дневной свет пробился в их
темницы?..»

Но Бастилия пала. А наши российские темницы продолжают стоять неприступно. И многие тайны не раскрыты до сих
пор. Вот в чем разница.

А теперь рассмотрим другую версию. Действительно, у царицы Елизаветы Петровны была дочь от графа Алексея Разумовского. В святом крещении наречена она была Дорофеей
(Августой). А фамилию Тараканова дала ей тетка, сестра отца. Воспитывалась принцесса за границей, жила там в роскоши. Императрица Екатерина II, опасаясь ее претензий на престол, велела привезти Августу в Россию. В 1775 году княжну
Тараканову в закрытой карете, в сопровождении конного эс-
корта тайно доставили на родину и заточили в Ивановский монастырь, который мать ее, Елизавета Петровна, избрала для
призрения вдов и сирот заслуженных лиц; там она приняла постриг под именем Досифеи.

В московском Новоспасском монастыре до сих пор сохранился портрет монахини с надписью на обороте: «Принцесса Августа Тараканова, в иноцех Досифея, постриженная в Московском Ивановском монастыре, где по многих летах праведной жизни своей и скончалась, погребена в Новоспасском монастыре».

Скончалась Досифея 4 февраля 1810 года в возрасте 64 лет. В Ивановском монастыре она пробыла 35 лет. Первые годы постриженная принцесса жила в строжайшем затворе, и видеть ее могли только четыре человека: проживавшая с ней келейница, игуменья, монастырский священник и его причетник. Что-то вроде аналога французской «Железной маски».

Интересно, что в келье Ивановского монастыря до Досифеи томилась сноха Ивана Грозного Пелагея, а в Смутное время туда угодила насильно постриженная жена свергнутого царя Василия Шуйского — Мария.

Что делала принцесса Августа, она же монахиня Досифея, в долгие годы заточения? Молилась. Читала духовные книги. Занималась рукоделием. Держалась тихо и смиренно, зарекомендовав себя великой подвижницей. А когда умерла, то отпевал ее епископ Августин Дмитровский с высшим духовенством. На погребение явился московский главнокомандующий Иван Гудов, женатый на двоюродной сестре усопшей — графине Прасковье Кирилловне Разумовской. На похоронах было много московских вельмож, одетых торжественно, в мундирах и лентах. Все знали, кто была почившая. Принцесса Августа...

НЕМЕЦКИЕ ПРИНЦЕССЫ С АНГЛИЙСКИХ БЕРЕГОВ
(Елизавета Федоровна и Александра Федоровна)

Княжна Тараканова — далекое прошлое. А кто у советских людей ходил в героинях? Конечно, все революционерки — Землячка, Крупская, Стасова и т. п. А в подверстку к ним — летчица Полина Осипенко, трактористка Паша Ангелина, партизанка Зоя Космодемьянская, ткачиха Валентина Гаганова и т. д. Они ставились в пример молодежи, главное, что они демонстрировали в жизни, — боевые и трудовые подвиги и верное служение партии и правительству. Вся прошлая история России была практически перечеркнута. Из женщин вспоминали только жен декабристов, опять же в контексте борьбы с ненавистным царским режимом. И больше никого. А между тем отечественную историю украшали замечательные и благородные личности. Слабого пола, но сильные духом. Такими были Элла и Аликс. Две сестры, две немецкие принцессы, прибывшие в Россию с английских берегов. И обе погибшие в революционном смерче, пронесшемся по их новой родине.

Наш рассказ начнем со старшей из них, с Эллы — так звали в семье принцессу Елизавету Гессен-Дармштадтскую. Она родилась 1 ноября 1864 года в Дармштадте в семье великого герцога Луи Гессенского Людвига IV и его жены Алисы Английской. Элла стала второй дочерью, после нее родились еще два сына и три дочери (в 1872 году родилась Аликс).

Мать Эллы, Алиса Английская, была дочерью королевы Виктории, и поэтому весь дворец был наполнен фамильными реликвиями английского королевского дома, а дети воспитывались в семье более в английском, чем в немецком, духе. Строгий распорядок дня. Школа и церковь — две святыни. И еще благотворительность: обязательная раздача подарков беднякам, посещение больниц и богаделен. Принцев и принцесс в семье растили и воспитывали в труде и прилежании. Дети убирали сами свои постели, топили камин в комнатах и выполняли другую домашнюю работу под присмотром строгой гувернантки, мисс Оргард (естественно, англичанки).

Элла росла прилежной и набожной девочкой. Ее увлечениями были чтение, красивые цветы (предпочтение она отдавала белым розам) и музыка. Кто знает, как бы сложилась ее судьба, если бы она рано не потеряла свою мать. Когда Элле было 14 лет, в Дармштадте вспыхнула эпидемия дифтерита. Болезнь, не разбирая, кто знатен, а кто нет, косила всех — медицина тогда была бессильна. Среди жертв оказались мать Эллы и младшая сестра, 4-летняя Мэй. Герцогиня Алиса скончалась в возрасте 35 лет. Это была первая смерть, которую довелось пережить Элле. Смерть матери она перенесла стоически. Без единой слезинки.

После кончины матери для Эллы и ее старшей сестры Виктории практически кончилось детство, да и кто заменит материнскую ласку и нежность? Пришлось присматривать за младшими членами семьи, да и отца поддерживать. Позднее Элла и другие дети стали обучаться в Англии и гостить у доброй старой бабушки Виктории.

Время пролетело быстро (а когда оно тянется медленно? только в темнице!), и вот уж Элла не девочка, а невеста на выданье. Да не просто хорошенькая, а раскрасавица, с тонкими чертами лица и с красивыми, но печальными глазами. В конце XIX века все только и говорили, что в Европе блистают две красавицы: Елизавета Австрийская (Сисси), жена императо-

ра Франца-Иосифа, и принцесса Элла Гессен-Дармштадтская. К немецкой принцессе, перебравшейся на постоянное место жительства в Англию, обращали взоры самые видные женихи Европы, и среди них принц Вильгельм Прусский, будущий кайзер Вильгельм II. Он сделал Элле официальное предложение, но она, ни минуты не колеблясь, отказала ему.

А если бы не отказала?.. Представляете, что могло бы произойти в Первую мировую войну: две сестры Элла и Аликс,
первые леди двух враждующих стран, рассорены войной. Может, они бы ее замирили, не доводя до революционного ката-
клизма? Вильгельм (Викки, как звал его Николай II, его двоюродный брат) был не на шутку влюблен в Эллу, и, когда в
1918 году над ней нависла смертельная угроза большевистской
расправы, он искренне хотел ее спасти и протянул руку помощи.
И она, уже не Элла, а русская великая княгиня Елизавета Федоровна, во второй раз отклонила предложение Вильгельма.

Отказавшись от руки прусского принца, Элла отдала свою
русскому избраннику. Им стал великий князь Сергей Александрович, четвертый сын императора Александра II и, соответственно, дядя будущего императора Николая II. Элла и
Сергей были знакомы с детства и приняли решение соединить
свои судьбы. Королева Виктория была категорически против
этого брака: во-первых, ее пугала непредсказуемость политической судьбы России, а во-вторых, она прекрасно знала, что
браки гессенских принцесс с представителями дома Романовых были несчастливыми (супруга Павла I принцесса Вильгельмина, супруга Александра II Максимилиана Вильгельмина Августа София Мария...). Но никакие доводы не могли остановить Эллу: она отдала свое сердце и руку русскому князю.
Почему именно ему? Ответ можно отыскать в поэзии Владимира Палея. Выйдя замуж за Сергея Александровича, Элла
обрела многих родственников, в том числе ее племянником
стал юный князь Владимир Палей, поэт и офицер. В 17 лет,
учась в пажеском корпусе, он написал такие строки:

> Кто сможет нам сказать, тогда ль мы влюблены,
> Когда мы в первый раз задумчиво вздыхаем,
> Когда сначала мы и знаем, и не знаем,
> Когда неведомой мы радостью полны, —
> Кто сможет нам сказать, тогда ль мы влюблены?
>
> Кто сможет нам сказать всю правду наших грез?
> Кто, старый иль младой, за это поручится,
> Что завтра нам в окно любовь не постучится,
> Что не познаем мы отраду новых слез?
> Кто сможет нам сказать всю правду наших грез?

НЕМЕЦКАЯ ПРИНЦЕССА ЭЛЛА –
БУДУЩАЯ РУССКАЯ КНЯГИНЯ ЕЛИЗАВЕТА

Как «кто»? Сердце. Оно и подсказывает, кого любить, а кого ненавидеть.

И вот свадьба в Петербурге, она состоялась летом 1884 года. Приготовления были долгие и утомительные. На голову невесты водрузили великокняжескую корону, которая когда-то принадлежала Екатерине II. Бриллиантовая диадема, ожерелье, серьги — все необходимо было примерить и отладить. В бальную туфлю «на счастье» положили золотую монету. Платье выбрали из серебристой парчи, с глубоким декольте, явно не на русский манер. А поверх — длинная бордовая мантия, отделанная мехом горностая, с длинным шлейфом, концы которого поддерживали во время церемонии пажи.

Венчание. Потом бал. Банкет. Все любовались молодой парой. Немецкая принцесса была ослепительно хороша, но и великий князь не ударил лицом в грязь. Пожалуй, он был самым красивым из всех великих князей — высокий блондин с серо-зелеными глазами и тонкими чертами лица. Сергей Александрович был широко образованным человеком, а в юности отличался даже артистическими способностями. Но он обладал непростым характером, и многие не любили великого князя. Жесткий, деспотичный, кичившийся своим консерватизмом, он был подвержен приступам ханжеской религиозности. Его ярый антисемитизм сочетался с подчеркнутым русофильством.

Его племянник великий князь Александр Михайлович вспоминал: «При всем желании отыскать хотя бы одну положительную черту в его характере я не могу ее найти... Упрямый, дерзкий, неприятный, он бравировал своими недостатками, точно бросая в лицо всем вызов и давая таким образом врагам богатую пищу для клеветы и злословия».

Впрочем, на великого князя Сергея Александровича при его жизни навешали много различных ярлыков, а после трагедии на Ходынке присвоили ему имя «Князь Ходынский». По отзывам других, это был гордый, но весьма застенчивый человек. По некоторым слухам, увлекался юношами.

И возникает сразу вопрос: а как же с таким сложным человеком уживалась принцесса Элла? Вернее, великая княгиня Елизавета Федоровна — так стала именоваться она в России, после того как 13 апреля 1891 года перешла в православие. Сам Александр III благословил ее иконой Нерукотворного Спаса. При крещении она оставила себе имя Елизавета, избрав лишь другую небесную покровительницу — святую праведницу Елизавету, мать Иоанна Крестителя. Она и вела себя как праведница, за что ее практически все безоговорочно любили. Обладая живым умом и общительным характером, она была удивительно деликатна и умела располагать к себе людей. В отличие от мужа Елизавета Федоровна не была склонна демонстрировать пренебрежение к нормам высшего света и исполняла свою роль на людях всегда с большой тщательностью и достоинством. Она выбрала себе мужа — и любила его, несмотря на все слухи, которые роились вокруг этого брака, вплоть до того, что он был чисто номинальным.

Это была удивительная женщина. Посол Франции в России Морис Палеолог писал о ней:

«Я так и вижу ее такой, какой она тогда была: высокой, строгой, со светлыми голубыми наивными глазами, с нежным ртом, мягкими чертами лица, прямым и тонким носом, с гармоническими и чистыми очертаниями фигуры, с чарующим ритмом походки и движений. В ее разговоре угадывался прелестный женский ум — естественный, серьезный и полный скрытой доброты...»

Мнение великого князя Александра Михайловича:

«Редкая красота, замечательный ум, тонкий юмор, ангельское терпение, благородное сердце — таковы были добродетели этой удивительной женщины. Было больно, что женщина ее качеств связала свою жизнь с человеком, как дядя Сергей. С того момента, как она прибыла в Санкт-Петербург из родного Гессен-Дармштадта, все влюбились в «тетю Эллу». Проведя вечер в ее обществе и вспоминая ее глаза, цвет лица, смех, ее способность создавать вокруг себя уют, мы приходили в отчаяние при мысли о ее близкой помолвке. Я отдал бы десять лет жизни, чтобы она не вошла в церковь к венцу с высокомерным Сергеем. Нет более благородной женщины, которая оставила отпечаток своего облика на кровавых страницах русской истории».

Когда кто-то из родственников сетовал при ней на ее якобы несложившуюся семейную жизнь, она отвечала гордо: «Но меня нечего жалеть. Несмотря на все, что можно обо мне говорить, я счастлива, потому что любима».

Детей у Елизаветы Федоровны и Сергея Александровича не было, но они воспитывали детей великого князя Павла Александровича — Марию и Павла (мать у них умерла, а Павел Александрович ударился в большую любовь). Еще Елизавета Федоровна много внимания уделяла изучению русского языка, музыке и живописи. Много читала, хотя круг чтения во многом был определен вкусами супруга, который даже «Анну Каренину» полагал романом вредным для молодых жен и считал, что лучше читать морализаторские произведения Диккенса и Теккерея.

Россия вступила в XX век в революционных конвульсиях. И случилось то, чего и опасалась королева Виктория: в результате террористического акта ее внучка Елизавета овдовела. 4 февраля 1905 года в Кремле, недалеко от Никольских ворот, революционер-террорист Иван Каляев метнул бомбу в карету, в которой находился великий князь Сергей Александрович. Трагедия произошла на глазах Елизаветы Федоровны. Она

выскочила из ротонды, находящейся рядом, и стала судорож-
но собирать бесформенные окровавленные куски своего убитого мужа. Потом она рассказывала царице, своей сестре Аликс,
об этих страшных минутах, вспоминая, что ею двигала лишь
одна мысль, молотком стучавшая в голове: «Скорее, скорее —
Сергей так ненавидел беспорядок и кровь».

В продолжение пяти дней и ночей Елизавета Федоровна не
выходила из церкви, пытаясь в молитве найти утешение и
смягчить свое горе. Вместе с тем она нашла мужество поехать
в тюрьму к убийце мужа и простить его за совершенный им
грех. Подумайте только: она его простила! Христианская, все-
прощенческая мораль великой княгини оказалась сильнее чувства мести. И Елизавета Федоровна пишет письмо Николаю II
с просьбой о помиловании Каляева.

На месте убийства Сергея Александровича усилиями Елизаветы Федоровны был поставлен красивый памятник — шес-
тиметровый крест, исполненный художником Виктором Вас-
нецовым в древнерусском стиле. Памятник был взорван в
1918 году и восстановлен уже в наши дни.

После смерти Сергея Александровича Елизавета Федоровна вся целиком отдалась делу благотворительности, посвя-
тив свою жизнь страдающим и обездоленным. Она возглави-
ла московское отделение Российского общества Красного
Креста, стала председателем Православного Палестинского
общества. Но этого ей показалось мало, и она решила создать
Марфо-Мариинскую обитель. Святейший Синод отнесся к
этому намерению скептически, поскольку уставом обители не
предполагалось пострига, как принято было в монастырях. Утверждению устава обители помог указ Николая II.

Свое имущество великая княгиня разделила на три части: одну отдала казне, вторую — родственникам мужа, а самую значительную часть выделила на благотворительные цели. Себе Елизавета Федоровна не оставила даже обручального кольца.

В Москве, на Большой Ордынке, была основана Марфо-
Мариинская обитель (название в честь двух сестер, символи-
зирующих христианскую любовь и милосердие). В создании
комплекса зданий, включая храм Покрова Божьей Матери,
участвовали архитектор Алексей Щусев и художник Михаил
Нестеров. 10 февраля 1909 года Марфо-Мариинская обитель
была открыта. Среди молодых женщин, ставших сестрами милосердия, — княгини и крестьянки, представители самых разных слоев общества. Как было сказано в уставе, «целью уст-
раиваемой Обители Милосердия является помощь ближнему
во всех ее видах, но помощь не только материальная, но и

нравственно-духовная в чисто христианском православном смысле».

9 апреля 1910 года великая княгиня впервые сняла траур, чтобы до конца своих дней носить монашеское одеяние. В этот день ее и 16 сестер торжественно посвятили в больничной церкви в крестовые сестры милосердия. Посвященные дали обет отречения от мирской жизни и в присутствии епископа Трифона избрали Елизавету Федоровну настоятельницей епархиальной общины сестер милосердия.

В 1915 году Владимир Палей написал стихотворение «Сестры милосердия»:

> Сестры милосердия, ангелы земные,
> Добрые и кроткие, грустные немного,
> Вы, бальзам проливише на сердца больные,
> Вы, подруги светлые, данные от Бога.
>
> Вам — благословение, сестры душ усталых,
> Розаны, расцветшие там, на поле битвы,
> И в крестов сиянии, ярко-ярко алых,
> Тихо принимавшие раненых молитвы...

С начала Первой мировой войны часть сестер отправилась в полевые госпитали, а великая княгиня организовала Комитет по оказанию благотворительной помощи семьям лиц, призванных на войну. Помощь и молитвы — вот смысл новой жизни Елизаветы Федоровны. Опять процитирую молодого князя Палея, его стихотворение «Новое чувство». Возможно, оно обращено не к самой Елизавете Федоровне, тем не менее...

> Привык я видеть Вас скользящей
> Под звуки вальса на балах,
> С улыбкой нежной и манящей,
> С веселым вызовом в глазах...
> Вы были светской королевой,
> К рабам безжалостной — увы...

Пропускаю строки, и далее явление нового образа:

> Взамен всего, что соблазняет
> В тылу беспечных богачей,
> Косынка белая сияет
> Вокруг задумчивых очей...

Еще один пропуск, и —

> Да, я любил любовью тела,
> Я грешный кубок пил до дна...
> Но это время улетело —

> Теперь война, теперь война...
> Теперь Ты каждого солдата
> Своей чаруешь добротой,
> И белоснежная соната
> Царит в душе Твоей святой...

Еще раз скажу, что совершенно неважно, к кому конкретно обращены эти строки, но они точно выразили суть преображения души и характера Елизаветы Федоровны. Смерть мужа, революционные потрясения в России, братоубийственная война (ведь по происхождению она была немка) — все это всколыхнуло религиозные чувства в ней до немыслимой, экстатической высоты. Она решительно отринула прежнюю светскую жизнь, отказалась от всей ее роскоши и, по существу, осталась одна, наедине со своей верой в Бога.

Как часто мы сталкиваемся с тем, что некоторые мысли и чувства очень трудно выразить обычным строением фраз, то есть прозой, и легче — стихами с их колдовским ритмом! И поэтому вполне уместно привести еще одно стихотворение князя Владимира Палея, написанное им в августе 1917 года:

> Господь во всем, Господь везде:
> Не только в ласковой звезде,
> Не только в сладостных цветах,
> Не только в радостных мечтах,
> Но и во мраке нищеты,
> В слепом испуге суеты,
> Во всем, что больно и темно,
> Что на страданье нам дано...
> Господь в рыданье наших мук,
> В безмолвной горечи разлук,
> В безверных поисках умом —
> Господь в проклятии самом.
> Мы этой жизнию должны
> Достичь неведомой страны,
> Где алым следом от гвоздей
> Христос коснется ран людей...
>
> И оттого так бренна плоть,
> И оттого во всем — Господь.

Но вернемся к деятельности Марфо-Мариинской обители. Здесь лечили и раненых воинов, и неимущих бедняков, ставили на ноги даже самых безнадежных больных (милосердное слово ведь способно на многое!). Только за 1913 год в обители приняли около 10 тысяч больных. Лекарства им выдавали бесплатно. Была еще и бесплатная столовая общины, предоставлявшая беднякам до 140 тысяч обедов в год. Но и это не все. В притонах Хитровки сестры милосердия находили беспризорных девочек и устраивали их в закрытые учебные заведения и приюты, где занимались их физическим и духовным воспитанием. По инициативе княгини в селе Всехсвятском было создано Братское кладбище. И во все эти виды деятельности Елизавета Федоровна вкладывала свое трепетное сердце.

Иван Бунин свой рассказ «Чистый понедельник» закончил следующим образом: «...вся в белом, длинном, тонколикая, в белом обрусе с нашитым на него золотым крестом на лбу, высокая, медленно, истово идущая с опущенными глазами, с большой свечой в руке, Великая княгиня...»

Спала Елизавета Федоровна не более трех часов в сутки. Строго соблюдала посты. Питалась в основном овощами и молоком. И много молилась. Не женщина, а праведница. Ангел во плоти. Но этот ангел очень здраво мыслил и имел твердый характер, недаром Елизавета Федоровна часто наставляла Николая II, как ему поступать. Она дружила с императором, называла его «мой милый Ники» и на правах старшей родственницы частенько призывала его «быть жестким, и очень жестким», когда дело касалось управления Россией.

«...Не будь чрезмерно мягок! Все считают, что ты — нерешителен и слаб, никто уже не говорит о тебе, что ты — добрый, и это заставляет мое сердце страдать так невыносимо, так жестоко!» (3 апреля 1902).

О себе Елизавета Федоровна признавалась в письмах к императору: «В моей жизни было столько радости, в скорбях — столько безграничного утешения, что я жажду дать хотя бы частицу всего этого другим. Я могу исписывать страницу за страницей, и тем не менее трудно выразить словами то, что я чувствую. Я жажду благодарить и благодарить на всякое мгновение Господа за все то, что Он дал мне, и жажду принести Ему мое слабое благодарение через служение Ему и Его страдающим чадам. И это чувство не новое, оно давно, оно всегда жило во мне. Господь всегда был так милостив ко мне!..» (18 апреля 1909).

И еще: «Мой милый Сергей почил в Бозе, и столь многие из тех, кого он любил, ушли от нас, чтобы соединиться с ним. А мне Господь дал в этой жизни прекрасную работу. Хорошо ли я исполняю ее или плохо — это знает только Он, но я буду стараться делать все, что от меня зависит, и, вложив свою руку в Его, пойду без страха вперед, сколько бы скорбей и упреков ни приготовил для меня мир...» (апрель 1909).

А мир приготовил, хотя почему мир? Железная когорта

большевиков во главе с Лениным ввергла Россию в пучину революции. Мир привычных ценностей мгновенно рухнул. Наступил сон разума, порождающий чудовищ.

Весной 1917 года Елизавета Федоровна писала сестре, принцессе Виктории, о России: «Вся наша страна раскромсана на маленькие кусочки. Все, что было собрано веками, уничтожено нашим собственным народом, который я люблю всем моим сердцем...»

Печальная участь была уготована и детищу Елизаветы Федоровны. Марфо-Мариинская обитель — как неугодный большевикам «рассадник суеверий и мракобесия, возможный очаг контрреволюции» — с первых месяцев советской власти подверглась притеснениям, а в начале 1926 года была окончательно закрыта. В храме был устроен Дом культуры, культуры пролетарской, разумеется. И не молитвы раздавались под сводами храма, а лихие комсомольские песни. Сестер милосердия сослали в Среднюю Азию. Еще трагичней сложилась судьба настоятельницы обители Елизаветы Федоровны.

Впрочем, трагического конца Елизавета Федоровна могла избежать. Еще в начале 1917 года по поручению кайзера Вильгельма II приехавший в Москву шведский министр уговаривал великую княгиню покинуть Россию в срочном порядке. Она отказалась. Дважды немецкий посол Мирбах добивался встречи с ней, чтобы доказать ей необходимость выезда из лагеря большевиков, и дважды Елизавета Федоровна не приняла его, как представителя враждебной страны. Она отчетливо понимала, что ее ждет, и положилась на волю Божью.

На третий день Пасхи 1918 года Елизавету Федоровну арестовали. К воротам общины подкатило авто с чекистами, и ей велели немедленно собираться. Настоятельница попросила дать ей два часа, чтобы сделать необходимые распоряжения и попрощаться с сестрами. Ей дали полчаса. Чекисты торопились — их ждали новые жертвы. Елизавету Федоровну увезли вместе с келейницей Варварой Яковлевой и сестрой милосердия Екатериной Янышевой, которые вызвались сопровождать настоятельницу. Она успокоила оставшихся: «Я никому ничего дурного не сделала. Буде на все воля Господня!»

Сначала Елизавету Федоровну и других великих князей отправили в ссылку в Пермь. 20 мая их перевезли в Алапаевск и поместили в Напольной школе на окраине города. Сестер Варвару и Екатерину отправили в Екатеринбург, но Варвара Яковлева добилась возвращения обратно, чтобы разделить судьбу с великой княгиней. Там в Алапаевске Елизавета Федоровна поближе познакомилась со своим племянником кня-

зем Владимиром Палеем и полюбила его за милосердие и та-
лант.

Вначале содержание Романовых было относительно нестро-
гим, но 21 июня жизнь заключенных резко изменилась к худ-
шему. У них были отобраны личные вещи и деньги: обувь, бе-
лье, платье, золотые и серебряные изделия. Оставлено было
только носильное платье, пара обуви да смена белья. Всякие
прогулки вне школьной ограды были запрещены. Запретили
посещать и местную церковь.

17 июля в 12 часов в школу явились чекист Петр Старцев и
несколько рабочих-коммунистов. Они отобрали у заключенных последние деньги и объявили им, что ночью их перевезут
на Верхне-Синячихинский завод, расположенный недалеко от
Алапаевска. А затем была проведена классическая чекистская
провокация: к зданию школы был подброшен труп заранее
убитого чекистами человека. Этот убитый дал основание власти заявить о том, что некая «неизвестная банда» пыталась организовать «похищение князей» и вот-де в перестрелке погиб
доблестный красноармеец.

А далее все просто. Приступили к ликвидации ни в чем не
повинных людей: вся их вина состояла в том, что они принадлежали к царственному дому Романовых. «Самый человеч-
ный» из людей Ленин дал распоряжение: «Романовых в живых не оставлять!» В ночь на 18 июля царских родственников
отвезли на заброшенный железный рудник глубиной около
60 метров. И с руганью и гиком стали сбрасывать в шахту своих жертв. Били прикладами и сбрасывали живыми. Лишь одного убили выстрелом в голову — великого князя Сергея Михайловича, оказавшего палачам сопротивление. А так — удар
по голове и сброс вниз. Все мученики умерли в страшных стра-
даниях от жажды, голода и ранений, полученных при ударах
чекистов и при падении.

Елизавета Федоровна упала не на дно шахты, а на выступ,
который находился на глубине 15 метров. С нею рядом оказался князь Иоанн с перевязанной головой. В адской темноте
Елизавета Федоровна сделала ему перевязку. Это был ее последний акт милосердия. Еще она произносила молитвы, пока
душа окончательно не отлетела от измученного тела.

Великая княгиня Елизавета Федоровна погибла на 54-м
году жизни. Вместе с другими князьями на дне шахты закончил жизненный путь и 21-летний Владимир Палей, который
мог стать большим русским поэтом.

Подробности трагедии в Алапаевске стали известны из показаний очевидцев и из материалов следствия, проведенного

ВЕЛИКАЯ КНЯГИНЯ
ЕЛИЗАВЕТА ФЕДОРОВНА

следователем Николаем Соколовым по поручению адмирала Колчака.

При отступлении белой армии гробы с останками жертв попали сперва в Читу, а затем, в апреле 1920 года, в Русскую Духовную миссию в Пекине. Узнав об этом, сестра и брат Елизаветы Федоровны пожелали, чтобы тела Великой княгини и ее верной напарницы Варвары Яковлевой перевезли в Иерусалим и похоронили в церкви Св. Марии Магдалины. Об этом в далеком 1888 году во время посещения Палестины с Сергеем Александровичем Елизавета Федоровна просила сама: «Как бы я хотела быть похороненной здесь».

Ее желание свершилось. Бог на этот раз проявил к ней особую милость. В январе 1921 года прах Елизаветы Федоровны и инокини Варвары был доставлен в Иерусалим и погребен в склепе-усыпальнице церкви Марии Магдалины русского Гефсиманского женского монастыря.

1 ноября 1981 года Русская православная церковь за рубежом причислила Великую княгиню Елизавету Федоровну и инокиню Варвару, как великомучениц, к лику святых. РПЦ это сделала позднее, 11 лет спустя, весною 1992 года.

«И дым мучения их будет восходить во веки веков, и не будут иметь покоя ни днем ни ночью поклоняющиеся зверю и образу его и принимающие начертание имени его».

Насчет того, что палачи не будут знать покоя, я лично сомневаюсь. Революция 1917 года стала достоянием истории, а зло в России и в мире продолжает свою кровавую деятельность. И как не вспомнить строки Владимира Палея:

> Мы докатились до предела,
> Голгофы тень побеждена:
> Безумье миром овладело —
> О, как смеется сатана!..

Однако этот омерзительный смех не должен заглушить память о невинных жертвах. Нашлась женщина, правда не в России, а в Австралии, которая на свои деньги в издательстве «Посев» в Западной Германии издала книгу «Святая мученица Российская Великая княгиня Елизавета Федоровна» (1990). Имя этой женщины — Любовь Миллер (девичья фамилия — Бабушкина). О себе она рассказывала:

«Я родилась русской и умру русской. Мою маму маленькой девочкой во время Первой мировой войны привезли в Маньчжурию. А отец, поручик инженерных войск, воевал в армии Колчака...»

В 1974 году Любовь Миллер посетила Святую землю и познакомилась с игуменьей Варварой, которая в молодости встречалась с великой княгиней, работала в ее мастерских женского труда во время Русско-японской войны. «Люба, — сказала она Миллер, — вот за этой дверью покоится тело Елизаветы Федоровны...» «Помню, какой меня охватил тогда трепет, — вспоминала Любовь Миллер. — Вернувшись домой в Мельбурн, я задала себе вопрос: почему об этой женщине до сих пор никто не написал хорошей большой книги?...»

Любовь Миллер взяла и написала книгу о княгине-велико-мученице. В России Елизаветой Федоровной мало кто интересовался, внимание привлекали в основном кремлевские жены, жены большевистских вождей.

Пусть эта маленькая главка в книге «Жизнь и гибель принцесс» прозвучит отдельной нотой в реквиеме о безвинно погибшей прекрасной женщине.

> Бывает страшно иногда,
> Тая в груди глухие стоны,
> Понять, что лучшие виденья
> Ушли... навеки... навсегда,
>
> Бывает страшно иногда...

Вы догадались: это строки Владимира Палея.

Ну а теперь рассказ о младшей сестре Елизаветы Федоровны, принцессе Аликс. Ее полное имя звучит так: Алиса Виктория Елена Луиза Беатриса. Но Николай II звал ее просто Аликс.

О старшей сестре Элле (Елизавете Федоровне) в России известно и написано мало, о вот о младшей Алисе в последнее время хлынул поток книг: Грег Кинг — «Императрица Александра Федоровна», Роберт Масси — «Николай и Александра», книги Эдварда Радзинского... Поэтому моя задача — предельно кратко изложить судьбу Аликс (Александры Федоровны), не вдаваться в детали и не стараться перерадзинить Радзинского. Свой взгляд и своя интерпретация. Но начну все же с цитаты Радзинского, ибо он был в Дармштадте, а я не был:

«Я видел этот край осенью. Холмы, поросшие лесом, спускаются в туманную долину Рейна — места, любимые Гёте. Здесь лежит Дармштадт, крохотная столица крохотного немецкого государства — великого герцогства Гессенского. Тогда, в 1872 году, город утопал в цветах и во дворцовом музее таинственно глядела нежная Мадонна Ганса Гольбейна...»

В 1872 году, 25 мая, родилась Алиса Гессенская. Ей было всего 6 лет, когда неожиданно умерла ее мать Алиса Английская. Современники утверждают, что Аликс пошла в мать: такая же фанатичная, экзальтированная, нервная. Возможно. Но не надо забывать, что девочка росла без матери, а это наложило на нее определенный отпечаток. Да, ее очень любила бабушка, английская королева Виктория. И все же бабушка — это не мать.

Большую часть своего детства и отрочества Алиса Гессенская провела в Англии. Она получила английское воспитание, практически ее родным языком был английский.

Французский посол в России Морис Палеолог, наблюдавший жизнь царской семьи, впоследствии писал: «Александра Федоровна не немка ни по уму, ни по сердцу и никогда ею не была. Конечно, она таковая по рождению... Ее воспитание, образование, сформирование сознания и морали стали совершенно английскими. И ныне еще она англичанка по своей внешности, манере себя держать, некоторой натянутости и пуританскому характеру, неуступчивости и воинственной суровости совести. Наконец, по многим своим привычкам».

Это определил и наблюдал французский посол. Однако в России Александру Федоровну все считали исключительно немкой.

Но мы забежали вперед. В юности Аликс много занималась. Будучи способной ученицей, она достигла изрядных успехов в истории, географии, ее познания в немецкой и английской литературе намного превышали уровень студента колледжа. Принцесса прослушала даже курс лекций по философии и была удостоена степени доктора философии Гейдельбергского университета. Она прекрасно музицировала на фортепьяно, но играть предпочитала только в кругу близких.

Проживание в Англии, в Виндзорском замке, было для гессенской принцессы делом нелегким. Вроде член королевской семьи — и все же, все же чужая, занесенная в Англию судьбой из Германии. Подчас она чувствовала себя второсортной принцессой, не настоящей, и вот это неравенство на уровне чувств требовало какого-то выхода, оно и проявилось в России в надменности, в страстном желании властвовать над другими, быть первой из первых.

В Россию Аликс впервые попала в 1884 году, когда ей было 12 лет. Ее привезли на свадьбу старшей сестры, Эллы, с великим князем Сергеем Александровичем. Что поразило двенадцатилетнюю девочку? Необычайная роскошь русского двора, величие и помпезность царских покоев и подобострастие придворных. А еще 16-летний наследник российского престола Ники, с которым она переглядывалась в храме во время венчания сестры. Они сразу приглянулись друг другу. В дождливый день в Петергофе на царской даче они вместе стояли у окна и в шутку выводили пальцами имена друг друга на запотевшем стекле. Шутка, оказавшаяся предначертанием судьбы.

Через 5 лет, в 1889 году, Алиса Гессенская снова появилась в России. И уже не маленькой девочкой, а расцветшей девуш-

АЛЕКСАНДРА ФЕДОРОВНА
В МОЛОДЫЕ ГОДЫ

кой 17 лет. Она приехала погостить к сестре Элле и, конечно, встретилась с наследником. Оба они ощутили, что их прежняя симпатия переросла в серьезное чувство. Ники прозондировал в семье, может ли он взять Алису Гессенскую в невесты, на что получил от родителей твердый отказ. Александр III уже думал на этот счет и остановил свой выбор на принцессе из Орлеанского дома Елене, дочери графа Парижского. Опять же в расчет принимался и союз с Францией, это не какой-то там заштатный Гессен. Выбор Александра III поддержала и императрица, к тому же английская Алиса ей не понравилась с первого взгляда: какая-то холодная и держится так, словно аршин проглотила. Но тут всегда послушный Ники вдруг зароптал и категорически отверг кандидатуру Елены Парижской. Аликс, Аликс — и только она! И он решительно наклеил фотографию Аликс в свой дневник, написав: «Я долго противился этому чувству... единственное препятствие или пропасть между нею и мною — это вопрос религии! Кроме этой преграды, нет другой: я почти уверен, что наши чувства взаимны! Все в воле Божьей».

Воля Божья и вмешалась. Прогрессировавшая болезнь Александра III заставила его согласиться с выбором наследника, и в апреле 1894 года Ники выехал в Дармштадт официально просить руки обожаемой им Аликс, недаром он давно (21 декабря 1890 года) записал в дневнике: «Моя мечта — когда-нибудь жениться на Аликс Г.».

5 апреля 1894 года будущий император Николай II снова поверял свои чувства дневнику: «Боже! Что сегодня за день! После кофе, около 10 часов, пришли к т. Элле в комнаты Эрни и Аликс. Она замечательно похорошела, но выглядела чрезвычайно грустно. Нас оставили вдвоем, и тогда начался между нами тот разговор, которого я давно сильно желал и вместе очень боялся. Говорили до 12 часов, но безуспешно, она все противится перемене религии. Она, бедная, много плакала. Расстались более спокойно...»

8 апреля. Пятница. «Чудный, незабвенный день моей жизни — день моей помолвки с дорогой, ненаглядной Аликс. После 10 часов она пришла... и мы объяснились между собой. Боже, какая гора свалилась с плеч; какою радостью удалось обрадовать дорогих Мама и Папа! Я целый день ходил как в дурмане, не вполне сознавая, что собственно со мной приключилось!..»

13 апреля. «...Гулял с моей Аликс, собирал цветы и сидел с ней долго на скамейке за прудом — прелестный уголок...»

Итак, основное препятствие было устранено, хотя согласие перейти в православную веру Аликс далось с большим трудом. Победила любовь. Ну а дальше — технические проблемы: пресвитер Янышев должен был подготовить принцессу к православию, а лекториса Шнейдер — обучить русской грамоте (после революции учительница будет расстреляна).

Тем временем здоровье Александра III все ухудшалось, и было решено со свадьбой поторопиться. 5 октября 1894 года была послана телеграмма с вызовом Аликс в Крым.

8 октября наследник записал в дневнике: «Получил чудную телеграмму от милой дорогой Аликс уже из России — о том, что она желала бы миропомазаться по приезду. Это меня тронуло и поразило до того, что я ничего долго сообразить не мог!»

10 октября они встретились в Ливадии. Это была радостная и счастливая встреча двух молодых влюбленных на фоне печальных и скорбных лиц всего окружения умирающего императора. 20 октября он скончался. 21 октября Аликс приняла православие и была наречена Александрой. 7 ноября состоялись похороны Александра III, а через неделю, 14 ноября, в церкви Зимнего дворца состоялось бракосочетание молодых.

Как видите, все произошло скоропалительно, в весьма сжатые сроки. И все эти действия главным участникам событий дались с тяжестью на сердце. Как вспоминал главный врач царской семьи академик Николай Вельяминов: «Когда Государь опасно заболел, явилась неотложная необходимость женитьбы Наследника, так как, по традициям, Русский Царь не мог быть холостым. Подходящей невесты не было, вспомнили о принцессе Гессенской, а вероятно о ней напомнили Цесаревич и Вел. Кн. Елизавета Федоровна, и Государь, как передавали, не без больших колебаний дал свое согласие на брак сына. Надо было думать, что поэтому происходившее в этот день свидание Царя с его невесткой должно было быть тяжелым моментом как для родителей, так и для молодых; Государь этим согласием на спешный брак как бы признавал свое безнадежное положение. Императрица встречала нелюбимую ей заместительницу; невеста должна была понять, что ее принимают в семью, так сказать, по неволе. Наследнику это последнее тоже должно было быть неприятно, да, кроме того, сам этот брак напоминал ему о той громадной ответственности, которая падала на него в ближайшее время. Думаю, что в эту минуту все четверо тяжело страдали душой...»

Гроб с телом Александра III был отправлен в Петербург, а вслед за ним отправилась в Петербург и Аликс. Через неделю свадьба. Как признавалась Александра Федоровна в письме к Вырубовой, «свадьба наша была как бы продолжением этих панихид, только меня одели в белое платье».

А со стороны все выглядело иначе, и многим казалось, что Аликс светилась от счастья. «Она выглядела удивительно красивой», — отмечала приехавшая на свадьбу принцесса Уэльская. «Я думаю, что Ники очень повезло, что у него такая красивая и обаятельная жена, — писал другой почетный гость, герцог Йоркский, — и должен сказать, что я никогда не видел двух людей, так любящих друг друга и более счастливых, нежели они».

Счастье в горе? Конечно, парадокс. Но тем не менее. Это подтверждает и дневник Николая II: «Вместе с непоправимым горем Господь наградил меня также счастьем, о каком я не мог даже мечтать. Он дал мне Аликс».

Медовый месяц протекал среди панихид и траурных визитов. Не зная обычаев, не привыкнув к чужой стране, к незнакомому обществу, к специфическому русскому двору, не имея никакого стажа цесаревны, Аликс должна была сразу стать русской императрицей. Согласитесь, это было непростое бремя для 22-летней принцессы, прибывшей с английских берегов. Всего двадцать два года!..

Опорой в это трудное первое время для молодых супругов была их любовь. Аликс до своего Ники не знала мужчин и ни в кого не влюблялась даже платонически. Цесаревич был ее первым мужчиной, и она его полюбила пылко и верно, причем ее чувственная к нему любовь была замешена на какой-то религиозной основе (муж — это дар Бога). В дневнике (оба они вели дневники) она записала: «Мы нашли свою любовь. В наших соединившихся сердцах всегда будет петь любовь».

Что касается Ники, то до Аликс у него уже был немалый опыт общения с женщинами. Его записи пестрят упоминаниями встреч с «картофелем» — так на дворцовом жаргоне именовались девицы для легких увлечений и ублажения великих князей. Но «картофель» — это так: «скушал» и забыл. Однако у Ники была и романтическая любовь — с юной балериной Матильдой Кшесинской, на которой он даже подумывал жениться (об этом я написал в книге «Вера, Надежда, Любовь...» и не хочу повторяться). Но вот явилась Аликс — и все прочее было решительно отринуто. Сделав предложение принцессе Гессенской, Ники честно признался ей в своей былой связи с Матильдой. И что? Аликс запылала гневом? Ничуть. Она проявила женскую мудрость и сказала кающемуся наследнику престола: «Мы все терпим искушения в этом мире и, будучи еще молоды, не всегда можем бороться и удерживаться от искушений; но, когда мы раскаиваемся, Бог прощает нас...»

Что оставалось делать Ники? Только восхищаться своей умной невестой, что он и делал с редким воодушевлением.

Вот так началась их совместная семейная жизнь — Александры Федоровны и Николая Александровича. С беззаботных юношеских чувств, так трогательно зарисованных поэтическим пером Георгия Иванова:

Слова любви журчат прилежно,
Ее рука в его руке,
И солнце розовеет нежно
На милой девичьей щеке.

А дальше — проблемы, связанные с управлением гигантской страной. А еще был двор, скопище родственников и вельмож, министров, сановников и их жен и подруг. Нам, далеким от понятия, что такое царский двор, трудно уразуметь, что это за пороховая бочка. У французского писателя XVII века Жана де Лабрюйера есть книга «Характеры, или Нравы нашего века», а в ней отдельная глава «О дворе». Приведем несколько выдержек:

«Трудно привыкнуть к жизни, которая целиком проходит в приемных залах, в дворцовых подъездах и на лестницах».

«Двор похож на мраморное здание: он состоит из людей отнюдь не мягких, но отлично отшлифованных».

«Давать обещания при дворе столь же опасно, сколь трудно их не давать».

«Придворная жизнь — это серьезная, холодная и напряженная игра. Здесь нужно уметь расставить фигуры, рассчитать силы, обдумать ходы, осуществить свой замысел, расстроить планы противника, порою идти на риск, играть по наитию и всегда быть готовым к тому, что все ваши уловки и шаги приведут лишь к объявлению вам шаха, а то и мата. Часто пешки, которыми упорно распоряжаются, проходят в ферзи и решают исход партии, выигрывает ее самый ловкий или самый удачливый».

«Человек, некоторое время занимавшийся интригами, уже не может без них обойтись: все остальное ему кажется скучным».

Так утверждал Жан де Лабрюйер. Так было при королевском дворе во Франции, так было при дворе российского императора, так есть... Где еще? Догадайтесь сами.

Двор не принял Александру Федоровну. И не потому, что она была чужая, пришлая принцесса, а потому, что была слеплена из другого теста: очень высокомерная, чересчур нервная, чем-то раздражающая многих — от слуг до высшего света. При Александре III прислуга чувствовала себя привольно, без стеснения, и все обожали царя и царицу. При Александре Федоровне все изменилось, и прислуга ее очень боялась. Новая царица вела себя замкнуто и скрытно. Избегала приемов и непосредственного общения с придворными и почти все время проводила в кругу своей семьи. Большую часть жизни она

ЦАРСКАЯ СЕМЬЯ:
АЛИКС, ЭЛЛА, НИКИ

проводила не в Зимнем дворце, где устраивались приемы и ра-
уты, а в Царском Селе, Ливадии и Петергофе.

Великий князь Александр Михайлович, женатый на сестре
императора Ксении Александровне, отмечал: «Молодая императрица делала ошибки, незначительные сами по себе, но рав-

носильные страшным преступлениям в глазах Петербургского высшего света. Это замучило ее и создало известную натянутость в ее обращении с окружающими».

Владимир Гурко, один из царских сановников, занимавший пост товарища министра внутренних дел в правительстве Столыпина, в свое время написал книгу «Царь и Царица» и дал в ней свой психологический портрет царственной четы. Отметив ускользающую противоречивость натуры Александры Федоровны, Гурко писал:

«Одно лишь можно утверждать с уверенностью, а именно что по природе своей Александра Федоровна была, прежде всего, страстная, увлекающаяся женщина, с необыкновенной настойчивостью и жаром преследующая раз намеченную цель. Присущая же ей рассудительность была лишь продуктом полученного ею англо-протестантского воспитания, пропитавшего ее рационализмом, равно как высокими и стойкими принципами пуританизма. Вследствие этого во всех повседневных делах, не захватывавших ее личных жгучих интересов, она отличалась рассудительностью. Но, коль скоро вопрос касался того, что живо ее затрагивало, неудержимая страстность брала верх.

В одном лишь отношении природа и полученное воспитание сошлись вполне — они выработали в Александре Федоровне абсолютную правдивость, а отсюда прямоту и определенность высказываемых ею суждений. В этом отношении Царица не сходилась характером со своим супругом, напоминавшим скрытностью и умением таить свои истинные чувства и намерения византийство Александра I.

В частной семейной жизни Александра Федоровна была образцом всех добродетелей. Безупречная, страстно любящая супруга, примерная мать, внимательно следящая за воспитанием своих детей и прилагающая все усилия к их всестороннему развитию и укреплению в них высоких нравственных принципов; домовитая, практичная и даже расчетливая хозяйка — вот как рисуют Александру Федоровну все ее приближенные. Наряду с этим она неизменно интересовалась широкими отвлеченными вопросами общего, даже философского характера, а женская суетность была ей абсолютно чужда; нарядами она вовсе не интересовалась...»

И далее Гурко пишет:

«Все лица, имевшие с ней сношения на деловой почве, единогласно утверждали, что докладывать ей какое-либо дело без предварительного его изучения было невозможно. Своим докладчикам она ставила множество определенных и весьма дельных вопросов, касающихся самого существа предмета, причем входила во все детали, и в заключение давала столь же властные, сколь точные указания. Так говорили лица, имевшие с ней дело по различным лечебным, благотворительным и учебным заведениям, которыми она интересовалась, равно и заведовавшие кустарным делом, которым ведал состоящий под председательством Государыни кустарный комитет.

Вообще, Александра Федоровна была преисполнена инициативы и жаждала нового дела. Мысль ее постоянно работала в тех вопросах, к которым она имела касательство, причем она испытывала упоение властью, чего у ее царственного супруга не было».

Невольно хочется спросить: а кто был царем? Царь или царица? «Николай II принуждал себя заниматься государственными делами, но по существу они его не захватывали, — свидетельствовал Гурко. — Пафос власти был ему чужд. Доклады министров были для него тяжкой обузой. Стремление к творчеству у него отсутствовало.

Всего лучше чувствовал себя Николай II в тесном семейном кругу. Жену и детей он обожал. С детьми он состоял в тесных дружеских отношениях, принимал участие в их играх, охотно совершал с ними совместные прогулки и пользовался с их стороны горячей неподдельной любовью. Любил он по вечерам громко читать в семейном кругу русских классиков.

Вообще, более идеальной семейной обстановки, нежели та, которая была в Царской семье, представить себе нельзя. На почве общего разложения семейных нравов как русского, так и западноевропейского обществ, семья русского самодержца представляла столь же редкое, сколь и сияющее исключение».

Сделаем стихотворную перебивку и снова процитируем Георгия Иванова:

> И сердце радостно трепещет,
> И жизнь по-новому светла,
> А в бледном небе ясно блещет
> Адмиралтейская игла.

И он же о петербургских видениях:

> По вечерам сама Императрица
> В регалиях и в шепчущем атласе...

Естественно, это о другой императрице. Шепчущий атлас — это слишком фривольно, это не о набожной Александре Федоровне. Ее одежды не шептались, а молились. Молились о наследнике. Но сначала молитвы о муже: «Спокойной ночи,

ИМПЕРАТОР НИКОЛАЙ II

дорогой мой, мальчик ты мой, Любовь моя, да хранит тебя Бог и ангелы Его, и дойдут до тебя мои молитвы и благословения» (письмо от 2 мая 1894 года). Затем императрица страстно желала и молилась, чтоб появился сын. Наследник. Но рождались дочери.

3 ноября 1895 года появилась на свет Ольга.

29 мая 1897 года — Татьяна.

14 июня 1899 года — Мария.

5 июня 1901 года — Анастасия.

Все даты приведены по старому стилю (кстати, свой дневник Николай II вел по старому стилю, игнорируя новый).

А теперь обратимся к книге Эдварда Радзинского «Господи... спаси и усмири Россию», которая написана по дневникам императора, и воспроизведем фрагмент о детях, о маленьких принцессах:

«...ее девочки... Мы мало знаем о них, они — тени в кровавом отсвете будущей трагедии.

Викторианское воспитание — наследство, полученное Аликс от английской бабушки Виктории, — она передает девочкам: теннис, холодная ванна утром, теплая — вечером. Это — для пользы тела. А для души — религиозное воспитание: чтение богоугодных книг, неукоснительное исполнение церковных обрядов.

«Ольга, Татьяна... были первый раз на выходе и выстояли службу отлично», — с удовлетворением напишет царь в дневнике.

Когда Ольга была совсем крошкой, ее дразнили старшие подруги: «Ну какая же ты великая княжна, если ты не можешь даже дотянуться до стола?»

«Я и сама не знаю, — со вздохом отвечала Ольга, — но вы спросите папа — он все знает».

«Он все знает» — так она их воспитала.

В белых платьях, цветных кушаках, с шумом спускаются они в бледно-лиловый (любимый цвет Аликс) кабинет императрицы: громадный ковер в кабинете, на котором так удобно ползать, на ковре огромная корзина с игрушками. Игрушки переходят от старших к младшим.

Они растут.

«Ольге минуло 9 лет — совсем большая девочка».

Ольга и Татьяна — эти имена часто вместе в дневнике. Вот они совсем маленькие. «Ольга и Татьяна ехали рядом на велосипеде» (дневник Николая).

«Ольга и Татьяна вернулись около двух... Ольга и Татьяна — в Ольгином комитете» (из писем царицы).

Ольга — блондинка со вздернутым носиком, очароватесьна, порывиста, Татьяна — более сосредоточенна, менее непосредственна и менее даровита, но искупает этот недостаток ровностью характера. Она похожа на мать. Сероглазая красавица — проводник всех решений матери. Сестры называют ее «гувернер».

И две младших, столь же нежно привязанных друг к другу, — обе веселые, чуть полноватые, широкая кость, они — в деда. Мария, русская красавица, и добродушнейшая Анастасия... За постоянную готовность всем услужить они зовут Анастасию «наш добрый толстый Туту». И еще ее зовут «шибздик» — маленькая.

Они не очень любят учиться (это видно по бесконечным ошибкам в их дневниках). Способной к учению да и самой умной была Ольга.

«Ах, я поняла: вспомогательные глаголы — это прислуга глаголов, только один несчастный глагол «иметь» должен сам себя обслуживать», — говорит она учителю Жильяру.

Фраза великой княжны!

Они спят в больших детских, но походных кроватях, почти без подушек, по две в комнате. Эти походные кровати они возьмут с собой в ссылку — они доедут с ними до самого Екатеринбурга, на них будут спать в ту последнюю свою ночь. А потом на этих кроватях проведут ночь их убийцы.

Как и вся семья, они вели дневники. Впоследствии в Тобольске, когда приедет комиссар из Москвы, они их сожгут. Останется лишь несколько тетрадей...

Безликое перечисление событий: «Утром были в церкви, завтракали вечером с папа и Алексеем, днем ездили к Ане (Вырубовой) и пили чай...» (из дневника Марии).

Точно такой же дневник ведет Татьяна.

Дневник Ольги — в простой черной тетради: она хочет даже в этом походить на отца. И опять: «Пили чай... Играли в блошки...» и т.д. Но одно поразительно: все время «мы». Они настолько вместе, что даже мыслят о себе как о едином целом.

Очаровательная деталь: в дневниках девочек остались засушенные цветы — цветы из царскосельского парка, где они были так счастливы. Они увезли их с собой в ссылку и сохранили между страницами своих тетрадей. Сжегши почти все дневники, они переложили цветы в оставшиеся тетради как воспоминание о разрушенной жизни...

...В Ливадии Ольге исполнилось 16 лет. Она была назначена шефом гусарского полка. Вечером был бал. Играл оркестр военных трубачей. С белокурыми волосами, в розовом длинном платье она стояла посреди залы. И все гусарские офицеры, приглашенные на бал, были влюблены в нее.

В тот вечер она впервые надела свое бриллиантовое ожерелье.

На каждый день рождения бережливая Аликс дарила дочерям одну жемчужину и один бриллиант. Чтобы в 16 лет у них составились два ожерелья.

Зиму Семья проводит в Царском Селе — старом любимом Александровском дворце...»

Далее Радзинский делает заключение: «В золотой клетке, где живет Семья, веками ничего не меняется...» В клетке — да. Но вокруг бушует и меняется мир. Россия корчится и жаждет перемен. Российская корона требует от Николая II энергичных и решительных мер. «Россия любит кнут», — убеждает супруга Александра Федоровна, но император преступно медлит...

Была еще одна жгучая проблема — наследник. Рождались девочки, а мальчика не было. Страстное желание родить сына буквально травмировало психику Александры Федоровны. Ее природный мистицизм развился чрезвычайно: она окружила себя богомолками, старцами и старицами, считая, что у них есть чудодейственная сила, которая поможет ей в ее идее фикс. В ход шли и поездки к мощам преподобного Серафима Саровского, и принятие «святых» ванн, и многое другое. И... помогло!

30 июля 1904 года появился на свет Алексей. «Великий незабвенный для нас день, в который так явно посетила нас милость Божья. В 1 час дня у Аликс родился сын, которого при молитве нарекли Алексеем».

Пухлый, розовощекий бутуз при рождении оказался больным ребенком. Королевская болезнь — гемофилия (несвертываемость крови). Страх за его жизнь — постоянная головная боль императрицы, этот страх деформировал ее психику. Она буквально дрожала над своим «Бэби», как она звала Алексея.

И вот тут на сцене и возник Григорий Распутин. Вот как представил его Максимилиан Волошин в поэме «Россия» (1924):

> Рыжебородый с оморочным взглядом —
> Идет Распутин в государев дом,
> Чтоб честь двора, и церкви, и царицы
> В грязь затоптать мужицким сапогом
> И до низов ославить власть цареву...

Но Александра Федоровна поверила в Распутина как в «Божьего избранника», тем более что он, обладая способностями экстрасенса, взглядом, голосом, касаниями действитель-

но успокаивал цесаревича, снимал у него боль и останавливал
кровь. Как тут не поверить!..

Тема Распутина — сложнейшая и огромнейшая, часть ее —
взаимоотношения царицы и Григория Ефимовича. Касаться ее
не будем, приведем лишь отрывок из воспоминаний Веры Жу-
ковской, которая лично знала «старца»:

«Подходя к кровати, я увидала на столике в изголовье
большую корзину ландышей, а рядом большой кабинетный
портрет царицы в профиль с низкой прической, в углу ее рукой
написано: «Александра». Заметив мой взгляд, Р., равнодушно
почесывая под мышками, сказал: «Это царица прислала!» —
«Очень красивые», — любуясь цветами, заметила я. Поглядев
на цветы, Р. равнодушно зевнул: «На што они зимою. Это хорошо, когда они в лесу по весне цветут... А зимой отрада вот
тута», — и он расположился тискать. «Неужели вам все это не
надоело, Гр. Еф.?» — спросила я. «А чему тут надоесть-то? —
отозвался он. — Ты думаешь може: я так со всеми и живу, кои
ко мне ходят?.. можно што хошь наболтать, вон некоторые ер-
ники брешут, што я и с царицей живу, а того, леши, идолы, не
знают, што ласки-то много поболе этого есть (он сделал жест).
Да ты сама хошь поразмысли про царицу? коли хотя видал ее
одну-то? Дети тут, а то Аннушка, а то няньки, и того ли она у
меня ищет? На черт ей мой... она этого добра сколько хочет может взять. А вот не верит она им, золотопупым, а мне верит и
ласку мою любит...» («Русский архив», II—III, 1992, с. 278).

Григорий Распутин был врачевателем больного ребенка
Александры Федоровны, и именно поэтому он для нее находился в ореоле святости. Нельзя сбрасывать со счетов и исте-
рию, которой была подвержена императрица. Некоторая анор-
мальность в поведении ее позволяла строить ненавистникам
царской семьи всевозможные домыслы: любовник генерал
Орлов, командир Уланского полка; жгучий треугольник Александра Федоровна — Николай II — фрейлина Анна Вырубо-
ва; оргии с Распутиным и т.д. Скорее всего, это лишь домыслы. Грязные сплетни.

Да, царица была нервной и экзальтированной особой, но
надо отчетливо представлять и исторический фон, на котором
протекала ее жизнь. Смерть Александра III, панихидная
свадьба, Ходынская трагедия, Кровавое воскресенье, Лен-
ский расстрел, Русско-японская война, революционные волнения, Первая мировая... А царские свободы, а созыв и роспуск
дум, а постоянные террористические акты, а убийство Распутина, а...

Было столько всего, что если распределить равномерно, то

хватило бы бед и потрясений на всех предыдущих русских царей. Поэтому откуда взяться покою в душе Александры Федоровны? Тревога — вот ее постоянная гостья. И страх. Страх
неминуемого конца. Ужас гибели. Не собственной. А любимого «Бэби». И девочек. И мужа. Она никак не могла отогнать
от себя дурные предчувствия. И черпала утешение в религии.

«Христианство, как небесная любовь, возвышает душу человека. Я счастлива: чем меньше надежды, тем сильнее вера.
Бог знает, что для нас лучше, а мы нет...» — записала однажды императрица в своем дневнике.

Может показаться странным, но царица очень верила простым людям. Иногда она задавала язвительный вопрос знат-
ным петербургским дамам: «Вы как познакомились с русским
народом? Во время игры в бридж?.. — И гордо добавляла: —
А я знаю русский народ. Из огромного числа писем, которые
я получала».

Увы, она тоже не знала русский народ. Она много сил отдавала благотворительным делам, но ей это не засчитали в ак-
тив. Вспоминали только плохое, негативное, а то и попросту
возводили на нее напраслину. «Германская шпионка Алиса»,
«Гессенская муха» — так окрестили ее в Первую мировую войну. А она-то старалась для своей родины (не Германия, а именно Россия была ее родным домом). В Царском Селе она учре-
дила и создала госпиталь для раненых и больных участников
войны. Главным хирургом в госпитале работала Вера Гедройц,
дипломированный доктор медицины. Художница Нина Авде-
ева вспоминала:

«В этом госпитале у Веры Игнатьевны работала императрица. Александра Федоровна с дочерьми — работали меди-
цинскими сестрами. Для Веры Игнатьевны царственная
Александра прежде всего была хорошей исполнительной ме-
дицинской сестрой...

Во время сложных хирургических операций Вера Игнать-
евна покрикивала на императрицу российскую, и та сносила;
могла бы быть, по словам Веры Игнатьевны, хорошей хирургической сестрой — хладнокровной и точной. Великих княжон
Гедройц расценивала как девушек недалеких, для которых
флирт с выздоравливающими офицерами был смыслом жизни.
Несчастный царевич Алексей был стеклянным мальчиком —
тихий и послушный, осторожный и молчаливый...»

Однако надо признать, что наш рассказ расплывается и
грозит утонуть в деталях, чего я, как уже признавался, не хотел делать. Поэтому дальнейшее все максимально спрессуем.

Первая мировая война толкнула Россию на край пропасти.

А подсуетившиеся большевики окончательно прихлопнули 300-летнюю монархию Романовых. В войне и во всех бедах и трудностях, связанных с нею, многие винили Николая II и Александру Федоровну, которая, как отметила Историческая энциклопедия (1961), «была главой придворной камарильи и германофильской группировки при дворе». Словом, именно царица, по мнению многих, была врагом номер один.

В конце 1916 — начале 1917 года в царской Ставке обсуждались различные планы выхода из войны и спасения России. Обсуждался и вопрос об аресте Александры Федоровны и заключении ее в монастырь (старый русский способ!), чтобы поставить государя перед свершившимся фактом и предложить ему утвердить правительство, включающее в себя князя Георгия Львова и близких к нему людей. Начальник штаба генерал от инфантерии Михаил Алексеев при этом ставил условие, чтобы самому Николаю II, которого он искренне любил, не было причинено никакого зла.

Чем все кончилось, мы знаем: отречением Николая II от российского престола 2 марта 1917 года. «Кругом измена, и трусость, и обман», — с горечью записал в дневнике царь.

У Вильгельма Зоргенфрея есть стихотворение «Над Невой» (1920):

В нише темного дворца
Вырос призрак мертвеца,
И погибшая столица
В очи призраку глядится.

А над камнем, у костра,
Тень последнего Петра —
Взоры прячет, содрогаясь,
Горько плачет, отрекаясь...

В книге воспоминаний «Поезд на третьем пути» Дон Аминадо печально констатировал:

«Былина, сказ, легенда, предание, трехсотлетие Дома Романовых, все кончается, умирает и гаснет, как гаснут огни рампы, огни императорского балета...

Легенда кончилась, началась заварушка...»

Нам, живущим в начале XXI века, трудно представить себе атмосферу весны 1917 года. Мы заняты своими заботами и проблемами. А что было тогда? Писательница Рашель Хин-Гольдовская вела дневник, и вот ее запись:

«Понедельник, 6 марта... Все точно пьяные. На всех улицах толпы гуляющих. Идут гурьбой среди улицы женщины в платках, дамы, рабочие, солидные мужчины — и смеются, и поют... На бульварах и площадях митинги. Громко ругают Николая и Александру Федоровну. В «Московском Листке» неприличные фельетоны, разоблачающие «Тайны Зимнего дворца». То же самое в «Русском Слове»... Противно зрелище этого хамства. При таком, можно сказать, геологическом перевороте неизбежно, чтобы не обнаружилась и вся глубина человеческой пошлости, подлости и низости. «Революции не делаются в белых перчатках». Так-то оно так... и все-таки противно».

Ну и Владимир Маяковский внес свою лепту. У него в поэме «Хорошо» некто из «военной бюры» грозит:

> Завтра, значит,
>   ну, несдобровать им!
> Быть Керенскому
>   биту и ободрану.
> Уж мы
>   подымем
>   с царевой кровати
> Эту
>   самую
>   Александру Федоровну...

Сначала слово. А потом дело. Подняли и убили. Революционеры-террористы-убийцы.

Поэт Серебряного века Георгий Адамович спустя 50 лет, в 1968 году, опубликовал в Париже статью о цареубийстве. Вот только отрывок из нее:

«День 17 июля 1918 года в нашей истории — один из самых темных, самых бесчеловечных...

Это не было политическим преступлением. Это была дикая зверская расправа с беззащитными людьми — и притом это было как бы громогласным провозглашением или извещением, что в России отныне «все дозволено» и что для разгула мести и жестокости препятствий больше нет. Политическим преступлением и, надо добавить, огромной политической ошибкой было убийство Александра II, ошибкой тем более горестной и трудно объяснимой, что Желябов, вдохновитель всего дела, считал себя последователем Иисуса Христа и на суде об этом сказал. Вся новейшая русская история могла бы сложиться иначе, не будь этого убийства. Екатеринбургская же трагедия была бессмысленна, бесцельна, и никакими доводами оправдать ее нельзя. «Как, всех?» — будто бы спросил в растерянности, по распространившимся в те дни слухам, один из кремлевских главарей другого, еще выше стоявшего. «Ну, конечно, всех... в чем дело?» — с раздражением ответил тот. Это леденящее «в чем дело?» незабываемо. Именно так, именно в согласии с ним бесчеловечность стала в России государственным принципом, а понятие личной вины или невиновности было отнесено к отжившей, никчемной сентиментальности. Каляев когда-то не решился бросить бомбу в карету великого князя Сергея Александровича, увидев, что в карете находятся и дети. Немногим позже его колебания ничего, кроме усмешки, не вызвали бы...»

Цареубийство Георгий Адамович классифицирует «как всенародный грех».

Как прожила августейшая семья свои последние полтора года жизни?

За 8 дней до отречения, 22 февраля 1917 года, Николай II записал в дневнике: «В 2 часа уехал на ставку. День стоял солнечный, морозный. Читал, скучал и отдыхал; не выходил из-за кашля».

После отречения, и уже под стражей, 8 апреля: «Тихо справляли 23-ю годовщину нашей помолвки! Погода стояла весенняя и теплая...»

Но не думаю, чтобы на сердце у экс-императора и его супруги была весна. И мысли их были заняты отнюдь не личными воспоминаниями. А всего лишь год назад, в 1916-м, Александра Федоровна писала в письме Николаю II:

«В этот день нашей помолвки все мои нежные мысли с тобой, наполняя мое сердце бесконечной благодарностью за ту глубокую любовь и счастье, которыми ты дарил меня всегда с того памятного дня — 22 года тому назад. Да поможет мне Бог воздать тебе сторицей за всю твою ласку!

Да, я — говорю совершенно искренне — сомневаюсь, что много жен таких счастливых, как я, — столько любви, доверия и преданности ты оказал мне в эти долгие годы в счастье и горе...

Благодарю тебя, мое сокровище, чувствуешь ли ты, как мне хочется быть в твоих крепких объятиях и снова пережить те чудные дни, которые приносили нам все новые доказательства любви и нежности? Сегодня я надену ту дорогую брошку. Я все еще чувствую твою серую одежду и слышу ее запах — там, у окна в Кобургском замке. Как живо я помню все! Те сладкие поцелуи, о которых я грезила и тосковала столько лет и которые не надеялась получить...»

Прошел год с того письма, и вместо обоюдных признаний в любви и верности встал суровый вопрос — вопрос жизни и смерти. Теплилась надежда на спасение, на помощь преданных короне людей. И попытки спасти царскую семью были, но они так и остались попытками.

21 августа: «С наслаждением жарились на солнце целый день на балконе или в саду. Днем срубил сухую березу и наколол из нее дрова. Во время чая прошла гроза и немного освежила воздух. Начал читать «В лесах» Печерского».

Удивительный дневник! Николай II не осознавал трагедию или сознательно пытался уйти от нее в быт, тем более что по натуре он был не государственным человеком, а исключительно домашним?

2 (15) марта 1918 года: «Сколько еще времени будет наша несчастная родина терзаема и раздираема внешними и внутренними врагами? Кажется иногда, что дольше терпеть нет сил, даже не знаешь, на что надеяться, чего желать?

А все-таки никто как Бог!

Да будет воля Его святая!»

2 мая: «Применение «тюремного режима» продолжалось и выразилось тем, что утром старый маляр закрасил все наши окна во всех комнатах известью. Стало похоже на туман, который смотрится в окно. Вышли гулять 3 1/2, а в 4.10 нас погнали домой...»

25 мая: «День рождения дорогой Аликс провел в кровати с сильными болями в ногах и в других местах...»

И дальше: «Дорогой Татьяне минул 21 год!..» (29 мая), «Дорогой Анастасии минуло уже 17 лет...» (5 июня), «Нашей дорогой Марии минуло 19 лет...» (14 июня). Ну а Ольга в ноябре 1917 года отметила свое 22-летие.

Любопытно, как выглядела царская семья в «рабоче-крестьянских глазах». Один из расстрельщиков-убийц, Алексей Кабанов (тихо скоротал свою жизнь в курортном Пятигорске), оставил после себя аккуратные записи о тех, кого охранял и кого убил:

«Николай Романов: среднего роста, курносый, волосы и борода слегка рыжеваты, веселый, одет в суконную защитного цвета гимнастерку, подпоясан офицерским ремнем, в русских сапогах, в форменной фуражке с офицерской кокардой.

Жена Николая Романова Александра: среднего роста, волосы рыжие, некрасива. Сначала каждый день прогуливалась в садике, при мне в садик не выходила. Охранники рассказывали, что после того, как они задали ей вопрос, как она с Распутиным... Александра перестала появляться.

Старшая дочь Николая Ольга ростом выше других сестер, некрасива, одета в длинное ситцевое платье простого покроя, подпоясана широким бархатным поясом, на котором расположены в один ряд крупные пуговицы, обшитые бархатом, сзади бант. Невеселая, неразговорчивая, необщительная с другими членами семьи, кроме отца.

Анастасия, Татьяна и Мария значительно красивее Ольги, одеты так же, как Ольга, веселые, жизнерадостные. Во время прогулок в садике пели деревенские песни, допрашивали с пристрастием постовых охранников, кого они любят.

Сын Николая Алексей: 14 лет, болезненный, ноги его почти не действовали, потому на прогулку в садик его выносили на руках, усаживали в детскую коляску, которую возил 14-летний племянник одного из поваров Николая. Этот повар был расстрелян...»

Вот так фамильярно, без Бога и креста, оценил царскую семью простой человек из народа, возможно начинающий чекист.

Оставил мемуары и один из главных палачей царской семьи, один из руководителей екатеринбургской ЧК и комендант Ипатьевского дома Яков Юровский:

«Насколько мне удалось заметить, семья вела обычный мещанский образ жизни — утром напиваются чаю, напившись чаю, каждый из них занимался той или иной работой: шитьем, починкой, вышивкой. Наиболее из них развита была Татьяна, второй можно считать Ольгу, которая очень походила на Татьяну и выражением лица. Что касается Марии, то она не похожа и по внешности на первых двух сестер: какая-то замкнутая и как будто бы находилась в семье на положении падчерицы. Анастасия самая младшая, румяная с довольно милым личиком. Алексей, постоянно больной семейной наследственной болезнью, больше находился в постели и поэтому на гулянье выносился на руках. Я спросил однажды доктора Боткина, чем болен Алексей. Он мне сказал, что не считает удобным говорить, так как это составляет секрет семьи, я не настаивал. Александра Федоровна держала себя довольно величественно, крепко, очевидно, памятуя, кто она была. Относительно Николая чувствовалось, что он в обычной семье, где жена — сильнее мужа. Оказывала она на него сильное давление. Положение, в каком я их застал — она представляли спокойную семью, руководимою твердой рукой жены. Николай с обрюзгшим лицом выглядел весьма и весьма заурядным, простым, я бы сказал деревенским солдатом».

Орфография и пунктуация у Юровского своеобразная, но не это главное. Главное — взгляд палача с чувством явного превосходства. Юровский и его сообщники по убийству ощущали

ИМПЕРАТРИЦА АЛЕКСАНДРА ФЕДОРОВНА

себя героями. Они творили историю. Они действовали от имени революции...

Царская семья содержалась сначала под стражей в Царском Селе, затем ее перевезли в Тобольск, в предгорья Урала. Чтобы превозмочь холод и голод, члены семьи разыгрывали небольшие английские и французские пьески. Весной 1918 года семью перевозят в Екатеринбург и помещают в дом купца Ипатьева — в «Дом особого назначения». Подвал этого дома и стал голгофой для Николая II, Александры Федоровны и их детей.

На основе найденного личного дневника царицы и секретных писем царя французский журналист Мишель Пейрар в журнале «Пари-матч» (1993) попытался воссоздать последние дни и часы царской семьи. Условия содержания, отмечает автор, изменились, по существу это уже тюрьма, и члены семьи воспринимают строгость дисциплины как оскорбление, а вульгарность новых тюремщиков угнетает их и того более.

Больше других страдает Александра Федоровна, и так уже почти лишившаяся сил. Здоровье, подорванное родами, уходит на глазах. Мучают боли в спине, все чаще перебои с сердцем. Очень набожная, она с головой уходит в чтение религиозных книг. Изредка спускается в маленький палисадник дома Ипатьева — посидеть на крыльце вместе с сыном. Чаще всего она остается в своей комнате, кто-нибудь из дочерей сидит с ней. Усерднее других Татьяна. Особенная привязанность второй из великих княжон к своей матери, бесспорно, объяснялась их большим внутренним сходством. Сдержанные во всем, кроме религиозного чувства, доходящего до экзальтации, обе имели склонность к мистицизму, которую не разделяли ни более независимая старшая княжна Ольга, ни более непосредственная Мария, ни самая озорная Анастасия...

Император выглядел спокойным. Ежедневно совершал по саду прогулки с детьми, иногда мог перекинуться несколькими словами с часовыми. Его невозмутимость порой раздражала супругу. С каждым днем все отчетливее в ее дневнике проявлялось смятение: продолжая твердо верить в божественное предназначение Николая, в реальной жизни она вынуждена была терпеть издевательства со стороны всякого сброда.

В воскресенье 14 июля, за два дня до гибели, Александра Федоровна записывала в дневнике:

«Прекрасное летнее утро. Почти не спала из-за болей в спине и ногах. В 10 час. 30 мин. большая радость — во второй раз пришел молодой священник.

11 час. 30 мин. — 12 час. Все вышли погулять. Со мной осталась Ольга. Я снова весь день не вставала с постели. Днем со мной сидела Татьяна, читала Евангелие.

4 час. 30 мин. Остаток дня проговорили и раскладывали пасьянсы. Вечером немного поиграли в безик. В большой комнате постелили огромный соломенный матрас, чтобы мне было менее мучительно сидеть.

10 часов. Приняла ванну и отправилась спать».

Запись от 16 июля: «Татьяна читала мне Евангелие. Каждое утро в наши комнаты приходит комендант. На этот раз он хотя бы принес мне для Бэби яиц — в первый раз за неделю...»

Подкормить перед смертью?..

В ночь с 16 на 17 июля произошла расправа. В подвале через двор, куда привели всю царскую семью, доктора Боткина и слуг. По воспоминаниям Павла Медведева, расправу чинили 11 человек: Юровский, его помощник, двое чекистов и семеро латышских стрелков. Палили все. Николай II и наследник Алексей упали первыми.

«Когда я вернулся, — рассказывал Медведев, — я увидел на полу распростертые и во многих местах простреленные тела царя, императрицы, четверо их дочерей и наследника. Кровь лилась ручьями. Доктор, двое слуг и горничная тоже были убиты. Когда я вернулся, цесаревич был еще жив и стонал. Юровский приблизился к нему и два или три раза выстрелил в него в упор».

Позже убийцы поймут, почему им понадобилось столько пуль, чтобы довести до конца свою грязную работу. Раздевая тела перед тем, как попытаться сжечь их, они оцепенели: оказалось, в одежде великих княжон были зашиты драгоценности, которые сыграли роль пулезащитных жилетов. Все найденные и прежде отнятые драгоценности — целую груду бриллиантов, золотых и серебряных вещей и украшений — разместили на столах в комендантской комнате. Часть присвоили себе, часть сдали вышестоящей власти.

Тайно расстреляли. Тайно захоронили останки...

Когда белая армия вошла в Екатеринбург и следователи занялись выяснением гибели царской семьи, то в подвале их поразила строчка из Гейне, сделанная на немецком языке (кто-то из латышей?): «В ту самую ночь Валтасар был убит своими подданными». В доме нашли икону Феодоровской Божьей матери — любимую икону императрицы. Увидев ее, старый камердинер, который остался в живых, понял, что все члены семьи убиты, ведь потеря иконы для Александры Федоровны была равносильна смерти.

На иконе изображена Богоматерь с прильнувшим к ней Христом. Ее глаза, руки — весь ее облик говорит о боли, которую она испытывает, зная, что ждет ее младенца и какую смерть он неизбежно примет по прошествии лет.

Историю поисков царских тел, их опознания, споров — они или не они — и пышного погребения их в Санкт-Петербурге в Петропавловском соборе 17 июля 1998 года, спустя 80 лет, опускаю. Приведу лишь слова, сказанные тогда президентом России Борисом Ельциным:

«Долгие годы мы замалчивали это чудовищное преступление, но надо сказать правду: расправа в Екатеринбурге стала одной из самых постыдных страниц нашей истории. Предавая земле останки невинно убиенных, мы хотим искупить грехи наших предков. Виноваты те, кто совершил это злодеяние, и те, кто его десятилетиями оправдывал. Виновны мы все...»

Российская императрица Александра Федоровна — она же немецкая принцесса Алиса Гессенская, возлюбленная Николая II Аликс — приняла мученическую смерть в 46 лет и неполных два месяца.

Российским принцессам Ольге, Татьяне, Марии и Анастасии было соответственно 22, 21, 18 и 17 лет. Цесаревичу Алексею до 14 лет оставалось дожить 13 дней. Но и эти тринадцать дней у него отняли...

И что остается делать? Ужасаться? Стенать? Проклинать? Или просто тихо уронить сочувственную слезу? Не своя ведь судьба. Чужая.

Или по Георгию Иванову:

> Синий вечер, тихий вечер
> И (целуя руки эти)
> В небе, розовом до края, —
> Догорая, умирая...
>
> В небе, розовом до муки,
> Плыли птицы или звезды,
> И (целуя эти руки)
> Было рано или поздно —
>
> В небе, розовом до края,
> Тихо кануть в сумрак томный,
> Ничего, как жизнь, не зная,
> Ничего, как смерть, не помня...

1930

АНАСТАСИЯ: ТА ИЛИ НЕ ТА?

> Чудеса — там, где в них верят, и чем больше верят, чем чаще они случаются.
>
> *Дени Дидро*

Закончилась екатеринбургская трагедия, началась детективная история. Подлинная судьба последних Романовых — царя Николая II, его супруги царицы Александры Федоровны и их пятерых детей — одна из загадок XX века. Самые разнообразные слухи и гипотезы накручены вокруг печальной истории царской семьи. Состоявшаяся в университете Санкт-Петербурга в 1993 году конференция Российского союза ученых в ходе дискуссии специалистов-романоведов пришла к противоречащему официальной версии заключению, что члены императорской семьи не были казнены большевиками, что царица Александра и четыре царевны после екатеринбургского заключения жили за пределами России и что настоящая правда относительно судьбы Романовых скрыта под покровом десятилетий «дезинформации и лжи».

Директор Центра европейских исследований Гринвичского университета на Гавайях доктор Джон Уолш считает, что императрица и четыре принцессы остались в живых в результате секретного соглашения между Германией и Россией, получив защиту церкви, а также нескольких европейских правительств.

По одной из версий, Александра Федоровна и две ее дочери, Ольга и Мария, жили в Италии и там были похоронены, Мария вышла замуж и один из ее детей и поныне проживает в Мадриде. По другой версии, царица жила в Польше, а Мария — в Конго. Еще одна гипотеза: царевна Татьяна в июле 1918 года на самолете была вывезена из Екатеринбурга во Владивосток. Сначала она находилась в Японии, а затем была тайно переправлена в Европу, где жила инкогнито в уединении.

Сногсшибательна версия о том, что царская семья проживала в 20-е годы в Грузии. Она основана на идее двойников: в Екатеринбурге погибли двойники царя, царицы и детей, а всамделишные Романовы преспокойно жили в Сухуми — некто Сергей Давидович Березкин, идеально похожий на Николая II, его жена Александра Федоровна Суровцева — копия императрицы. И дети.

В 1976 году вышла книга Энтони Саммера и Тома Мэнголда «Досье на царя», ставшая бестселлером. В ней утверждается, что действительно Николай II и царевич Алексей погибли в Екатеринбурге, а царица и царевны остались в живых и их вывезли в Пермь, где они исчезли со страниц Истории спустя несколько месяцев после общепринятой даты их убийства. Канули в Лету. Растворились в пространстве. Их тайну хранят до сих пор не раскрытые до конца архивы московской и британской разведок. Как говорит доктор Уолш, кому-то на руку этот «заговор молчания».

А тем временем продолжают возникать все новые версии, почти безумные гипотезы о спасении и тайном вывозе царских дочерей за пределы России. Публика жаждет чудес, и она их получает сполна. На тему чудесного спасения созданы романы и пьесы, теле- и кинофильмы, песни и поэмы, даже балет. Особенно повезло Анастасии, младшей из княжон. Одним из первых был фильм «Анастасия, ложная дочь царя» (Германия, 1928). Затем в 1956 году был создан фильм «Анастасия, последняя дочь царя» в той же Германии. В Америке прогремел фильм Анатоля Литвака «Анастасия». Принцессу в ней сыграла голливудская звезда Ингмар Бергман и за эту роль была удостоена «Оскара».

В 1986 году вышел на экраны фильм Марвина Джея Чомски «Анастасия: тайна Анны» — о самозванке Анне Андерсон. Не остались в стороне и голливудские мультипликаторы, тоже создавшие фильм об Анастасии. Правда, в нем она спасается не от большевиков, а от злодея Распутина. Веселенький такой мультик с сентиментальной слезинкой.

Итак, младшая царевна Анастасия. Из всех чудом спасенных чаще всего фигурирует именно она.

17 февраля 1977 года в Карлсруэ (ФРГ) завершился многолетний процесс (он длился с 1938 года) по делу Анны Андерсон, объявившей себя дочерью русского царя Николая II. Суд не признал ее великою княжной Анастасией Николаевной, хотя тело Анастасии так и не было обнаружено среди убитых членов царской семьи в 1918 году.

Краткая предыстория. Анастасия (или лже-Анастасия) от отчаяния в феврале 1920 года в Берлине бросилась в Ландвер-канал. Находившийся поблизости полицейский ее спас. Документов при ней не было, и ее зарегистрировали как фрейлейн Унбекант (госпожа Неизвестная). В больнице, придя в себя, девушка поведала захватывающую историю о том, что она спасенная Анастасия Романова, которой удалось вырваться из лап большевиков.

Суть ее рассказа сводилась к следующему. Ее спасла сестра Татьяна, которая во время расстрела упала на нее и закрыла своим телом. Мгновение спустя Анастасия почувствовала страшный удар в голову (видимо, прикладом). Пришла в себя только через несколько дней. Помог ей спастись красноармеец Александр Чайковский. После долгих, мучительных скитаний она прибыла в Бухарест к родственнику Чайковского, работавшему садовником. Здесь под именем Анны Андерсон и скрывалась долгое время израненная и больная Анастасия. А затем, после бухарестских перипетий, появилась в Берлине.

Позднее, уже в Америке, Анна Андерсон поведала многие детали из своей жизни в России журналисту Джеймсу Блэйру Ловеллу, которого избрала своим конфидентом и биографом. Ловелл после ее смерти издал в 1992 году книгу «Анастасия: пропавшая княжна», потрясшую миллионы читателей. В книге со слов Анастасии (она же Анна Андерсон) рассказано, каким кошмаром стали последние дни царской семьи в Екатеринбурге. Солдаты, охранявшие Ипатьевский дом, постоянно пили, матерились, писали на стенах похабщину, тащили из дома все, что имело хоть какую-нибудь ценность, оскорбляя царя и царицу. Охранники не выходили из комнат, даже когда великим княжнам нужно было раздеться и лечь спать. Иногда они врывались в комнаты ночью. Красноармейцев, проявлявших сочувствие, тут же удаляли.

Княжна Анастасия поведала Ловеллу ужасающие подробности неоднократных насилий над царским семейством со стороны их большевистских тюремщиков — первой насилию подверглась царица, потом Ольга, потом Анастасия, а царя заставляли смотреть на все это.

«Они сотворили это со всеми нами, всеми, кроме моего брата. Царь сам предложил повторно подвергнуться этому, чтобы спасти сына. Много дней после этого он не мог ходить. Вот почему, я думаю, Бог сохранил меня... — говорила Анастасия и заливалась слезами. — Зачем мне жить? Зачем? С такими воспоминаниями. Зачем?..»

Анастасия призналась, что у нее родился ребенок от одного из «большевистских дьяволов», насиловавших ее, и что она отказалась от него и отдала на усыновление.

Короче, история Золушки наоборот: сначала безмятежное счастье, а потом жизнь, полная невзгод и страданий.

Явление Анастасии в Европе стало, конечно, сенсацией, и тут же вместе с большим интересом разгорелись ожесточенные споры: самозванка или дочь царя? Одни признали ее, другие резко отвергали.

«Не могу сказать, что я узнала ее визуально, — рассказывала кузина Анастасии принцесса Ксения Романова. — Все-таки четырнадцать лет прошло со времени нашей последней встречи в Крыму. Я не пыталась вывести ее на «чистую воду» посредством хитроумных вопросов. Я наблюдала за ней постоянно, полагая, что поведение человека не может состоять из заученных движений и жестов. Она была абсолютно естественна. И осанкой, и манерами она больше всего напоминала свою мать, царицу Александру Федоровну. Я не настолько слепа, чтобы не отличить члена своей семьи от других людей».

Признал Анастасию и герцог Карл фон Лейхтенберг — родственник Романовых, женатый на русской княжне Ольге Репниной, — когда девушка в конце 20-х годов приехала в поместье герцога в Зеоне (Южная Бавария).

Признали Анастасию ее двоюродный брат принц Сигизмунд Прусский, сын и дочь погибшего царского доктора Боткина — Глеб и Татьяна. Были и другие верные «анастасийцы». Но нашлись и противники такого признания, «антианастасийцы». Резко отрицательную позицию занимал глава Россий-

ского императорского дома Великий князь Владимир Кирил-
лович. Ее разделяли и многие другие члены различных ветвей
Романовых. Тут свою роль сыграли романовские деньги —
царские миллионы, положенные в английский банк. Наследо-
вание — вопрос жгучий и щекотливый.

Судебные процессы шли один за одним, но истину установить так и не удалось. Отчаявшись добиться признания, Анна
Андерсон уехала в Америку, где вышла замуж за эксцентрич-
ного американского миллионера Джека Мэнахэна. Ему льсти-
ло, что он женат на русской принцессе. Умерла она 12 февраля
1984 года от пневмонии в Шарлотсвилле (США). Похоронена на фамильном кладбище герцогов фон Лейхтенберг в Баварии. На камне надпись: «Anastasia Manahan 1901—1984».

Перед смертью она говорила: «Я всегда лишь хотела восстановить свое имя. Похоже, это право каждого в этом мире,
каждого, кроме меня».

Спустя 10 лет после ее смерти имя Анастасии снова замель-
кало в прессе в связи с анализами на ДНК. И новая ошеломи-
тельная версия: не Анастасия, а возможно, пани Франтишка
Шансковска, полька, жестоко пострадавшая во время взрыва
на заводе, где она работала в 1916 году, потом несколько лет про-
ведшая в психиатрической клинике, пока наконец не исчезла куда-то в 1920 году. Именно в том году, когда фрейлейн Неизвестная пыталась утопиться в канале в Берлине. Как говорится, час
от часу не легче. Но опять же все это неточно: может, Франтишка, а может, и нет. Возможно, все же Анастасия...

Еще один детективный разворот: нашлась пятая (!) дочь
Николая II и Александры Федоровны. Предположительно
она родилась 1 сентября 1903 года, вслед за Анастасией, и назвали ее Александрой. Назвали и скрыли из-за возможного
брожения в народе: пятая дочь подряд — и ни одного сына, это
усилило бы недовольство нелюбимой в обществе царицей.
Девочку вывезли из императорского дворца и отправили в
Голландию, где она росла и воспитывалась опять же инкогнито. Примерно через 11 месяцев после рождения Александры
30 июля 1904 года появился на свет цесаревич Алексей.

Логично? Вполне. Голландка Александра Хаммес раскры-
ла свою биографию в конце 40-х годов. Обнаружилось и другое: она несколько раз встречалась с Анастасией. Сестры
скрывали свою связь, считая ее «опасной». Александра де
Грааф (фамилия по второму мужу) скончалась в 1968 году. У
нее осталось двое детей: сын Антон ван Вееллон и дочь Джа-
нетт. Самое удивительное, что лицом она вылитая русская
княжна Татьяна.

Детектив закончился? Ничуть не бывало. В 1998 году в

Болгарии вышла книга Благоя Эмануилова «Тайна Николая II».
Согласно болгарской версии, в Болгарии, в селе Габарево, начиная с 1923 года долго жили двое русских — Георгий Жудин
и Элеонора Альбертова (имена, естественно, вымышленные).
По мнению автора книги, это были настоящие Алексей и Анастасия Романовы, вывезенные царской военной разведкой в
Турцию, откуда они перебрались в Болгарию со своим опеку-
ном — поручиком Митрофаном Замяткиным. Опять та же версия: двойников расстреляли, настоящие дети Николая II остались
живы. Георгий Жудин умер в 1930 году, «русская принцесса»
скончалась в 1953 году и похоронена на сельском кладбище. Ме-
стные жители считали ее принцессой потому, что у нее были даже не городские, а истинно утонченные манеры, она знала многие иностранные языки и вела себя чрезвычайно скрытно. Кроме
того, Элеонора Альбертова постоянно носила шарф на шее и у
нее был странный голос, чему причиной могло быть огнестрель-
ное ранение, повредившее голосовые связки.

Дети Николая II, словно «дети лейтенанта Шмидта», рас-
ползлись по свету. Даже сбежавший в США в 1961 году пол-
ковник польской разведки Михаил Голеневский объявил себя за
кордоном царевичем Алексеем. Царевной Анастасией заявила
себя, правда тихо, по секрету, узница Казанской тюремной псих-
больницы Надежда Иванова-Васильева. Она тоже рассказывала ужасы про обращение с ней в Екатеринбурге и о том, как вы-
рвали бриллиантовые серьги из ее ушей. Затем приподняла прядь
волос и показала сокамерницам наполовину изуродованное ухо.
Те так и оцепенели... Было это в начале 50-х годов.

Следует заметить, что самозванцы — национальный наш
продукт. Сколько их было! А сколько, возможно, еще будет!
И вот в начале уже XXI века появилась 36-я по счету Анастасия, которая 18 июня 2002 года якобы отпраздновала свое
101-летие. Уму непостижимо! Как дожила? Как сохранилась?
И вообще, кто такая и откуда взялась?! Пребывающие в шоке
телезрители лицезрели на экране благостную старую женщину
и слушали неторопливый рассказ об аквариуме в царском
дворце и золотых рыбках, которые в нем плавали.

Золотая рыбка в мутной воде? Да, именно так. Нашлись
люди, которые в новой Анастасии увидели золотую жилу и
стали ее активно разрабатывать. Создали Межрегиональный
благотворительный фонд великой княжны Анастасии Романо-
вой, и вот в августе 2000 года все лихо закрутилось. На роль
Анастасии была определена некая Наталья Белиходзе, родив-
шаяся по паспорту в 1918 году и работавшая в Тбилиси табель-
щицей на складе завода «Центролит». Свою настоящую жизнь
она закончила в декабре 2000 года, но свою мифическую жизнь

продолжала с помощью группы активных людей, заинтересованных в реанимации мифа о спасенной в Екатеринбурге княжны Анастасии. Интерес не мифологический, а чисто финансовый. Цель: вернуть вклады Романовых из зарубежных банков.

В один из июньских дней 2002 года по каналу Ren-TV транслировался телевизионный фильм «Встреча предначертанная», а следом за интригующей лентой состоялась пресс-конференция, нет, скорее, пресс-битва между энтузиастами от монархии, членами фонда Анастасии, и здравомыслящими людьми, сомневающимися в существовании 100-летней принцессы. Живая или мертвая? Миф или реальность? Спорили до хрипоты. Здравомыслящие требовали документов: «Дайте доказательства!» Энтузиасты монархисты презрительно отвечали: «Вымойте сначала руки».

Далее пошла совсем уж бурная перепалка:

— Вы врете!

— Вы сами ведете себя неинтеллигентно.

— А я и не интеллигент, я сын русского купца и французской графини. В моем доме останавливался Николай II...

Все это напоминало сцену из знаменитого романа Ильфа и Петрова с выкриком: «А ты кто такой?!»

Имена участников пресс-свалки не привожу, ибо никто из них явно не тянет на героев книги. Повздорили. Разгорячились. И разошлись. А дальше — тишина. Ни слова о 36-й великой княжне Анастасии. А была ли княжна? И что это было: сенсация или провокация? Или просто ловкий телевизионный трюк? Оставим вопросы без ответа. Как справедливо написала журналистка и поэтесса Лилия Гущина в «Новой газете»:

«...на самом деле царевны делятся не на фальшивых и подлинных. Царевны делятся на сказочных и юридически оформленных. Последние учтены, сосчитаны, функционируют согласно букве протокола и по большому счету никому не интересны. Другое дело — сказочные. Их подменивают в колыбелях, крадут из карет, заманивают в леса, бросают в темницы, ослепляют вспышками блицев, терзают в подвалах — в общем, подвергают всяческим испытаниям и лишениям, благодаря которым они искупают в глазах широкой женской общественности дефект происхождения и превращаются из объекта классовой неприязни в объект, достойный жалости и сочувствия».

К этому трудно что добавить. Разве только подходящие стихотворные строчки, к примеру Вадима Рабиновича:

Жить забвением начал
Или сгинуть при начале?
Сочиняйте по ночам
Розовые пасторали.

ЭШАФОТ ПОСЛЕ ПРАЗДНИКА ЖИЗНИ
(Мария Антуанетта)

> Это было в белом зале
> У гранитных колоннад...
> Это было все в Версале
> Двести лет тому назад!
>
> *Николай Агнивцев*

> Париж в огне. Король низвержен с трона.
> Швейцарцы перерезаны. Народ
> Изверился в вождях, казнит и жжет.
> И Лафайет объявлен вне закона...
>
> *Максимилиан Волошин*

> Пароксизм идеи справедливости — это
> безумие революций.
>
> *Максимилиан Волошин*

ПРОЛОГ

Гибель принцесс. Гибель королев. Они происходят на почве любви. Из-за ревности. По причине интриг, измены и других личностных обстоятельств. Французская королева Мария Антуанетта погибла в огне революции, из-за гнева возмущенных народных масс. Гибель страшная. На эшафоте под ножом гильотины.

О жизни и гибели французской королевы обстоятельно поведал Стефан Цвейг в биографическом романе «Мария Антуанетта». Желающие могут достать книгу и вникнуть во все подробности и детали. Я не хочу вступать в соревнование с любимым писателем, да и задача у меня иная: весьма лаконично, сжато, информационно (в духе сегодняшнего времени!) рассказать о Марии Антуанетте. Естественно, без цитат из Цвейга не обойтись. И не только из Цвейга. Мой излюбленный стиль — литературная мозаика, коллаж, полотно, сотканное из разных нитей. Чем цветастее, тем доходчивее. Метод аппликаций: стихи, цитаты, свидетельства, анекдоты, легенды... Поток воспоминаний, ассоциаций, бреда. Гм, почти как у Джойса...

Итак, одиссея бедных принцесс. Мне действительно очень жаль Марию Антуанетту. Я ей искренне сочувствую, и не как историческому персонажу, а как живой женщине, хотя нас с ней разделяют два века. Ее казнили 16 октября 1793 года, а я родился спустя 139 лет — 2 марта 1932 года. Но если откровенно, то она мне интереснее, чем многие современницы — и Маша Распутина, и Ирина Хакамада, и все прочие.

Перенесемся в далекий XVIII век. В век, который называли и галантным, и распутным. А еще — загнивающим, агонизирующим. Не случайно тогда создавалось множество эротических братств: ассоциация извращенцев, общество садистов, товарищество лесбиянок... И еще — Общество вольных каменщиков — масонов. Бурлящее, интереснейшее время...

АВСТРИЙСКАЯ ПРИНЦЕССА ДЛЯ ДОФИНА ФРАНЦИИ

У простых смертных брак — дело сугубо личное или семейное. У принцев и принцесс — исключительно геополитическое. Сначала политика, а потом — любовь, а можно и без любви. Главное — соблюдение династических интересов.

Многие столетия королевские дома Габсбургов и Бурбонов вели ожесточенный спор за господство в Европе, и сколько крови было пролито при этом! Но вот наконец две великие державы — Франция и Австрия — решили породниться. На высшем королевском уровне было принято решение соединить брачными узами подрастающего дофина, внука Людовика XV, и принцессу, любимую дочь Марии Терезии, Марию Антуанетту. Идея такого выгодного союза возникла, когда принцессе было всего лишь 11 лет. Несколько лет шла переписка между дворами и проводились различные согласования (королевская бюрократия не хуже партийной).

Как пишет Стефан Цвейг, «Марию Терезию не останавливают предостерегающие сообщения ее поклонника: природа обделила дофина многими достоинствами — он недалек, неотесан, вял. Здесь она — императрица, думающая об усилении династии, а не мать, которую заботит счастье ее ребенка. К чему эрцгерцогине счастье, если она станет королевой? Чем сильнее настаивает Мария Терезия на оформлении брачного договора, тем сдержаннее ведет себя умудренный житейским опытом Людовик XV. Три года получает он портреты маленькой эрцгерцогини и подробнейшие сообщения о ней...».

Тем временем Мария Терезия, обремененная важными государственными делами, вдруг обнаружила — и далее по Цвейгу, — «что будущая королева Франции в тринадцать лет пишет с вопиющими ошибками и по-немецки, и по-французски, не обладает даже поверхностными знаниями по истории, по географии. С музыкальным образованием дела обстоят не лучше, несмотря на то, что занимается с нею не кто иной, как сам Глюк. В последнюю минуту надо наверстать упущенное: заигравшуюся, ленивую Туанетту следует превратить в образованную особу. Прежде всего очень важно, чтобы будущая королева Франции сносно танцевала и хорошо говорила по-французски...».

За маленькую принцессу взялись всерьез.

Интересно свидетельство одного из воспитателей Марии Антуанетты, аббата Вермона: «Имея очаровательную внешность, она сочетает в себе обаяние, грацию, умение держать себя, и когда она, как можно надеяться, физически несколько разовьется, то будет обладать всеми внешними данными, которые только можно пожелать принцессе. Ее характер и нрав — превосходны».

Принцесса подросла, более или менее подготовлена для своей важной миссии, и наконец получено долгожданное письмо от Людовика XV, в котором он просит руки юной принцессы для своего внука, будущего короля Людовика XVI. Это письмо от 7 июня 1769 года становится сенсацией в Европе: Габсбурги и Бурбоны больше не враги. Подтвердилась старая сентенция дома Габсбургов: «Bella gerant, tu, felix Austria, nube» («Пусть воюют другие, ты же, счастливая Австрия, заключай браки» — *лат.*).

После письма Версаль и Шенбрунн занялись составлением протокола свадебных торжеств, брачного договора и уточнением вопросов, связанных с этикетом, — о, это целая наука!

19 апреля 1770 года в Вене состоялось бракосочетание per procurationem (по доверенности — *лат.*) в церкви августинцев, на котором дофина замещал эрцгерцог Фердинанд. 16 мая — бракосочетание в Версале.

Тревожные предчувствия угнетают императрицу Марию Терезию. Ее старшая дочь, эрцгерцогиня Мария Амалия, став герцогиней Пармской, потрясает Европу своей ветреностью. Другая дочь в Неаполе тоже ведет себя так, что это ей не прибавляет чести. И вот младшая, любимица Мария Антуанетта, — что будет с ней?.. Перед отъездом в Париж императрица берет с Марии Антуанетты клятву каждый месяц отчитываться в письмах, что делает, как поступает.

Наконец пробил час отъезда. Огромная кавалькада — 340 лошадей — отправилась из Австрии во Францию. На нейтральной земле, на одном из островков Рейна, построен специальный павильон, в который Мария Антуанетта должна ступить как австрийская эрцгерцогиня, а выйти из него как дофина Франции. Но это не все. Маленькая принцесса должна сбросить с себя все австрийское и облечь себя во все французское.

И вот, пишет Цвейг, в присутствии австрийской свиты 14-летняя девочка должна раздеться донага; нежное, еще не расцветшее ее тело несколько мгновений мерцает в полутемном помещении; затем ей передают рубашку из фламандского шелка, нижнюю юбку из Парижа, чулки из Лиона, ботинки из Офкордье, кружева, банты; ничего из снятых вещей не может она сохранить на память — ни колечка, ни даже крестика...

Какие жестокие требования! Но это не все: отныне Мария Антуанетта не должна видеть возле себя ни одного знакомого ей с детства лица. И не надо удивляться, что там, на «нейтральной полосе», на островке Рейна, принцесса впервые горько разрыдалась.

Но это был всего лишь миг, Мария Антуанетта сумела взять себя в руки, а далее ей было уже интересно, дальнейшие события разворачивались перед ней как театральный спектакль, и было даже весело — стройная принцесса с пепельными волосами и голубыми задорными глазами источала улыбки, глядя из кареты на радостно приветствующие ее толпы.

В Компьенском лесу принцессу из Австрии встречали Людовик XV, дофин и огромная свита вельмож и прислуги. Король в возбуждении тормошил секретаря своего кабинета мсье Бурэ:

— Вы видели мадемуазель дофину? Как она вам? У нее есть грудь?

— О, сир, у дофины очаровательное лицо и очень красивые глаза.

— Я говорю не об этом, — живо возразил король. — Я спрашиваю: есть у нее грудь?

Господин Бурэ опустил глаза.

— Сир, я не осмелился смотреть туда.

— Вы невежа, — смеясь, заметил Людовик XV. — Это первое, на что смотрят у женщин.

Французский писатель и историк Ги Бретон в своем исследовании «Истории любви в истории Франции» так повествует о моменте долгожданной встречи:

«Когда объявили о приезде Марии Антуанетты, он поспешил к ней навстречу — и был восхищен. Самая очаровательная из самых юных дам спускалась из кареты: глаза — словно незабудки, живые, игривые, светло-пепельные волосы, тонкие черты лица, вполне уже развитая, высокая грудь — все вместе представляло очень аппетитное зрелище...»

Об этом же у Стефана Цвейга:

«Король, тонкий знаток свежей девичьей плоти, в высшей степени восприимчивый к грациозной привлекательности, очень довольный, наклоняется к юному белокурому, аппетитному существу, поднимает невесту внука, целует ее в обе щеки и лишь затем представляет ей будущего супруга. Юноша пяти футов и десяти дюймов ростом, скованный в движениях, неуклюжий, стеснительный, стоит в сторонке; он поднимает сонные, близорукие глаза и без особого воодушевления целует невесту в щеку в соответствии с этикетом. В карете Мария Антуанетта сидит между дедом и внуком, между Людовиком XV и будущим Людовиком XVI. Роль жениха, пожалуй, более подходит старику: он оживленно болтает с соседкой и даже слегка флиртует с ней, в то время как будущий супруг скучающе молчит, забившись в угол кареты...»

Вечером дофин запишет в своем дневнике: «Entrevue avec Madam la Dauphine» («Свидание с мадам дофиной» — франц.). Сухо и неэмоционально. Зато народу прелестная дофина пришлась по душе, и ее повсюду встречали восхищенным гулом. Во Франции умеют ценить красоту.

Свадьба в Версале была пышной до невероятия. Шесть тысяч счастливцев, цвет аристократии, получили гостевые билеты, чтобы с галерки (!) благоговейно наблюдать, как 22 члена королевского дома будут отмечать торжественное событие. До этого было венчание в капелле Людовика XIV. Вечером предполагался грандиозный праздник, но он не состоялся из-за чудовищного ливня. Небесная канцелярия по-своему решила отметить свадьбу дофина и принцессы. И у нее это получилось впечатляюще. А вот дофин подкачал, впрочем, этому посвящена специальная глава.

СЕМЬ ЛЕТ БЕЗ СЕКСА

Что следует за свадьбой? Брачная ночь. Нетерпение. Дрожь. Любопытство. Вихрь страсти. Но не тут-то было. В комнате для новобрачных, под балдахином, ничего не произошло. Согласно этикету, король лично вручил дофину ночную рубашку, а герцогиня де Шартрез — рубашку юной супруге. Архиепископ Реймсский освятил и окропил святой водой огромную кровать. Оставалось последнее: выполнить свой династический и мужской долг. И вот с этой частью дофин не справился.

Неопытность и юный возраст? Будущему Людовику XVI

не хватало трех месяцев до 16-летия (он родился 23 августа 1754 года). Мария Антуанетта не дотягивала более 6 месяцев до 15-летия (она родилась 2 ноября 1755 года). Нет, дело совсем не в возрасте. Как потом выяснилось, сексуальному контакту препятствовала одна медицинская, скажем так, неувязочка. Пока ее не устранили, дофин был бессилен что-либо сделать. Не случайно наутро он записал в своем дневнике одно-единственное слово «Rien» («Ничего» — *франц.*).

И если бы это была только первая ночь, но за ней последовали другая, третья... Пролетали недели, шли месяцы, ползли годы — и ничего! Трусливый Людовик Август как огня боялся хирургической операции и предпочитал ждать естественной развязки (совсем по-русски: авось, небось да кабы...). Ги Бретон пишет:

«Время шло. Дофина со все возрастающим нетерпением и раздражением ожидала выздоровления мужа. Время от времени Людовик Август приходил в спальню к Марии Антуанетте и усердно пытался сделать из нее женщину. Эти мучительные попытки заканчивались жалким провалом. Плача от стыда, он возвращался к себе, оставляя дофину в состоянии тягостного перевозбуждения. Бедняжка до утра металась в своей кровати, не в силах уснуть. На следующее утро ее не покидала нервозность, проявлявшаяся в нетерпеливых жестах и горьких выражениях...»

Мария Антуанетта «докладывает» в письмах матери о том, что происходит, точнее, что не происходит в королевских покоях. Мария Терезия советует дочери проявлять побольше нежности и ласки. Лейб-медик короля Лассон точно знает, что дело тут не в женских эмоциях, а в уздечке на крайней плоти дофина, которая вызывает острую боль при попытках выполнить свой долг. И выходит, что Людовик Август — сначала как дофин, а потом и как король Франции — все еще не супруг. Скрыть это невозможно: забавляется весь двор и Версаль, Вена негодует, в бешенстве императрица Мария Терезия. Ну а французский народ распевает скабрезные песенки:

> Каждый шепотом вопрошает:
> Может король или не может?
> Грустная королева в отчаянии.
> Один говорит, что он не может возбудиться,
> Другой — что он не может продолжить...
> Но беда не в этом,
> Серьезно заявляет Мамон Муши:
> Из крана течет лишь светлая водичка.

Подобная ситуация для двора и народа непривычна. Все привыкли к иному. Людовик XIV прославился как истинный эротоман. Как утверждали придворные, королю нравилась любая юбка. Знаменитое выражение Людовика XIV «Государство — это я» можно интерпретировать и на другой лад: «Все женщины Франции принадлежат мне». Недаром во время правления этого любвеобильного короля герцог Орлеанский Филипп издал закон «Будем развлекаться». И развлекались...

Следующий король Франции, Людовик XV, тоже вел бурную сексуальную жизнь. Ему уже было мало юных девушек и взрослых дам, он любил и «невинных детей», для чего по прихоти короля был создан так называемый парк оленей, по существу детский дом терпимости. Людовик XV задавал тон, и вся французская аристократия следовала за ним, возводя порок на пьедестал. Вот характерный разговор, который произошел между Людовиком XV и госпожой д'Эспарабе по поводу ее жажды разнообразия в делах любви.

— Вы спали со всеми моими подданными, — с некоторой грустью констатировал король.

— Что вы, сир! — невинно отвечала придворная дама.

— Вы имели герцога Шуазеля?

— Он так могущественен.

— И маршала Ришелье!

— Он так остроумен.

— И Монвилля!

— У него такие красивые ноги.

— Но, черт возьми, — не выдержал Людовик XV, — разве герцог Омон обладает хоть каким-нибудь из этих достоинств?

— О, сир! — отвечала дама. — Он так предан вам!

Говоря об этом историческом периоде, немецкий историк Эдуард Фукс замечает: «Люди хотели использовать время, пока оно не миновало». Этой фразой он закончил очередной том «Галантный век» в своем исследовании «История нравов».

Галантный XVIII век во Франции — это своеобразный «Титаник», который потонет в волнах революции. Но до кровавых событий еще далеко, и все внимание приковано к королевской спальне. По рукам ходила эпиграмма:

> Людовику XVI, нашей надежде,
> На этой неделе все говорили:
> Сир, вы должны все-таки
> Сегодня вечером вздуть королеву.

Короли и знать Европы на раутах, балах, за карточным столом, в разговорах, в письмах смеются над незадачливым собратом. Для всех это секрет Полишинеля. Смешно всем, а каково Марии Антуанетте, которая почти каждую ночь испытывает страшные унижения! Стефан Цвейг утверждает, и с ним нельзя не согласиться: «Разрушение королевского авторитета началось не с падения Бастилии, оно началось еще в Версале». В королевской спальне, добавим мы.

Сексуальная несостоятельность Людовика XVI деформировала его как короля: он вечно колеблется, всегда нерешителен, неспособен к принятию волевых решений, а без них государство уже не государство, а рассыпающаяся пирамида. И на Марии Антуанетте роковым образом сказалась женская неудовлетворенность, в ее характере проявляются крайняя раздражительность и повышенная активность. Ее либидо требовало какого-то замещения, и оно не замедлило сказаться в болезненной, почти конвульсивной страсти к удовольствиям и роскоши. Нереализованная чувственность заставляет Марию Антуанетту стремиться к нежной дружбе с женщинами, к флирту с юными кавалерами, страсти наряжаться, приобретать все новые и новые украшения. Она убивает время, проводя все вечера и почти все ночи на балах, болтая в ложе Оперы, развлекаясь на различных ужинах и сборищах, играя за карточным столом, причем неизменно транжиря огромные суммы...

Мария Терезия пишет ей: «Старайся как можно больше читать хорошие книги». Но Марии Антуанетте куда интересней проводить время с молодой и красивой вдовой Терезой Луизой де Савуа-Кариньян, принцессой де Ламбаль. Их дружба затянулась на целых 15 лет, в течение которых мадемуазель де Ламбаль была «доверенным лицом королевы». Они любили вместе гулять, обнявшись, по парку в Версале, о чем-то таинственно разговаривая и шепчась. Была ли эта дружба замешена на лесбийской любви — кто знает. Никаких доказательств у историков нет. Есть лишь эмоциональные догадки. Так, Генрих д'Альмер в книге «Возлюбленные королевы Марии Антуанетты» пишет:

«Бедная королева, уставшая от своего величия и желая быть лишь любимой, любящей женщиной, предавалась радостям взаимных встреч, уединения посреди враждебного и безразличного двора, маленьких, незначительных секретов, которым придавалось столько значения. Ей это было бесконечно дорого, и она не замечала подстерегавших повсюду клеветников».

ПРОЩАЙ, ДОФИНА, ЗДРАВСТВУЙ, КОРОЛЕВА!

10 мая 1774 года умирает Людовик XV. Тут же во дворце раздается барабанная дробь, офицеры взмахивают саблями и радостно возвещают: «Король умер, да здравствует король!»

На престол Франции восходит 19-летний Людовик XVI, а Мария Антуанетта в 18 лет становится королевой. Народ ликует. Народу всегда кажется, что с приходом нового правителя наступит золотой век. Всем надоело затянувшееся правление Людовика XV, этого ненасытного сластолюбца, и все надежды связаны отныне с молодым королем, который, несомненно, скромен, рассудителен и набожен. А что касается королевы, то она просто восхитительна, улыбчива и доброжелательна. Пройдет время, и народ вынесет королевской чете совсем другую оценку. Но это все потом. А пока начинается пора балов, парадов и веселья. Долгожданный праздник после затянувшихся будней.

Ненавистная народом всесильная фаворитка прежнего короля графиня Дюбарри отправлена в изгнание. Теперь первой женщиной Франции становится Мария Антуанетта. На первых порах она испытывает не радость, а смятение. «Да хранит нас Бог! — пишет она матери в Вену. — Что с нами будет? Дофин и я, мы очень боимся, что нам в таком юном возрасте надо будет управлять страною. О, мать моя, не скупитесь на советы несчастным детям».

И на следующий день брату Иосифу: «Я прожила четыре очень счастливых года, но теперь передо мною открывается новое, чреватое подводными камнями будущее. Молись обо мне и помоги мне».

Людовик XVI на троне — это историческое недоразумение. Шутка истории. Многие люди неспособны к власти. Но мало кто был таким неспособным, как Людовик XV (а наш Николай II?). «Кажется, будто не горячая кровь течет в его жилах, а тяжелый свинец медленно движется в них», — отмечает Стефан Цвейг.

«Его пульс не убыстряется при штурме Тюильри, накануне казни он с аппетитом поест и будет хорошо спать: сон и аппетит — две опоры, на которых покоится его прекрасное самочувствие... — пишет далее Цвейг. — Решиться на что-нибудь Людовику XVI невыразимо трудно. Он может только уступать, только исполнять желания других, ибо сам ничего иного не желает, кроме покоя, одного лишь покоя».

И еще раз обратимся к Стефану Цвейгу, ибо его аналитические оценки превосходят наблюдательность других историков и биографов:

«Трудно представить себе других молодых людей, которые по характеру так сильно отличались бы друг от друга, как эти двое. Нервами, пульсом крови, малейшими проявлениями темперамента, всеми свойствами, всеми особенностями Мария Антуанетта и Людовик XVI представляют собой хрестоматийный образец антитезы. Он тяжел — она легка, он неуклюж — она подвижна и гибка, он неразговорчив — она общительна, он флегматичен — она нервозна. И далее в духовном плане: он нерешителен — она слишком скора на решения, он долго размышляет — она быстра и категорична в суждениях, он ортодоксально верующий — она радостно жизнелюбива, он скромен и смирен — она кокетлива и самоуверенна, он педантичен — она несобранна, он бережлив — она мотовка, он сверхсерьезен — она безмерно легкомысленна, он тяжелый поток с медленным течением — она пена и пляска волн. Он лучше всего чувствует себя наедине с самим собой, она — в шумном обществе; он с тупым чувственным удовольствием любит хорошо, не торопясь поесть и выпить крепкого вина — она никогда не пьет вина, ест мало, между делом. Его стихия — сон, ее — танец, его мир — день, ее — ночь; и стрелки часов их жизни постоянно следуют друг за другом с большим сдвигом, словно солнце и луна на небосводе. В одиннадцать часов ночи, когда Людовик ложится спать, Мария Антуанетта только начинает по-настоящему жить, нынче — за ломберным столом, завтра — на балу, каждый раз в новом месте; он давным-давно верхом гоняется по охотничьим угодьям — она лишь встает с постели. Ни в чем, ни в одной точке не соприкасаются их привычки, влечения, их времяпрепровождение. Собственно, Мария Антуанетта и Людовик XVI большую часть своей жизни проводят vie à part (жизнь врозь — *франц. — Ю.Б.*) и, к большому сожалению Марии Терезии, почти всегда у них — lit à part (отдельная постель — *франц. — Ю.Б.*)...»

Прервем цитату и переведем дух. Эту массу сопоставлений необходимо переварить. И, естественно, возникает мысль: неудачный брак. Как могут такие разные люди жить вместе? Могут! Еще как могут! Оглянитесь вокруг себя, и вы увидите не один союз, в котором соединены абсолютно разные натуры с разными темпераментами и пристрастиями. Житейская мудрость гласит: противоположности сходятся! Сошлись они и в случае Марии Антуанетты и Людовика XVI.

И еще раз обратимся к Цвейгу: «Чем дальше Мария Антуанетта живет с Людовиком XVI, тем больше она проникается уважением к этому характеру — в высшей степени достойному, несмотря на отдельные слабости. Из брака, построенного на политических расчетах, на дипломатических соображениях, постепенно возникают настоящие добросердечные отношения, во всяком случае более близкие и душевные, чем в большинстве браков царствующих особ того времени».

Так и хочется упомянуть нежный и крепкий союз Николая II и Александры Федоровны. Но не будем отвлекаться от основной нити повествования.

Когда у Марии Антуанетты появятся дети, то это еще более укрепит ее брак с королем. Но пока детей нет, она развлекается по максимуму. Мария Антуанетта живет не как королева, а исключительно как женщина. Вся в неге, вся в развлечениях, купаясь в море светской лести и лжи. Многие годы Мария Антуанетта ведет себя всего лишь как дама салона. Как некая субретка на театре. Вот уж не Мария Терезия и совсем не Екатерина II, у тех были жесткая воля и твердая рука. Нет, у Марии Антуанетты до поры до времени воля мягкая, как воск, а рука легкая, предназначенная для воздушных поцелуев и карточной игры. Кстати, она любит играть не в безопасный «ландскнехт» с маленькими ставками, а в сверхазартный «фараон», где можно проиграть и половину Версаля.

И еще одно постоянное увлечение Марии Антуанетты — танцы. Кстати, именно во времена королевы главным танцем при дворах становится менуэт. По случаю бракосочетания Людовика XVI и Марии Антуанетты композитор Грандель создал Menuett de la Reine — «Менуэт королевы», который был признан настоящим шедевром. Высокие каблуки, кринолин, грациозные позы, неспешный ритм — все смотрелось как миниатюра человеческих взаимоотношений: ухаживание, домогание и соблазнение. Недаром тогда вместо слов «танцевать менуэт» говорили: «tracer des chiffres d'amour» («чертить тайные знаки любви»).

И танцевали. И чертили. И забавлялись.

Описывать королевские туалеты и драгоценности, которые обожает Мария Антуанетта, нет смысла: можно утонуть в перечислении всех колец и перстней, диадем, пряжек и застежек, усыпанных бриллиантами, — их так много! А костюмы! Мария Антуанетта обожает маскарады. Под защитой маски можно взять под ручку любого приглянувшегося кавалера. Если отбросить все сплетни и слухи, то у Марии Антуанетты был один-единственный кавалер — швед Ганс Аксель Ферзен, статный и красивый скандинав. Хотя, конечно, внимания королевы домогались многие.

Один из домогателей — кардинал Луи Роган, мечтавший сделать короля рогоносцем, с ним связана нашумевшая афера

МАРИЯ АНТУАНЕТТА —
ФРАНЦУЗСКАЯ КОРОЛЕВА, КОРОЛЕВА РОКОКО

с бриллиантовым колье. Зная тайную страсть кардинала, ловкая графиня де ла Мотт задумала мистификацию, рассчитывая на ней хорошо заработать. Она нашла проститутку Николь, отдаленно похожую на Марию Антуанетту, и сообщила кардиналу, что королева согласна тайно встретиться с ним. Кардинал Роган, задыхаясь от вожделения, поспешил на столь волнующую встречу. Ги Бретон так описывает дальнейшее:

«Кардинал, ослепленный желанием, бросился к Николь.

Она не оттолкнула его, и кандидат в возлюбленные, потеряв всякую сдержанность, трогал и ласкал ее грудь в безумной надежде стать любовником королевы здесь же, на мягкой траве рощи Венеры. Николь, которую подобные прикосновения нисколько не смутили, позволила ласкать себя сверху донизу, решив, может быть, что королева придумала эту сцену, чтобы развлечься непристойным спектаклем...»

Почувствовав опасность разоблачения, графиня де ла Мотт прекратила игру. И тем не менее она получила «для королевы» дорогостоящее украшение. Вся эта история вскоре выплыла наружу. И по настоянию Марии Антуанетты кардинала Рогана предали суду. В конечном счете его признали обманутым, но невиновным, а графине де ла Мотт не удалось избежать тюрьмы. Но итог был печальным и для королевы: хотя она была абсолютно невиновна, тень от этой скандальной аферы легла на ее имя.

«Она едва слушает, когда с ней говорят, — жаловался в письме императрице Марии Терезии посланник Мерси. — Очень трудно обсудить с ней что-либо важное, сконцентрировать ее внимание на какой-нибудь значительной теме. Страсть к развлечениям имеет над нею таинственную власть».

Сама Мария Антуанетта как-то обронила примечательные слова: «Я страшусь скуки». Ей скучно в Версале. Ей надоел Версаль. И она обращает свое внимание на небольшой замок Трианон, построенный Людовиком XV для своих любовных прихотей как refuge de plaisir (приют удовольствий — *франц.*), как buen retiro (приятное уединение — *исп.*). Трианон для Марии Антуанетты стал собственной крошечной страной, где среди изысканной роскоши интерьера, картин Антуана Ватто и под звуки серебряной музыки Луиджи Боккерини она развлекалась в компании принцессы Ламбаль, графини Жюли де Полиньяк и других приближенных дам.

Трианон — это собственный мир Марии Антуанетты, мир весны и вечных удовольствий, который стоил Франции и народу огромных денег — более двух миллионов ливров. Но Трианон не только разорил казну (сооружение Бельведера, Малого театра, Храма Любви, «деревни» Марии Антуанетты), но и внес раскол во французскую элиту. В Версале хватало места всем — принцам и принцессам, князьям и княгиням, графам и графиням, фавориткам, министрам и т. д. В Трианоне вокруг Марии Антуанетты сгруппировалось новое общество, узкий круг приближенных, главным для которых были мир развлечений и его центр — Мария Антуанетта. В этот круг не входил даже король, но входил его младший брат, граф д'Артуа, наглый, ловкий и циничный молодой человек, командир лейб-гвардии. Время в Трианоне проходило фривольно и весело, не-прерывной чередой удовольствий и развлечений. В дальней-шем восставший народ предъявит за все это свой счет, и он бу-дет оплачен головой королевы.

НОВЫЙ ЭТАП: МАТЕРИНСТВО

Веселье весельем, но настал час и материнства. Наконец-то Людовик XVI решился на маленькую хирургическую опера-цию, и вот он уже полноценный мужчина, который хочет и мо-жет. Бесплодная семилетняя осада закончена, и крепость сда-лась к своему счастью и к радости победителя. 30 августа 1777 года Мария Антуанетта делится с матерью важнейшей ново-стью: «Я счастлива, как никогда не была до сих пор. Вот уже восемь дней, как мой брак стал полноценным; вчера было вто-рое посещение, еще более удачное, чем в первый раз... Мне ка-жется, я еще не беременна, но теперь у меня по крайней мере есть надежда забеременеть в любой момент...»
Это — Мария Антуанетта. А Людовик XVI?

> Блажен, кто мог на ложе ночи
> Тебя руками обогнуть;
> Чело в чело, очами в очи,
> Уста в уста и грудь на грудь!..

Нет, это писал не король. Это сочинил в начале девятнад-цатого столетия Николай Языков, который тоже, кстати, дол-го обходился без женского пола, но по каким-то другим при-чинам, нежели король («Я берегу небесный дар...»). А Людо-вик довольно откровенно признался своей ближайшей родст-веннице: «Мне очень нравится этот вид развлечения, и я со-жалею, что так долго не знал о нем».
И вот узнал. И стал верным солдатом Эроса? Не совсем.
«Король не любит спать вдвоем», — сообщала Мария Ан-туанетта в письме к матери. — Я всячески пытаюсь побудить его не отказываться по крайней мере совсем от такого обще-ния. Иногда он проводит ночь у меня, и мне кажется, не стоит мучить его, настаивая на более частых посещениях».
Вялый темперамент Людовика XVI проявлялся и в посте-ли. Далеко было ему до деда, Людовика XV, и уж совсем да-леко до Джакомо Казановы. Но в том и заключена прелесть людей — что они все разные.

Капля долбит камень. И даже нечастые посещения приносят свои плоды. 4 августа 1778 года при дворе было официально объявлено о беременности королевы Франции. Народ ликует. Двор в напряженном ожидании. Особенно волнуется лейб-акушер: если родится престолонаследник, то его ждет пенсион в 40 тысяч ливров, а если принцесса — всего лишь 10 тысяч, вчетверо меньше.

Лейб-акушеру не повезло: 19 декабря 1778 года рождается девочка, будущая герцогиня Ангулемская.

Мария Антуанетта тоже немного огорчена, что не мальчик. А король, напротив, сияет: он отец! Это уже нечто! Это событие в королевстве. Над Парижем взмывает фейерверк. Простому люду раздают вино, хлеб и мясо. И плюс зрелища. Король дает распоряжение предоставить свою ложу в «Комеди Франсез» угольщикам, а королева — рыночным торговкам рыбой. В те времена довольно терпимо относились к различным запахам — дезодоранты еще никто не выдумал.

Но вернемся в Версаль. Впервые мне удалось побывать в нем 12 мая 1998 года (для меня это историческая дата). Вместе с другими русскими экскурсантами мы бегло осмотрели салоны Изобилия, Венеры, Дианы и другие залы Больших королевских покоев, отдавая дань красоте и изысканности убранства дворца. Но особый восторг у публики вызвала спальня королевы и ее золоченая кровать под высоким балдахином с плюмажем и страусовыми перьями. А когда гид сказал, что на этой кровати первые дамы Франции рожали детей в присутствии всего двора, то все туристы заволновались и начали отпихивать друг дружку, чтобы поближе стать к кровати, хотя на ней в этот момент ничего не происходило.

Да, по заведенной традиции французские королевы рожали, так сказать, публично. Обычно в спальню королевы набивалось иногда более 50—60 фрейлин, ну а когда рожала Мария Антуанетта, Версаль был открыт для всех. Но в спальню были допущены только аристократы. Самые знатные уселись вокруг кровати в креслах, строго придерживаясь табели о рангах. Остальные, менее знатные, сидели сзади на стульях и скамейках, а кому-то весь процесс родов приходилось наблюдать стоя. Стоны и крики роженицы никого не смущали, все следили за появлением на свет королевского ребенка и старались не пропустить ни одного мгновения этого дела государственной важности.

Вот в такой обстановке издала свой первый писк первая девочка королевы, тут же названная Мадам Рояль.

Вторая беременность Марии Антуанетты закончилась выкидышем. Королева сделала порывистое движение, закрывая окошко кареты, и этого было достаточно, чтобы плод погиб.

22 октября 1781 года Мария Антуанетта родила первого сына, который умрет в семилетнем возрасте — 3 июня 1789 года. 27 марта 1785 года у Марии Антуанетты и Людовика XVI родится второй сын, наследник, будущий Людовик XVII, который, однако, не взойдет на престол, но об этом чуть позже. И наконец 9 июля 1786 года Мария Антуанетта рожает четвертого, последнего ребенка — принцессу Софи Беатрис, которая проживет лишь одиннадцать месяцев (медицина и выхаживание младенцев в те времена были явно не на высоте, и даже королевские дети были подвержены ранней смертности).

Итак, окончательно разрушены роковые чары. Король и королева исполнили свой долг во имя королевства и Франции. Бьют барабаны. Играют волынки. Народ танцует. Пока плебс не приперло голодом, он поет и танцует. Ну а наверху, в верхнем эшелоне власти, как мы говорим сегодня, никакого ликования нет, наоборот, одно уныние. С рождением детей Людовика XVI теряет все шансы стать королем его брат Станислав Ксавье, граф Прованский, крайне честолюбивый и амбициозный человек. В дальнейшем именно он сыграет роковую роль в падении короля и королевы и в судьбе несчастного ребенка, Людовика XVII.

Но в неприязни к королевской семье замечен не только граф Прованский. Недовольны очень многие — и аристократы, и представители третьего сословия. Хуже всего, естественно, приходится народу. Королевские расходы постоянно и стремительно растут, соответственно дорожает съестное, простые люди сидят на скудном пайке. И ненавидят королеву, которую они не так давно любили, — теперь они называют ее Мадам Дефицит. Недовольству и брожению в массах способствуют распространяемые повсюду клеветнические сочинения — памфлеты и стихи. В некоторых из них неприкрытые угрозы:

> Королева Туанетта,
> В вас любви к французам нету,
> Убирайтесь-ка обратно в Австрию.

Все чаще Марию Антуанетту зовут гордой австриячкой, и в прилагательном «гордой» звучит явная неприязнь — мол, чужеземка. Летят критические стрелы и в ближайших подруг королевы — Ламбаль и Полиньяк, их представляют как опытных жриц лесбийской любви. Величие короля и королевы сводится к нулю: Мария Антуанетта — это только ненасытная и развращенная эротоманка, король — уже не король, а всего лишь бедный рогоносец, а дофин — приблудный бастард, ребенок, родившийся не от Людовика XVI. И вся королевская троица высмеивается в сатирических куплетах:

> Забавные носятся слухи
> Про жизнь королевской семьи:
> Бастард, рогоносец и шлюха —
> Веселая тройка, Луи!

И вот уже развевается над толпой революционное знамя. Остается лишь занести над головами топор ненависти.

Свою роль в свержении монархии сыграли и просветители, такие как Жан-Жак Руссо и Вольтер. Они открыли глаза третьему сословию, которое из пассивного состояния перешло в активное: начало самостоятельно рассуждать, порицать, читать, писать, познавать себя и, главное, требовать революционных перемен. Итак, аристократия, третье сословие и народ непостижимым образом объединились в ненависти к королю и королеве.

Познав материнство, Мария Антуанетта почувствовала себя уверенной и спокойной. Теперь ей хочется тишины, уединения и семейного уюта. Но именно в этот момент барометр времени указывает на бурю. Что касается Людовика XVI, то он по-прежнему нерешителен и вял в государственных делах, совершенно не чувствует, что в стране разразился кризис, ну а далее мне почему-то в голову приходят чисто литературные ассоциации: «Гроздья гнева», «Красные всходы»...

НАЧАЛО НАЧАЛ – БАСТИЛИЯ

Революционная смута в стране совпала с любовной смутой в сердце королевы. В 1788 году Мария Антуанетта вступает в интимную связь с Гансом Акселем Ферзеном. Они знакомы несколько лет, и двор замечает, что королева неравнодушна к красивому шведскому посланнику. В какой-то момент он почему-то решает покинуть Францию и отправиться в Америку. Очевидно, этот момент и стал моментом истины.

— Как, сударь, вы отступаетесь от своих трофеев? — недоумевает герцогиня Фитц-Джеймс.

— Будь они у меня, я бы от них не отступился. Я уезжаю свободный, без сожалений, — отвечает Ферзен.

Вот тут-то, перед лицом разлуки, неизбежное и произошло. Марию Антуанетту и Ферзена сразила пылкая страсть. А вскоре не к месту грянули бурные политические события: открытие Генеральных штатов, объявление Национального собрания, провозглашение свободы печати, учреждение национальной гвардии... короче, вихрь перемен, которые существенно меняют облик монархии.

И вот кульминация: день 14 июля 1789 года. Двадцать тысяч человек направляются от Пале-Рояля к ненавистному оплоту старого режима — Бастилии. Ее берут штурмом. При этом гибнет комендант тюрьмы. Его голову поднимают на пику. Откровенный мятеж. Бунт. Революция. А что король?

12 декабря 1917 года Максимилиан Волошин пишет стихотворение «Взятие Бастилии». Вот оно:

> Бурлит Сент-Антуан. Шумит Пале-Рояль.
> В ушах звенит призыв Камиля Демулена.
> Народный гнев растет, взметаясь ввысь, как пена.
> Стреляют. Бьют в набат. В дыму сверкает сталь.
>
> Бастилия взята. Предместья торжествуют.
> На пиках головы Бертье и Делоней.
> И победители, расчистив от камней
> Площадку, ставят столб и надпись: «Здесь танцуют».
>
> Король охотился в лесах Марли.
> Борзые подняли оленя. Но пришли
> Известья, что мятеж в Париже. Помешали...
>
> Сорвали даром лов. К чему? Из-за чего?
> Не в духе лег. Не спал. И записал в журнале:
> «Четырнадцатого июля. — Ни-че-го».

Исторически абсолютно точное стихотворение. Людовик XVI никак не мог выйти из плена давней максимы: «Во Франции монарх говорит, а народ повинуется». А тут заговорил народ и отказывается повиноваться.

26 августа Учредительное собрание приняло Декларацию прав человека и гражданина — программный документ, провозгласивший основные принципы нового, созданного революцией общества. Декларация состояла из 17 статей, первая из них гласила: «Люди рождаются и остаются свободными и равными в правах».

Мгновенно ставшая известной триединая формула «свобода, равенство, братство» из Франции триумфально покатилась по Европе. Только вот в Россию она пришла слишком поздно... а может быть, слишком рано.

У короля была еще в подчинении армия, но он не воспользовался ее силой. Людовик XVI все время делал уступки и в конце концов потерял не только свой авторитет, но и достоинство. Началось великое бегство из Версаля: подданные короля толпами покидали дворец, опасаясь народной расправы.

Император Австрии Леопольд несколько раз советовал Марии Антуанетте бежать из Франции, но она каждый раз отвергала его предложения. «Подумай, — писала она, — что я уже не принадлежу себе. Мой долг — остаться там, где меня водворило Провидение, а если нужно — подставить свое тело под кинжал убийц, которые могут добраться до короля».

Королева заговорила совсем другим языком. Это уже не легкомысленный щебет, а размышление зрелой женщины. Увы, понимание того, что происходит вокруг, осознание собственного долга пришло к Марии Антуанетте слишком поздно.

В 1791 году королева пишет сестре Марии Христине: «Не посылай мне бриллиантов. Что мне с ними делать? Я больше не наряжаюсь. Вся моя жизнь — совершенно новое существование. Я страдаю днем и ночью, с каждым днем меняюсь в лице. Мои прекрасные дни прошли, и, если б у меня не было детей, мне бы хотелось мирно почить во гробе. Они убьют меня; после моей смерти защищай меня всеми силами... Я всегда заслуживала твоего уважения и уважения всех справедливых людей всех стран... Меня обвиняют в гнусных вещах. Мне нет нужды говорить тебе, что я в них невиновна. К счастью, король относится ко мне как порядочный человек. Ему хорошо известно, что я никогда не игнорировала того, что составляло мой долг по отношению к нему и к себе самой».

Снова обратимся к Цвейгу:

«Первые 30 лет своей 38-летней жизни эта женщина идет заурядным путем, находясь, правда, на виду у всех; ни разу не преступает она средних норм ни в хорошем, ни в дурном: индифферентная душа, ординарный характер в историческом аспекте сначала лишь статист. Не ворвись Революция в ее безоблачно непринужденный мир-спектакль, эта женщина, незначительная сама по себе, жила бы спокойно и дальше, как сотни миллионов женщин всех времен: танцевала бы, болтала о пустяках, любила, смеялась, наряжалась, делала визиты, подавала милостыню, рожала детей и наконец тихо легла бы в постель, чтобы умереть, так и не поняв по-настоящему, для чего она жила. Подданные торжественно попрощались бы с останками королевы, был бы объявлен придворный траур, но затем королева исчезла бы из памяти людей, как и другие бесчисленные принцессы — Марии Аделаиды, Аделаиды Марии, Анны Катарины и Катарины Анны, чьи надгробия с холодными, равнодушными, никем не читаемыми надписями стоят в

Готе. Никогда ни одна живая душа не испытала бы потребности заинтересоваться ее личностью, ее угасшей душой...»

Несчастье, тот революционный водоворот, в который попала Мария Антуанетта, сделали ее значительной личностью в истории. Великой жертвой, которую принесло человечество во имя новой, соблазнительной идеи всеобщего братства.

Однако вернемся к событиям, которые последовали за взятием Бастилии. 5 октября 1789 года состоялся поход восставшего народа в Версаль. Король продолжает ожидать, что возникшая буря уляжется сама собой, но вожди революции думают и действуют иначе, выигрывая темп. И на следующий день, 6 октября, королевскую чету везут в Париж, поближе к народу, который радостными кликами провожает карету, а неистовые революционерки типа Теруани де Мерикур (женщины во Французской революции — это отдельная захватывающая детективно-любовная тема) кричат: «Мы везем их назад, пекаря, пекаршу и маленького пекаренка. Теперь с голодом будет покончено».

Мэр Парижа Байи встречает Людовика XVI не как короля, а как навечно подданного своих подданных, как человека, который вернул свободу (ах, это сладкое слово «либерти») французам. Короля и королеву помещают в старую резиденцию королей — Тюильри. Здесь все разграблено и пусто. «Как скверно здесь!» — говорит дофин, выросший в роскоши Версаля и Трианона.

Тюильри стал первой королевской тюрьмой.

В Тюильри Мария Антуанетта окончательно расстается со своим прошлым и с прежней собой. Веселое и беззаботное прошлое осталось позади. Наступило время горького осознания действительности и собственного положения. Мария Антуанетта уже не легкомысленная светская дама, а взрослая женщина, мучимая проблемами и тревогами. Больше всего ее заботит судьба дофина: что будет с ним?!

Мария Антуанетта обожает своего сына, но при этом не балует его. Новой воспитательнице, мадам де Турзель, королева описывает характер дофина: «...если он обещал что-нибудь, то всегда выполняет, но излишне болтлив, охотно повторяет то, что слышал со стороны, и, не желая солгать, часто добавляет к этому все, что благодаря его способности фантазировать кажется ему правдоподобным. Это самый большой его недостаток, и, безусловно, следует сделать все, чтобы помочь ему от этого недостатка избавиться. В остальном, повторяю, он славный ребенок. Деликатно и энергически воздействуя на него, не применяя при этом слишком строгих мер, им можно без труда руководить и добиваться всего, что требуется. Строгость будет его сильно раздражать; несмотря на такой нежный возраст, у него уже есть характер...»

Увы, дофин вскоре попадет в другие, жесткие и циничные руки, и с ним сотворят нечто ужасное.

В Тюильри королева осваивает искусство шифрования и тайнописи и шлет письма с мольбой о помощи родственникам и друзьям за пределами Франции. Внутри страны она очень рассчитывала на маркиза Мирабо, «друга людей». Она готова купить его. И он клюет на золотую наживку. Мирабо обязуется служить королю ревностно и отважно. Таким образом Мирабо ведет опасную двойную игру, служа одновременно народу и Людовику XVI. Но, к сожалению, он не вовремя умрет и не успеет помочь королевской чете. После смерти Мирабо вскроются его тайные связи с королем, и его труп будет вырыт из могилы и с позором выброшен на живодерню.

Нет Мирабо, но есть Ферзен, шведский аристократ, без памяти влюбленный в Марию Антуанетту. Он готов на все и разрабатывает операцию по спасению короля и его семьи.

20 июня 1791 года — день, а точнее, вечер бегства королевской семьи из Парижа в Варенн. Стефан Цвейг в своем романе подробно описывает, как готовился и проходил этот побег. Вместо того чтобы действовать быстро, тайно и максимально собранно, все было проделано с точностью до наоборот: долго и с непонятной пышностью — со взятием с собой многочисленных туалетов, предметов роскоши и специально построенной, чересчур вызывающей кареты, вроде гигантского корабля.

Наконец все готово, и Мария Антуанетта шепчет сыну:

— Вставай, мы уезжаем. Мы поедем в крепость, где много солдат.

Однако до крепости они не доехали, только до города Варенн. Несмотря на то что его жители видели лик короля не иначе как на монетах, Людовика XVI узнали. И это был конец. Возмущенное Национальное собрание посчитало бегство короля изменой и лишило его прав монарха.

Людовик XVI, по своему обыкновению, сонно воспринял поворот своей участи. Бунтует только Мария Антуанетта. Но все тщетно. Их везут в Париж...

Возвращение длится трое суток. Ярость народа достигает предела, и только депутаты, которые сопровождают королевскую семью, не допускают расправы. И опять немыслимая реакция короля на происходящее. Как отмечает современник, «он был спокоен, как будто бы ничего не случилось, как будто он вернулся с охоты».

ПОСЛЕДНИЕ ПОПЫТКИ СПАСЕНИЯ

Эти попытки ни к чему не приводят. Сбежавший в Брюссель брат короля граф Прованский объявляет себя законным наследником королевства. Эмигрировавшие также принцы разжигают войну, но не для сохранения трона своему брату Людовику XVI, а для того лишь, чтоб возможно быстрее самим занять его. Все ищут свою личную выгоду. По существу, Людовик и Антуанетта брошены на произвол судьбы, вернее, в трясину революции, из которой им уже никак не выбраться.

Один лишь Ферзен остается верным другом и защитником Марии Антуанетты. Ему очень хочется ее увидеть. И 13 февраля 1792 года, рискуя жизнью, он тайно проникает в Тюильри и проводит последнюю ночь с Марией Антуанеттой. О чем они говорили между собой, нам неизвестно. Наверное, это была приправленная печалью прощальная ночь любви.

Политические события идут по нарастающей, все явственнее ощущается угроза жизни королю и королеве. В отчаянии Мария Антуанетта пишет Ферзену в Брюссель:

«Действительно, жизнь короля, как и жизнь королевы, давно уже под угрозой. Прибытие в Париж около шестисот марсельцев и множества членов якобинских клубов из других городов увеличивает наше, к сожалению, совершенно обоснованное беспокойство. Правда, принимаются все надлежащие меры для обеспечения безопасности королевской семьи, но убийцы постоянно рыщут возле дворца; они подстрекают народ. Одна часть Национального собрания находится в плену враждебных идей, другая — под гнетом слабости и трусости... Сейчас приходится думать лишь о том, как избежать кинжала, как сорвать планы заговорщиков, уже окруживших трон, чтобы опрокинуть его. Уже давно взбесившиеся смутьяны не скрывают более своих намерений — устранить королевскую семью. На обоих последних ночных заседаниях Национального собрания пока что не пришли к единому мнению лишь относительно того, как сделать это. Из моих прежних писем Вы знаете, насколько важным является выигрыш даже двадцати четырех часов; сегодня я могу только повторить это и добавить, что если помощь не придет к нам сейчас, то одно лишь Провидение в состоянии будет спасти короля и королеву...»

Ферзен в безумном стремлении спасти Марию Антуанетту предпринимает неверный шаг, подстрекая противников Франции — Австрию и Пруссию — принять манифест, в котором содержатся угрозы возмездия за все содеянное в годы революции.

«Следствие этой бумажной угрозы ужасно, — пишет Цвейг. — Даже тот, кто до сих пор относился к королю лояльно, сразу становится республиканцем, едва обнаружив, как дорог его король врагам Франции, едва поняв, что победа вражеских войск повлечет за собой уничтожение всех завоеваний революции, что Бастилию штурмовали напрасно, что клятва в Зале для игры в мяч давалась зря, что торжественная присяга, принесенная тысячам французов на Марсовом поле, не имела никакого смысла. Рука Ферзена, рука возлюбленного, этой безрассудной угрозой метнула бомбу в тлеющий огонь. И этот безумный вызов, эта бессмысленная бравада взорвали гнев двадцати миллионов французов».

НОВОЕ МЕСТО: ТАМПЛЬ

10 августа 1792 года возмущенный народ приступом берет Тюильри. И опять же в падении Тюильри повинен король. Дворец Тюильри был превращен в военный лагерь и вполне мог отбиваться от нападавших. Но вместо воодушевляющих слов к солдатам Людовик XVI что-то вяло промямлил и тем самым деморализовал дух верных королю швейцарских и французских гвардейцев.

За событиями в Тюильри наблюдал юный лейтенант корсиканец Наполеон Бонапарт. Позднее он, на острове Святой Елены, скажет примечательные слова: «Надо было пушками проучить всех этих каналий». Но король решил добровольно, без боя, сдаться революционно настроенным «канальям».

Людовик XVI и Мария Антуанетта были взяты «под защиту граждан и закона» и помещены в Люксембургский дворец. Однако уже через три дня, 13 августа, королевскую семью перевели в Тампль, в мрачный замок, наспех переоборудованный в тюрьму. Тяжелые, обитые железом двери, низкие окна, мрачные каменные стены. И повсюду стража.

В башню Тампль были заключены Людовик XVI, Мария Антуанетта, их дети — Луи Шарль и Мария Тереза, сестра короля принцесса Елизавета, не считая любимого камердинера короля Клери (королевский Фирс?) и собаки Коко. Поначалу условия содержания были вполне сносные: возможность гулять во внутреннем саду, обильная и хорошая в целом еда, вино, фрукты. В Тампль доставили даже библиотеку — 157 книг, в основном латинских классиков, — так что королевская чета могла вникнуть во всю печаль и всю мудрость классических сентенций:

Accidit in puncto, quod non contigit in anno (Случается в одно мгновение то, чего не случается за целый год). Aut Caesar, aut nihil (Или Цезарь, или ничто). Fortuna fungit artaque, ut lubet (Судьба лепит и мнет, как ей заблагорассудится). Mors ultima ratio (Смерть — последний довод всему).

Итак, узники читали книги. Мария Антуанетта еще занималась рукоделием. Король учил дофина играть в шахматы. Иногда играли все вместе в карты. Одно раздражало: охрана с заряженными ружьями и торжествующая надпись на стене: Liberte, Egalite, Fraternite! (Свобода, Равенство, Братство!).

В Тампле шла неприметная и тихая жизнь, а за башнями крепости не утихали страсти. Многие «пламенные революционеры» (знакомый термин!) попросту бесновались, снедаемые червем зависти и злобы. Один из злобных — Эберт — выпускал грязный бульварный листок «Папаша Дюшен», в котором старался как можно глубже втоптать в грязь короля и королеву. С подачи этой газетенки в Париже распевали песенку на мотив известной песни о Мальбруке:

А вот Мари Антуанетта, ее распутней в мире нет.
Продажные девицы — пред нею голубицы.
Чтоб утолить любви экстаз,
Троих мужчин зовет зараз.
А что же делают они?
Здесь нет большой загадки:
Под одеялом короля
Играют вместе в прятки.
А коли нет мужчин вокруг
И Полиньяк не с ней,
Она займет своих подруг
Забавой посрамней.
«Французские штучки» — скромней этой сучки,
Которая ждет кобеля,
Все шлюхи Парижа на голову ниже
Законной жены короля.
Вот эту паскуду — в короне покуда —
Мы выгоним вон из страны.
Пусть ведьмы к себе на шабаш приглашают
Любимую дочь сатаны.
Австрийскую квочку, испортив ей ночку,
К родне отвезет батальон.
А коль не захочет — нож повар наточит
И сварит отличный бульон.

Покуда королевская чета находилась в Тампле, решительный и агрессивный Дантон поднял кровавое знамя террора и потребовал за три дня и три ночи (2—5 сентября 1792 года) уничтожить всех узников тюрем, подозреваемых в измене. Среди двух тысяч жертв (а многие из них были абсолютно безвинны) оказалась лучшая подруга Марии Антуанетты, принцесса Ламбаль. Ей было 43 года. О ее гибели спустя сто с лишним лет написал стихотворение Максимилиан Волошин. Стихотворение называется «Голова Madame de Lamballe».

> Это гибкое, страстное тело
> Растоптала ногами толпа мне
> И над ним надругалась, раздела...
> И на тело
> Не смела
> Взглянуть я...
> Но меня отрубили от тела,
> Бросив лоскутья
> Воспаленного мяса на камни...
>
> И парижская голь
> Унесла меня в уличной давке,
> Кто-то пил в кабаке алкоголь,
> Меня бросив на мокром прилавке...
> Куафёр меня поднял с земли,
> Расчесал мои светлые кудри,
> Нарумянил он щеки мои
> И напудрил...
>
> И тогда, вся избита, изранена,
> Грязной рукой
> Как на бал завита, нарумянена,
> Я на пике взвилась над толпой
> Хмельным тирсом... —
>   Неслась вакханалия.
> Пел в священном безумье народ.
> И казалось, на бале в Версале я...
> Плавный танец кружит и несет...
> Точно пламя гудели напевы.
> И тюремною узкою лестницей
> В башню Тампля, к окну королевы
> Поднялась я народною вестницей...

(1906)

Нет, это не поэтическая фантазия Волошина. Опьяненная кровью и вином, озверелая толпа убийц пожелала увидеть, какое впечатление произведет на Марию Антуанетту зрелище головы ее мертвой подруги, ее обнаженного, обесчещенного тела. Но королева в башне не знала, почему там, внизу, такой шум и крик.

— Что это? — спросила она стражника.

— Народ хочет показать вам голову мадам Ламбаль.

Услышав это, Мария Антуанетта упала в обморок.

Дикость и озверелость толпы. Такое было во времена Французской революции. Такое повторилось у нас, в России, в так называемую Великую Октябрьскую социалистическую революцию. Террор не щадил никого — ни женщин, ни стариков, ни детей. Море человеческой крови...

Тот же Макс Волошин в статье «Предвестия Великой революции» (1906) писал:

«Пароксизм идеи справедливости — это безумие революций.

В гармонии мира страшны не те казни, не те убийства, которые совершаются во имя злобы, во имя личной мести, во имя стихийного звериного чувства, а те, которые совершаются во имя любви к человечеству и человеку.

Только пароксизм любви может вызвать инквизицию, религиозные войны и террор».

Как все мрачно. Как мерзко. И безысходно.

Так было. Так есть. И так будет?!

Снизим градус мрачности и повернем стрелку повествования на поэзию. На куртуазную поэзию, где даже самые страшные истории преподносятся легко и изящно, с легким налетом грусти и печали. Со слезинкой в глазах.

Вот как о временах королевы Марии Антуанетты и принцессы Ламбаль писал поэт Серебряного века Николай Агнивцев:

В саду у дяди кардинала,
Пленяя грацией манер,
Маркиза юная играла
В серсо с виконтом Сен-Альмер.

Когда ж, на солнце негодуя,
Темнеть стал звездный горизонт,
Тогда с ней там в игру другую
Сыграл блистательный виконт!..

И были сладки их объятья,
Пока маркизу не застал
За этим сладостным занятьем
Почтенный дядя — Кардинал!

В ее глазах потухли блестки,
И, поглядевши на серсо,

Она поправила прическу
И прошептала: «Вот и всё!»

Прошли года!.. И вот без счета
Под град свинца за рядом ряд,
Ликуя, вышли санкюлоты
На исторический парад...

— Гвардейцы, что ж вы не идете? —
И в этот день, слегка бледна,
В последний раз на эшафоте
С виконтом встретилась она.

И, перед пастью Гильотины
Достав мешок для головы,
Палач с галантностью старинной
Спросил ее: — Готовы ль вы?

В ее глазах потухли блестки,
И, как тогда, в игре в серсо,
Она поправила прическу
И прошептала: — Вот и всё!

А теперь от стихов к исторической реальности.

КАЗНЬ КОРОЛЯ

Роковая очередь доходит и до короля. Сначала Конвент
принимает решение об упразднении королевской власти — и да
здравствует республика!.. Затем Людовик XVI лишается своего привычного королевского имени и презрительно именуется
Луи Капетом. Однако вождям революции (Робеспьеру, Ма-
рату и другим) этого мало. Их не устраивает политическая
кончина короля, они жаждут его физической смерти. Людовика XVI изолируют от семьи, и начинается судебный процесс
против короля.

11 декабря 1792 года процесс стартовал. Через 41 день, 21
января 1793 года, король был казнен.

Глубочайшая тишина царила в зале, когда был введен Людовик XVI. Председатель суда Варер так начал свою речь:
«Людовик, французский народ обвиняет вас во множестве
преступлений, совершенных с целью установить тиранию на
развалинах его свободы...»

Смерть короля была предрешена. Когда короля везли обратно в Тампль, народ распевал свой новый гимн, «Марселье-

зу»: «Tyrans! Qu'un sang impur abreuve nos sillons!» («Тираны! Пусть нечистая кровь оросит наши поля!»).

Французский историк Анри д'Альмер писал по поводу атмосферы, царившей в зале суда:

«Торговки рыбой, распространявшие вокруг резкий запах тухлятины, грязные шлюхи разгуливали по трибунам и коридорам с засученными рукавами и подоткнутым подолом. Они были вооружены саблями, пиками и палками. Зная, что заседание может затянуться, они принесли с собой еду и вино: пожирая колбасу и запивая ее стаканами вина, с жирными губами и опьяневшими глазами, они тянули когти к ненадежным депутатам и угрожающе шипели:

— Или его голова, или твоя!»

К гибели короля привели черты его характера — нерешительность, отсутствие твердого духа, твердой руки, энергии, воли (или как любят у нас говорить сегодня: политической воли). Вместо того чтобы решительно противостоять революции, перехватить у нее инициативу, он пошел у нее на поводу, делая одну уступку за другой. Компромиссы короля закончились эшафотом.

Мы уже цитировали Николая Агнивцева. Так вот поэт называет еще одну черту короля, которая стоила ему головы: рассеянность. Стихотворение так и называется — «Рассеянный король»:

Затянут шелком тронный зал!
На всю страну сегодня
Король дает бессчетный бал
По милости Господней!

Как и всегда, Король там был
Галантен неизменно
И перед дамой преклонил
Высокое колено!..

Старый Шут, покосившись в зал,
Подняв тонкую бровь, прошептал:
— Он всегда, после бала веселого,
Возвращается без головы!..
Как легко Вы теряете голову!
Ах, Король, как рассеянны Вы!

Затянут красным тронный зал!
На всю страну сегодня
Народ дает свой первый бал
По милости Господней.

Как и всегда, Король там был
Галантен неизменно!..
И под ножом он преклонил
Высокое колено!..

Старый Шут, покосившись в зал,
Подняв тонкую бровь, прошептал:
— Он всегда, после бала веселого,
Возвращается без головы!..
Как легко Вы теряете голову!..
Ах, Король, как рассеянны Вы!..

Изысканная шутка. В жизни все было, разумеется, не так.
Вновь обратимся к Стефану Цвейгу, вот как он описывает вечер перед казнью:

«В этот страшный, в этот последний час та черта характера короля, которая на протяжении всей его жизни была гибельной для него — поразительное хладнокровие, — оказывается очень нужной много испытавшему человеку. Невыноси-
мое в обычных условиях спокойствие придает в этот решаю-
щий момент Людовику XVI известное величие. Он не выка-
зывает ни страха, ни волнения, четыре комиссара в соседней
комнате не слышат ни повышенного голоса, ни всхлипываний:
при прощании с близкими этот слабовольный, жалкий человек, этот недостойный король проявляет больше сил и досто-
инства, чем когда бы то ни было за всю свою жизнь. Невозму-
тимо, как раньше каждый вечер, ровно в десять обреченный
поднимается, давая этим понять семье, чтобы его оставили.
Мария Антуанетта не решается возразить его столь определенному волеизъявлению, тем более что, желая успокоить ее,
он обещает завтра в семь утра еще раз встретиться с нею...»

Людовик XVI мужественно взошел на эшафот и сам снял
с себя воротник и сюртук. Хладнокровие изменило ему лишь в
ту минуту, когда палач хотел остричь ему волосы и связать руки. «Я не позволю этого!» — раздраженно воскликнул король,
покраснев от гнева. Перед последним моментом казни, по одной версии, он громким голосом сказал: «Я прощаю своим
врагам!» По другой — «Я умираю невинным!..».

В 10 часов 20 минут Людовика XVI не стало. Палач высоко поднял отрубленную голову и показал ее народу. Площадь
Революции наполнилась криками: «Да здравствует Республика! Да здравствует нация!»

Как пишут исследователи, останки Людовика были погребены на кладбище Магдалины. Это место было связано с печальными событиями, ознаменовавшими его бракосочетание

23 года тому назад. Во время пышных празднеств из-за небрежности королевской администрации более тысячи французов были раздавлены лошадьми и погибли. Все они были погребены на кладбище Магдалины. Современники увидели в этом дурной знак для брачного союза Людовика XVI и Марии Антуанетты. Спустя годы предзнаменование сбылось: казненный король лег рядом с погибшими жертвами своего былого величия.

Шутка или ирония истории...

ЭШАФОТ ДЛЯ КОРОЛЕВЫ

Король казнен, а Мария Антуанетта оставлена пока в живых, как драгоценный залог, который должен сделать Австрию более покладистой (ведь идет война). Но, увы, император Франц не собирается спасать свою близкую родственницу. А генералы тем более. Дорвавшись до войны, они полагают, что воевать значительно лучше, чем прерывать ее и о чем-то договариваться. Для них главное — стрелять и рубить.

Однако находятся благородные люди, которые пытаются спасти королеву (правда, после казни короля она уже не королева, а просто вдова Капет). Но Мария Антуанетта отклоняет возможность побега одной, без детей. Еще один вариант спасения срывается из-за бдительного санкюлота, сапожника Симона.

3 июля Марию Антуанетту разлучают с дофином. Воспитателем Луи Шарля назначают все того же Симона, стойкого санкюлота и — необразованного и грубого человека. Девятилетний мальчик, как отмечает Цвейг, «быстро, слишком быстро вошел в новый, окружающий его мир, в своем веселом, до краев наполненном сегодня он забыл, чей он ребенок, какая кровь течет в его жилах, какое имя он носит. Бойко и громко поет он, не понимая смысла слов, «Карманьолу» и «Ça ira» — песни, которым обучил его Симон с товарищами; он носит красный колпак санкюлота, и ему это доставляет удовольствие, он перекидывается шуточками с солдатами, стерегущими его мать...».

Мария Антуанетта осталась без мужа и любимого сына. Бывшую королеву пасторалей, богиню рококо нельзя узнать: в свои 37 лет она выглядит уже старой измученной женщиной, лишенной былого блеска в глазах и потерявшей живость манер. Именно такую женщину, сломленную королеву, нарисовал Эжен Делакруа. Если сравнить этот поздний рисунок с прежними парадными портретами Марии Антуанетты, ослепительно красивой, молодой, полной изящества и куртуазного лукавства, то невольно станет больно. Что делает... нет, не возраст! Что делает с человеком судьба!..

Следующий акт трагедии: 1 августа Марию Антуанетту переводят в Консьержери, где добрая женщина, жена надзирателя мадам Ришар, пытается услужить королеве, но единственное, что она может, так это предоставить в ее распоряжение железную кровать, два матраца, два соломенных кресла, подушку, легкое одеяло, еще кувшин для умывания да старый ковер на сырую стену. Опять же вспомним обстановку Версаля и Трианона и придем в ужас. От богатства к нищете. От величия к презрению. Качели жизни...

Консьержери — особая тюрьма для самых опасных политических преступников. Именно таковой считают Марию Антуанетту лидеры революции.

Консьержери — это прихожая смерти. В преддверии конца Мария Антуанетта выполняет завет своей матери: она требует книг и читает их одну за одной. Ей, как никогда, нужна опора, чтобы сохранить свой дух, не сломаться и достойно встретить смерть.

А тем временем королеве пришлось испытать и пережить удар со стороны, откуда она никак не ждала, — от собственного сына. Именно тогда, когда решалась ее участь, воспитатель дофина сапожник Симон застал мальчика за рукоблудием. Откуда взялся этот порок? — задал вопрос Симон и тут же нашел ответ: конечно, от матери, от этой австрийской волчицы. И тут же мальчика, не достигшего девятилетнего возраста, заставляют сделать признание: да, во всем виновата мать, это она клала его в свою постель и научила всему. Чудовищная ложь! Это понимают ретивые судьи, но не понимает дофин. Историки и по сей день теряются в догадках по поводу показаний ребенка. Принудили его силой? Опоили водкой? Или у него разыгралась фантазия, чему он был подвержен и о чем упоминала раньше Мария Антуанетта?

Страшная ложь любимого сына — весомый аргумент обвинения против Марии Антуанетты. 12 октября 1793 года состоялся первый допрос.

— Вы вдова Капет?

— Нет, — ответила королева, — я — Мария Антуанетта, принцесса Австрийская и Лотарингская, тридцати восьми лет, вдова короля Франции.

Все обвинения в свой адрес Мария Антуанетта отрицает. На суде она держится уверенно и спокойно. Это спокойное величие она обрела лишь в конце своей жизни. Но все напрасно: суд запрограммирован на казнь королевы, которая, по определению прокурора Антуана Фукье-Тенвиля, является «бичом и вампиром французов».

Адвокат умоляет обратиться за помощью в Конвент. Но королева отвечает:

— Нет, нет... никогда!

И все же ради детей она вынуждена написать послание председателю Национального собрания.

Разумеется, ничего не помогло. Марию Антуанетту обвинили в государственной измене, в безудержных тратах, в постройке роскошного Трианона и еще — в разврате. Она отрицала все обвинения. В зале суда то и дело раздавались возмущенные крики: «Ишь, какая гордячка!»

Всего два дня, 14—15 октября, шел процесс. Никаких серьезных документальных доказательств предъявлено не было, но тем не менее приговор был вынесен. Да и как же иначе — судьям оставалось либо отдать голову Марии Антуанетты, либо лишиться своих голов. Своя, естественно, дороже. Об этом времени ярко написал Волошин:

Разгар террора. Зной палит и жжет.
Деревья сохнут. Бесятся от жажды
Животные. Конвент в смятенье. Каждый
Невольно мыслит: завтра мой черед.

Казнят по сотне в сутки. Город замер
И задыхается. Предместья ждут
Повальных язв. На кладбище гниют
Тела казненных. В тюрьмах нету камер.

Пока судьбы кренится колесо,
В Монморанси, где веет тень Руссо,
С цветком в руке уединенно бродит,

Готовя речь о пользе строгих мер,
Верховный жрец, Мессия — Робеспьер —
Шлифует стиль и тусклый лоск наводит.

Приговор вынесен: смерть на гильотине. 16 октября Мария Антуанетта пишет последнее послание на волю, принцессе Елизавете, сестре своего супруга:

«16 сего октября, 4 1/2 часа утра.

Вам, сестра моя, я пишу в последний раз. Меня только что приговорили не к позорной смерти — она позорна лишь для преступников, — а к возможности соединиться с Вашим братом; невинная, как и он, я надеюсь проявить ту же твердость духа, какую он проявил в свои последние мгновения. Я спокойна, как бывают спокойны люди, когда совесть ни в чем не упрекает; мне глубоко жаль покинутых моих бедных детей; Вы знаете, что я жила только для них...»

И в конце письма, кстати недописанного:

«Я искренне прошу прощения у Бога во всех грехах, содеянных мною с первого дня моего существования. Я надеюсь, что по всей благости Он примет, примет мои последние моления, равно и те, что я уже давно шлю Ему, чтобы Он соблаговолил присоединить мою душу к своему милосердию и благости.

Я прошу прощения у всех, кого я знаю, и особенно у Вас, моя сестра, за все те обиды, которые, помимо моего желания, я могла нанести.

Всем моим врагам я прощаю зло, которое они мне причинили...»

В день казни, 16 октября 1793 года, Мария Антуанетта надела не черное скорбное платье, а легкое белое. Накинула легкий муслиновый платок. И отправилась на свою последнюю прогулку. Не в роскошной королевской карете, а на жалкой телеге палача. Причем палач Сансон держал ее на длинной веревке, одним концом связавшей ее руки за спиной, как будто несчастная жертва могла спрыгнуть с телеги и убежать.

Телега, тарахтя, нарочито медленно двигалась к площади Революции (ныне площадь Согласия). По дороге Мария Антуанетта увидела разрушенный Тюильрийский дворец и произнесла:

— Боже, просвети и тронь сердце моих палачей.

Это была, пожалуй, ее единственная эмоция перед смертью. А так она держалась холодно и отстраненно, без всяких слез и рыданий. И даже Эберт в своем листке «Папаша Дюшен» на следующий день вынужден был признать: «Впрочем, распутница до самой своей смерти оставалась дерзкой и отважной».

Десятки тысяч людей собрались на площади, чтобы увидеть редкостное зрелище: казнь королевы. В ожидании телеги с палачом и Марией Антуанеттой люди смеялись, обменивались новостями, жевали бутерброды, грызли орехи. Но вот наконец на ступеньки эшафота поднялась королева в своих черных атласных туфлях на высоких каблуках. Поднялась легко и как бы окрыленно. Она готова умереть. Готов к этому последнему акту ее жизни и палач. Он бросает женщину под доску, и острый нож, как бритва, отсекает голову от туловища.

Маленькое отступление. В советские времена ненавидели

как русских царей, так и иностранных королей. И даже хороший поэт Михаил Светлов написал в стихотворении «Рабфаковке» без всякого человеческого сочувствия:

> Палача не охватит дрожь
> (Кровь людей не имеет цвета), —
> Гильотины веселый нож
> Ищет шею Антуанетты.

Этот «веселый нож» прошелся впоследствии по шеям многих представителей дома Романовых. Но вернемся к рассказу о гибели Марии Антуанетты.

Сансон поднимает за волосы кровоточащую голову королевы и показывает ее народу. Раздается ликующий вопль: «Да здравствует Республика!»

Труп и голову Марии Антуанетты увозят на маленькой тачке. Толпа расходится с площади. Интересно, а что будет завтра?.. Мертвое тело Марии Антуанетты и еще с десяток трупов бросают в общую могилу и заливают негашеной известью.

До 38 лет Мария Антуанетта не дожила 17 дней.

Больше всех смерть королевы переживал Ферзен. В своем дневнике он записал: «О, я каждый день чувствую, как много потеряно мной и каким совершенством во всех отношениях она была. Никогда не было женщины, подобной ей, никогда не будет».

Вскоре погибнет и он.

А через несколько лет в Версале, уже при правлении Наполеона Бонапарта, появится другая австрийская принцесса — Мария Луиза, но это уже совсем другая история. Впрочем, как и история о возвращении Бурбонов к власти, когда на французский трон, по трупам, взобрался брат Людовика XVI граф Прованский, ставший Людовиком XVIII. А где же семнадцатый по счету Людовик? О нем надо непременно рассказать.

ТАЙНА МАЛЕНЬКОГО ДОФИНА

Напомним еще раз — наследника французского престола, дофина, любимого сына Марии Антуанетты, отдали на воспитание сапожнику Симону. Плоды воспитания сказались быстро: Луи Шарль (иногда пишут Карл) повел себя как настоящий санкюлот — сквернословил, богохульствовал, проклинал аристократов, лил грязь на королеву, свою мать.

После смерти Марии Антуанетты дофина так и не выпустили из стен Тампля. Через год, 19 декабря 1794 года, его навестили члены Конвента и нашли мальчика тяжелобольным, с распухшими руками и ногами, неподвижно лежащим на грязной койке. К нему вызвали врачей, но помочь юному узнику уже было нельзя. В ночь с 8 на 9 июня 1795 года Луи Шарль, которого роялисты называли Людовиком XVII, скончался на одиннадцатом году жизни.

Комитет общественного спасения учредил комиссию и поручил ей разобраться в обстоятельствах смерти юного Бурбона. Четыре доктора произвели вскрытие, извлекли сердце, рассекли череп и заполнили свидетельство о смерти. В графе «причина смерти» члены комиссии написали: туберкулезный шейный лимфаденит.

Интригующая деталь: тело дофина не дали опознать его сестре, принцессе Марии Терезе, два года томившейся в том же Тампле, только в другой камере. И еще: труп быстренько похоронили в общей могиле — и, как говорится, концы в воду. Однако смерть узника Тампля вызвала большое недоверие во французском обществе. Вспомнили о Людовике XVII, правда не сразу, а потом, когда была восстановлена монархия и на трон взошел дядя дофина, Людовик XVIII. И вот тут произошла вспышка самозванства. Уцелевшие якобы сыновья Людовика XVI заявляли свои претензии на корону. Десятки тридцатилетних лжедофинов утверждали, что в 1794 году их подменили в Тампле, и выдвигали свои требования. В разное время к Марии Терезе, герцогине Ангулемской, обращалось 27 человек с просьбой признать в них своего брата.

Один из самых известных претендентов на имя Луи Шарля был Карл Вильгельм Нондорф, прусский часовщик, живший в Лондоне. Он не предъявлял прав на корону, но непременно хотел, чтобы его официально признали чудом выжившим дофином. Нондорф подробно рассказывал всем, как его усыпили с помощью опиума и тайно вывезли из Тампля и как в дальнейшем ему пришлось скитаться по разным странам Европы. Кстати, паспорт на имя Карла Вильгельма Нондорфа ему выдал король Пруссии. Герцогиня Ангулемская наотрез отказалась признать в нем брата, и тем не менее в Голландии после смерти Нондорфа выдали официальное свидетельство: «Карл Луи де Бурбон, герцог Нормандский, Людовик XVII, сын Людовика XVI и Марии Антуанетты, скончался в возрасте 60 лет».

В середине XX века бельгийские ученые, сравнив волосы Нондорфа и сестер Марии Антуанетты, доказали, что Нондорф никакого отношения к Бурбонам не имеет. Это же подтвердил и анализ на ДНК.

Могилу же дофина вскрывали дважды, в 1846 и 1894 годах. Идентифицировать останки не удалось. Так что тайна гибели Людовика XVII, по всей видимости, не будет раскрыта никогда и так и останется тайной.

О, сколько этих тайн в истории! Иногда кажется, что история человеческой цивилизации состоит из одних тайн. Куда ни копни — всюду легенды, мифы, домыслы и тайны. От Адама и Евы до гибели подводной атомной лодки «Курск». Что было на самом деле, никто не знает. Есть только версии и интерпретации событий, составленные историками. И как сказал американский писатель Джон Стейнбек: «История — продукт выделения желез миллиона историков». От Тацита до наших дней.

— Что скажет история?

— История, сэр, солжет, как всегда.

Этот диалог принадлежит великому парадоксалисту Джорджу Бернарду Шоу.

Вот и я в качестве самозваного историка брожу по джунглям истории в поисках достоверности. Но... «непроницаемым туманом покрыта истина для нас». Так сказал Николай Карамзин, классик отечественной истории. И он же:

> Что есть поэт? искусный лжец:
> Ему и слава и венец!

САМАЯ КРАСИВАЯ ЖЕНЩИНА НА ТРОНЕ

(Елизавета Австрийская)

Красота есть лишь обещание счастья.

Стендаль

Следующая глава: жизнь и судьба баварской принцессы Елизаветы, прозванной в кругу семьи Сисси, принцессы, ставшей императрицей Австрии и королевой Венгрии. Красивой. Богатой. Могущественной. Но счастливой ли? — вот в чем извечный вопрос. Классик биографического жанра Андре Моруа как-то заметил: «В белизне уйма оттенков. Счастье, как и весна, каждый раз меняет свой облик».

Годы жизни Елизаветы Австрийской — середина и конец XIX века. И, очевидно, имеет смысл слегка коснуться истории.

ВЕЛИКАЯ ИМПЕРИЯ

Кому довелось побывать в Вене и увидеть основательный и суровый замок Шенбрунн — летнюю резиденцию Габсбургов (знаменитый архитектор Бернардт Фишер фон Эрлау при его строительстве хотел превзойти Версаль), дворцовый комплекс Хофбург с его «золотой кладовой», одной из богатейших в мире, изящный дворец Бельведер, тот непременно отдаст должное этому истинно имперскому городу. Вена — город былого величия, где вас всюду сопровождают царственные тени королей и принцесс, шелест кринолинов, звяканье шпор, бряцанье шпаг, за музыкой менуэтов и котильонов слышатся приглушенные голоса сановников и придворных дам... Нынешняя Вена неразрывно связана с прошлым.

Австро-Венгерская монархия. Династия Габсбургов. Знаменитая императрица Мария Терезия, «единственный великий монарх австрийского дома», как назвал ее Стефан Цвейг. Она блистательно провела реформы во всех государственных сферах. И успела родить 16 (!) детей, которых выдала замуж и женила на монарших особах. Одна из ее дочерей, Мария Антуанетта, — супруга французского короля Людовика XVI.

После Марии Терезии трон унаследовали сначала Леопольд II, а затем Франц I, но ни тот, ни другой ничем особенно не прославились. Может быть, только тем, что дочь Франца I Мария Луиза была выдана замуж за Наполеона и стала императрицей Франции. Эта удачно разыгранная династическая партия спасла Австрию от железных объятий Наполеона Бонапарта.

Выжив при Наполеоне, австрийская монархия была потрясена революцией 1848 года. Система, созданная всемогущим канцлером Меттернихом, рухнула, сам он вынужден был подать в отставку и покинуть Вену. Решающую роль при этом сыграла эрцгерцогиня София, жена младшего брата совершенно никчемного императора Фердинанда. Муж Софии эрцгерцог Франц Карл был фигурой, тоже не способной занять австрийский престол, и тогда София сделала ставку на своего сына Франца. Императора Фердинанда убрали, точнее, заставили отречься в пользу 18-летнего сына Софии. Так 2 декабря 1848 года начался новый период в истории Австрийской империи — период правления Франца Иосифа, который длился целую вечность — 68 лет.

Франц Иосиф родился 18 августа 1830 года. Он целиком воспитанник маменьки, властной и уверенной эрцгерцогини Софии. За спиной юного Франца она желала править Австрией и вертеть двором, а также собрать рассыпавшиеся из-за революции куски Австрийской империи и обуздать поднявших голову венгерских радикалов во главе с Кошутом.

Франц II на троне, а верховодит всем эрцгерцогиня София — как отмечают историки, «мать императора была поистине центром притяжения и духовным стержнем всего двора».

ДЕТСТВО И ЮНОСТЬ СИССИ

А в это время по соседству с Австрией беспечно правит Баварией герцог Макс из рода Виттельсбахов. Он женат на Людовике, родной сестре Софии, которая интригует за престол в Вене. Макс и Людовика находятся в близком родстве. Такова была воля родителей. Никакой любовью здесь не пахло, но тем не менее это не помешало супругам наплодить кучу детей. Сначала на свет появились мальчики — Людвиг и Вильгельм. 4 апреля 1834 года родилась первая девочка, Хелене, за ней, 24 декабря 1837 года, — Елизавета, героиня нашего повествования, прозванная в семье Сисси, или «маленьким рождественским ангелом». Далее последовали Карл, Мария, Матильда, София и Макс Эммануэль. Всего девятеро — тогда это никого не удивляло. Обычная норма. Герцог мог прокормить и целую армию. Что примечательно — все дети в той или иной степени отличались психической неуравновешенностью: очевидно, сказывались черты вырождения из-за близкого родства родителей.

Отец Сисси герцог Макс был непоседливым человеком, то и дело предпринимал различные путешествия и редко засиживался в замке Поссенхофен (в 28 км от Мюнхена). А когда бывал дома, то следовали званые вечера и дружеские попойки, чередующиеся с охотой по живописным окрестностям: взгорья, холмы, озеро Штарнберзее. В эти вылазки герцог брал свою любимую принцессу Сисси, которая на всю жизнь полюбила дикую природу и вольные просторы.

Сисси чувствовала себя в Поссенхофене как в раю: благодатная природа, любимые родители, услужливая челядь, сестры и братья и... животные. Она с удовольствием ухаживала за ланью, ламой, кроликами и птицами в вольере.

В возрасте 11—12 лет у Сисси круглое лицо крестьянской девочки, пышущее румянцем, без малейшего намека на красоту. Людовика, мать пяти дочерей, частенько размышляла над тем, как трудно будет их всех удачно выдать замуж.

Как отмечает биограф Эгон Цезарь Конте Корти в книге «Елизавета I Австрийская», Сисси — в постоянном движении, и только страсть к рисованию может ненадолго удержать ее на одном месте. Она рисует животных, деревья в парке, далекие предгорья Альп и даже портреты окружающих ее людей. Настойчивые попытки обучить ее игре на рояле не приносят желаемых результатов, к музыке она почти равнодушна. Короче, растет не барышня, а какой-то сельский сорванец.

Первый «мужчина», который обратил на нее внимание, был ее кузен Карл Людвиг (младший брат ее будущего мужа Франца). Карлу 15 лет, и ему очень нравится его маленькая кузина. При встречах он дарит ей цветы и фрукты, а расставаясь, пишет письма. Сисси пишет ему в ответ трогательным детским почерком на голубой бумаге. Эрцгерцогиня София в курсе их детского романа и лишь благосклонно улыбается: ах, эти детские влюбленности. У нее другая забота: сначала возвести на престол старшего сына Франца, а затем найти ему достойную супругу.

К 15 годам Сисси стала расцветать. Черты лица сделались более тонкими и женственными, у нее отросли пышные и красивые золотистые волосы. Весь ее облик говорил о том, что она вступила в пору девической влюбчивости. Характер у нее еще не устоялся, и ей ничего не стоило рассмеяться и тут же неожиданно расплакаться без видимой причины. Сисси вся в предчувствии встречи с любимым человеком. Втайне от всех она сочиняет стихи. Стихи, конечно, на любовную тему. То об одном молодом приглянувшемся ей человеке, то о другом. Чувство мгновенно вспыхивает и так же неожиданно гаснет. Обращаясь к одному из этих юношей, Сисси пишет:

> Когда первый солнечный луч
> Приветствует меня по утрам,
> Я каждый раз спрашиваю его,
> Целовал ли он тебя.
>
> А золотистый свет луны
> Я каждую ночь прошу,
> Чтобы он от меня тайком
> Передал тебе много ласковых слов.

Обычное томление созревающей женщины. И грезы, грезы без конца, с естественным финалом:

> Увы, нет больше никакой надежды
> На то, что ты полюбишь меня...

У Сисси пустые переживания (или, как говорят гадалки: пустые хлопоты), а у старшей сестры Нене (так зовут домашние Хелене) вполне конкретные планы: выйти замуж за Франца и стать австрийской императрицей. Ей 19 лет, и она уже сложившаяся светская дама: знает иностранные языки, умеет общаться, отлично танцует, ездит верхом и все такое, что требуется для высшего света. Эрцгерцогиня София остановила выбор на Нене во имя сближения между Австрией и своей родной Баварией. Такой вариант устраивал полностью двух сестер, Софию и Людовику.

В августе 1853 года Людовика объявляет: «Мы едем к тетушке Софии в Ишль. Нене и Сисси, готовьтесь. Возможно, нам повезет и мы увидим молодого императора». Нене уже известно, что это будут смотрины, за которыми последует помолвка, и она рдеет от удовольствия. Сисси хлопает в ладоши, как ребенок, ей очень любопытно увидеть, каким стал Франц Иосиф — они не встречались несколько лет.

ВЫБОР ИМПЕРАТОРА

15 августа происходит долгожданная встреча. Волнуются матери. Вся в трепете Нене. Она понимает, что это самый важный момент в ее жизни. Какое-то неловкое и неприятное чувство испытывает император: против его воли мать навязы-

вает ему в супруги принцессу Хелене. Да, она красива, да, она, кажется, умна, великолепно держится, но... Рядом с ней сердце Франца бьется ровно, и он не испытывает никакого желания видеть ее около себя постоянно. Император переводит взгляд на младшую принцессу Сисси, и она его поражает: как выросла, как похорошела, как ее украшают длинные золотистые волосы, какая очаровательная улыбка на почти детском личике. Сисси видит, как очарованно рассматривает ее император, и, естественно, смущается. Эту сцену внимательно наблюдает младший брат императора Карл Людвиг. На следующее утро между ним и эрцгерцогиней происходит следующий разговор:

— Знаешь, мама, Сисси понравилась нашему Францу гораздо больше Нене. Вот увидишь, он выберет младшую, а не старшую сестру.

— Кого? Эту совсем еще несмышленую малышку? Нет, думаю, Франц будет благоразумен.

Но Франц Иосиф не захотел быть благоразумным. Он буквально с первого взгляда влюбился в Сисси. Она ему показалась ангелом, слетевшим с неба. В воображении уже рисовались картины, как она станет его женой, и какое это блаженство — быть с нею вместе...

На следующий день во время церемониального обеда император не сводил глаз с Сисси и почти не замечал Нене. А потом был трудный разговор с матерью. Первый раз в жизни Франц Иосиф пренебрег мнением эрцгерцогини Софии и веско сказал: «Мама, не уговаривай меня. Моей женой будет Сисси. Только она, и никто другой. Так я решил. В конце концов, это желание императора».

И эрцгерцогиня сдалась. Значит, будущей императрицей будет эта 15-летняя девочка, эта ветреная и взбалмошная Сисси, — какой ужас!..

А дальше грянул бал. В сопровождении герцогини Людовики появляются две принцессы, Хелене и Елизавета. Нене одета в роскошное белое шелковое платье, на Сисси тоже белое платье из легкого муслина, но с розовым оттенком, бриллиантовая заколка в волосах поддерживает ниспадающие на лоб золотистые локоны. Она вся сияет, но одновременно и смущена: по существу, это ее первый взрослый бал.

На котильон император приглашает Сисси. Согласно дворцовому этикету, это означает, что выбор императрицы пал именно на нее. Сисси понимает это и не понимает, она танцует как во сне. А Франц Иосиф испытывает от легкого прикосновения к ней настоящее блаженство. Придворные поражены видом млеющего от счастья императора.

Ну а далее начались переговоры между матерями. Обе понимали, что им придется менять свои планы. Нене на грани нервного срыва. Она верила, надеялась, и вдруг — полное фиаско. И кто соперница? Младшая сестра, на которую и сердиться даже как-то неловко, в конце концов, не она обольщала императора, а он ее выбрал. А выбор императора — закон. Хоть плачь, хоть рыдай, но ничего изменить нельзя. Несчастная Нене! Счастливая Сисси! Но Сисси не кажется счастливой, она ошеломлена таким поворотом судьбы и растерянна, хотя, конечно, сердце ее охвачено ликованием: это меня выбрал император!

На вопрос матери о том, сможет ли она любить императора, Сисси в слезах отвечает: «А разве можно его не любить? Но как может он, такой взрослый и важный мужчина, думать обо мне, такой юной и незначительной! Я готова на все, чтобы принести счастье императору, однако получится ли это у меня?»

19 августа состоялась помолвка. В Баварии эта весть была встречена с восторгом. В Вене реакция была выжидательной. Монарх сам выбрал себе будущую супругу, и всем не терпелось поскорее узнать, как выглядит та, которая сумела так быстро и решительно завоевать сердце первого человека в империи.

После помолвки император и Сисси расстались. Он уехал в Вену заниматься скучной и утомительной работой — вникать в бесчисленные государственные дела и бумаги. А она в свой Поссенхофен, который внезапно потерял свою прелесть. Теперь Сисси было не до птиц, не до кроликов и не до красот природы, она никак не могла свыкнуться с тем, что жизнь ее скоро радикально поменяется, придется расстаться со свободой и независимостью и стать — подумать только! — великой и могущественной императрицей, господствовать над огромной империей, населенной множеством народов, ни истории, ни языков, ни традиций и обычаев которых она не знает. Неожиданное осознание, что она не принадлежит более себе, навалилось на Сисси тяжелой ношей.

В октябре 1853 года Сисси уже как невеста императора отправляется с ним в Мюнхен, где проходят пышные торжества по случаю рождения королевы Марии. Где бы они ни появлялись, их встречали бурным ликованием, и это повышенное внимание удручающе действовало на Сисси. От сельской идиллии — к городским фанфарам, от уединенной жизни — к публичной... К этому было трудно привыкнуть. А Францу

Иосифу, напротив, все это нравится, он чувствует себя как рыба в воде и с восторгом пишет матери: «С каждым днем я люблю Сисси все сильнее и все больше убеждаюсь в том, что ни одна другая женщина не подходит мне больше, чем она». Император осыпает Сисси подарками. А она, бедняжка, засела за изучение истории и политики не только Австрии, но и Венгрии, и приступила к изучению венгерского языка.

Перед свадьбой пришлось урегулировать и еще одну проблему. Матери Сисси и Франца Иосифа — родные сестры, а значит, их дети — двоюродные брат и сестра. Кроме того, будущие муж и жена — родственники в четвертом колене по отцовской линии. Такие браки недопустимы и по церковным канонам, и по гражданскому кодексу. Но нет правил без исключений, особенно если это касается сильных мира сего. И папа римский дает согласие на брак императора Франца Иосифа и принцессы Елизаветы.

После разрешения папы приходит черед составления брачного контракта. Тут интересен пункт, известный еще с древнейших времен и зафиксированный в «Саксонском зерцале»: утром после первой брачной ночи муж должен преподнести жене денежную компенсацию за утраченную невинность. В договоре, подписанном императором Францем, эта сумма равна 12 тысячам дукатов.

Как хорошо нынешним мужьям в России! Во-первых, у нас не действуют правила «Саксонского зерцала», а, во-вторых, подчас и платить-то не за что. Невинность исчезает задолго до брачной ночи. Порадовавшись — или вздохнув по прежним временам, — продолжим наш рассказ.

Еще один пункт обязательств: Франц Иосиф ежегодно был обязан предоставлять супруге 100 тысяч гульденов на ее личные расходы — покупка украшений, платьев, раздача милостыни и т. д.

Брачный договор составлен — начинается суета по подготовке украшений и нарядов для невесты. Все регламентировано, сколько нужно и чего: отдельно из золота и драгоценных камней, отдельно — изделия из серебра. Различные платья — для бала, на каждый день, для лета, разные там шлафроки, шляпки, вуали, накидки, плащи... Все это трудно вообразить простым смертным (а может, даже и не нужно) — одних только перчаток всех фасонов и расцветок 20 дюжин. И все это примеряется на Сисси, а она только и знает, что выходит из себя и сердится. О, тяжкая королевская ноша!..

В Вену уже отправлены 17 больших и 8 маленьких чемоданов принцессы Елизаветы, и чем ближе день расставания с ро-

диной, с Поссенхофеном, тем безрадостнее Сисси. Будущее
пугает ее. И в свою заветную тетрадь она заносит стихи:

> Прощайте, милые и тихие места,
> Прощай, мой милый старый замок.
> И вы, мои первые любовные мечты,
> Останьтесь на зеркальной глади озера.
> Прощайте, мои дорогие деревья,
> И вы, мои кусты, маленькие и большие.
> Когда для вас начнется новое цветенье,
> Я буду уже далеко от этого замка.

Простенькие и искренние размышления и чувства. И главное — печальные...

20 апреля кортеж принцессы Елизаветы двинулся в сторону города Штраубинга, который стоит на Дунае и где уже поджидает личный корабль императора. В Линце на причале Сисси встречает Франц Иосиф. Тысячная толпа скандирует: «Да здравствует Елизавета!» Сисси машет собравшимся платком, а в ответ ликующие крики становятся еще громче.

Наконец Сисси оказывается во дворце Шенбрунн, но и здесь в дворцовом парке собралось несметное количество встречающих. Сисси снова и снова приходится выходить на дворцовый балкон и улыбаться, улыбаться без конца. Улыбки в ответ на приветствия — профессиональный долг царственной особы.

Но и это не все. Вконец уставшей юной принцессе вручают объемистый фолиант под названием «Церемониал торжественного въезда ее королевского высочества принцессы Елизаветы». Все это надо не только прочитать, но и вызубрить, чтобы, не дай Бог, не нарушить церемонию. Затем надо разобраться, кто есть кто, кто «придворная дама из высшего света», кто «дама из внутренних покоев», а кто «дама из дворцовой прислуги», кто имеет право «неограниченного доступа в покои императрицы», а кто лишь «ограниченный доступ». Целая система ритуалов, церемоний и установленных правил. От всего этого у Сисси голова идет кругом. Это не кроликов кормить в клетке. А садиться в позолоченную карету, расписанную самим Рубенсом, — тоже не простая операция. В первый раз Сисси зацепилась своей бриллиантовой диадемой за массивную дверь и чуть было не споткнулась.

Вечером 24 апреля 1854 года в Вене, в церкви Августинцев, состоялось венчание. Жениху 23 года и 4 месяца, невесте — 16 лет и 8 месяцев. Император в форме фельдмаршала, Сисси — в расшитом золотом и серебром белом подвенечном платье со шлейфом, в волосах — бриллиантовая диадема, в руках — букет ослепительно белых роз. Церемонию ведет архиепископ Венский кардинал Раушер. Описывать венчание не имеет смысла: очень торжественно, очень пышно и очень тягуче.

А далее... далее не свадебное путешествие, а вереница приемов и встреч с депутациями. Все дни расписаны по часам и минутам. Лица, улыбки, подарки. Восторг, преклонение, лесть. Королевская жизнь, одним словом. И все время эрцгерцогиня София нашептывает Сисси, кому улыбнуться поприветливее, кому что следует сказать, как надо держаться, — советы и наставления без конца и без края. А чопорные семейные завтраки! С одного из них Сисси убегает в слезах в свои покои: «Боже мой! неужели это жизнь?!» В Поссенхофене она была естественной, то есть самой собой, а тут, в Шенбрунне и Хофбурге, ей надо все время играть роль императрицы, — как это тяжело и невыносимо! И слезы, слезы ручьем...

Да, она любит Франца Иосифа, но он так редко бывает с ней, свое основное время он отдает заботам государства — это Сисси понимает, но от этого легче не становится. Общение с матерью императора не приносит никакой радости, напротив, все больше раздражает. Эрцгерцогиня София все учит и учит. Неприятно общаться и с престарелой обер-гофмейстершей графиней Софией Эстергази-Лихтенштейн. Куда приятней оставаться наедине с попугаем, взятым из Посси, и учить его всяким словам. Да еще сочинять стихи.

Я тоскую по темным деревьям,
Я тоскую по зеленой реке,
Они приходят ко мне в моих снах,
И я откладываю пробужденье.

ДЕТИ КАК ОБЪЕКТ ВОЙНЫ

Урокам истории, дипломатии и этикета, которые ведет эрцгерцогиня, приходит конец. Сисси беременна. Она чувствует себя плохо и не хочет выходить в дворцовый парк. «Нет, надо! — настаивает свекровь. — Императрица просто обязана демонстрировать всем свою беременность, чтобы народ имел возможность заранее порадоваться предстоящему событию».

Сисси и Франц Иосиф ждали появления мальчика, но 5 марта 1855 года родилась девочка, которую, не посоветовавшись с матерью, называют Софией в честь бабушки. Но это только начало той войны, которая разыгралась между Сисси и эрцгерцогиней. Позиция Софии такова: Сисси слишком молода и неопытна, чтобы воспитывать собственного ребенка. Это бремя должны нести более ответственные люди. И маленькую Софию отбирают у Сисси и поселяют в покоях эрцгерцогини, расположенных далеко от Елизаветы, на другом этаже замка. Вместо постоянного общения с дочерью Сисси видит ее эпизодически.

15 июня 1856 года рождается вторая дочка. Император расстроен, он ждет наследника, наследника ждет и вся империя. Со второй дочерью Гизелой происходит то же, что и с первой, Софией: она оказывается под плотной опекой отобранных эрцгерцогиней нянек и служанок, при этом Сисси находится как бы «вне игры». Она жалуется Францу Иосифу, но тот в вопросе детей поддерживает свою мать: она знает, как надо воспитывать принцесс.

Однако малышка София прожила недолго. Чтобы утешить императрицу, в Вену приезжает Людовика с сестрами Сисси. Это очень кстати, так как та ни с кем не хочет общаться, кроме императора, она предпочитает гулять и ездить верхом в полном одиночестве. Родственники подбадривают Сисси, и постепенно она обретает потерянную силу духа.

Третья беременность императрицы проходила очень тяжело. Она родила 21 августа 1858 года, а за пять дней до того — Сисси об этом не знала — в Шенбруннском дворце произошел досадный случай: в церемониальном зале рухнула на зеркальный паркет огромная люстра и разлетелась на тысячи кусочков. Дурной знак? Кто знает. Возможно, кто-то и вспомнил об этом 30 лет спустя, когда трагически ушел из жизни кронпринц Рудольф. А пока он только намеревался появиться на свет.

Роды Елизаветы сопровождались душераздирающими криками, но наступил момент — и все стихло.

— Что, опять девочка? — упавшим голосом спросила Сисси.

— Мальчик, мальчик! — вскричали разом император Франц Иосиф, доктор Зеебургер и акушерка Грубер.

Мальчик. Наследник. Кронпринц Рудольф. Император не может сдержать слезы радости. Безмерно рада и Сисси: наконец-то она исполнила свой долг перед императором и Австрией.

Когда родился Рудольф, Сисси шел всего лишь 21-й год. Конечно, она была еще очень молода, но тем не менее уже приобрела определенный жизненный опыт и, что главное в ее положении, опыт дворцовой жизни с его вечными интригами, подковерной борьбой за влияние на главу монархии. Положение Сисси в связи с рождением наследника, бесспорно, укрепилось, однако эрцгерцогиня не желала сдаваться и сохраняла свое влияние на императора. Ему то и дело приходилось разрываться между любимой женой и обожаемой матерью. А две женщины никак не могли найти мир между собой. Разумеется, эрцгерцогиня отобрала и Рудольфа у Сисси.

Стычки и ссоры из-за детей происходили постоянно и напоминали порой военные действия. Эрцгерцогиня воспитывала детей императрицы исключительно на свой лад, Сисси хотела это делать иначе, но она имела ограниченный доступ и к Гизеле, и к Рудольфу. К горькому сожалению Сисси, император больше доверял опыту своей матери, ее терпению и мудрости, чем нервной и легковозбудимой супруге. Поэтому в вопросе воспитания детей он часто становился на сторону эрцгерцогини. Поддерживали Софию практически и все дворцовые дамы и воспитатели, для них именно она была непререкаемым авторитетом, а отнюдь не молодая императрица.

Ну и как, уважаемые читательницы, вам нравится тот переплет, в который попала раскрасавица Сисси? Единственное, что утешало ее, так это любовь императора. Во время итальянской войны Франц Иосиф 31 мая 1859 года писал ей из Вероны:

«Мой дорогой ангел, милая Сисси, первые минуты после пробуждения я использую для того, чтобы еще раз признаться в том, как сильно тебя люблю и как скучаю по тебе и нашим дорогим детям. Как бы я хотел, чтобы у тебя было все хорошо и чтобы ты берегла себя, как ты мне обещала... Не отказывайся от развлечений, они помогут тебе сохранить бодрость и забыть свою печаль...»

В другом письме: «...Мне не хватает слов для того, чтобы передать всю силу моего чувства к тебе... Я постоянно думаю о тебе, мой ангел... Я тебя безумно люблю...» (13 июня 1859).

В письме от 5 июля: «Мой дорогой ангелочек Сисси... Не в силах передать, как я тоскую по тебе и беспокоюсь о твоем здоровье. Меня очень удручает немыслимый образ жизни, который ты ведешь и который подрывает твое здоровье. Я умоляю тебя, откажись от своих вредных привычек и спи по ночам, которые для того и созданы, чтобы отдыхать, а не для чтения и написания писем. И, пожалуйста, не надо так долго и так рискованно ездить верхом... Очень жаль, что ты обижаешься на меня, когда я пишу, что в Вену возвращаюсь по государственным делам. Ты ведь прекрасно знаешь, что самым моим заветным желанием является поскорее увидеть и обнять тебя. Однако в нынешние трудные времена нельзя руководствоваться только чувствами, какими бы сильными они ни были, а надо помнить прежде всего о своем долге...»

Вот основная разница между мужчиной и женщиной... У него, если он государственный человек, — на первом месте стоит долг. У нее, если она не растворена целиком в детях, — это любовь. Что касается долга, то как не вспомнить Оскара Уайльда, который говорил: «Первый долг женщины — это угождать своей портнихе; в чем состоит ее второй долг, еще не открыто». Парадокс? Конечно. Но вся наша жизнь — это скопище парадоксов.

Взять хотя бы взаимоотношения наших героинь. Эрцгерцогиня по-своему любила императрицу Елизавету и желала ей только добра в своих постоянных советах и назиданиях, да и воспитанием ее детей занималась из лучших побуждений. Однако Сисси воспринимала это иначе. Для нее эрцгерцогиня была кем-то вроде врага, и все ее действия и поступки она считала не только недоброжелательными, но и откровенно враждебными. То есть одна и та же реальность оценивалась и истолковывалась совершенно по-разному. Разве это не парадокс?..

Забегая вперед, скажем, что Сисси в возрасте 30 лет рожает четвертого ребенка. Мария Валерия появилась на свет 22 апреля 1868 года. Но на этот раз императрица твердо решила сама воспитывать дочь, тем более что к тому времени влияние эрцгерцогини значительно ослабло. Валерия — это уже настоящий ребенок Сисси, она сама растила ее и холила и — что не удивительно — любила больше, чем Гизелу и Рудольфа. Недаром при дворе Валерию называли Единственной.

Что касается эрцгерцогини Софии, то война с ней с годами пошла на убыль: одна сторона набирала силу, другая ее теряла. А когда эрцгерцогиня была при смерти, то Сисси находилась у ее постели, утешала ее, воплощая собой истинные доброту и милосердие, ей присущие.

Но однако мы забежали вперед...

ПУТЕШЕСТВИЯ И УВЛЕЧЕНИЯ

В начале 1860 года 22-летняя Сисси, как отмечает ее биограф, находится в состоянии постоянного возбуждения. Трое родов за четыре года, переживания, связанные с войной, и беспрерывные стычки со свекровью подрывают ее здоровье. Не способствует ему и чрезмерное увлечение верховой ездой — Сисси отличная наездница, но не спортсменка же! Врачам трудно определить, что конкретно происходит с императрицей, и они соглашаются с ее желанием переменить обстановку и уехать куда-нибудь на юг. Франц Иосиф на время готов расстаться с супругой. Правда, есть еще дети. Но часто ли императрице удается видеть их в Вене?

И Сисси отправляется в свое первое самостоятельное путешествие (сколько будет их затем!) — на остров Мадейру, в сопровождении двух придворных дам — графини Каролины Ханьяди и княгини Хелене Таксис — и придворного кавалера графа Пауля Ханьяди. Ее внезапный отъезд порождает различные слухи в империи; некоторые утверждают, что императрица смертельно больна, посылают ей различные лекарства и снадобья.

В первое время Сисси чувствует себя среди красот острова как счастливый ребенок. Недалеко от ее виллы расположен чудесный тропический сад с изобилием цветов, животных и птиц. Императрица расцветает, но ненадолго. Вскоре она снова впадает в меланхолию, почти ничего не ест, ее мучает кашель, верхом она ездит не больше часа, да и то медленно (а раньше гоняла во весь опор), и часто сидит в своей комнате у открытого окна, глядя на океанские волны. Любимое ее занятие — писать и читать письма. То и дело на Мадейре появляются императорские курьеры.

Через несколько месяцев Сисси, все-таки посвежевшая, покидает остров и на яхте английской королевы приплывает к берегам Испании. В Севилье ей готовы оказать величайшие почести, но она от них отказывается, мельтешение испанских сановников и грандов раздражает ее. Но укрыться от восторженных почитателей ей все же не удается, по крайней мере на корриде, которую ей захотелось посетить. Испанцы в восторге от красоты австрийской императрицы. Посланник Австрии в Мадриде докладывает в Вену: «Ее величество выглядит прекрасно. Ее грациозность, достоинство и элегантная простота, как и следовало ожидать, производят на здешнюю публику, в которой возвышенное благородство соседствует с грубостью и бесцеремонностью, неизгладимое впечатление, и все импонируют ей» (10 мая 1861).

Император Франц Иосиф спешит увидеть свою любимую Сисси. Они встречаются в Триесте. Франц не может сдержать счастливых слез и страстно сжимает Елизавету в своих объятиях. Минуты радости для Сисси сменяются раздражением и тоской, когда она возвращается в Хофбург, где начинаются вновь скандалы и стычки со свекровью. И как реакция на дворцовые неприятности, потеря аппетита, кашель и слабость во всех членах. А Сисси всего лишь 23 года!..

И снова обеспокоен император, снова консилиум врачей, и императрица, не успев приехать, уезжает на остров Корфу для поправки здоровья. И так повторялось не раз. Целительный отдых где-нибудь на юге, возвращение во враждебную, по крайней мере так ей кажется, Вену — и снова отъезд в заморские края. Императрица-путешественница. Любовь к императору изливается лишь в письмах и при редких встречах. Вместо мужа и детей — чужеземные страны с цветущими апельсиновыми деревьями, кипарисами, лаврами и высокими, не виданными в континентальной Европе камелиями. Плюс верные собаки, которые не отходят от Сисси ни на шаг. С ними императрица и гуляет, и обедает.

Из Корфу Сисси перебирается в Венецию. И здесь она отказывается от всех почестей и предпочитает вести замкнутый образ жизни. Читает книги и заводит себе фотоальбом, в котором собирает фотографии красивых женщин. Красавица коллекционируют красавиц? По заданию императрицы придворные рыскают по всей Европе в поисках фотоснимков красивых женщин.

По возвращении Елизавету ждет фантастический прием — вся Вена ликует. Придворные расценивают этот восторг как нечто выходящее за рамки приличия и объясняют его тем, что народ таким образом противопоставляет сравнительно либерально настроенную императрицу более консервативной и жесткой матери императора.

А каково в Вене самой Сисси? «Она никого не хочет видеть рядом с собой, кроме своего супруга, — сообщает 15 сентября 1862 года княгиня Таксис из Шенбрунна, — с его величеством она много разъезжает и гуляет пешком, а когда императора нет на месте, уединяется в парке в Райхенау... Выглядит она просто потрясающе, временами кажется, что это совсем другая женщина, солидная и знающая себе цену...»

Ну что ж, с возрастом мы все начинаем меняться, Сисси не исключение. К старому увлечению верховой ездой прибавились гимнастические снаряды и гантели, с помощью которых императрица хочет восстановить свое здоровье. И совсем новое увлечение: изучение венгерского языка — Сисси хочет знать язык своих подданных. В качестве придворной дамы она приближает к себе мадьярку Иду Ференци. Лето императрица предпочитает проводить на водах в Бад-Киссингене или среди своих родных в Поссенхофене.

Большую роль сыграла Сисси в нормализации отношений между Австрией и мятежной Венгрией. 8 июня 1867 года в Будапеште происходит коронация Франца Иосифа и Елизаветы в качестве венгерских короля и королевы — помпезные коронационные торжества, длившиеся несколько дней. Венгры становятся страстными поклонниками красоты и обаяния Сисси. Это вынуждены признать даже эрцгерцогиня София и ее окружение.

А жизнь тем временем спешит и торопится все вперед и вперед. Можно поведать о множестве различных встреч и обстоятельств из жизни Сисси, но нужно ли это делать? Именно этим грешит книга Эгона Цезаря Конте Корти об Елизавете Австрийской, но в этих подробностях и деталях начинаешь вязнуть, как в болоте: сотни событий, имен, дат. Нужно выхватывать лишь главное. Суть. Стержень. А все остальное безжалостно выкидывать.

Если говорить о красоте нашей героини, то уместно упомянуть встречу в Зальцбурге двух самых красивых императриц в Европе — Елизаветы Австрийской и Евгении, жены императора Наполеона III, дочери испанского дворянина графа де Монтихо. На портрете Евгении кисти художника Эдуарда Дюбюфа французская императрица — красавица, нет слов. Но Елизавета явно красивее. Это отметили и все современницы. Сисси превосходила Евгению очаровательной естественностью и благородством черт лица. Сисси была и стройнее, и изящнее, и элегантнее, хотя и та и другая считались бесспорными красавицами.

Как мы уже знаем, в 30 лет Сисси родила последнего ребенка, дочь Валерию, а в 35 лет выдала замуж свою дочь Гизелу. 20 апреля 1873 года состоялась ее свадьба с принцем Леопольдом Баварским. История повторяется: Гизела и Леопольд состоят в довольно близком родстве и, как когда-то Сисси, Гизеле нет еще 16 лет. На празднестве все обратили внимание, что Елизавета выглядела старшей сестрой Гизелы.

В июне 1873 года в Вене проходила всемирная выставка, на которой Сисси познакомилась с русским императором Александром II. Царь из России был покорен красотой и обаянием Елизаветы Австрийской. Своих восторгов не скрывал и глава дипломатического ведомства князь Горчаков.

На той же всемирной выставке произошел забавный казус. Елизавета, одетая в белое, расшитое серебром платье со шлейфом, перетянутое лиловым бархатным поясом, с распущенными волосами, которые сами по себе излучали золотистый цвет, да еще были украшены множеством сверкающих бриллиантов и аметистов, была представлена персидскому шаху. Тот взглянул на красавицу — и буквально остолбенел. А придя в себя, достал пенсне и стал методично разглядывать Елизавету с ног до головы, то и дело повторяя по-французски: «Mon Dien, qu'elle est belle!» — «Боже мой, какая красавица!» Во время обеда персидский шах не переставал восхищаться Сисси: «Такой красивой женщины я еще не видел. Какая стать, какая грация, какая обворожительная улыбка и пленительная доброта в ее очаровательных глазах!» Слушая излияния шаха, император Франц Иосиф сиял от удовольствия.

В 36 лет императрица Елизавета становится бабушкой — 8 января 1874 года Гизела родила дочку. Сисси несколько обескуражена: у нее появилась внучка! Но сама бабушка по-прежнему молода и свежа. Придворная дама графиня Мария Фестетикс 10 января 1875 года записывает в дневнике свои наблюдения об императрице:

«В ней есть что-то от лебедя и что-то от лилии, а временами она чем-то напоминает то грациозную газель, то обворожительную русалку. Похожая одновременно на королеву и фею, она всегда необыкновенно женственна. Она может быть величественной и ребячливой, мечтательной и очень практичной и при этом никогда не теряет своего лица. Жаль, что ее истинный облик не под силу передать ни одному художнику и что есть на свете люди, которые ее никогда не видели. Меня часто охватывало чувство невольной гордости за нее! Всякий, кто участвовал в придворных балах, знает, насколько они утомительны для человека, в течение нескольких часов находящегося в центре внимания окружающих и вынужденного, несмотря на шум и духоту, постоянно улыбаться и быть приветливым и милым для всех. При этом никому и в голову не приходит, каких усилий это стоит императрице, более того, многие не находят ничего удивительного в том, что она работает как машина».

Выделим из этих наблюдений умение Сисси быть ребячливой. Да, она научилась быть величественной, но иногда ее неудержимо тянуло на шалости. Так, в феврале 1874 года, будучи уже молодой бабушкой, императрица решает инкогнито посетить бал-маскарад в Вене. Сисси надевает желтое домино, ее наперсница Ида Ференци — красное, и обе закрывают лица черными масками, так что узнать их невозможно. Императрица наблюдает за балом с галерки, но вскоре ей такое пассивное наблюдение надоедает, и она просит Ференци пригласить на галерку какого-нибудь молодого человека, чтобы с ним просто поболтать.

Желание императрицы — приказ. И Ида находит в веселящейся толпе молодого человека приятной наружности. Волею случая им оказался начинающий министерский чиновник Фриц Пахер. Желтое домино затевает лукавую игру: «Видишь ли, я впервые в вашей стране. Помоги мне разобраться, что у вас здесь происходит и кто есть кто. Начнем с императора...»

АВСТРИЙСКАЯ ИМПЕРАТРИЦА
ЕЛИЗАВЕТА (СИССИ)

Фриц Пахер очарован грацией и манерами дамы в желтом домино и охотно отвечает на ее вопросы. Беседа затягивается, затем Елизавета берет под руку своего кавалера и отправляется с ним на прогулку по саду. А где охрана? Охраны нет никакой. Но слава богу, все обошлось, никто не покушался ни на жизнь, ни на честь императрицы. Спутнику Сисси невдомек, с кем он общается. Конечно, это дама из высшего общества, но кто конкретно? Маску снимать она не хочет и называет себя Габриэлой.

Бал-маскарад имеет продолжение: в течение нескольких лет (!) императрица и Фриц Пахер обмениваются письмами. Фриц пишет, конечно, не во дворец, а на анонимный адрес до востребования, теряясь в догадках, с кем же он переписывается. Что касается Сисси, то для нее это стало некой разрядкой в чопорной повседневной жизни, легкой игрой в эпистолярный флирт: «Я заняла определенное место в твоей жизни, хочешь ты этого или нет... С дружеским приветом Габриэла».

Переписка-мистификация длится не один год. Спустя 13 лет, 3 июля 1887 года, Фриц Пахер фон Тайнбург получает конверт с бразильскими марками (у императрицы есть возможность откуда угодно посылать письма). Фриц вскрывает конверт и с удивлением читает длинное стихотворение «Песня желтой маски»:

> Вспоминаешь ли ты эту ночь в еще освещенном зале?
> Давно, давно это было, давно.
> Там началась наша удивительная дружба.
> Вспоминаешь ли, мой друг, вновь и вновь об этом?
> Думаешь ли о словах, так нежно доверенных тебе,
> Которыми мы обменивались, кружась в танце?..

И главная мысль стихотворного обращения:

> Проходящие, летящие мимо годы,
> Вы никогда не соедините нас двоих.

Адреса на конверте нет, но Фриц Пахер уже знает, кто ему пишет, он давно вычислил, испытав при этом потрясение, императрицу Австрии. Взбудораженный письмом, Фриц садится за ответ и пишет его тоже в стихах, хотя прежде никогда не имел опыта стихосложении. Но порыв — великое дело. И Фриц пишет стихотворение «Незнакомке». Пройдет 19 лет, и Александр Блок, поэт-профессионал, напишет свое знаменитое стихотворение под таким же названием:

> И странной близостью закованный,
> Смотрю за темную вуаль,
> И вижу берег очарованный
> И очарованную даль...

Пахер не Блок, но и он во власти «очарованной дали»:

> Да, «это было давно», я согласен с тобой,
> И ты еще так далека;
> Ты разбудила во мне воспоминание
> О временах моей молодости...

А далее Фриц не пытается скрыть горечь оттого, что его разыграли, водили за нос:

> Сегодня же я говорю тебе: «Это было давно».
> Ты была недостаточно хитра,
> Стать и походка, речи и разум —
> Все несло на себе печать величия.

Кто он? И кто она? И как соединить несоединимое? «Оставь же мне домино...» —романтическое воспоминание об увлечении юности.

ОХОТА К ПЕРЕМЕНЕ МЕСТ

Фриц Пахер считал, что вся жизнь знатных людей «состоит из радостей карнавальных забав». Он ошибался. Жизнь Елизаветы Австрийской была далека от карнавальных увеселений, хотя, разумеется, карнавалы неизменно присутствовали в дворцовом расписании. Но на первый план выходили не развлечения, а проблемы, связанные с воспитанием детей, вражда с эрцгерцогиней Софией, интриги различных групп при дворе, сложные отношения между Австрией и Венгрией (императрица явно симпатизирует Венгрии и свою дочь Валерию воспитывает как «венгерскую принцессу»). Да мало ли еще какие тревоги и заботы у Сисси, даже с любящим ее супругом: император не устает удивляться экстравагантным поступкам императрицы. Что стоит одно увлечение маленьким мавром по прозвищу Рустимо, в котором «слишком много от животного и слишком мало от человека».

Гизела вышла замуж и уехала к своему мужу, Рудольф стал юношей, и у него свои интересы, он все больше отдаляется от матери. Постоянно происходят какие-то события в многочисленном стане родственников Сисси. Таинственно и трагически погибает баварский король Людвиг II, к которому Сисси испытывала теплые чувства. Императрицу очень беспокоят наследственные особенности у детей — проявления близкого родства, которым связаны и Виттельсбахи, и Габсбурги.

Однажды Сисси даже посещает психиатрическую больницу и наблюдает за несчастными больными. Дикий хохот и душераздирающие крики, странное поведение (какая-то несчастная пианистка беспорядочно бьет по клавишам) — все это угнетающе действует на Елизавету. Ей постоянно мерещатся ужасные картины сумасшествия.

Она и раньше частенько покидала Вену, чтобы обрести покой где-нибудь на юге, а с годами охота к перемене мест полностью ею овладела. Императрица то и дело отправляется то в Мюнхен, то в Будапешт, где она облюбовала замок Офен, то лечиться в Баден-Баден. Англия, Шотландия, Франция, Италия — все эти страны составляют карту ее путешествий. Постоянная тяга к смене обстановки сродни у нее некоему психическому отклонению. Этим страдал наш Гоголь, который в общей сложности 12 лет своей жизни провел за границей и особенно пристрастился к Италии: «Здесь мое всегдашнее пребывание... Небо чудное, пью его воздух и забываю весь мир...»

Так в сентябре 1875 года Елизавета появляется в Париже и, верная своей привычке подробно знакомиться с достопримечательностями новых для нее городов, с раннего утра до позднего вечера носится в бешеном темпе по улицам и площадям Парижа, посещает музеи и дворцы, замки и парки. Вся ее натура противится жизненному застою, физической немощи и неподвижности. Ей гораздо больше по душе свет, солнце, движение, молодость, красота и искусство — одним словом, все, что составляет противоположность таким понятиям, как старение и увядание. Она тщательно следит за собой и занимается физическими упражнениями, любит охоту, конные и пешие прогулки, которые длятся иногда по 6—7 часов, что приводит в полное изнеможение сопровождающих ее лиц. Но, несмотря на все это, здоровье ее дает сбои.

В апреле 1884 года императрица отправляется на лечение в Амстердам: ее мучают сильные боли в ногах. Чуть подлечившись, Сисси снова пускается в странствия. В Зандфорте ей приходит мысль построить на берегу моря замок, но тут же она ее отвергает и пишет в стихах:

> Лучше я буду свободно летать над тобой,
> Как твои любимые чайки,
> Жить в постоянном гнезде
> Я не смогу никогда.

Сисси отдает себе отчет в том, что ее стихотворные опыты весьма далеки от совершенства, и однажды во время лодочной прогулки по морю выбрасывает за борт последние опусы. Но окончательно отказаться от сочинительства не может: она отравлена поэзией. Ее кумир — Генрих Гейне. «Книгу песен» Сисси знает почти наизусть. «Гейне всегда и везде со мной, — пишет она дочери Валерии, — каждое слово, каждая буква у Гейне — сокровище».

Интересно, какие стихи Гейне все же выделяла Сисси? Может быть, эти:

> Где девчонка эта, боже,
> Запропастилась опять?
> Я решился в дождь и слякоть
> Целый город обыскать.
>
> Все гостиницы обегал,
> Совершенно сбился с ног,
> И нахальные лакеи
> Мне грубили кто как мог.
>
> Вдруг со смехом из окошка
> Подает она мне знак.
> Я не знал, что ты попала
> В этот важный особняк.

А может быть, эти:

> Оставь Берлин, где мгла и пыль густая...

По распоряжению Сисси повсюду во дворцах, где она живет и бывает — в Лайнце и Геделле, в Шенбрунне и Ишле, — хранятся портреты и скульптурные изображения Гейне. Елизавете кажется, что ее с поэтом соединяет какая-то духовная связь. На могилу Гейне в Париже был возложен роскошный венок с надписью на ленте: «Любимому поэту от императрицы Елизаветы».

В октябре 1885 года Сисси предпринимает четырехнедельное путешествие на яхте «Мирамар». Остров Корфу—Смирна—развалины Трои—остров Родос—Порт-Саид... Впоследствии Сисси посещает Албанию, мыс Сафо, Итаку, неожиданно увлекается греческой античностью, осматривает деревню Стаорос, где, по преданию, родился Гомер, а по возвращении читает Валерии главы из «Одиссеи».

24 декабря 1887 года Елизавете исполняется 50 лет. Императрица — наездница и путешественница — в меланхолии: жизнь летит, жизнь проходит. Грустит и Франц Иосиф: Елизавета постоянно в разъездах и ему приходится иногда проводить время в обществе актрисы Катарины Шратт. Нет, она не считается его любовницей, она ходит в приятельницах императрицы.

Франц Иосиф с Катариной Шратт, а Елизавета с новым увлечением — с томиком стихов лорда Байрона — и, конечно, в новых поездках, на этот раз она устремляется на озеро Ландбадзеен. По этому поводу придворная дама Шарлотта фон

Майлат пишет своей подруге: «Быть может, императрица вернется отдохнувшей и успокоившейся. Ведь она все пытается понять, отчего так несчастна. Только Господу Богу известно, есть ли у нее шанс обрести душевный покой, но я думаю, что ни Гейне, ни Байрон не в состоянии помочь ей, и это действительно печально».

Вечные скитания — это уже признаки явного душевного недуга. У Елизаветы есть все для полного счастья, но ощущения счастья у нее нет никакого. Постоянная неудовлетворенность, тревога, печаль...

ГИБЕЛЬ КРОНПРИНЦА

Жизнь без утрат не бывает. В 1888 году умирает герцог Баварии Макс, отец Сисси, в 1889 году уходит из жизни Рудольф, ее единственный сын.

Рудольф унаследовал от матери неумеренность во всем, включая верховую езду и охоту. Как наследник он готовил себя к престолу, находясь в оппозиции к Францу Иосифу, не разделяя его жесткого стиля правления. По духу Рудольф был либералом, и соответственно его окружение в основном состояло из либерально настроенных людей и представителей богемы. С годами он превратился в желчного циника, скепсис и болезнь стали разъедать его душу (в 1886 году он тяжело заболел), хотя до этого кронпринц покорял всех своей артистичностью, аристократизмом и остроумием. Но постепенно все эти качества сошли на нет. Рудольф стал замкнутым. Замкнутым и для родителей — он решительным образом не пускал их в свой внутренний мир. В противном случае ему пришлось бы отвечать на их вопрос, почему он тратит жизнь на кутежи и пустые забавы. Конечно, Елизавета подозревала, что с сыном творится что-то неладное, и очень надеялась на его женитьбу на бельгийской принцессе Стефании. Однако надежды не оправдались. Кронпринц не любил Стефанию и продолжал прожигать жизнь, связываясь с сомнительными женщинами и компаниями. Короче, катился по наклонной...

Пребывая в затяжном нервном кризисе, кронпринц Рудольф не нашел ничего лучшего, как разом разорвать все путы, в которые попал (в том числе и финансовые), и добровольно уйти из жизни.

Ничто не ново под Луной: когда-то такое же решение принял немецкий писатель-романтик и прусский офицер Генрих фон Клейст. Попав в полосу неудач и будучи больным, фон

Клейст мечтал о смерти как о мистическом любовном акте. Один уйти из жизни он не хотел и предпочел это сделать на пару — нашел стареющую, смертельно больную женщину и вместе с ней бросился, как он считал, в бессмертие.

Как пишет Стефан Цвейг, веселые, словно жених и невеста, едут они в Ванзее, что под Потсдамом. Хозяин гостиницы слышит их смех, они хохочут на лугу, весело пьют кофе на свежем воздухе. И вот ровно в условленный час раздается выстрел и вслед за ним другой — фон Клейст стреляет в сердце спутницы и в рот себе. Его рука не дрогнула. Поистине, замечает Цвейг, умереть он сумел лучше, чем жить.

Произошло это событие 21 ноября 1811 года. Генриху фон Клейсту было 34 года.

Знал об этой истории кронпринц Рудольф или не знал? Ответ нам неизвестен, тем не менее 29 января 1889 года, спустя 77 лет, произошла почти такая же трагедия. Подобное роковое предложение — умереть вместе — австрийский кронпринц не мог сделать супруге Стефании — отношения были не те. А вот Мици Каспер, одной из великосветских дам, он предложил на пару покончить счеты с жизнью. Та высмеяла Рудольфа: жизнь прекрасна и удивительна, зачем же умирать?!

И тогда Рудольф обращается с тем же предложением к юной баронессе Марии Вечоре. Она влюблена в кронпринца и готова ради него на все. «Умереть вместе в одном порыве — боже мой, как это романтично!»

На 29 января 1889 года у императорской четы назначен семейный обед перед их отъездом в Офен. Рудольф, сославшись на недомогание, не приходит. Он уезжает в Майерлинг, в охотничий замок, откуда на следующий день предположительно отправится со своей свитой на охоту. Охота — любимая забава королей и принцев.

Утром 30-го все готово для охоты, и камердинер идет будить кронпринца. Однако тот не откликается, и дверь на замке. Спутники Рудольфа, заподозрив неладное, приняли решение вышибить дверь.

Цитата из книги Эгона Корти: вошедшим «представляется ужасающее зрелище. Кронпринц, склонившись, сидит на краю кровати, изо рта течет струйка крови. Перед ним, на ночном столике, — стакан и зеркало. Не приближаясь к кровати, камердинер заключает, что кронпринц принял из стакана яд, а кровотечение мог вызвать стрихнин. Рядом на кровати лежит труп молодой девушки. Это баронесса Мария Вечора. Мертвенно-бледная, холодная как лед, она уже полностью окоченела».

Нет-нет, это не сцена из триллера, это реальные события...

Никто ничего не трогал в комнате, и страшную картину увидели многие. Вот описания репортеров (а как же без газетчиков!):

«Едва мы вошли в комнату, как у нас вырвался душераздирающий крик. Молодой наследник лежал на широкой кровати орехового дерева — с развороченным черепом, мертвый. У постели застыла на коленях красавица Мария. Тело упиралось в кровать, голова была опущена на ее край и покоилась на руках, словно она спала.

Лицо наследника было страшно искажено. Правая рука его свешивалась на пол. Тело лежало на самом краю постели, так что было удивительно, как оно не свалилось. Лицо Марии не изменилось ничуть. Никаких следов борьбы со смертью.

Какая кисть сумела бы создать такую ужасную картину, какую создали два этих мертвых тела?

Мария как коленопреклоненный гений смерти у постели мертвого принца! В таком виде были обнаружены оба трупа!

Это голый факт. Это беспощадная правда... Возле кровати на стуле стоял серебряный канделябр, в котором все еще горели пять свечей».

Противоречий в картине убийства много. Специальная комиссия обнаруживает револьвер, выпавший из окоченевших рук кронпринца. В стакане на ночном столике нет яда, там только коньяк. Череп Рудольфа прострелен, пуля, войдя в висок, вышла из другого, такая же рана и у Марии Вечоры. Обе пули находят в комнате.

Но комиссия была создана потом, а сначала весть о трагедии сообщили императрице. Ее застали за уроком греческого. Справившись, насколько это было возможно, с потрясением, она в свою очередь сообщила горькую новость Францу Иосифу. Незачем описывать его состояние, оно понятно и так: император потерял не только сына, но и наследника престола.

Известие о гибели дочери достигает и баронессы Вечоры. Ее принимает императрица и разговаривает с ней крайне сухо. Заключительная фраза звучит предостерегающе: «И помните, Рудольф умер от сердечного приступа!»

Так и было сказано подданным империи: 30-летний кронпринц скончался от сердечного приступа, хотя найденные в Майерлинге письма Рудольфа говорят о том, что он сам решил оборвать свою жизнь. «Я умираю неохотно», — писал Рудольф сестре Валерии. Мать он просит похоронить девушку под Святым Крестом, без юной баронессы он не смог бы покинуть этот мир, на такой уход согласилась и она.

Врачебная комиссия делает заключение, что смерть кронпринца связана с патологическими изменениями в его психике. Императрица винит во всем злой рок, нависший на их родом, в отчаянии она кричит: «Зачем Франц Иосиф однажды вошел в дом моего отца, зачем я увидела его и почему должна была с ним познакомиться?»

6 февраля проходит заупокойная месса. Императрицу терзает одна мысль: как и почему это случилось? Однако точного ответа нет ни у кого. Никто не может проникнуть сквозь завесу тайны. Иногда Сисси вспоминает о посещении сумасшедшего дома и начинает истерически хохотать.

«Я прекрасно отдаю себе отчет в том, — пишет в своем дневнике Валерия, — что отец и мать — две противоположности. Иногда я спрашиваю себя, кто из них выше в этом горе. Меня очень беспокоит мать. Она готова на все возможное и невозможное ради «малыша». Когда волнения сменяются однообразием повседневной жизни, отец, по крайней мере внешне, в быту и работе остается прежним, а матери жизнь кажется гнетущей и безутешной. Она опасается, что ее постоянно растущая боль будет супругу в тягость и приведет к недоразумениям в их совместной жизни…»

Похороны кронпринца Рудольфа, как и полагается человеку его положения, были пышными. А вот Марии Вечоре после смерти совсем «не повезло»: ее труп долгое время находился в чулане хозяйственной пристройки в Майерлинге, да к тому же — в бельевой корзине. Долго не разрешали родственникам погибшей забрать ее останки и похоронить их, потом разрешение было получено — перевезти «лишь в закрытом транспортном средстве», считай, что тайно.

Родственникам юной баронессы запретили участвовать в похоронах кронпринца, а матери убитой власти велели отбыть за границу и не помышлять о возвращении домой. То есть баронессу Марию Вечору как бы вычеркнули из истории, ее как бы не было в последний момент жизни с кронпринцем.

Сто один пушечный залп прозвучал на погребении Рудольфа, и одни лишь слезы близких лились на могиле Марии Вечоры.

Почему же все было обставлено так таинственно? И в чем заключалась тщательно охраняемая тайна? Венгерский писатель Иштван Барт в книге «Незадачливая судьба кронпринца Рудольфа» выдвигает версию (всего лишь версию без доказательств), что гибель Рудольфа явилась делом рук германских секретных служб. Опять какие-то геополитические интересы? А заодно убрали и баронессу Вечору: мол, виновата несчастная любовь, а не какие-то там важные государственные интересы. И что любопытно: куда подевался архив родственников убитой баронессы? В 1959 году, когда вскрыли ее могилу, обнаружилось, что исчезла «значительная часть височной кости» и, стало быть, трудно установить, кто и каким образом стрелял в Вечору. Что же именно произошло в охотничьем дворце в Майерлинге, неясно и по сей день.

С группой туристов мне удалось побывать в Майерлинге. Там ничего не напоминает о давней трагедии. В комплексе зданий расположился монастырь кармелиток. Очень чисто. Опрятно. И благообразно. Никакого эха от той истории.

ПОСЛЕДНИЕ ГОДЫ

Императрица Елизавета бежит от горя в Венгрию, и снова начинается круговорот странствований. По дороге из Висбадена в Лайнц неожиданно с рельс сходит несколько вагонов поезда, в котором едет семья Сисси. Ничего серьезного. Но устрашенная Елизавета говорит дочери Валерии: «Жизнь опасна своей непредсказуемостью. Люди рождаются исключительно для несчастий. Я никогда не смогу быть спокойной, зная, что ты в дороге».

И еще одно высказывание императрицы попало в анналы истории: «Я слишком стара и слишком устала, чтобы бороться. Мои крылья сгорели, и я хочу лишь покоя».

Елизавета все чаще обращается к Богу.

31 июля 1890 года — свадьба Валерии, а это значит, что императрица отныне обречена на одиночество. Тем более что Франц Иосиф все чаще проводит время с госпожой Шратт. Сисси не ревнует, лишь делает вывод: «Моя жизнь бесполезна, я только помеха в их отношениях».

Лекарство от тоски и бесполезности одно: путешествия и путешествия. Сисси в роли Одиссея. Остров Корфу—Сицилия—Мальта—Тунис—Португалия—Гибралтар—Марсель—Капри—Флоренция и т. д. и т. п. Частенько судно, на котором плывет Сисси, попадает в шторм, и всем, находящимся в плавании, становится лихо, кроме императрицы. «Ее величество, — записывает Мария Фестетикс, — так всем довольна, что с радостью переносит все тяготы путешествия».

Может быть, это то состояние, которое описывал Михаил Лермонтов:

> А он, мятежный, просит бури,
> Как будто в бурях есть покой!

Он — это парус. А разве Сисси не была подобна трепещущему парусу?..

В перерывах между путешествиями Елизавета видится со своим любимым императором. Он ей благодарен за снисходительное отношение к госпоже Шратт. «Мой бесконечно любимый ангел!» — обращается Франц Иосиф к Сисси. А этот ангел летит все дальше и дальше: из Гаштайна в Фельдафинг, оттуда на Мирамар и Корфу, мечтая о более далеких странах — Индии и Китае.

27 января 1892 года Валерия рожает девочку и называет ее в честь Елизаветы Эллой. Но и это не радует Сисси, у нее новая проблема: она катастрофически полнеет и, стало быть, надо больше ходить и меньше есть. Ее настроение все время колеблется: то она радуется посещению красивых городов и мест, то чувствует себя пресыщенной жизнью, уставшей и разочарованной. После долгого перерыва Сисси появляется на дворцовых приемах, и все находят ее подурневшей и сильно постаревшей. Ей идет шестой десяток лет.

Рождество 1893 года императрица встречает в Алжире. Там она получает письмо от императора. Письмо весьма примечательное, по нему можно судить об отношениях между супругами:

«Я желаю тебе счастья в истинной любви и благословения небес и молю вдали о доброте и снисхождении,— писал Франц Иосиф. — Для нашего счастья достаточно покоя, хорошего взаимопонимания и поменьше, чем до сих пор, несчастий. В будущем году я надеюсь на снисхождение небес к нашему возрасту. Твоя доброта и забота и дружба госпожи Шратт — единственная отрада в моей жизни. Я постоянно думаю о тебе, бесконечно жажду встречи и уже сейчас радуюсь ей, предстоящей, но, к сожалению, еще такой далекой».

Любовь в удалении. Любовь, расцвеченная ожиданием неблизкой встречи. Любовь-фантом.

На своей вилле на острове Корфу Елизавета повелевает поставить статую Рудольфа, высеченную из камня скульптором Чиатонне. Когда с монумента падает покрывало, императрица поражена сходством скульптуры с любимым сыном. Это ее настолько потрясает, что на следующий день она в спешке покидает Корфу и отправляется в Венецию...

Во время своих кратких наездов в Вену Елизавета категорически отказывается присутствовать на празднествах, фейерверках и балах, и Франц Иосиф вынужден посещать их в одиночку. Что касается госпожи Шратт, то с ней Сисси... дружит. Они вместе гуляют по парку и ведут длительные разговоры. Такой вот странный и благоразумный треугольник.

Елизавета по-прежнему придерживается диеты (одно молоко, иногда яйца), ее вес составляет всего 46 килограммов при довольно высоком росте, 172 сантиметра. Свой вес Сисси проверяет трижды в день. И еще императрица активно лечится, принимает какие-то снадобья, меняет врачей. И все чаще на ум приходят мысли о смерти. Сисси составляет завещание, но потом переписывает его несколько раз: то она хочет, чтобы ее тело после смерти было опущено в океан, то желает быть похороненной у моря, то выражает желание покоиться рядом с сыном. Мысли о смерти императрица высказывает и императору и дочери Валерии. Можно себе представить, как они вздрагивали от этих замогильных рассуждений и зябко поеживались внутри. У Валерии тем временем свои проблемы, всегда возникающие при становлении молодой семьи, а у Франца Иосифа и подавно: на его плечах заботы и тревоги, связанные с империей. Две глыбы: внутренняя и внешняя политика государства.

ГИБЕЛЬ СИССИ

В декабре 1897 года императрице исполнилось 60 лет. Наступил 1898 год — последний год ее жизни. Елизавета ждала смерти. Подсознательно ее желала. Смерть для нее становилась наваждением. Как для нашего Ивана Алексеевича Бунина, который в самые цветущие годы, в годы признания и славы, сочинил стихи, в которых была такая строчка:

Жизнь зовет, а смерть в глаза глядит.

Смерть как избавление не от тягот жизни (какие тяготы были у императрицы?), а от душевного надрыва, мучительного беспокойства; Сисси хотелось получить от жизни что-то совсем иное, чем то, что она получила. Наверное, ей не следовало быть императрицей. Императорская корона оказалась невыносимо тяжелой, а жизнь во дворце — вроде клетки в зоопарке.

Лично мне кажется, что к нашей героине вполне применимы строки Александра Блока:

Земное сердце уставало
Так много лет, так много дней...
Земное счастье запоздало
На тройке бешеной своей!

Я, наконец, смертельно болен,
Дышу иным, иным томлюсь,
Закатом солнечным доволен
И вечной ночи не боюсь...

Сисси не только не боялась «вечной ночи». Она ее напряженно ждала и просила о ней в своих молитвах, обращенных к Богу.

И Бог (судьба, рок, карма) послал ей смерть быструю, без особых мучений, вроде моментальной гибели от молнии. Вспышка — и конец.

Рок (воспользуемся этим словом) распорядился так, что два человека, ведомые каждый своим собственным желанием, встретились в одной точке пространства. И в результате встречи получилось то, чего они страстно желали, — смерть. Только цели при этом были разные: один хотел убить, а другая стремилась умереть. И вот эта пара — палач и жертва — встретились, совершенно не зная друг друга. Столкнулись случайно, как две блуждающие в небе пылинки. Он и она.

Она — это австрийская императрица Елизавета.

Он — Луиджи Люкени, бывший солдат, ставший строителем.

О Елизавете мы рассказывали. А кто такой Луиджи? 26-летний итальянец с трудной судьбой. Ребенок, брошенный матерью и воспитанный чужими людьми. Неустроенный, с тяжелым, неуравновешенным характером, обиженный на весь мир. Отчисленный из армии, Луиджи отчаянно ищет место в жизни. Ему подфартило: он становится рабочим на постройке здания почты в Лозанне. Там же в Лозанне он примкнул к анархистам. Анархистам не нравится сложившийся мир, и они желают его взорвать, уничтожить, истоптать. Что вместо него — они не знают, этот вопрос перед ними не стоит. Главное, изничтожить старое. Для начала хорошо бы кого-то убить из известных и сильных мира сего. Такая идея Луиджи Люкени по душе (надо же разрядить заряд накопившейся ненависти), и он говорит приятелю: «Знаешь, я с удовольствием убил бы кого-нибудь, но непременно знатную личность, чтобы об этом написали в газетах».

Люкени не только хочет убить, он хочет при этом и прославиться! Ущербный человек. Извечный Герострат!..

Денег на покупку револьвера у Луиджи Люкени нет, и тогда он превращает старый, ржавый напильник в боевое оружие, сделав из него заточку (нынешние российские уголовники знают, что это такое).

Орудие убийства есть. Осталось выбрать объект. Выбрать кролика для великих целей анархии. Из газет Луиджи Люкени узнает, что в Швейцарию прибывает Елизавета, императрица могущественной страны, — вот он, подарок судьбы. Знатный и жирный кролик!

В начале 1898 года Сисси плохо себя чувствует, ее мучают непонятные боли, и она снова мечется по Европе. Из Парижа, где Сисси возлагает венок на могилу Генриха Гейне, она отправляется в Сан-Ремо и далее по городам и весям. Из-за плохого самочувствия матери ее сопровождает Валерия. Ей императрица то и дело жалуется: «Знаешь, я навсегда вычеркнула из моей жизни два слова — надеяться и радоваться».

Сисси даже отказывается принять участие в торжествах по поводу 50-летнего пребывания Франца Иосифа на троне. Официальное сообщение от 3 июля уведомляет подданных империи, что у императрицы анемия, воспаление нервов, бессонница и некоторое расширение сердца, а поэтому ее нет в Вене, она на лечении.

Из Германии Елизавета направляется в Швейцарию, навстречу своей судьбе. В «прекрасную Швейцарию» она прибывает 30 августа. 3 сентября любуется прекрасным видом Женевского озера. 5 сентября приезжает в Женеву и останавливается на вилле баронессы Ротшильд. 9 сентября у нее возникают планы отправиться в Ниццу или Каир и остаться там. Но план остается всего лишь планом.

С 9 на 10 сентября выдалась великолепная лунная ночь. Елизавета плохо спит, но утром тем не менее достаточно бодра, чтобы отправиться на прогулку по Женеве. Она живет уже не на частной вилле, а в отеле «Beau Rivage» под именем графини фон Хоэнэмбз. После прогулки и отдыха назначен отъезд. В порт к кораблю Елизавета отправляется пешком в сопровождении графини Штараи, это недалеко, надо пройти всего лишь по набережной. Набережная пустынна, и это очень устраивает притаившегося там Луиджи Люкени.

Все дальнейшее произошло молниеносно. Люкени выбежал из укрытия и бросился навстречу двум неспешно идущим дамам. Императрицу Люкени узнал по фотографиям в газетах. Он неожиданно возникает перед Елизаветой: она шла под зонтом и не видела его. Бросившись на нее, он со всей силой вонзает трехгранный напильник ей в грудь. Елизавета мгновенно падает навзничь, густые волосы смягчают падение, поэтому сознание она не теряет.

Далее крик и топот ног убегающего убийцы. Далеко он не убежал. Его поймали. А тем временем императрицу поднимают на ноги, и, поддерживаемая своей спутницей, она находит в себе силы подойти к кораблю. Там ей становится плохо. На отчалившем от берега корабле нет врача, и графиня Штараи пытается сама оказать помощь пострадавшей — она расстегивает батистовую блузку и замечает над левой грудью крохотную рану-дырочку с запекшейся кровью. Сисси уже без сознания. После некоторых препирательств корабль поворачивает обратно в Женеву, и императрицу на носилках вносят в отель. Вокруг Сисси уже несколько врачей, они пытаются вдохнуть в нее жизнь, но тщетно. Все кончено.

Ее душа отлетела в небеса, оставив на лице пленительную улыбку прежней молодой Сисси.

Императрица Елизавета I Австрийская прожила 60 лет и 8 месяцев.

Из Женевы полетела телеграмма в Вену. «Для меня не осталось ничего ценного на этом свете», — говорит Франц Иосиф, захлебываясь слезами.

Вскрытие показало, что напильник проник в тело императрицы на 85 миллиметров, задел четвертое ребро, пронзил насквозь левое легкое и левую камеру сердца.

Нужно ли описывать скорбь и траур, которые воцарились в стране? Наверное, нет.

Сисси ушла в историю, в легенды и мифы...

А что стало с убийцей? Луиджи Люкени судили. На суде он держал себя вызывающе, заявив, что не испытывает никакого раскаяния и, если бы представилась возможность, еще кого-нибудь отправил бы на тот свет. Ему присудили пожизненное заключение. Когда убийцу уводили из зала суда, он истерически кричал: «Да здравствует анархия, смерть аристократии!»

В тюрьме Луиджи Люкени пришлось несладко, и он пытался убить себя. Затем надзиратели заметили у него припадки бешенства. В октябре 1910 его нашли в камере мертвым, повесившимся на кожаном ремне.

Луиджи Люкени, как и хотел, попал на страницы газет. Убийцам в этом смысле везет. Не хочется вспоминать российских — Каляева и прочих беспощадных и циничных террористов. Вспомним одного лишь, западного — 25-летнего американца Марка Чэпмэна, который 8 декабря 1980 года застрелил прославленного лидера битлов Джона Леннона. «Убив знаменитую личность, — писала тогда газета «Нью стэндарт», — можно стать знаменитым за 15 минут».

Что остается добавить? Человек может быть и ангелом, гнусным животным. Тщеславным до патологии.

ПОСЛЕ СИССИ

Как сложилась судьба детей императрицы Елизаветы? Мария Валерия скончалась в 1924 году, в 56 лет. Ее старшая сестра Гизела прожила значительно дольше и ушла из жизни в 1932 году в возрасте 76 лет. Рекордсменом по продолжительности жизни стал император Франц Иосиф. Он прожил 86 лет (из них 68 на троне!) и умер 21 ноября 1916 года.

Смерть супруги Франц Иосиф перенес мужественно, не сломался и продолжал уверенной рукой править кораблем монархии по бурному европейскому морю. Он жил уединенно, практически без друзей. Только семья младшей дочери Валерии и актриса венского «Бургтеатра» Катарина Шратт скрашивали его одиночество. Окружение императора неоднократно советовало ему вступить во второй брак, но Франц Иосиф не сделал этого — возможно, не хотел предавать память Сисси — и довольствовался многолетним обществом госпожи Шратт. Их своеобразные отношения заслуживают отдельного рассказа, но, увы, на него лично у меня нет сил.

После самоубийства кронпринца Рудольфа наследником императора становится его младший брат, эрцгерцог Карл Людвиг, тот самый Людвиг, который на заре туманной юности обменивался нежными посланиями с Сисси.

Однако Карл Людвиг скончался в 1896 году, и наследником императора стал его старший сын от брака с Марией Аннунциатой из династии неаполитанских Бурбонов — Франц Фердинанд. Но, имея наследника, Франц Иосиф не торопился посвящать его в государственные дела, так было, впрочем, и с Рудольфом. Император не доверял никому и сам вникал в каждую мелочь управления огромной империей. Будучи консерватором по натуре, Франц Иосиф не любил никаких нововведений и игнорировал любые технические новшества, такие, как телефон, автомобиль и прочие «штучки». Только фельдъегеря и только лошади. По существу, Франц Иосиф стал реликтом уходящей эпохи. Недаром при встрече с Теодором Рузвельтом он с долей самоиронии отозвался о себе так: «Вы видите во мне последнего европейского монарха старой школы».

Его преемник Франц Фердинанд был совсем другим человеком, более живым и прогрессивным. Он и в личной жизни поступил совсем не так, как полагалось по династическим правилам. Выбрал в жены не принцессу, а представительницу богемского графского рода Софию Хотек. Франц Иосиф встал на дыбы, но в своем решении Франц Фердинанд был непре-

клонен. В 1900 году, после отказа наследника Франца Фердинанда от прав будущей жены и детей на императорскую корону, морганатический брак был заключен. Супруге его был по-
жалован титул княгини (затем герцогини) Гогенберг. Кстати
говоря, это был редкий в истории Габсбургской династии счастливый брак, но, увы, с печальным концом. Несмотря на то
что София стала официальной женой наследника, император
продолжал ее игнорировать и впервые принял детей Франца
Фердинанда, Макса и Эрнста, только после гибели родителей.

Лишь в 1913 году дряхлеющий Франц Иосиф доверил своему наследнику пост генерального инспектора вооруженных
сил Австро-Венгрии, и все сразу по достоинству оценили
сильную волю и авторитарный характер наследника. Он провел ряд реформ и вынашивал план создания «Соединенных
штатов Великой Австрии». Однако его стремление объединить хорватов с сербами в рамках единой империи вошло в
противоречие с националистическими настроениями сербов,
которые хотели быть великой Сербией, а отнюдь не частью великой Австрии.

Обстановка на Балканах, где столкнулись интересы веду-
щих европейских стран, накалилась до предела, и 28 июня
1914 года в Сараеве прозвучали роковые выстрелы, которые
оборвали жизнь 50-летнего эрцгерцога Франца Фердинанда и
его супруги Софии Гогенберг. Еще одна ужасная гибель принцессы!..

Выстрелы в Сараеве послужили прологом для Первой мировой войны. «Почему началась первая мировая война? Эрцгерцога хлопнули? А не шлепнули бы? А проспал бы? Не началась бы? Увы, случайностей нет, есть процессы Времени и
Истории», — рассуждает Андрей Вознесенский. И он прав.

Начались «неслыханные перемены»: мировая война и великая революция.

Империя пала, и последние Габсбурги — император Карл и
его супруга Цита (дочь португальской инфанты и герцога
Пармского) — вынуждены были отправиться в изгнание...

Финал. Занавес.

РОМИ ШНАЙДЕР В РОЛИ СИССИ

Странная это профессия — актерская. Сплошное лицедей-
ство. Притворство. Фиглярство. Влезание в чужую шкуру.
Воспроизведение чужой судьбы — в сущности, клонирование.
Словом, переход за грань.

И как часто бывает, лицедейство мстит. Мстит жестоко.

Нельзя утверждать, что Роми Шнайдер, воплотив на экране образ австрийской императрицы Елизаветы, поплатилась за это. Но нельзя отрицать и то, что сыгранная ею роль отразилась на ней существенным образом.

Что примечательно: австрийская императрица Елизавета и немецкая актриса Роми Шнайдер обе были красавицами. И у обеих не сложилась жизнь. Китайский литератор XVII века Чжан Чао в книге «Тени глубокого сна» говорит: «У красивой женщины обязательно несчастливая судьба, но женщина, у которой много несчастий в жизни, не обязательно красива». Как говорится, утешил.

И у него же: «Настоящая красавица лицом подобна цветку, голосом — птичьему пению, духом — прохладной луне, станом — гибкой иве, ее кости — что белая яшма, кожа — как свежий снег, она выступает, словно речка струится, а сердце ее — вдохновенная песнь. Перед такой не могу не склониться». Так писал Чжан Чао.

Но, глубокомысленно скажу уже я, красота — это одно, а жизнь — это другое. Иногда они счастливо совпадают, но чаще — резко расходятся. И яркий пример тому судьба двух женщин — Сисси и Роми.

Небольшое лингвистическое отступление. Прозвище Елизаветы пишется по-немецки Sissi. У нас, в России, оно воспроизводится по-разному: Сиси, Сисси, Зусси и Зузи. Известная всему миру актриса Роми Шнайдер на самом деле Розмари Магдалена Альбах-Ретти. Великий итальянский режиссер Лукино Висконти звал ее Роминой, а французский Клод Сотэ — Роминеттой.

Хотелось бы пообстоятельней вникнуть в биографию этой удивительной актрисы, но... Хотя Роми и называли принцессой с берегов Дуная и в кинолентах она играла принцесс и королев, все же не была королевских кровей. Поэтому в этой книге она не главная героиня, а побочная. Фигурирует в ней исключительно благодаря Сисси. Так что автору придется быть очень лаконичным и опустить многие подробности.

Роми Шнайдер родилась 23 сентября 1938 года в Вене. Австриячка с итальянскими корнями. Предки со стороны бабушки по отцу переехали из Италии в Германию, переделав фамилию Феретти на более благозвучную для немецкого уха — Ретти. Несколько поколений Альбах-Ретти были актерами, а бабушка Роза Ретти более полувека царила на сцене венского «Бургтеатра» и именовалась не иначе как «австрийская Сара Бернар».

Родители Роми развелись, и ее воспитанием занимались бабушка и дедушка. У Роми никогда не было актерского образования, но с малых лет она мечтала стать актрисой. Тринадцатилетней девочкой она написала в дневнике: «Музыка, театр, кино, путешествия, искусство. Эти пять слов заставляют кипеть мою театральную кровь».

Роми закончила католическую школу и сразу попала на съемочную площадку фильма «Когда зацвела белая акация», в котором снималась ее мать Магда Шнайдер. В фильме по сценарию нужна была девочка по имени Ева, ею и стала Розмари (будущая Роми) в сентябре 1953 года в возрасте 15 лет. Тут же последовало приглашение в картину «Фейерверк» (режиссер Курт Хоффман). В ней Розмари впервые выступала под псевдонимом Роми Шнайдер, который стал ее творческим именем до конца жизни. По существу, это был ее первый настоящий дебют, она с юмором и задором сыграла роль семнадцатилетней девушки Анны, мечтающей о сцене.

Весь съемочный коллектив симпатизировал Роми, оказавшейся веселой и общительной и, главное, весьма способной к актерскому ремеслу. «Свои роли она не играет, а пропускает через себя» — таково было мнение одного из режиссеров.

До «Фейерверка» Магда Шнайдер надеялась, что со временем Розмари станет художницей, по после этого фильма поняла: только актриса! Оставив свои личные актерские амбиции, Магда Шнайдер бросилась «работать» на успех дочери. В своем дневнике Роми с признательностью писала: «Мама сумела оградить меня от изнанки киностудии, от всего неприятного, чего немало в нашей работе. И ее опыт, и ее поддержка неоценимы для меня».

Ну что ж, честь и хвала маме!..

В 1954 году в возрасте 16 лет Роми Шнайдер сыграла в фильме Эрнста Маришки «Юность императрицы». Это была вольная интерпретация юности английской королевы Виктории. По сюжету Роми жадно поглощала пирожные, тайком удирала из дворца, влюблялась в первого встречного, пыталась учить министров и так далее. То есть на экране возникал не исторический образ королевы, а какая-то легкомысленная галиматья, которая веселила и забавляла зрителей.

Роль Виктории утвердила Эрнста Маришку во мнении, что юная актриса способна сыграть в задуманной им «альпийской» трилогии об императрице Елизавете. Однако режиссер не пошел по биографической канве. Елизавета считалась интеллектуалкой, книжницей, писала стихи, увлекалась философией Шопенгауэра и музыкой Вагнера, ощущала себя белой вороной в чопорной и гнетущей атмосфере австрийского двора, а ее другом был баварский король Людовик II, грубой реальности предпочитавший мир поэзии и мечты. Но режиссер решил не затрагивать драматические стороны жизни императрицы, он пошел по другому пути: показал Сисси простушкой-провинци-алкой, вступившей в борьбу с жестким этикетом австрийского двора. Придуманный сценаристом и режиссером сюжет не имел никакого отношения к реальной истории Елизаветы и Франца Иосифа. Обычная сказка: хорошенькая девушка из сельской местности очаровывает принца, живущего в замке.

Фильм «Сисси» появился на экране в 1954 году, «Сисси, молодая императрица» — в 1956, «Судьбоносные годы императрицы» — в 1957 году.

Успех первой части сериала о Сисси был ошеломляющим, даже больше, чем у американского фильма «Унесенные ветром». Трогательный сюжет и очаровательная актриса Роми Шнайдер, романтические перипетии влюбленной пары — почти золушки и принца, роскошь королевских апартаментов и дивность альпийских лугов, королевская охота, балы, туалеты — все это заставляло замирать зрителей от восторга (не надо забывать, что это были послевоенные годы).

По описаниям императрица Елизавета была рослой и хрупкой женщиной, Роми Шнайдер, напротив, — невысокой и крепко сбитой. Зато — море свежести, обаяния, красоты. Не зря накануне премьеры в Вене появились плакаты с текстом: «Завтра вам предстоит влюбиться в Роми Шнайдер».

И все разом влюбились...

Интересно заглянуть в дневник Роми Шнайдер.

«25 сентября 1955 года.

Это самая настоящая пытка. У Сисси в юности были длинные волосы. Мои гораздо короче. Я собиралась их отрастить, но все лишь посмеялись надо мной — фильм не может ждать, пока волосы дорастут до нужной длины. Поэтому мне пришлось надеть парик. Идиотское вхождение в роль. Непривычное и неудобное состояние...

5 ноября 1955 года.

Наконец мы отсняли сцены свадьбы. Мне сшили свадебное платье. Мечта, а не платье! Я хотела бы танцевать в таком на собственной свадьбе!..

10 января 1956 года.

Премьера «Сисси»... мы поднялись на сцену, поприветствовали публику и сказали несколько слов. Мама, Карлхайнц (Карлхайнц Бем, исполнитель роли Франца Иосифа. —

Ю.Б.) и я были буквально усыпаны цветами. Это был настоящий успех, и я почувствовала себя счастливой».

Ошеломляющий успех фильма «Сисси». Небывалые деньги, Роми на вершине счастья. Со временем она почувствовала в этой большой бочке с медом явный привкус горечи. Сбылось пророчество Вилли Фрича, который сказал ей однажды: «Ты станешь рабыней этой серии, и большие деньги превратятся в кошмар твоей жизни».

В книге «Я, Роми» актриса пишет: «Для публики я была Сисси, да и для продюсеров — живым олицетворением королевы-милашки. Режиссеры, критики, актеры из Германии и Франции видели меня только как Сисси. Других ролей мне не предлагали. Но я-то знала, что в жизни никогда не была ею, ни в десять лет, ни в восемнадцать. Конечно, я благодарна за свой успех, за чудесное время с режиссером Маришкой, наконец, и за деньги, которые сделали меня независимой. Слов нет — я играла Сисси с удовольствием, но мне не хочется, чтобы меня отождествляли с этой ролью. Я чувствовала себя проштампованной. Нет ничего опаснее для актера, как дать поставить на свой лоб штамп. Мой штамп назывался «Сисси».

Никто не желает поверить, что я могу сыграть что-то другое. Я снова должна изображать принцессу. Сисси Первая, Сисси Вторая, Сисси Третья. Я была против второго фильма серии, но меня заставили сыграть и третью».

Успешная роль — как плен. Такое бывает в актерской профессии, достаточно вспомнить нашего Петра Алейникова, который, сыграв бесшабашного лихого парня (Савка в «Трактористах» и Ваня Курский в «Большой жизни»), так и не мог в дальнейшем выйти за рамки удальства. Публика была возмущена и шокирована, когда Алейников появился на экране в образе Пушкина. Какой Пушкин? Только Ваня Курский!..

Так получилось и с Роми Шнайдер. Даже в Бразилии ее встречали не как актрису Роми Шнайдер, а как австрийскую императрицу Сисси. Весной 1981 года произошел характерный эпизод в Бретани, в кафе, где к Роми подошел старый моряк и, сияя от счастья, спросил:

— Вы — Сисси? Не так ли?

— Нет, я Роми Шнайдер, — ответила актриса с вызовом. Лицо ее стало неприветливым и колючим.

Для миллионов кинозрителей Роми Шнайдер запала в душу и оставалась в воспоминаниях как прекрасное юное существо Сисси. Никто не хотел видеть, насколько повзрослела актриса, насколько выросло ее мастерство, какие драматические роли она стала играть. В возмущении Роми говорила: «Что я дала людям, кроме Сисси? Ненавижу этот имидж, никогда ею не была. Я женщина сорока двух лет и зовусь Роми Шнайдер. Так зачем же постоянно напоминать мне о том, что было так давно?»

Дело дошло до того, что Роми Шнайдер возненавидела Сисси так, словно та была живым человеком и принесла ей много несчастий. Конечно, это было не так. Просто маска Сисси крепко приросла к лицу Роми, и отдирать ее приходилось с мучительной болью.

То, что не нравилось Роми Шнайдер, безумно понравилось Эрнсту Маришке, он был уже готов запустить четвертую серию о Сисси, но актриса оставалась непреклонна, и режиссеру пришлось утешиться тем, что американская фирма «Парамаунт» приобрела трилогию Маришки, сократила ее и выпустила на экраны под названием «Моя любовь навечно».

Как раз накануне написания главы об императрице Елизавете по отечественному ТВ объявили все три серийных фильма Эрнста Маришки. Вот уж действительно карты в руки! Я сгорал от нетерпения. Но, посмотрев, разочаровался: карты-то крапленые, фальшивые. Вместо подлинной истории одни кинематографические придумки. Сегодня смотреть эти фильмы о Сисси примерно то же самое, что наши «Кубанские казаки» или «Свадьбу с приданым». Много шума, улыбок и веселья. Оптимизм хлещет через край. Ни намека на серьезные конфликты, тем более на трагедию. Одна ходульность без всякой психологии. Хороша только Роми Шнайдер. И опять же не как актриса, а как привлекательная молодая женщина. Молочно-белая фрейлейн с фарфоровым личиком в задорных кудряшках, как выразился один уважаемый наш критик.

Несмотря на категорический отказ участвовать в дальнейшей «Сиссиаде», актрисе все же еще раз пришлось обратиться к образу австрийской императрицы. Но уже не у комико-опереточного режиссера Эрнста Маришки, а у настоящего режиссера, современного классика Лукино Висконти. Но вначале Висконти пригласил ее в картину «Боккаччо-70» на роль графини Пупо. Для того чтобы сыграть ее, Роми Шнайдер пришлось отказаться от немецкой привычки хорошо покушать и найти свой стиль в одежде и прическе. Благодаря Висконти актриса соединила в себе воедино обольстительность и элегантность, а красота была дана ей от природы. Школа изящества и актерского мастерства, пройденная у Висконти, помогла Роми Шнайдер обрести уверенность в себе. Она засияла яркой кинозвездой.

Помимо кино, Роми Шнайдер выступала и в театре под руководством Лукино Висконти. Она с блеском сыграла роль Нины Заречной в чеховской «Чайке». Как написал журнал «Пари жур», «эта маленькая австриячка сделала очень много для триумфа русского драматурга на французской сцене. Утонченности Дельфины Сейриг (еще одной актрисы, занятой в «Чайке». — *Ю.Б.*) она противопоставила спонтанность. Ее сила — в искренности и непосредственности».

В начале 70-х годов Висконти пригласил Роми Шнайдер в свой фресковый фильм «Людвиг II» (он вышел на экраны в 1972 году, в роли Людвига снимался Хельмут Бергер). Ну а Роми Шнайдер должна была снова воплотить на экране австрийскую императрицу Елизавету. По фильму Сисси, утонченная, дерзкая и неотразимо прекрасная женщина, понимает душевное смятение своего родственника, короля-мечтателя, и говорит ему: «У тебя должна быть реальная жизнь. Забудь мечты о славе. Правители, подобные нам, не имеют истории. Мы нужны только для парадов».

Зная, что Людвиг избегает женщин, опытная Сисси заманивает его в свои сети. «Через три дня полная луна. Мы можем встретиться. Я буду одна», — шепчет она кузену.

Одно время Людвиг II был обручен с младшей сестрой Елизаветы Софией, но потом разорвал помолвку. Встречи с Сисси продолжаются. Если верить фильму, а не истории, то между ними существовал любовный роман. Любовный и несчастный, ибо Людвиг безумен и она ему как женщина совершенно не нужна. В фильме есть кадр, когда Елизавета, окончательно осознав это, начинает хохотать, сначала тихо и незаметно, а потом все громче и яростней, превращаясь буквально на глазах из феи красоты в дикую фурию, брызжущую слюной. И это уже совсем не та Сисси времен юности у режиссера Маришки.

В картине «Людвиг» Роми Шнайдер ослепительно красива и элегантна, от перьев шляпы до кончика шлейфа. Это в кино. Но и в жизни в годы своего расцвета Роми была великолепна, от нее исходило какое-то ослепительное золотистое сияние — от волос, от кожи, глаз и улыбки. Во всем ее облике ощущалась загадка волнующей красоты.

Однако на время прервем фильмографию Роми Шнайдер и поговорим о ее личной жизни. Роковой для нее была встреча с Аленом Делоном. Они встретились на съемках фильма «Христина» (1958). Вот как вспоминал об этой встрече Ален Делон:

«Ты прилетела из Вены, а я ждал в Париже с букетом цветов и не знал, что с ним делать. Но продюсеры подсказали:

«Когда она спустится с самолета, подойди и вручи цветы». Я как идиот ждал с цветами в толпе фотографов. Ты вышла из самолета. Я вышел из толпы вперед. Ты спросила у своей матери: «Кто этот мальчик?» Она ответила: «Это, должно быть, твой партнер Ален Делон». И все, никакого грома среди ясного неба, ничего... Потом я поехал в Вену, где снимали фильм, и там ужасно в тебя влюбился. Часто мы задавали друг другу этот вечный вопрос всех влюбленных: кто в кого первый влюбился?.. И отвечали: «Ни ты, ни я. Оба!»

Боже мой, как мы были молоды и как мы были счастливы. В конце съемок я сказал тебе: «Приезжай ко мне, и мы будем вместе жить во Франции!» И ты тотчас же мне ответила: «Хочу жить вместе с тобой во Франции!» Твои родители неистовствовали. И вся Австрия, и вся Германия. Они называли меня узурпатором, похитителем. Они обвиняли меня в краже «императрицы». Я, француз, который не говорил ни слова по-немецки, и ты, которая не говорила ни слова по-французски...»

Действительно, бегство из Германии и любовный роман с каким-то тогда никому не известным Аленом Делоном наделали много шума. «Штерн», «Шпигель» и другие западногерманские журналы из месяца в месяц помещали репортажи из жизни Роми Шнайдер и клевали ее за отступничество. «Ненависть немцев по отношению ко мне делает меня больной, — признавалась Роми Шнайдер. — Я знаю, они никогда не простят моего отречения от образа Сисси...» «Предательница!» — вопила пресса. «Жаль, что она не стала продажной девкой!» — кричали желтые издания. Словом, от любви до ненависти один шаг, и этот шаг немецко-австрийская общественность сделала.

Возмущалась и Магда Шнайдер: «Нет, ты и вправду сошла с ума. В двадцать два года отказаться от такой славы, будущего, гонораров! И ради чего? Ради смазливого мальчишки в потертых джинсах и рубашке нараспашку!.. Нет, это черт знает что!»

Но это «черт знает что!» произошло. Роми Шнайдер перебралась в Париж к Алену Делону, в крохотную квартирку на набережной Сены.

Франсуаза Саган, дружившая и с Делоном, и с Роми, вспоминала: «Она испытала с Аленом такую любовь, которая дается не каждой девушке. Это была настоящая юная любовь. Ален был мужчиной ее жизни, и Роми отдала бы все на свете, чтобы стать его женой».

Но женой Роми так и не стала. 22 марта 1959 года состоялась помолвка, и только. Четыре года бешеного романа, а дальше Делон бросил Роми ради другой. В августе 1964 года он женился на Натали Бартолеми, причем Роми узнала об этом из газет, находясь в Голливуде, куда прилетела для съемок очередного фильма. Она была ошеломлена, растерянна, унижена. От глубокой депрессии ее спасла работа.

Есть такая женская мудрость: чтобы забыть мужчину, нужно встретить другого. И Роми Шнайдер встретила в Берлине известного актера и режиссера Гарри Мейена. Если Ален Делон был почти ровесником Роми, то Гарри Мейен был на 14 лет старше. Но это не все: он был женат. Однако ради нее он развелся с женой. Летом 1966 года они объявили о помолвке, а вскоре официально стали мужем и женой. Это произошло 15 июля.

В своем дневнике Роми записала: «До сих пор в моей жизни был мужчина, с которым я хотела жить, но не могла. Познакомившись со своим будущим мужем, я почувствовала, что смогла бы прожить с ним всю жизнь...»

Хотела. Да не получилось.

3 декабря 1966 года на свет появился ее первенец, Давид Кристофер. Роми давно хотела стать матерью, и вот свершилось! В дневнике она записала: «Мы очень счастливы — мой муж, ребенок и я».

Но что такое счастье? Вечно ускользающая материя. Сегодня ты переполнен ощущением счастья, а завтра отравлен печалью и горестью и жизнь тебе не в жизнь! Так случилось и с Роми Шнайдер. Актриса не была создана для тихого семейного счастья. Она была создана для сцены, для камер, для творческого горения. А тут вдруг ничего этого нет.

«Прекрасный дом, хорошо организованное хозяйство — мечта каждой женщины, — записывала Роми в дневнике. — Но для меня это кошмар. Я так и не научилась готовить и, наверное, не научусь этому никогда...»

Два года просидела Роми Шнайдер дома в тщетных попытках быть образцовой «хаусфрау», а когда поступило предложение сняться в фильме Жака Дере «Бассейн» (1968), с радостью согласилась, и не потому, что ее партнером должен был стать Ален Делон, а потому, что истосковалась по кино. Фильм был снят и стал мощным катализатором ревности Гарри. Его ревность граничила с помешательством — ему уже ничего нельзя было ни доказать, ни объяснить, он твердил одно: «У тебя есть любовник!» На что Роми отвечала ему: «Никакого любовника! Я работала с ним, как с любым другим партнером». А один раз она печально добавила: «Нет ничего холоднее мертвой любви...»

В сочетании с ревностью мужа его постоянные наставления, как жить, стали невыносимы, и брак распался в 1973 году. Роми Шнайдер ушла, забрав с собою сына, и поселилась в Париже. Осенью того же года в ее жизни появился молодой красавец Даниэль Бьязини, студент, мальчик на побегушках на киностудии «Лирафильм», главной мечтой которого было заработать на раритетный автомобиль. Так как студия была заинтересована в Роми Шнайдер как актрисе, один из киношных боссов, Ральф Баум, предложил Даниэлю наладить жизнь Роми. И он ее действительно наладил: снял, отремонтировал и обставил квартиру, устроил Давида в школу, проверял его домашние задания, разбирался с различными деловыми бумагами, водил автомобиль и т. д. Короче, стал для Роми Шнайдер незаменимым. Причем все поручения исполнял легко и по-французски изящно, неизменно спрашивая Роми: «Мадам, что я еще могу для вас сделать?»

Маленький Давид души не чаял в новом «дяде» и, когда однажды застал мать с ее секретарем в постели, нисколько не удивился, лишь небрежно сказал: «А, это ты, Даниэль!» И чмокнул в щечку обоих.

Хорошие отношения между Даниэлем и сыном сыграли не последнюю роль в решении Роми Шнайдер выйти замуж во второй раз. В декабре 1975 года Роми и Даниэль стали мужем и женой. Ей 37 лет, ему 29 лет, разница в 8 лет. Роми беременна, однако вскоре из-за автомобильной катастрофы у нее произошел выкидыш. Второго своего ребенка Роми Шнайдер родила 21 июля 1977 года и назвала девочку Сарой Магдаленой. Причем роды были трудные: кесарево сечение.

Наслаждаясь новой семейной жизнью, Роми Шнайдер в перерывах активно снималась в кино, или по-другому: в перерывах между съемками вела тихую семейную жизнь. Казалось бы, она обрела счастье: семья, дом, дети, молодой муж, деньги и популярность. Но удача недолго гостила у нее. Однажды отвернулась и улетела. Все началось с того, что в Мексике, где она была с Даниэлем, ее настигла телеграмма, сообщающая, что 15 апреля 1979 года в Гамбурге покончил счеты с жизнью бывший муж Роми и отец Давида Гарри Мейен. Он так и не примирился с потерей Роми и впал в тягчайший алкоголизм.

Шаткое душевное равновесие Роми Шнайдер было подорвано. Только работа помогала ей восстановиться. Она снималась и снималась, напрягая последние силы, а для их подкрепления пила стимулирующие таблетки и шампанское. Транквилизаторы с вином. Или еще какая-нибудь комбинация допинга для снятия стресса.

Милые когда-то отношения с Даниэлем стали разваливаться, как карточный домик. Даниэлю надоело быть мужем звезды, ему захотелось свободы и самостоятельности. Роми отправилась на съемки в Италию (симптоматично: сниматься в картине Дино Ризи «Призрак любви»), а Даниэль улетел в Лос-Анджелес.

И потом проклятая разница в возрасте! Со страхом Роми Шнайдер смотрела в будущее: «Мне будет 50 лет, а Даниэлю — только 42. Мужчина в 42 года — это мужчина в расцвете лет. А женщина в 50? Что есть женщина в 50 лет?!»

Когда Роми приходила на съемки, то все ужасались ее лицу, опухшему от бессонниц, выпивки и тяжелых раздумий. Сильная женщина, она нашла в себе мужество и в феврале 1981 года решила расторгнуть брак с Даниэлем. Устав от ревности и истерик Роми, Даниэль согласился. Не согласился только один человек: повзрослевший Давид, который считал Даниэля своим настоящим отцом и другом. Решение матери стало для него душевной травмой.

Давид тяжело перенес расставание матери с Даниэлем и совсем не принял ее нового любовника Лорена Петена. Он воевал с Лореном, но продолжал дружить с матерью, о чем свидетельствует запись в ее дневнике от 3 июля 1981 года: «Между мной и Давидом существуют очень тесные отношения. Он — чудесный спутник. Моя профессия его воодушевляет. Он любит давать советы, поправлять ошибки. Наверно, он тоже будет актером или, может быть, даже режиссером».

Давид не стал режиссером. 5 июля 1981 года он нелепо и трагически погиб. Ему шел всего лишь 16-й год. Собрав весь остаток сил, Роми Шнайдер снялась в своем последнем фильме — «Прохожая из Сан-Суси», который она посвятила Давиду и его отцу.

Она пережила сына всего лишь на девять месяцев. На рассвете 29 мая 1982 года сердце Роми Шнайдер остановилось. Ее нашли мертвой на полу. На столе лежали ее рисунки для Сары. Париж заполнился слухами: самоубийство. Однако врач-патологоанатом установил «естественную смерть в результате остановки сердца в пять часов утра».

До 44 лет Роми Шнайдер не дожила четырех месяцев. Малышке Саре было неполных 5 лет.

А далее похороны, организацию которых взял на себя Ален Делон. Мать и сын нашли упокоение на тихом кладбище в деревне Буасси под Парижем. Крест и плита. Надпись: «Давид Хаубеншток и Розмари Альбах». И даты. Хаубеншток — настоящая фамилия отца Давида, Гарри Мейена.

Как всегда, газеты, радио и телевидение наперебой обсуждали жизнь Роми Шнайдер и гадали о причинах ее смерти. В «Пари-матч» выступил Ален Делон со страстным монологом-воспоминанием:

«Я вижу тебя спящей. Я рядом с тобой у твоего смертного одра. На тебе длинная черно-красная туника с вышивкой. Я говорю тебе «прощай», самое долгое «прощай», моя куколка! Я всегда тебя так называл...

Я все смотрю и смотрю на тебя. Я так хорошо тебя знаю. Я знаю, кто ты такая и почему мертва. Говорят, это твой характер. Я отвечаю им, «другим»: характер Роми Шнайдер был именно ее характером. Это все. Ребенок, который очень быстро и слишком быстро стал звездой. Отсюда твои капризы, твои приступы гнева, твои детские выходки, всегда оправданные, но с непредсказуемыми последствиями. А с другой стороны, твой профессиональный авторитет. Да, ребенок, который плохо понимал, с чем он играет. С кем. И в это противоречие, в эту брешь прорываются страх и несчастье. Быть Роми Шнайдер — и в зрелые годы иметь такую чувствительность и такой темперамент, как у тебя. Как им объяснить, кем ты была и кто мы такие есть, актеры? Как им объяснить, что мы становимся безумцами от постоянной игры, интерпретаций прожитых чужих жизней.

Как объяснить им, насколько это тяжело и какая требуется сила характера и равновесие, чтобы не сойти с полпути?.. Чем более ты артист, тем менее ты приспособлен к жизни. Гарбо, Мэрилин и ты... И я плачу рядом с тобой, пока ты отдыхаешь, и я кричу: «Нет, нет и нет! Эта ужасная профессия — не для женщины!..

Это работа, полная боли! До смерти Давида она еще поддерживала тебя на плаву. Ушел Давид — и ее стало недостаточно. Я не удивился, когда пришло известие, что и ты от нас ушла. Чем я был удивлен, так это твоим не-самоубийством...»

В Германии есть целая наука «шнайдерология», в центре внимания которой образ несчастной женщины, жертвы негодяев мужчин, и в первую очередь бессовестных плейбоев типа Даниэля Бьязини. После кончины Роми Шнайдер не осталось ничего, кроме миллионных долгов, и все предположения сводятся к тому, что именно Даниэль обобрал кинозвезду до нитки за годы их супружества. И если Ален Делон вспоминал свою «куколку» с нежностью и грустью, то Даниэлю Бьязини пришлось постоянно оправдываться, в частности в своих мемуарах «Моя Роми».

В интервью журналу «Штерн» летом 1998 года в связи с выходом своей книги Даниэль Бьязини заявил:

— Я сыт по горло тем, что образ Роми Шнайдер искажается в расхожей легенде — легенде о ненасытной нимфоманке, алкоголичке и наркоманке, круглой идиотке и беззащитной жертве, которая всю свою недолгую жизнь терпела издевательства и притеснения от мерзких мужиков...

— Немцы одержимы «шнайдероманией»? — спросил корреспондент.

— Мне трудно судить, — ответил Даниэль Бьязини. — Но они постоянно ищут виновника несчастий бедной жертвы Роми Шнайдер. Сначала это был Ален Делон, потом Гарри Мейен, а потом и я. В промежутках — ее отчим Ханс Блацхайм или ее мать Магда. Однако Роми никогда не была ни жертвой, ни мямлей. Она сама принимала решения...

В этом интервью Бьязини отмечал, что в их совместные счастливые годы Роми была веселой, «жила, как хиппи в буржуазном декоре, она совсем не была светской дамой». В подтверждение этих слов — куча фотографий. Смеющаяся Роми, улыбающаяся Роми, хохочущая Роми. С собаками. С бокалом вина. С гроздью винограда. Фотографий, светящихся покоем и счастьем.

Отрицать такие моменты, очевидно, глупо. Однако урок l'art de vivre — искусства жить состоит не в том, чтобы расслабляться в счастливые минуты, а главным образом в умении держать удар. Не сломаться. Вторую часть урока Роми Шнайдер и провалила.

Свершилось предсказание бабушки Розы Альбах-Ретти, умершей в 1980 году в возрасте 106 (!) лет: «Вполне возможно, что однажды моя внучка окажется в тупике, из которого нет выхода. Люди ее склада, позволяющие себе жить чувствами и страстями, не задумываются о том, что свеча, которую пытаются задуть с двух сторон, очень быстро гаснет».

Свою трактовку судьбы дочери дала Магда Шнайдер:

«Жизнь Роми была так интенсивна: четыре-пять жизней в одной. Рай и ад, любовь и отчаянье, успех и катастрофы — она испытала все, что только может вынести человек. В конечном итоге это была реализованная жизнь. Она переживала за одну неделю столько, сколько нормальный человек за десять лет. Поэтому я оглядываюсь назад в большой печали, но без горечи. И у меня странное чувство: возможно, то, что случилось, — еще не самое страшное, что могло с ней случиться. Возможно, живи она дольше, ей пришлось бы пережить еще что-нибудь более ужасное, чем то, что она испытала за последние месяцы своей жизни. Я думаю, ее судьбу определил характер. Она могла жить только на пределе своих сил и возможностей. Поэтому то, что с ней случилось, нельзя было предотвратить — ни мне, ее матери, ни кому-то еще. Я верующий человек. Я спрашивала Бога: за что? Почему всего лишь за десять месяцев я потеряла внука и любимую дочь? Мне кажется, что сегодня я знаю ответ: «Не спрашивай почему. То, что случилось, — к лучшему».

Есть такая философия смирения. И как сказано в Книге Екклесиаста: «Все идет в одно место: все произошло из праха и все возвратится в прах».

Но... В поэме «Разбойник» Вальтера Скотта, в переводе Эдуарда Багрицкого, есть такие строки:

> О, счастье — прах,
> И гибель — прах,
> Но мой закон — любить...

ПРИНЦЕССА НА ЭКРАНЕ И В ЖИЗНИ

(Грейс Келли)

Аве, рэйв, сердечко, фантик?
Где тебя я видел раньше?
Может, ты была инфантой
У Веласкеса, мисс Рейв?..

Андрей Вознесенский.
Сб. «Casino». «Россия», 1997

ЖИЗНЬ В АМЕРИКЕ

Ее называли «Девушкой в белых перчатках», «Леди Совершенство», «Снежной королевой Голливуда». Ее муж князь Ренье III считал, что жену ему послал Господь Бог.

Так кто же она, это Совершенство и божья посланница? Грейс Патриция Келли, американская кинозвезда, ставшая княгиней Монако. А так как Ренье III часто величают принцем, то и Грейс Келли соответственно принцесса.

Будущая принцесса Монакская родилась 12 ноября 1928 года (знак Скорпиона) в Филадельфии, в семье предприимчивого человека. Ее отец Джек Келли сумел олимпийское золото перечеканить в золото подрядов. Олимпийский чемпион 1920 года по гребле стал преуспевающим бизнесменом, главой фирмы «Келли, Кирпичное дело», владельцем многомиллионного состояния. Особняк Келли красовался на самой престижной Генри-авеню в Филадельфии.

Джек Келли был ирландцем, а в жены взял немку по имени Маргарет Майер — еще один характерный пример для моей книги «5-й пункт», только не российский вариант: коктейль кровей — ирландская буйность и немецкая меланхолия, ирландская непредсказуемость и немецкая педантичность вкупе с ее антиподом — романтизмом. Все эти черты вобрала в себя их дочь Грейс Патриция. В семье было четверо детей (из них три дочери), но прославилась на весь мир лишь Грейс.

Уже в школе Грейс Патриция чувствовала себя принцессой на фоне всех остальных из-за богатства отца, хотя мать старалась держать детей в строгости, заставляя выполнять нудную домашнюю работу. Позднее Грейс признавалась: «Я не хочу сказать, что мамочка вела себя как нацистка, но темперамент у нее был тевтонский. Про себя я до сих пор называю ее "моя старая прусская мама"».

Любопытно, что другая прусская мама точно так же сурово муштровала свою дочь, другую кинодиву, — Марлен Дитрих. Но суровое, без поблажек и баловства, воспитание, как показывает жизнь, является хорошей ступенькой к успеху, ибо только такие качества, как трудолюбие, дисциплина и целеустремленность, способствуют движению наверх.

Когда Грейс исполнилось 6 лет, ее отдали в религиозный колледж Рейнвенхилл, где она получила строгое католическое воспитание. По словам монахинь, более примерной воспитанницы, чем Грейс, в колледже не было. Это при взрослых. А в среде ровесниц она отличалась совсем иным: курила, воровала сласти на кухне и весьма интересовалась вопросом, откуда появляются дети. Позднее Келли признавалась Хичкоку, что самые непристойные анекдоты она услышала именно в монастырской школе. Там же окончательно сложился ее самостоятельный и своевольный характер. Так и приходит в голову: Грейс в огне!..

Забегая вперед, процитируем Роберта Лейси из его книги «Княгиня Грёз»: «В зрелом возрасте Грейс Келли было присуще нечто хамелеонское. Рассудительная Грейс, чувственная Грейс, фривольная Грейс — она то и дело перевоплощалась в совершенно непохожие друг на друга личности, причем каждый раз делала это с редкостной энергией и основательностью. Это было отнюдь не поверхностное позерство: Грейс страстно верила в каждый из своих образов, и именно этот ее дар — ловко и умело отделять каждое свое новое «я» от другого — привел к тому, что люди частенько клялись, будто видели перед собой совершенно иного человека».

У Грейс Келли как бы менялись маски: Грейс — тихоня, Грейс — проказница, Грейс — ревностная католичка, Грейс — воплощенная чувственность. Эта загадочная многоликость ставила в тупик многих. Где истинная Грейс? Маститый голливудский фотограф Хакуэлл Конант нашел в Грейс под внешним лоском сложную личность, целый комплекс противоречивых импульсов, что позднее отчетливо выявилось на экране.

Но вернемся назад, в юность. В иезуитском колледже, который пышно именовался Академией Успения Пресвятой Богородицы, Грейс прививали строгую христианскую этику. «Возбранялось даже малейшее проявление грубости, — вспоминала одна из наставниц, мать Доротея. — Мы пытались донести до наших питомиц, что все мы частицы тела Христова, а поэтому неуважение и грубость друг к другу есть проявление неуважения к самому Христу. Мы постоянно подчеркивали это».

В возрасте 14 лет Грейс Келли продолжила образование в частном учебном заведении «Стивенс-скул». По воспоминаниям учеников, плоскогрудая, полноватая и в очках, в те годы Грейс никак не тянула на звание «первой красавицы». Внешний вид дочери очень огорчал мать: «Ну кому может понравиться наша Грейси?!» Гадкий утенок — так часто бывает с будущими красавицами в отрочестве.

Мать (Ма Грейс) привила дочери трудовые навыки, чтобы со временем та стала образцовой хозяйкой дома, а отец мечтал, чтобы все дети стали аристократами (мечта всех нуворишей). «К деньгам бы титул!» — частенько говорил Джек Келли. Во исполнение отцовской мечты Грейс училась музыке, балету и вокалу.

В шестилетнем возрасте состоялся ее театральный дебют: она впервые вышла на сцену в роли Девы Марии на театрализованном рождественском празднике. Именно тогда Грейс поняла, что ее призвание — быть актрисой. Внимание окружающих, шум аплодисментов и замирающее от счастья сердце — это было так прекрасно! Дома в Филадельфии Грейс, будучи подростком, начала заниматься в театральной труппе «Лицедеи старой школы», где приобрела первый опыт настоящих выступлений. А в 19 лет из Филадельфии рванула в Нью-Йорк, в американскую театральную Мекку.

Поступила она в Американскую академию драматического искусства, из стен которой вышли такие знаменитости, как Спенсер Трейси, Кэтрин Хепбёрн, Кёрк Дуглас и многие другие. Долгое время ей пришлось в Нью-Йорке параллельно с учебой играть крошечные роли в учебных спектаклях, а потом и в настоящих. Эпизодические роли. Короткие выходы. Реплики типа «Кушать подано». Таков удел всех начинающих актеров. Но Грейс не падала духом, она понимала: надо набираться опыта. И играла самозабвенно любые предложенные ей роли. Регулярно ходила в кинотеатры, внимательно изучая игру звезд. И еще: активно снималась в рекламных роликах — от сигарет и пива до шляп и пылесосов.

Грейс была стройна, изысканна и красива и поэтому дополнительно подрабатывала в качестве фотомодели. Никакой финансовой зависимости от родителей — полная самостоятельность. Впрочем, это не диковинка, а обычный американский стандарт, которым никак не овладеют российские «дети» до 30 и более лет. Или никогда.

На глянцевых фотографиях Грейс Келли выглядела красавицей, но в жизни она была еще красивее. «У нее был прекрасный цвет лица, — вспоминал Тедди Хьюз, приятель ее брата. —

И вообще кожа у нее была просто потрясающей — такой свежей, прозрачной. Это было в ней самым привлекательным и никогда не получалось на фотографиях».

Но цвет лица все же не главное, главное — это то, что со временем Грейс Келли выработала свой собственный стиль, в котором не было ни грана вульгарности, свойственной многим актрисам. Ее стиль был пропитан изысканностью и излучал благородство. Ее биограф Роберт Лейси отмечает, что Грейс Келли воплотила в себе самый заветный американский образ эпохи 50-х годов — времени правления президента Эйзенхауэра. В некотором роде она стала явлением того же порядка, что и загородные клубы, солодовое молоко и журнал «Ридерз дайджест».

Грейс Келли отличалась от многих популярных звезд еще и своим голосом — тембром и интонацией. Если у Мэрилин Монро в интонациях слышался откровенный призыв «потискай меня», а у Мей Уэст — «переспи со мной», то голос Грейс Келли как бы означал просьбу «возьми меня нежно за руку».

Следующий этап театральной карьеры — 1949 год. Бродвей. Здесь 16 ноября Грейс сыграла в пьесе Стриндберга «Отец». Правда, успех был весьма скромный. Далее последовало участие в различных телевизионных программах: Грейс играла в спектаклях Си-Би-Эс и Эн-Би-Си. Спектакли шли «вживую», и у актеров не было права на ошибку, но именно это было хорошей актерской школой. С 1950 по 1953 год Грейс сыграла более чем в 60 телепостановках, подтвердив свой достаточно высокий профессионализм и плюс к этому большую терпимость и доброжелательность к партнерам по работе.

И наконец 1951 год — приглашение в Голливуд, где Грейс снялась в фильме «14 часов» — всего лишь в эпизоде. Но лиха беда начало. Впереди были новые приглашения. Новые картины с известными киноактерами и режиссерами. Премия «Оскар»...

УВЛЕЧЕНИЯ, СТРАСТЬ, ЛЮБОВЬ

Внешне Грейс Патриция Келли выглядела недотрогой. Длинноногая блондинка с холодным красивым лицом. Мало кто знал о ее пылком темпераменте.

Девственность Грейс потеряла еще в Филадельфии, и как-то мимоходом: зашла в гости к подруге, но ее не оказалось, и муж подруги легко затащил девушку в постель.

В Нью-Йорке Грейс поселилась в респектабельной «Барбизонской гостинице для женщин», которая словно магнитом притягивала молодых повес и начинающих донжуанов. Именно таким оказался некий Херби Миллер, с которым Грейс вместе занималась в академии и упражнялась в постановке голоса. И не только голоса. Херби Миллер вспоминал о том, какое впечатление произвела на него Грейс: «Моим глазам предстало ангельское создание». Это «ангельское создание», к его большому удивлению, оказалось еще и пылкой любовницей.

За Херби Миллером последовали другие мужчины, не случайно ведь Грейс попала в книгу «100 великих любовниц» (изд. «Вече», Москва, 1998). Среди прочих ее любовников назовем известного голливудского актера Алекса Д'Арси. Он был вдвое старше Келли, и она ему казалась робкой и застенчивой девушкой из хорошей семьи, поэтому он сказал ей свою ритуальную фразу: «Если ты хочешь, дорогая, то это прекрасно, и мы поедем ко мне, а если нет — я совсем не огорчусь, мне достаточно быть просто знакомым с такой очаровательной женщиной, как ты». Разговор этот проходил в такси, и вместо ответа Грейс бросилась Алексу в объятия. Этот порыв удивил много видевшего на своем веку ловеласа.

На втором курсе академии на ее пути оказался 30-летний режиссер Дон Ричардсон, еврей, настоящее его имя — Мелвин Шварц. Он вел параллельный курс студентов, но не смог не приметить красивую Грейс. Однажды они столкнулись в лифте, когда к Келли грубо приставал какой-то студент. Ричардсон защитил девушку. И на всякий случай вызвался проводить бедную жертву домой. В свою очередь Грейс предложила зайти к ней выпить кофейку. В квартире, как истый джентльмен, Дон предложил сварить кофе и отправился на кухню. А когда возвратился с кофейником, то чуть его не уронил, увидев на диванчике совершенно обнаженную Грейс в томительной позе ожидания. Это был волшебный подарок.

Впоследствии Дон Ричардсон вспоминал: «У нее было потрясающее тело. Она казалась мне чем-то вроде роденовской статуи. Прекрасная нежная фигурка: небольшая грудь, узкие бедра и какая-то полупрозрачная кожа. Она была самым прекрасным созданием из тех, что я когда-либо видел обнаженными. И я лежал рядом с ней и начинал понимать, что влюбился в нее, что это нечто большее, чем заурядная постельная сцена. Я чувствовал, как меня охватывает какая-то неодолимая тяга к ней. Я влюбился в ее запястья. Я влюбился в ее щиколотки. Я влюбился в горячую кровь, что текла под нежной, полупрозрачной кожей. Я ощущал, что обязан взять ее под свое крыло, защитить и оградить от невзгод; а кроме того, она, казалось, испытывала ко мне такое же пламенное чувство. Эта ночь стала для нас ночью экстаза...»

Спонтанная связь перетекла в длительный любовный роман, в котором были все составляющие: нежность, страсть и ревность. Дело плавно шло к свадьбе. Но она не состоялась. Джек Келли, узнав о выборе дочери, пришел в ярость. За кого?! За какого-то там режиссера! Да к тому же еврея! Никогда! Никогда — не менее твердо объявила и мать. Прямо по Эдгару По:

Крикнул Ворон: «Nevermore».

Родители сказали одно, Грейс решила по-своему, и любовь-страсть продолжалась в так называемом гражданском браке. Грейс Келли мечтала о театре, где бы она выступала в качестве примадонны, а Дон Ричардсон исполнял бы роль главного режиссера. Такое бывает. В истории российского театра такой парой были Алиса Коонен и Александр Таиров.

Но в случае Грейс Келли такого счастливого творческого дуэта не получилось. Во-первых, Дона Ричардсона постоянно допекали родители Грейс, нетерпимость и ненависть которых к нему постоянно возрастала. Во-вторых, Дон обнаружил, что он не единственный любовник своей любимой студентки. Это было уже слишком...

Некоторые биографы утверждают, что Грейс в детстве не хватало родительской ласки, прежде всего отцовской, и она бессознательно искала любовника-родителя, мужчину значительно старше себя, зрелого, опытного, который мог бы ее любить, ласкать и защищать. Это подтверждает и список ее избранников. Один из них — 50-летний распорядитель банкетов знаменитого отеля «Уолдорф-Астория» Филипп фон Валендорф, прожженный донжуан. Но так как Грейс выбивалась из привычной обоймы старлеток, то Филипп даже намеревался на ней жениться. И снова возникли родители, и вновь прозвучало грозное «Никогда!».

Еще один поклонник нашей красавицы — иранский шах Мохаммед Реза Пехлеви. Их знакомство и встречи немедленно попали в колонки светской хроники. Мать, Маргарет Келли, именно оттуда узнала, что ее дочь получила от шаха дорогие подарки. Она незамедлительно прилетела в Нью-Йорк и потребовала, чтобы Грейс вернула презенты. Грейс с грустью рассталась с золотой косметичкой, украшенной бриллиантами, часами на золотом браслете, тоже с бриллиантами и жемчугом, брошью в виде золотой птички с бриллиантовыми сверкающими крылышками и сапфировыми глазками. Мать посчитала, что таким образом восточный монарх покупал любовь ее дочери. Но шах не только жаждал любви красивой молодой американки, но и хотел взять ее в жены. На этот раз взбрыкнула сама Грейс: быть шахиней, конечно, неплохо, но ехать ради титула из Америки в какой-то далекий Иран — это, конечно, глупость.

Уже будучи голливудской актрисой, Грейс крутила роман с престарелым Кларком Гейблом (он был старше ее на 28 лет). Но и эта любовь оказалась «унесенной ветром». Опытный Гейбл точно знал, когда нужно ставить точку в отношениях с влюбленными женщинами.

Была еще у Грейс попытка выйти замуж за голливудского актера Рея Милланда, но и она не удалась: актер был женат и не торопился расстаться со своей супругой. Расстроенную и опечаленную дочь родители (снова эти родители!) увезли на время из Голливуда. Они всегда спасали Грейс от опрометчивых шагов, вызванных любовной лихорадкой. Мать неизменно говорила ей: «Грейси, хорошенько подумай, тот ли это человек, который тебе нужен». И странно, подумав, она соглашалась с матерью: действительно не тот!

В списке ее возлюбленных значился и французский актер Жан-Пьер Омон. Приступ влюбленности овладел ею на съемках очередного фильма Альфреда Хичкока. До этого наблюдательный Хичкок называл Грейс «заснеженным вулканом», а тут вулкан проснулся и перед съемочным коллективом предстала огненная лава.

И, пожалуй, последним мужчиной в американском периоде жизни Грейс Келли стал модельер Олег Кассини, сын русского эмигранта, обосновавшегося в Италии. Роман с Кассини был самым долгим, серьезным и... нежным. Кассини, помимо чисто мужских достоинств, обладал интеллектом и обставил любовные отношения красивыми жестами: читал стихи, дарил цветы, часто вздыхал, короче, по Афанасию Фету: «Шепот, робкое дыханье, трели соловья...»

«Казалось, мы парили, — писал позднее Кассини, — околдованные силой наших ощущений. От нее пахло гортензиями — экзотический и одновременно чистейший из ароматов. В ней было нечто от нежного бледного перламутра, вся она лучилась свежестью и утонченностью: ее кожа, ее духи, ее волосы. Я был на седьмом небе от счастья, ощущая лишь чарующую прелесть этих моментов».

После таких признаний впору цитировать раннего Осипа Мандельштама:

Вся комната напоена
Истомой — сладкое лекарство!
Такое маленькое царство
Так много поглотило сна.

Немного красного вина,
Немного солнечного мая —
И, тоненький бисквит ломая,
Тончайших пальцев белизна.

И вино, и бисквиты были. И были даже специально созданные Олегом Кассини наряды для Грейс. Любящий модельер создавал для нее сдержанные, неброские, благородные платья, которые подчеркивали ее изысканность. Эти наряды придавали Грейс сходство с прекрасной розой.

Грейс было уже 24 года, и ей страстно хотелось выйти замуж за Кассини, но снова, в который раз, она натолкнулась на несогласие родителей: не тот кандидат! И более того: дважды разведен! Переубедить родителей она не смогла. А вскоре любовь как-то сама собой пошла на убыль, и молодые люди расстались.

В 1955 году появился еще один кандидат на руку и сердце Грейс — Ренье III, князь Монако. Тут родительская блокада наконец-то была прорвана, Джек и Ма Келли дали согласие на брак. Князь — это не какой-нибудь актеришка, или режиссер, или даже модельер. Это все-таки князь. Аристократ высокой пробы. Голубая кровь. Но сначала поговорим о кино.

КАК ВАЖНО БЫТЬ КИНОЗВЕЗДОЙ

> Раньше женщины кормили грудью
> младенцев, теперь — кинопродюсеров.
>
> *Жан Кокто*

> Добродетель нефотогенична.
>
> *Кёрк Дуглас, американский киноактер*

Мало кому в Голливуде удавалось добиться успеха с первой попытки. Не удалось и Келли. Однако эпизод, сыгранный в фильме «14 часов» (1951), заставил режиссеров обратить на нее внимание. Фред Циннеман — американский режиссер, родившийся в Вене, — пригласил Грейс в свою картину «Ровно в полдень» (1952), ставшую одним из самых знаменитых вестернов в американском кино. В этом фильме Грейс сыграла роль жены героя (его исполнял Гэри Купер), которая в критическую минуту оказалась рядом со своим мужем с оружием в руках. Гэри Купер за свою роль был удостоен премии «Оскар», а Грейс Келли одолела несколько ступенек наверх к своему будущему успеху.

А начало было таким. «Она явилась ко мне в белых перчатках, — вспоминал Фред Циннеман. — В крошечной студии эти перчатки явно смотрелись не к месту: там у нас была настоящая рабочая свалка. Грейс была хороша какой-то чопорной красотой. И еще держалась ужасно скованно. Казалось, что-то сковывает ее изнутри».

И далее совсем уж заупокойное: «Занудная и анемичная, этакая невыразительная, бесцветная девственница. Квакерша с Востока, которую судьбой занесло на Запад, ко всем этим неотесанным дикарям в пыльном городишке... Какой же ей еще пристало быть, как не скованной и боязливой? Грейс словно была создана для этой роли. От нее требовалось сыграть самое себя. Именно ее неопытность как актрисы и делала ее игру еще более убедительной».

В кино это называется попасть в типаж.

Грейс Келли в роли Эйми Кейп, юной супруги шерифа, была сама неискушенность, ну а шериф — Гэри Купер — сама звездность. Все американские женщины по нему млели.

При встрече с сестрой Пегги спросила Грейс:

— Ты целовалась с самим Купом?

— А как же, — не без самодовольства ответила Грейс.

— И сколько раз? — спросила Пегги, сгорая от женского любопытства.

— Не знаю, — ответила Грейс, — наверное, раз пятьдесят.

— О! — только и смогла вымолвить сестра.

А дальше студия «Метрополитен-Голдвин-Майер» пригласила Грейс в картину «Могамбо» — в весьма престижную компанию с Кларком Гейблом и Авой Гарднер. На этот раз Грейс была номинирована на «Оскар» как актриса второго плана. И в «Ровно в полдень», и в «Могамбо» ей удалось выдержать стилистику авантюрных фильмов, и это первым подметил «король ужасов» Альфред Хичкок. Режиссер «черных фильмов» снял актрису в трех своих лентах подряд — «В случае убийства набирайте "М"» (1954), «Окно во двор» (1954) и «Поймать вора» (1955).

«Актриса, подобная ей, — говорил Хичкок о Грейс Келли, — дает режиссеру известные преимущества. Он может позволить себе снять более откровенную любовную сцену, если в ней играет леди, а не потаскушка. С простой актрисой это будет

АМЕРИКАНСКАЯ КИНОЗВЕЗДА
ГРЕЙС КЕЛЛИ

сама вульгарность. Но если в тех же обстоятельствах занята леди, сцена может получиться волнующей и прекрасной».

В другой раз Хичкок сказал: «Я эксплуатировал тот факт, что ей известны плотские утехи, но не открыто, а намеками... Идеальная женщина-загадка — это блондинка, утонченная, нордического типа... Мне никогда не нравились женщины, которые выставляют свои прелести напоказ».

Особенно удачно Грейс играла в фильме «Окно во двор», не случайно картина побила все кассовые рекорды. Помимо лихо закрученного сюжета, зрителей завораживал образ, созданный Грейс. Хичкоку удалось максимально использовать черты, заложенные в актрисе самой природой, — холодность, элегантность, очарование и тлеющую где-то внутри страсть. Грейс играла леди из высшего света, которая под непринужденностью манер скрывала пылкие чувства, и это создавало на экране некий эротический климат: от актрисы исходили невидимые сексуальные лучи. В ней было что-то от божественной Греты Гарбо, которая свой последний фильм сыграла в 1941 году, только к ее холодному эротизму Грейс добавила явную пульсацию чувственной энергии.

Напрашивается параллель и с Мэрилин Монро. Келли и Монро почти одновременно заблистали на экране («Джентльмены предпочитают блондинок» с Мэрилин вышел в 1953 году), но какие разные образы они создавали на экране! Мэрилин Монро — вызывающе сексапильная кошечка, Грейс Келли — леди с эротическим подтекстом. Мэрилин при жизни познала успех, но не добилась ни одного «Оскара» — в этом смысле Грейс Келли переиграла Мэрилин, ибо удостоилась заветной статуэтки. Но в конечном счете кинослава Мэрилин Монро полностью затмила кратковременный успех Грейс Келли. Последняя прославилась другим: своим замужеством и своей трагической гибелью.

«Оскар» Грейс Келли получила за фильм «Деревенская девушка». В нем актриса создала трогательный образ подруги озлобившегося певца-алкоголика (его играл Бинг Кросби).

Журнал «Тайм» в номере от 31 января 1955 года поместил роскошную фотографию Грейс Келли и предпослал материалу о ней такой заголовок: «Грейс Келли. Кавалеры предпочитают дам». В нем легко угадывалась некая ирония: не сексапильных блондинок наподобие Мэрилин Монро, а именно благородных дам.

В соперничестве за высшую кинематографическую награду Грейс Келли опередила следующих номинанток на «Оскара»: Джуди Гарленд, Дороти Дандридж, Одри Хепбёрн и Джейн Уайман. 30 марта 1955 года состоялось торжественное вручение почетных статуэток «Оскара». Грейс, одетая в роскошное вечернее платье из голубого атласа, которое великолепно оттеняло ее белокурые волосы и лучистые сине-голубые глаза, страстно прижала к груди заветный приз. А Джуди Гарленд не скрывала своего возмущения: «Безобразие! Моего «Оскара» отдали в руки какой-то Келли!»

Но Грейс ничего этого не слышала, она упоенно целовалась с другим обладателем «Оскара», Марлоном Брандо. А вечером того же дня, как это ни покажется странным, победительница Келли была совершенно одна (эра Кассини закончилась, эра Ренье еще не настала). Грейс поставила статуэтку на туалетный столик и легла в постель, не спуская с нее глаз. «"Оскар" и я, и никого больше, — вспоминала она спустя годы. — Никогда в жизни я не чувствовала себя так одиноко».

В каких фильмах еще снималась Грейс Келли? Список невелик. «Зеленое пламя» (1954), «Мосты в Токо-Ри» (1955), «Высшее общество» (1956), «Лебедь» (1956). Последняя лента интересна тем, что в ней Грейс играет экзальтированную блондинку из хорошей семьи, за которой ухаживает принц, а она взвешивает все «за» и «против»: стать принцессой или не стать. Как бы репетиция будущего решения в жизни.

Уже после того, как Грейс стала принцессой (точнее — княгиней Монако), ей удалось сняться лишь в двух фильмах — «Приглашение в Монте-Карло» (1959) и «Мак — тоже цветок» (1966). Больше в кино она не снималась. На этом ее кинокарьера закончилась, хотя с 1976 по 1981 год она была членом Совета директоров кинокомпании «XX век Фокс». Ее не раз просили вернуться в Голливуд, предлагали интересные роли, но она неизменно отвергала все предложения. Ее любимый принц не хотел появления первой леди Монако на экране. Достаточно, считал он, что ее лицо изображено на марках государства Монако. Принцесса не возражала.

Американский период жизни Грейс Патриции Келли, длившийся почти 28 лет, закончился. Начался отсчет нового времени в Монако. А что такое Монако? Я сам вроде начитанный и информированный человек, а толком не знаю историю Монако и путаю с Монте-Карло. Что Монако и что Монте-Карло? Тут не обойтись без исторической если не главы, то главки.

РАЙСКИЙ УГОЛОК МОНАКО

> Монако — солнечное местечко для темных личностей.
>
> *Сомерсет Моэм*

Княжество Монако — крошечное, карликовое государство, протянувшееся подковообразной полоской вдоль берега Средиземного моря. Французская Ривьера или Лазурный берег, защищенный Западными Альпами от холодных и северных ветров. Триста дней в году солнечная погода, сухой и чистый воздух. Вечная субтропическая растительность: пальмы, лаванда, розмарин, а колыхающееся море цветов! Только вот размеры миниатюрные — длина по морскому берегу 3,5 км, а ширина в отдельных местах не более 200 м. Общая площадь 1,9 кв. км. И тем не менее Монако по площади больше Ватикана. Население 30 тысяч человек, больше всего французов, далее идут итальянцы, англичане и коренное население здешних мест — монегаски. По существу Монако — это три слившихся друг с другом города: Монако, Монте-Карло и Ла-Кондамин.

Удивительное государство Монако! Как живописал журнал «Штерн», в стране, где проще купить килограмм золота, чем мелкий картофель, 400 полицейских следят за тем, чтобы, как с похвалой заметил один бельгийский барон, женщина, на шее которой украшений на 20 миллионов франков, в два часа ночи могла спокойно отправиться на прогулку. Оруэлловским силам порядка помогают компьютеры, которые за считаные минуты проверят добропорядочность и платежеспособность гостиничных постояльцев, и 54 видеокамеры, которые наведут объективы на любой автомобильный номерной знак, не подкачав даже при скудном освещении.

Возможно, поэтому забавная монакская тюрьма с видом на море в основном пустует. Последний преступник был схвачен в 1982 году: один итальянец бутылкой шампанского убил владельца антикварного магазина. Семь лет спустя был еще найден труп одного калабрийского бизнесмена, но обнаружить преступника тогда не удалось. Он оказался киллером-профессионалом, а в теле жертвы нашли шесть пуль. И вот в таком безмятежном местечке, как Монако, погибла принцесса Грейс Келли. А может быть, это эхо из далеких веков — месть потомков?

История Монако длинная и запутанная. На этом участке Средиземного моря в разные времена хозяйничали финикийцы, греки, римляне, арабы и генуэзцы. Последние и построили замок с четырьмя башнями, надежно сторживший вход в бухту, куда приходило немало торговых кораблей.

И вот однажды в один из рождественских вечеров 1297 года в ворота замка постучались, как гласит легенда, несколько монахов-францисканцев с просьбой пустить их отогреться. Сердобольные караульные впустили их. И тут же добро обернулось злом: монахи выхватили из-под ряс оружие и перебили всех стражников. Крепость Монако была захвачена. Всю эту операцию с захватом организовал странствующий рыцарь, а попросту разбойник, Франсуа Гримальди. Из странствующего рыцаря он превратился в замковладельца, в сюзерена.

В книге «Монархи Европы. Судьбы династий» (Москва, изд. «Республика», 1996) говорится, что с 1419 года династия Гримальди неизменно (до этого им порой не удавалось оставаться у власти) правит княжеством Монако. Эта династия относится к старейшим в Европе. Судьбы первых сюзеренов княжества Монако, о которых мы знаем скорее по легендам, чем по документальным источникам, бывали драматичными. Один из них, Жан II, был убит в 1505 году своим братом Люсьеном, который княжил 18 лет, пока его в 1523 году не заколол кинжалом его племянник Бартоломео Дориа. Случались и другие кровавые события. Так что над родом Гримальди уже в давние времена висело некое проклятие.

Гримальди все время приходилось лавировать и обращаться

за помощью то к одним, то к другим: Монако было протекторатом то Испании, то Франции. Во время Великой французской революции двое из Гримальди попали в тюрьму, а Тереза Франсуаза, считай принцесса Монако, погибла на эшафоте в 1794 году.

С 1793 по 1814 год Монако входило в состав французского департамента Приморские Альпы. Но после отречения Наполеона княжество Монако было восстановлено. Потом наступила пора протектората Сардинии. А в 1856 году восстали жители двух городов Монако — Ментоны и Рокбрюна, — провозгласив независимую республику. В конце концов Ментона и Рокбрюн были проданы правителями Монако французскому императору Наполеону III за 4 миллиона франков. В результате размеры княжества сократились в 12 раз. Но с тех пор Франция стала покровителем княжества и политическое положение династии Гримальди стабилизировалось.

А экономическое? И тут все сложилось великолепно. Французский банкир Франсуа Блан приобрел у монакского князя Карла III концессию на 50 лет и основал там «Общество морских купаний». Под эгидой этого невинного названия и возникло новое роскошное здание казино в Монте-Карло, куда хлынули игроки со всего мира. Благодаря казино с азартной рулеткой на Монако пролился золотой дождь. Действительно, игорный бизнес приносит княжеству огромные деньги. Кто только не играл в казино Монте-Карло, от Федора Достоевского до германского кайзера Вильгельма. «Это милое Монте-Карло очень похоже на хорошенький вертеп», — заметил, побывав там, Антон Павлович Чехов. А кто-то из современников выразился так: «Городишко масти треф».

Как это ни странно, но процветание Монако усилилось в годы оккупации, вначале итальянской, затем немецкой. Гримальди сделали деньги на войне. В газете «Нувель обсерватер» в 1997 году появилась скандальная публикация «Как разбогатело княжество Монако», в ней была исследована деятельность тайно созданного филиала «Рейхсбанка» в Монако, многих нечистых на руку международных дельцов типа Манделя Школьникова, «гражданина мира» родом из России (он, кстати, был убит в июне 1945 года). На грязные деньги рейха княжество жирело день ото дня. Князь Луи II создал в Монако настоящий налоговый рай. Против отмывания грязных денег активно выступал молодой принц Ренье. В сентябре 1944 года принц вступил во французскую армию и сделал официальное заявление:

«В течение пяти последних лет я вместе с вами был свидетелем вредной и авантюрной деятельности политиканов, которым удалось добиться благосклонности Его Светлости Государя Князя, моего деда». И далее: «В результате этой политики мы утратили присущие нам место и роль нейтрального и независимого государства...»

Подтекст заявления был такой: когда я займу трон, то все это исправлю решительным образом. И действительно исправил.

В 1949 году в возрасте 79 лет умирает Луи XI и его трон наследует 26-летний принц Ренье, который становится 9 мая князем Монако Ренье III.

СИЯТЕЛЬНЫЙ КНЯЗЬ

Ренье III — это Луи Анри Максанс Бертран, сын французского графа Пьера де Полиньяка и принцессы Шарлотты Луизы Жюльетты, внебрачной дочери правившего князя, которую он затем официально удочерил. В 1944 году Шарлотта отказалась от трона и тем самым зажгла зеленый свет для Ренье.

Ренье III родился 31 мая 1923 года. Окончил два университета — Гастингский в Англии и Монпелье во Франции. Во Время второй мировой войны в чине лейтенанта служил во французской армии под началом известного генерала де Тассиньи. Стал князем Монако, будучи холостым, что весьма озаботило его мать, и она пыталась организовать свадьбу сына с герцогиней Нортамберлендской, племянницей английской королевы. Но не получилось. Ничем закончилось и знакомство с принцессой Баденской. Впрочем, Ренье III особо и не торопился попасть в объятия Гименея. Он прекрасно проводил время, не будучи скован цепями брака.

Каждый год в Каннах, недалеко от Монако, проходил знаменитый кинофестиваль, и князь имел возможность выбирать и приглашать к себе, в апартаменты резиденции, лучших и красивейших кинозвезд. И Софи Лорен, и Джину Лоллобриджиду, и Мэрилин Монро. Белокурая секс-богиня Мэрилин очень хотела прибрать к рукам Ренье III, но князь был начеку: Мэрилин показалась ему слишком легкомысленной для роли первой леди Монако. Другое дело — американская кинозвезда Грейс Келли. Тут у князя сомнений не возникало: она, и только она! Красота, шарм, благородство... А какие прекрасные параметры: рост 176 см, вес 58 кг, объем груди 88 см, бедер — 89, талии — 60. В этих сантиметрах князь знал толк!..

Как состоялось знакомство? Весной 1955 года в Монако проходили съемки фильма Хичкока «Поймать вора». По одной из версий идея знакомства двух знаменитостей — звезды Голливуда и князя Монако — пришла в голову фотографу журнала «Пари матч» Пьеру Галанту. «Это может быть потрясное фото!» — подумал он и свел два объекта вместе. По другой версии все было иначе. Грейс Келли скучала после окончания съемочного дня, и для того, чтобы ее развлечь, по предложению Альфреда Хичкока актриса Оливия де Холливанд уговорила ее пойти на один из балов в Монте-Карло.

Так или иначе, они познакомились и понравились друг другу с первого взгляда. Ренье III оказался полноватым, но весьма симпатичным мужчиной, к тому же чрезвычайно любезным и остроумным, с ним было и весело, и комфортно. Но главное — притягивал его титул. Ренье III был не только князем Монако, но еще и герцогом Валентинуа, маркизом Бо, графом Кэрладез, бароном Бюи, сиром Матиньон, сеньором Сен-Реми, графом Ториньи, герцогом Мазарини... и это еще не весь шлейф блестящих титулов и званий.

В свою очередь Ренье III пришел в восторг от белокурой американской красавицы. «Пора! — пронеслось в голове тридцатилетнего холостяка. — Кажется, это то, что мне нужно. Красивая. Умная. И весьма известная в мире. Эта подойдет не только мне, но и княжеству Монако!»

Взаимный интерес, взаимное притяжение. После знакомства они стали встречаться и переписываться — ведь принадлежали двум разным континентам. Вернувшись из Франции, Грейс Келли приступила к съемкам фильма «Лебедь», где по сюжету ей предстояло сыграть молодую девушку, вышедшую замуж за принца соседнего государства. По ходу картины Грейс произносила знаменательную реплику, обращенную к отвергнутому любовнику: «Понимаешь, я хочу быть королевой».

Придуманная сценаристом реплика воплотилась в реальную жизнь. Грейс стала королевой — если не по точному титулу, то по сути. Первой леди княжества Монако.

В декабре 1955 года, на Рождество, в особняк Келли в Филадельфии пожаловал Его Высочество князь Ренье Монакский. Князь познакомился с родителями, Джеком и Маргарет Келли, и сделал Грейс официальное предложение. На этот раз никаких возражений не было. Родители Грейс сияли от удовольствия.

5 января 1956 года о предстоящем бракосочетании узнала американская пресса. Журналисты были взбудоражены:

свадьба века! Как всегда, преувеличения и восторги взахлеб. Суть журналистской профессии: все приукрашивать, возводя в ранг сенсации, или наоборот — все драматизировать, чтобы отнести к разряду трагедии. И тем не менее действительно произошла сенсация, хотя и не вселенского масштаба: принцы редко женятся на актрисах. Состав крови разный. А тут это произошло.

Одни трубили в фанфары, другие находили повод для недовольства. Многие французы морщились, говоря, что теперь Монако станет рассадником американизма, а американцы в свою очередь недоумевали, зачем американской кинозвезде, любимице народа, нужен «этот коротышка» (увы, князь ростом был ниже своей избранницы). В полную ярость впал Альфред Хичкок, понимая, что после заключения брака он безоговорочно теряет свою музу, и в сердцах назвал ее «принцессой Дисгрейс», что по-английски означает «позор, бесчестье». С агентом Грейс Биллом Хансеном и вовсе случился сердечный приступ: как же так, актриса только что стала оттеснять с экрана Мэрилин Монро, и нате вам — выходит замуж и, стало быть, прощай кинематограф!..

Словом, не все оказалось безоблачным. Были проблемы и у самой Грейс Келли: ее давно порушенная девственность. Старый друг Дон Ричардсон подсказал ей некую уловку для усыпления бдительности князя. Но и сам Ренье III был далеко не мальчик и ясно представлял себе, что берет в жены отнюдь не невинную девушку, а звезду Голливуда. А раз звезда, то какая уж тут непорочность!..

Но в целом Грейс сияла и щебетала своим подружкам про своего жениха-князя: «Мне ужасно нравятся его глаза. Я могу смотреть в них бесконечно. А какой у него прекрасный голос! Он все то, что я люблю. И потом он — князь! Он сам по себе величина, а я бы не хотела выйти замуж за человека, про которого бы говорили: "А это мистер Келли"».

Действительно, выбор Грейс воплощал многие ее надежды: она становится княгиней, живет в роскошном замке, в райском уголке Франции. И, главное, ей достался не просто знатный и богатый супруг, а мужчина, которого можно любить за интеллект, за темперамент, наконец, за блеск его красивых черных глаз. И это не экранные игры в кинофильме «Лебедь», а реальная жизнь с реальным принцем! Короче, все получалось, как крупный выигрыш в казино. Сделать ставку и выиграть все! Мечта всех женщин!

Написал я предыдущую фразу и задумался: а российских?

И мгновенно вспомнилось давнее стихотворение Наума Коржавина из советских времен «На швейной фабрике в Тирасполе»:

> Не на каторге. Не на плахе.
> Просто цех и станки стучат.
> Просто девушки шьют рубахи
> Для абстрактных чужих ребят.
>
> Механически. Всё на память;
> Взлет руки — а потом опять.
> Руки! Руки!
>
>> Ловить губами
>> Вас в полете.
>> И целовать!
>
> Кожа тонкая... Шеи гнутся...
> Косы спрятаны — так у всех.
> Сколько нежности! Задохнуться!
> Только некому — женский цех...
>
> Знаю: вам этих слов — не надо.
> Знаю: жалость — не тот мотив.
> Вы — не девушки. Вы — бригада!
> Вы прославленный коллектив!
>
> Но хочу, чтоб случилось чудо:
> Пусть придут моряки сюда
> И вас всех разберут отсюда,
> С этой фабрики Комтруда!

Моряк еще мог прийти на швейную фабрику и забрать девушку с собой. Но принц! Это в сегодняшней России еще можно где-то отловить хотя бы одного принца из Африки, но тогда, в СССР, — только номенклатурного бонзу, и то если очень повезет. Но оставим иронию и вернемся к счастливой невесте.

Существует неподтвержденная легенда, что Мэрилин Монро прислала поздравление Грейс Келли по поводу ее помолвки с князем Монако: «Я так рада, что ты наконец-то выберешься из этого балагана». Балаган — это, конечно, Голливуд, где бродят, нет, рыскают сотни красивых старлеток в поисках личного счастья. В конце концов, фабрика грез, как называют Голливуд, ничем не лучше тираспольской швейной фабрики.

Но разница, конечно, есть. Студия «Метрополитен-Голдвин-Майер» подарила Грейс Келли к свадьбе все платья, которые актриса надевала на съемки фильма «Высший свет», кроме того, оплатила расходы по пошиву нового платья, свадебного, и отправила сопровождать Грейс в Европу ее любимую парикмахершу Вирджинию Дарси. Все эти дары были ответом на эксклюзивное право студии запечатлеть грандиозную свадьбу.

4 апреля 1956 года на океанском лайнере «Констанция» Грейс Келли отправилась к берегам Франции со всеми своими платьями, личной парикмахершей, любимым пуделем Оливером и пятью своими подружками, подневестницами, которые должны были стать свидетелями с ее стороны на свадьбе. Любопытно, что ни одна из них не была католичкой, две были еврейками, а две — разведены.

Путешествие на лайнере длилось 8 дней, во время которых Грейс на несколько часов ежедневно закрывалась в своей каюте, перечитывала письма, перебирала счета и другие бумаги, а также писала личные послания тем, кто прислал поздравления или подарок.

12 апреля 1956 года океанский лайнер «Констанция» подошел к гавани Лазурного берега. Навстречу ему уже стремилось небольшое белое судно — старинная княжеская яхта. Князь Монако прибыл за своей заокеанской невестой. Она выглядела потрясающе. На ней было длинное элегантное легкое пальто из темного шелка и круглая белая шляпка из накрахмаленного муслина. А на лице сияла обворожительная белозубая улыбка, как из голливудского фильма с хеппи-эндом. Но тогда никто не знал, сколь трагически кончится эта американо-монакская сказка. В тот момент все радостно улыбались, любуясь неожиданно хлынувшим дождем из белых и красных гвоздик. Цветы рассыпал над яхтой самолет, выполнявший поручение от Аристотеля Онассиса, старого друга монакского князя и его казино.

ВТОРАЯ ЖИЗНЬ В МОНАКО

Свадьба состояла из трех церемоний: гражданская — зрелище для народа, специальный дубль для киносъемки и собственно религиозный обряд в соборе. Первая церемония состоялась 18 апреля 1956 года в тронном зале дворца. Жениху 33 года, Грейс — 27 лет. Ренье блистал в мундире, расшитом золотыми листьями, его грудь была увешана орденами и медалями. Князь очень походил на рождественскую елку. Невеста была само очарование, утопая в облаке фаты, оборок, складок, шелковой тафты, кисеи и кружев. Кружева, кстати, были приобретены у одного из французских музеев за баснословную цену.

По торжественному поводу в Монако устроили грандиозный фейерверк, а жителям княжества раздавали куски гигантского свадебного торта. Народ ликовал. А во дворце тем временем царила натянутая и холодная обстановка. Дело в том, что семейная жизнь многочисленного клана Гримальди была вечной вендеттой — многие ненавидели друг друга истово и постоянно, это, в частности, касалось матери и отца Ренье. Его сестра Антуанетта глядела на Грейс с плохо скрываемой ненавистью. В княжестве Антуанетту откровенно недолюбливали: она вместе со своим любовником Жаном Шарлем Реем, членом Национального совета княжества, мечтала сместить неженатого и бездетного Ренье с трона. Но женитьба разрушила эти амбициозные планы.

Отец Ренье князь Пьер, напротив, доброжелательно принял невестку и даже заключил в объятия. Увидев это, Шарлотта Луиза Жюльетта в пику супругу с ходу возненавидела невестку и, как напишет позднее Грейс Келли, «она была холодна, как поцелуй ведьмы». Так что в медовую княжескую свадьбу была внесена не одна ложка дегтя.

Венчание состоялось 19 апреля, и после него молодые сразу отправились в свадебное путешествие на яхте. Плавали в основном вокруг Корсики. Может быть, потому, что Ренье III не захотел далеко удаляться от своего княжества, чтобы держать под контролем возможные дворцовые интриги. Здесь уместно заметить, что Ренье был не робкого десятка. Он умел и любил бороться с противниками (чего стоил один опыт отношений с могущественной Францией) и однажды мечтательно произнес вслух: «Я с таким удовольствием стал бы укротителем!»

Медовый месяц — месяц не только любви, но и притирания супругов друг к другу, поединок характеров, схватка темпераментов — кто кого победит, кто будет хозяином в княжестве. Время романтических встреч и эпистолярных воздыханий закончилось. Начались будни. Прибегнем к штампу: суровые будни.

Принц оказался не таким уж веселым и забавным, как казалось вначале, напротив, сдержанным и величавым. Любил уединяться, избегал светского общения и предпочитал общество животных. Держал личный зоопарк и любил трепать по морде своего любимого и грозного тигра. Еще он обожал море и яхты, Грейс же страдала морской болезнью и поэтому сторонилась морских прогулок. Ренье, помимо яхт, любил автомобили и быструю езду. Спать ложился рано и избегал разговоров по душам. Грейс, напротив, любила поговорить и, как лю-

РЕНЬЕ III И ГРЕЙС КЕЛЛИ

бая женщина, посплетничать. Любая вечеринка, общение с новыми людьми, а тем более бал были для нее наслаждением.

Уже одного этого перечня достаточно, чтобы понять, что брак этот не стал идеальным. Кроме того, вскоре проявилась и разница темпераментов: Ренье был вспыльчив и раздражителен, Грейс — уравновешенна и сдержанна. Тем не менее, по свидетельству секретаря, Грейс не раз выходила из кабинета князя в слезах. В таких случаях она обычно говорила окружающим, что у нее разыгралась мигрень. За мнимой мигренью скрывалось битье посуды, которое учинял ее супруг, к тому же Ренье мог часами не разговаривать с Грейс, обидевшись неизвестно на что.

Семейный ад? Нисколько. Всего лишь частности в целом все же благополучного брака. Князь Ренье любил свою жену и никогда ей не изменял, по крайней мере вездесущим репортерам ничего не было известно о романах на стороне.

Как бы то ни было, знаменитая супружеская пара превратила Монако в место, на которое обращали внимание во всем мире, в место паломничества, туризма и, конечно, игры в казино. Роль первой леди Монако была для Грейс главная роль в ее жизни, причем исполнялась ею с большим удовольствием, в этом ей помогало прекрасное знание французского языка. Бывшая голливудская звезда превратилась в целомудренную, постоянно улыбающуюся княгиню Грейс Патрицию. Она посвящала себя благотворительности (организации Красного Креста), держась с достоинством и обаянием, присутствовала на открытии школ и больниц. Покровительствовала искусству, и в частности патронировала традиционные фестивали цирка в Монако. Но это еще не все. Грейс стала главным советчиком князя Ренье во всех государственных делах. Она участвовала в разработке реформ, которые превратили Монако в «рай для толстосумов». Дочь миллионера, она прекрасно разбиралась в бизнесе и знала, как его раскрутить и сделать прибыльным. Тут и расширение казино, и благоприятное налогообложение, и привлечение иностранных инвестиций, и сдача в аренду радиостанции Монако и телецентра, и выпуск почтовых марок, и другие удачные мероприятия и сделки.

Как видим, куча государственных и общественных дел. А еще и личные увлечения. Составление композиций из засушенных цветов (собранную коллекцию Грейс не раз демонстрировала в своей парижской галерее). Рисование. Игра на гитаре. «Рвись, гитара, на тонкой ноте..»

И дети. Грейс Келли оправдала надежды князя и продолжила род Гримальди, родив троих детей: 23 января 1957 года принцессу Каролину, 14 марта 1958 года принца Альбера и 1 февраля 1965 года принцессу Стефанию.

Не было только кино. Хотя ей, конечно, временами хотелось вернуться в Голливуд, да и Хичкок постоянно звал в свои фильмы, но кино было под строгим запретом: княгине Монако не подобает играть роли других людей, у нее свой удел, роль принцессы.

ГРЕЙС КЕЛЛИ КАК МАТЬ. ЗАБОТЫ И ПРОБЛЕМЫ

В народе говорят: маленькие дети — маленькие проблемы, большие дети — большие проблемы. У Грейс Келли так все и вышло. Во многом она была виновата сама, ибо безмерно любила детей и беспредельно их баловала, то есть разрешала все, и дети, чувствуя это, росли форменными чертенятами. В сфере воспитания сказался характер Грейс: в молодые годы она безропотно уступала своим родителям, которым постоянно не нравился ее выбор мужчин, и она покорно с ними расставалась. Став же матерью, Грейс шла на поводу у своих детей. Княгиня Монако воспитывала детей, как молодых американцев, давая им возможность осуществлять любые желания и выражать свое собственное мнение, в надежде, что они вырастут сильными и самостоятельными. Князь был сторонником прямо противоположной, европейской традиции запретов и наказаний: детей, как говорится, «не должно быть слышно». В итоге победила метода Грейс Патриции, и Ренье пришлось иметь дело с готовым американским «продуктом».

Поэт-абсурдист Даниил Хармс однажды сказал: «Травить детей — это жестоко, но ведь что-нибудь надо с ними делать!» Вот Грейс что-нибудь и делала, поступая, как пожарная машина: срочно тушила пожар, когда он горел вовсю. Но ничего не предпринимала, чтобы этот опасный огонь не возникал. Наверное, именно такое воспитание имел в виду английский писатель Сэмюэл Батлер: «Вот уж кому не следовало бы иметь детей, так это родителям».

Первая дочь, Каролина, росла весьма своенравным и упрямым ребенком. В супермаркете, от роду всего лишь семи лет, она могла устроить шумный скандал и строго выговаривать продавщицам: «Я — Каролина Монакская, и вы должны меня слушать и выполнять то, что я хочу!..»

Когда Каролина выросла, она оказалась очень похожей на мать. Сияющие синие глаза, красивые черты лица, только во

лосы темнее, чем у Грейс Келли, не блондинка, но тоже красавица.

Как и мать, Каролина уехала из дома и училась в Париже.
А далее она пошла по стопам матери: перебор поклонников и
любовников — теннисные звезды, знаменитые авто- и мото-
гонщики. Плюс злоупотребление виски и наркотиками. Все
это становилось известным княгине, и можно только представить себе степень ее материнской озабоченности.

«Ей надо остепениться!» — решила Грейс Келли и была рада, когда принцесса Каролина надумала выйти замуж за Фи-
липпа Жюно, который был старше ее на 17 лет. Ренье III бурно протестовал: «Кто он такой?!», тем не менее свадьба была
сыграна в июне 1978 года. Брак Каролины оказался сплош-
ным кошмаром: Филипп лгал и изменял ей на каждом шагу.
Разумеется, все подробности доходили до Грейс, и она остро
переживала за свою дочь. Каролина и Филипп прожили вместе два года, после чего последовал скандальный развод. При
жизни княгини Каролина начала встречаться со Стефано Казираги, сыном богатого миланского предпринимателя и чемпи-
оном мира в гонках на скутерах. «Это любовь», — уверяла Каролина свою мать. Грейс Келли хотела в это поверить.

Меньше, чем принцесса Каролина, приносил беспокойств и
тревоги принц Альбер, наследник престола. Его настоящей
страстью был спорт: бейсбол, гольф, теннис, бобслей (на зим-
ней Олимпиаде в Лиллехаммере он завоевал 31-е место в со-
ревновании по бобслею). Но особое увлечение Альбера — игра в «монополию», за ней он готов был проводить ночи напро-
лет. Маленьким принц Альбер думал, что мир — это и есть
Монако. Повзрослев, он понял, что Монако — лишь малая
часть громадного и интересного мира. А второе открытие —
кругом так много замечательных девочек и женщин. Тут принц
Альбер пошел по пути отца Ренье III, наслаждаясь холостяц-
кой жизнью. Вечеринки, попойки, слабый пол, тянущийся к
деньгам Гримальди. Грейс Келли вначале гордилась успехами
сына у красивых женщин, а потом встревожилась: эдак пор-
хать можно всю жизнь, но Альбер — наследник трона, он должен жениться и произвести на свет следующего наследника.
Это не только требование жизни, но и требование династии.
Короли и принцы должны руководствоваться прежде всего
династическими интересами.

Однако самой большой болью княгини Монако была млад-
шая дочь, принцесса Стефания. Она родилась поздно, когда
Грейс было 36 лет, и, естественно, стала любимицей матери.
Стефи с малых лет отличалась экстравагантностью и делала

все то, что делать не положено. Она гоняла по Монако на мотоцикле и пела с эстрады шлягеры в ритме рока, но ничего серьезного при этом не добилась. В школу автогонщиков ее не приняли, и учеба на модельера окончилась ничем. Что она хотела в свои 17 лет, перед тем, как остаться без матери? «Я мечтаю о необитаемом острове, где могла бы укрыться вместе с моими друзьями, собаками и дисками. И где никто не мешал бы мне и не учил, как надо жить». Типичная позиция отвязанного тинейджера.

Кроме детей, у Грейс Келли были и другие родственники, за которых тоже болела душа. Переживала она за мать: Ма Келли в 1975 году перенесла удар, после которого находилась в сумеречном состоянии, была полуживой-полумертвой. Умер отец Джек Келли. Пошла прахом так славно начавшаяся карьера брата Келла. Сестра Пегги пристрастилась к алкоголю. Лишь другая сестра — Лизанна — более или менее держалась в рамках благополучия.

Грейс переживала и сочувствовала всем. Зная это, близкие нещадно эксплуатировали ее доброту и отзывчивость.

Вот таким был фон, на котором протекала жизнь княгини Монако в последние годы. Годы зрелой женщины.

ПОСЛЕДНИЕ ГОДЫ

У Георгия Шенгели, поэта, которого все знают лишь потому, что его заклеймил Владимир Маяковский, есть прекрасное стихотворение «Жизнь». Вот его начало:

> Мне шесть, а ей под шестьдесят. В наколке;
> Седые букли; душные духи;
> Отлив лампад на шоколадном шелке
> И в памяти далекие грехи.
> Она Золя читала и Ренана,
> Она видала всякую любовь,
> Она Париж вдыхала неустанно
> И в Монте-Карло горячила кровь.
> Она таит в своем ларце старинном
> Сухие розы, письма, дневники;
> Она могла бы объяснить мужчинам
> Все линии несытой их руки.
> Все знающей, загадочной, упрямой
> Она заглядывает мне в глаза,
> Из книг возникнув Пиковою Дамой,
> Суля семерку, тройку и туза.

СЕМЬЯ КНЯЗЯ МОНАКО РЕНЬЕ III,
В ЦЕНТРЕ – ГРЕЙС КЕЛЛИ

Нет, никаких «под шестьдесят» и никаких седых буклей. И никаких воспоминаний и дневников, никакой прошлой жизни. Грейс Келли вся в настоящем. Столько забот! Ежегодные балетные фестивали, которые придумала и организовала княгиня в память гастролей Сергея Дягилева и его знаменитого «Русского балета». Круговерть концертов и вечеров. Для Ренье III это что-то чужеродное и ненужное, а для Грейс — сама жизнь. Она даже пытается привить в Монако традиции и обычаи английских монархов. «Двор — это двор», — говорила Грейс и величественно несла бремя своих обязанностей.

«Она могла жить, только подпитываемая восхищением, — вспоминал один из близких ко двору. — Это было для нее чемто вроде горючего. Она привыкла к нему в Голливуде, а затем получала с избытком от всего мира. Любви и восхищения не было лишь в ее собственной семье. И это ее очень огорчало».

В июле 1967 года Грейс Келли пережила операцию по поводу так называемого запоздалого аборта, после чего врачи сказали ей, что она больше никогда не будет иметь детей.

Итак, детей больше не будет. А любовь? Грейс перешагнула роковой 40-летний рубеж, а потом и 50-летний. Наступил период болезненно протекающего климакса, который Грейс шутливо окрестила «злобными челюстями». Она стала катастрофически толстеть, и некогда маленькая и изящная грудь чрезмерно разбухла. До 1976 года княгиня сохраняла свою стройную фигуру, а после 1976 года, в считаные месяцы, располнела, потеряла былую голливудскую свежесть и увяла, как роза. Караул! Кошмар!..

«Уж климакс на дворе, а Германа все нет!» — как патетически выразилась одна моя старая знакомая. У Грейс Келли был, конечно, Герман, князь Ренье III, но он уже не тянул ни на романтического пылкого любовника, ни на заботливого и нежного супруга. И чтобы остановить увядание, княгиня прибегла к старому и испытанному методу — окружила себя молодыми людьми. Для них было почетным ухаживать за княгиней Монако, бывшей знаменитостью Голливуда.

Грейс называла своих юных спутников «плюшевыми мальчиками»; очевидно, в детстве она любила ложиться спать с плюшевыми медведями. «Плюшевых мальчиков» было несколько. Они утешали Грейс, но, увы, только на короткое время. Нужен был еще какой-то допинг. Этим допингом стала поэзия. Княгиня Монако стала колесить по Европе (Дублин, Вена, Лондон...) и принимать участие в международных поэтических форумах. Она читала стихи просто, без всякой аффектации, и ее чтение нравилось публике. Не последнюю роль в успехе играла и окружавшая ее слава. Княгиня из Монако — это всегда интересно!

А еще Грейс Келли вынашивала идею создать в Монако драматический театр и регулярно играть в его спектаклях. Но этим планам не суждено было сбыться.

НЕСЧАСТЛИВОЕ ТРИНАДЦАТОЕ ЧИСЛО

В понедельник 13 сентября 1982 года стояла ясная и солнечная погода. Было не очень жарко, веял прохладный ветерок с моря. Приятное время — конец «французского лета». В этот день Грейс Келли предстояло отвезти младшую Стефанию в загородную резиденцию, а затем далее — в Париж. Стефания опять вышла из-под контроля, и необходимо было с ней строго поговорить (потушить очередной пожар). Ив Фили, шофер Грейс, уже был готов сесть за руль коричневого «ровера», но княгиня остановила его: «Я поведу сама». Свидетель в серьезном разговоре с дочерью был лишним.

И вот мать и дочь покатили по дороге СД-37. Неизвестно, о чем они говорили. Спорили, вздорили или еще что? Но на одном из поворотов «ровер» не вписался в него и нырнул в пропасть глубиною около 45 метров. На лету сбивая верхушки деревьев, автомобиль врезался наконец в один из стволов, несколько раз перевернулся и замер колесами вверх.

Автомобильная катастрофа. Когда на место происшествия прибыли люди, они вытащили живую Стефанию, всю в синяках и истерично рыдающую. Затем извлекли находившуюся без сознания Грейс Келли. Ее отвезли в Монако — в больницу, носящую ее имя.

Полицейский капитан Роже Бенче, осмотрев машину и проанализировав ситуацию, пришел к выводу, что княгиня Монако утратила контроль над машиной вследствие внезапного недомогания или потери сознания и вместо того, чтобы нажать на тормоза, нажала на акселератор. Однако в первом официальном коммюнике об аварии было сказано, что причиной стали неисправные тормоза.

Позднее тот же Роже Бенче оказался в Майами, где его разыскал французский журналист Бернар Виоле, автор книги «Сага Монако — тайны Скалы», и Бенче поведал иную историю произошедшей трагедии. Во-первых, так как авария произошла как раз на границе Франции и Монако, то власти двух стран спорили, кому вести дело, и было потеряно важное время. Во-вторых, успевший осмотреть автомобиль эксперт обратил внимание, что ни один узел машины не мог привести ее к аварии. В-третьих, после смерти княгини рентген мозга не подтвердил каких-то серьезных нарушений.

Принцессу Стефанию так толком никто и не допросил, хотя, по прошествии лет, она утверждала: «У мамы были нелады со здоровьем, ее часто мучили головные боли. И в тот момент, когда она вела наш «ровер» по горной дороге, она жаловалась на мигрень — и вдруг закричала: «Я ничего не вижу!» Машину понесло к обрыву...»

Полиция и журналисты по минутам восстановили события 13 сентября. Накануне Грейс Келли заночевала вместе с младшей дочерью на вилле Гримальди «Горный ангел», откуда рано утром позвонила своему биографу и подруге Гвен Робине. Княгиня пожаловалась на головную боль, общую усталость и... «рискованную затею дочери с курсами экстремальной езды».

Так кто был виновник? «Ровер-3500» выпуска 1972 года, номерной знак 6359 МК, или водитель — княгиня Монако? А может быть, кто-то еще?.. Вместо ответа — тайна. Тайна, которая объединяет три таинственные смерти: президента Джона Кеннеди, актрисы Мэрилин Монро и княгини Монако Грейс Келли. Позднее к этой тройке добавилась и принцесса Диана. Череда трагедий, у которых много версий и предположений, но неизвестна истинная причина.

Однако вернемся к катастрофе (ее никак не хочется назвать нашей привычной аббревиатурой — ДТП). Принцесса Стефания отделалась синяками и ссадинами. А вот у княгини дела обстояли гораздо хуже: перелом бедра, раздробленное колено, многочисленные ушибы по всему телу и множественные повреждения головы, «черепно-мозговые травмы».

Так сложилась ситуация, что врачи оказались не в силах помочь бедной Грейс. Лишь к вечеру (а авария произошла утром) в больницу был доставлен аппарат сканирования мозга. Сканирование выявило у княгини инсульт, который и повлек за собой срыв «ровера» с обрыва. Так или не так было на самом деле, неизвестно, но официально была объявлена именно эта причина. Сначала инсульт — потом травмы.

Врачи пришли к выводу, что спасать княгиню бессмысленно, ей не суждено выйти из комы. Посовещавшись между собой, князь Ренье III с принцессой Каролиной и принцем Альбером приняли «вердикт светил медицины» и согласились на отключение аппарата искусственного жизнеобеспечения.

В 22.15 вечера 14 сентября 1982 года Грейс Патриция Келли, Ее Светлейшее Высочество княгиня Грейс Монакская отошла в мир иной. Ей не хватило двух месяцев, чтобы прожить 54 года.

На похороны приехали король и королева Бельгии, королева Испании София, шведский принц Бертиль, князь Лихтенштейнский Филипп, мадам Миттеран, Нэнси Рейган, принцесса Уэльская Диана, которая после одной-единственной встречи зачислила княгиню Монакскую в число своих друзей. Из звезд Голливуда прилетел Кэри Грант.

Похороны состоялись в субботу 18 сентября, в 10 часов утра. Князь Ренье рыдал, не скрывая слез. Принцесса Стефания смотрела печальную церемонию по телевизору, лежа на больничной койке.

«Нас всех объединила скорбь», — заявил архиепископ Монакский при отпевании.

Люди на улицах и на площадях рыдали, ясно осознав, чего они лишились. Именно Грейс служила для многих источником жизненных сил и вдохновения. Именно Грейс превратила захолустное Монако в процветающее маленькое государство. Именно Грейс излучала свет в церквах, больницах и приютах. Именно Грейс освещала своей голливудской улыбкой все балы, фестивали и выставки, проходившие в Монако.

«Господи, я не спрашиваю, почему ты забрал ее у меня, но благодарю за то, что ты дал ее нам», — прозвучали слова Августина Блаженного в заупокойной службе.

«Такая женщина встречается раз в столетие», — позднее со вздохом скажет Ренье III.

Три дня гроб с телом Грейс Келли стоял в боковой часовне собора, весь усыпанный цветами. Во вторник 21 сентября 1982 года его опустили в фамильный склеп Гримальди.

Некрологи во всех газетах если не мира, то по крайней мере многих стран были пространные и возвышенные. Образ Грейс Келли был высветлен до ангельской чистоты. Никаких пятен. Никаких грехов. Никаких ошибок и заблуждений. Так часто бывает с ушедшими знаменитостями: реальный образ подменяется мифологизированным.

Вскоре после гибели Грейс Келли в Монако стали происходить чудеса. Так, 17-летняя Глэдис Бурбон, ослепшая в результате аварии, прозрела после того, как к ней не во сне, а наяву (!) пришла «удивительно красивая женщина в короне княгини». Грейс поцеловала Глэдис в глаза и сказала, что она будет видеть. К немалому удивлению врачей, Глэдис прозрела. А другая поклонница княгини Монакской полностью излечилась от рака после того, как помолилась около захоронения Грейс Келли. Все эти случаи, а число их с каждым годом растет, заставили архиепископа Монакского, монсеньора Пинтуса, поверить в то, что со временем Ватикан причислит Грейс Келли к лику святых — в конце концов, в Монако кто-нибудь должен быть святым!

«Конечно, в юности она много грешила с женатыми мужчинами. Но в замужестве с князем Ренье она полностью изменилась и стала творить добро, — считает архиепископ. — Грейс Келли должна быть канонизирована!»

Разумеется, у архиепископа свои заботы, у журналистов — свои. «Акулы пера» никак не успокоятся, доискиваясь, по какой причине погибла княгиня Монако. Все ли выяснило следствие? Не сокрыта ли какая-нибудь тайна?..

По одной из журналистских версий, за рулем «ровера» находилась не Грейс Келли, а принцесса Стефания, да к тому же под наркотическим кайфом, в силу чего она и не справилась с управлением.

Другая версия: месть марсельской мафии. Дело в том, что по приказу князя Ренье его секретные агенты совместно с французской полицией и Интерполом провели крупную операцию против мафии. Было арестовано несколько сот преступников, изъято много оружия. А такое преступный мир никогда не прощает. В подстроенной аварии должны были погибнуть княгиня и принцесса, но Стефания чудом осталась жива.

В 1998 году два репортера солидной лондонской газеты «Санди таймс» Д. Карр-Браун и Д. Коэн провели частное расследование и выдвинули версию, что княгиня Монако стала жертвой дьявольской секты «Храма Солнца». В 1995 году 69 членов этой секты в Швейцарии, Франции и Канаде стали жертвами убийства или самостоятельно покончили с собой. В Монако секция «Храма Солнца» была зарегистрирована в 1970 году, ее основателем стал Жан Луи Марсан — человек, известный при дворе Гримальди, издатель «Журнал де Монако», один из друзей князя Ренье. Марсан увлекался оккультизмом и на своей вилле построил храм для ордена, где и проходили дьявольские мессы. После смерти Марсана орден в Монако перешел в руки Жозефа ди Мамбро, руководителя «Храма Солнца» в Швейцарии.

Оккультизм всегда привлекал аристократов, всегда хотелось к богатству и роскоши добавить чего-то пряненького и острого. Летом 1982 года и Грейс Келли обратилась в «Храм Солнца». Это был трудный период в жизни княгини. Как пишут английские репортеры, «она чувствовала себя несчастной, страдала депрессией, переживала приступ алкоголизма; что-то не ладилось в семье. Глубокая религиозность, страстная чувственность, душевная опустошенность — все это совмещалось в ней в тот момент, когда она обратилась к «Храму Солнца».

В один из летних дней Грейс Келли со своей подругой Колетт де Реаль (знаменитая шансонетка 50—60-х годов, вышедшая замуж за аристократа и осевшая в Монако) на белом «ягуаре» отправились в тайное местечко, где должна была состояться ритуальная оргия «Храма Солнца».

Далее слово свидетелю ритуала Жоржу Леруа:

«Княгиня Грейс казалась очень напуганной, но присутствие подруги ее успокаивало. Княгиню привели в помещение, где она должна была раздеться. Затем появилась иглоукалывательница, которая провела сеанс акупунктуры, возбуждая иглами эрогенные зоны. Затем Грейс подали напиток, по всей видимости транквилизатор. В 7 часов вечера Грейс появилась перед братьями и сестрами в форменном одеянии секты — белом балахоне с красным крестом — и, опираясь на руку Колетт, спустилась вниз, в склеп. Там ее положили на большой круглый алтарь, украшенный ликами 12 апостолов. Затем вошел Люк Журе, правая рука лидера секты, наклонился над Грейс и приложил свой лоб к ее лбу. Под нарастающие звуки музыки Вагнера этот ритуал совершился несколько раз, причем на лицо Грейс с лица Люка сыпалась золотая пыль. Затем высшим силам задали вопрос, должна ли Грейс стать верховной жрицей ордена, и высшие силы ответили «да». После этого оригинальная церемония закончилась. Княгиню проводили наверх, и в час ночи она все в том же белом «ягуаре» отправилась домой...»

Ритуальный прием в орден «Храм Солнца» стоил Грейс Келли 30 миллионов марок. У нее такой суммы не было, и она перечислила на счет ордена в Цюрих немногим более половины требуемой суммы и переписала на имя одного из руководителей секты роскошные апартаменты в Монако.

Далее, как выяснили журналисты, Грейс словно очнулась после своего ужасного визита в секту. Наваждение исчезло, и она пригрозила ди Мамбро, что разоблачит его и секту. Разумеется, разоблачения княгини совершенно не входили в планы «Храма Солнца». И буквально через месяц-два Грейс Келли погибает в автокатастрофе.

Бывшей актрисе Голливуда, очевидно, было любопытно поучаствовать в мистической постановке «Храма Солнца», но она быстро поняла, что это не придуманные ужасы Альфреда Хичкока, а реальное одурманивание людей. Ее прагматизм возобладал над безрассудством. В свою очередь члены подобных сект, как и мафия, не прощают предательства и мстят за срывание масок.

А может быть, в гибели Грейс Келли виновато несчастливое 13-е число? Бытует же в мире, и в Америке в частности, страх перед этим числом. Вот в такой несчастливый день — 13 сентября 1592 года — умер выдающийся французский философ Мишель Монтень.

Упомянув Монтеня, приведем и цитату из его знаменитых «Опытов». В главе «О суетности» Монтень писал:

«Тяжело и чревато всевозможными неожиданностями зависеть от чужой воли. Мы сами — а это наиболее надежное и безопасное прибежище — не слишком в себе уверены. У меня нет ничего, кроме моего «я», но и этой собственностью я как следует не владею, и она к тому же мною частично призаняты. Я стараюсь воспитать в себе крепость духа, что важнее всего, и равнодушие к ударам судьбы, чтобы у меня было на что опереться, если бы все остальное меня покинуло...»

МОНАКО БЕЗ ГРЕЙС

Когда Грейс Келли не стало, князю Ренье III шел 60-й год. Принцессе Каролине было 25 лет, принцу Альберу 24 года и принцессе Стефании 17 лет. У каждого из клана Гримальди жизнь пошла по своему сценарию.

Князь Ренье еще более замкнулся в себе. «Со смертью княгини, — заявил он, — в мою жизнь вошла пустота». Однако внутренняя пустота постоянно заполняется проблемами, которые создают дети.

Монако из страны солнца при Грейс (что ни день — фейерверк, гонки на скутерах, пикники на море, ланчи с икрой на террасе, всевозможные концерты и фестивали) превратилось в страну теней. Туристов явно поубавилось, и в основном они устремляются в кафедральный собор Св. Николая, где в родовом склепе нашла упокоение княгиня Монакская. Некогда знаменитый мюзикл «Монако, любовь моя» идет при пустом зале. Богачи и знать покидают Монако. Как заметил Юрген Клинсманн, выведший футбольный клуб «Монако» в европейский Кубок, «здесь царит синдром «Титаника», здесь танцуют накануне гибели».

По наблюдению автора западногерманского журнала «Бунте» в 1994 году: «Призрак бродит по Монте-Карло, предвестник того, что все рухнет, как карточный домик, что облетит краска с фасадов, как пудра с лиц богатых вдов, некогда приехавших сюда в поисках того, чего на свете попросту нет».

Однако карточный домик устоял. Роль Грейс взяла на себя Каролина. К своему успеху принцесса Каролина шла трудной дорогой. После развода с Филиппом Жюно вышла замуж за Стефано Казираги и родила от него троих детей. Но Стефано неожиданно погиб (тоже весьма темная история), и Каролина в горести перебралась из Монако в Прованс. Справившись с длительной депрессией, она вернулась в Монако и взяла на себя роль примадонны (разве Монако не есть некий театр?). Затем сумела увести у своей подруги мужа и женила его на себе. Ее супругом стал принц Эрнст Ганноверский, потомок германского императора Вильгельма II и английского короля Георга — отличная династическая партия! Так что новый, третий по счету, брак принес удовлетворение принцессе Каролине. Надолго ли? Это вопрос: у принцесс всегда бывает все сложно.

Взять хотя бы судьбу младшей принцессы, Стефании. Песня «Ураган», исполнявшаяся Стефанией в ее короткой певческой карьере, весьма точно отражает суть ее натуры. В своих любовных исканиях она упорно выбирала каких-то ничтожеств: прожженных альфонсов, второразрядных актеров, брачных аферистов, а то и просто отъявленных негодяев. В 1992 году Стефания влюбилась в своего телохранителя Даниэля Дюкрюэ. Терпение князя Ренье истощилось, он был готов проклясть ураганную Стефанию, но когда она «подарила» ему двух внуков — Луи и Полину, — сердце старого Ренье смягчилось, и он дал согласие на брак дочери с плебеем Даниэлем...

Однако Даниэль Дюкрюэ оказался не только плебеем, но и отъявленным плейбоем: через год после свадьбы разразился скандал со стриптизершей Фили Утман. Обо всех подробностях связи с Даниэлем Фили рассказала в популярной радиопередаче «Tout est possible» («Все возможно»). Фили поведала, что Даниэль очень тяготился своей новой средой и ему не хватало таких веселых и искренних друзей и подружек, как Фили.

«Однажды, когда мы занимались сексом, зазвонил его мобильный телефон, — рассказывала Фили. — Это была Стефания. Довольно неприятное ощущение, уверяю вас... Мы голые, возбужденные... а она настаивала, чтобы он отвечал на ее вопросы. Даниэль не мог одной рукой держать телефон, а другой ласкать меня. Он сказал: «Ой, Стеф, у меня садится батарейка. Я перезвоню через какое-то время».

Все, естественно, вышло наружу, и принцесса Стефания выгнала своего мужа-телохранителя. Развод и крушение всех честолюбивых планов Даниэля. Он на коленях умолял Стефанию простить его, но было уже поздно. Не помогла даже выпущенная им покаянная книга «Письма к Стефании».

Как это ни странно, переживала и Фили Утман: «Я очень сожалею, что так вышло. Мне жаль детей Стефании. Но я не считаю себя причиной развода. Во всем виноват Даниэль. Он был инициатором секса...»

Успокоилась на этом Стефания? Отнюдь. Некоторое время она активно занималась бизнесом, открыла бутики, выпустила духи под собственной маркой. А потом вдруг внимательно посмотрела на нового телохранителя, Жана-Раймона Готлиба, и... влюбилась. Очень влюбчивая принцесса: любовь налетает на нее, как ураган, и сметает все на своем пути.

Дальше предсказать нетрудно: родилась еще одна девочка (еще одна принцесса), а телохранитель отправился охранять другую светскую даму.

Следующим кандидатом в «телохранители» Стефании (теперь уже приходится употреблять кавычки) стал бармен Пьер Принелли, высокий стройный брюнет, моложе Стефании на 5 лет.

А дальше? Дальше следите за газетными публикациями. Они подробно информируют обо всех амурных делах непутевой дочери Грейс Келли, от которой можно ожидать любого кульбита.

Ну и главная персона — наследник престола Монако принц Альбер, вечный холостяк, не желающий жениться, ибо в этом случае ему придется отказаться от вольной жизни. У шефа дворцового протокола уже припасен для Альбера, в случае его восхождения на престол, список запретов: вечеринки на его яхте «Могамбо» с участием полуобнаженных подружек, вылазки в ночные клубы, уикенды в укромных местечках. Он не сможет садиться за руль своего серебристо-голубого «порше», эту обязанность готовы выполнять четыре штатных шофера. Став князем, принц также не сможет заниматься своим любимым бобслеем и публично носить джинсы, майки и кроссовки. Камердинер Бруно держит наготове 47 костюмов и пиджаков (от Хуго Босса и Армани), 140 галстуков, 12 парадных униформ, 9 орденов... Впрочем, скорее всего, эти данные журнала «Бунте» успели устареть.

Костюмы, галстуки, ордена... А где же любимая женщина, будущая княгиня Монако? Ее нет. Нет той единственной, похожей на мать. Была американка Мэри Уэйт, чемпионка мира по плаванию, но она после непродолжительного романа оставила принца Альбера, заявив, что боится «синдрома Грейс» и не хочет стать «пленницей в этом гигантском замке».

Струсила и белокурая супермодель немка Клаудиа Шиффер. Ее и многих других пугает судьба матери Альбера, бедным женщинам кажется, что они могут повторить ее судьбу. Особенно усилился страх после выхода в свет романа Кристиана де Масси «Дворец» — слишком много в дворцовой жизни азарта, вечеринок, шампанского, безудержного веселья, подозрительных личностей, скрытых преступлений и много чего еще. Недаром автору романа пожизненно запрещено право на въезд в Монако. Тайны рода Гримальди должны остаться тайнами. И тем более последняя тайна: гибель Грейс Келли.

В январе 1997 года было торжественно отмечено 700-летие династии Гримальди. Бог ты мой, 700 лет! А наши Романовы продержались у власти лишь 304 года...

ЛЕДИ ДИ

> Однажды Зенон порол раба за кражу.
> «Мне суждено было украсть!» — сказал ему раб.
> «И суждено быть битым», — ответил Зенон.
>
> *Диоген Лаэртский, древнегреческий философ*

После гибели принцессы Уэльской (леди Ди, принцессы Ди) создана и продолжает создаваться Дианиана: книги, фильмы, воспоминания. Чеканятся значки, рисуются портреты на майках и тарелках, создаются различные сувениры. Миром овладела диномания. Все разом захотели выразить свое отношение к этой удивительно земной и удивительно загадочной женщине. Людям нужны идолы. Нужны кумиры. Герои. Им необходимо поклоняться иконам и святыням. Во мраке ночи всем хочется увидеть свет далекой звезды. Принцесса Ди — это идол, героиня и икона.

Одну из первых биографий Дианы написал английский журналист Эндрю Мортон. За ней последовали другие. Сразу после трагической смерти принцессы в сентябре 1997 года вышел специальный выпуск французского журнала «Париматч». В его русском варианте Григорий Горин писал:

«Пока наука гадала, есть ли жизнь на далеких звездах и планетах, посланцы космоса беспрерывно посещали нашу Землю. Земляне как-то сами интуитивно, но безошибочно выбирали небожителей из миллионов себе подобных.

Диана Спенсер, безусловно, была космической гостьей на этой грешной планете. Слишком совершенное создание природы. Воплощение женственности, доброты, незащищенности. Короткая яркая жизнь. Уход из нее на космической скорости...

Вспышки блицев сопровождали ее с первых шагов, последняя вспышка заставила вздрогнуть весь мир...

Ее называли «принцессой из сказки», но это лишь свидетельство архаичности наших представлений о чуде.

Рисованные сказки Андерсена уходят вместе с кончающимся веком, их место занимают красочные кинофильмы и альбомы фотографий. Не будем оголтело ругать фотографов, они иногда бесцеремонно, но подсознательно лишь выполняли замысел Хозяина Вселенной...

В чем этот замысел? Может быть, в том, что нам был преподан очередной урок нежности, любви, терпимости?.. Не знаю. Остается только гадать, глядя на ослепительную улыбку и чуть настороженный взгляд этой замечательной женщины. Сегодня астрономы с опозданием назвали именем Дианы звезду в созвездии Андромеды, куда она отправилась вместе со своим возлюбленным...

Давайте же снова вглядимся в ее небесные черты, а потом поднимем глаза к звездам и еще и еще раз подумаем о ней и хоть немного о себе...»

Позволю себе и я вспомнить принцессу Ди и порассуждать о жизни и смерти.

ДЕТСТВО И ЮНОСТЬ

Детство — это свет в начале туннеля.

Дмитрий Пашков,
современный библиограф

Жила-была девочка. В викторианской Англии. В Норфолке. В семье виконта Олторпского, 8-го графа Спенсера, потомка герцога Мальборо, человека знатного, но не очень богатого. Иначе говоря, обедневшего аристократа. Звали девочку Дианой Спенсер.

Она родилась 1 июля 1961 года и весила 3,5 кг. Отец ждал мальчика и наследника, а родилась третья девочка (первыми были Сара и Джейн), естественно, он был расстроен. Через три года появился на свет долгожданный мальчик Чарлз. Это был первый Чарлз в жизни Дианы, потом появится другой — принц Чарлз.

Детство Дианы было осложнено разводом родителей и их соперничеством в отношениях с детьми: и Френсис (мать), и Джонни (отец) старались доказать, что именно она (он) больше заслуживает детской любви. Родительская любовь выражалась в основном в покупке дорогих подарков. А дети жаждали внимания, тепла и ласки. И отец, и мать вступили в новый брак, и у детей появились отчим и мачеха — все это было сложно, запутанно и отражалось на жизни маленьких Спенсеров. Диана, к примеру, не приняла мачеху и даже собиралась отправить ей письмо, написанное отравленными чернилами, о чем она призналась подруге. Правда, свой коварный замысел все же не осуществила. Следует отметить, что мачеха Рейн Дортмунд была дочерью известной писательницы Барбары Картленд, любовные романы которой в юности очень нравились Диане.

Подрастая, Диана ощущала недостаток общения с матерью (все дети остались с отцом), да и отца она видела не часто. Детей воспитывали няни, некоторые из них отличались не совсем мягким характером и применяли порой физические воздействия: например, в случае непослушания за столом били ложкой по лбу. Поэтому или нет, но Диана предпочитала проводить время с бессловесными животными. В ее любимцах ходил рыжий кот по кличке Мармелад, целое племя кроликов, хомячков и морских свинок — отзывчивые мягкие комочки. Потом Диане подарили пони по кличке Суфле, и она с трех лет стала осваивать верховую езду.

Дальше различные школы и пансионы, согласно английской традиции. Как пишет Эндрю Мортон: «Диана хорошо писала и научилась бегло читать, однако блестящими успехами в учебе похвастаться не могла. Вспоминая школьные ее годы, мисс Лоу отмечает внимательность к младшим, любовь к животным, вообще подчеркивает ее доброту и дружелюбие, но отнюдь не способности к тем или иным предметам. Правда, девочка неплохо рисовала, причем все рисунки неизменно посвящала «маме и папе». Однажды она переполошила весь класс, разрыдавшись над очередным рисунком без всякой видимой причины...»

В отличие от Сары и Джейн у Дианы не было никаких амбициозных целей, поэтому она не утруждала себя усидчивостью. «Грызть гранит науки» — это так скучно! Зато Диана любила подвижные игры, шутки, веселье. Ее заразительный смех и обворожительная улыбка оттачивались с юных лет. Кроме того, она хорошо плавала и любила танцевать. Заурядная девочка? Нет. По мнению Кэролайн Прайд (в замужестве Бартоломью), которая делила с Дианой комнату в пансионе, а позднее снимала с нею вместе квартиру в Лондоне, Диана была «с характером». Но и подруга отмечает в ней «легкость на подъем и жизнерадостность».

Тем не менее девочку угнетало то, что она не могла угнаться за успехами старших сестер, да и младший брат оставил ее по школьным успехам далеко позади. Она чувствовала себя неудачницей. К тому же стеснялась своего высокого роста — кому нравится, когда тебя называют дылдой. «Я чувствовала себя безнадежной тупицей и ничтожеством» — так характеризовала Диана свое состояние в школьные годы. На экзаменах по английскому языку и литературе, истории, географии, истории искусств она получала неудовлетворительные оценки. Зато легко справлялась с сочинениями, исписывая страницу за страницей четким, ровным почерком. «Это получалось само собой: слово за словом ложились на бумагу из-под моего пера», — вспоминала Диана.

В чем-то надо было брать реванш? Конечно. И Диана брала его в спорте: неоднократно выигрывала соревнования по прыжкам в воду, была капитаном команды по нетболу и прекрасно играла в теннис. Ну а что касается танцев, то тут ей не было равных. В 1976 году Диана завоевала первый приз на школьном танцевальном конкурсе. И вообще она мечтала стать балериной («Лебединое озеро» смотрела затаив дыхание несколько раз), но рост, рост... она вымахала в 1 метр 82 сантиметра, и ей с любезно-язвительной улыбкой сказали: «С вашим ростом на сцене вы будете смешны». Диана проглотила обиду, как всегда, с достоинством. Прощай, балет!..

В юности в ней ничто не выдавало будущей светской леди, никакого лоска и шарма. «Совершенная простушка!» — мнение школьной подруги Люсинды Крэйг-Харви. Но жизнь идет, и простушки меняются. Глядишь, вчерашний гадкий утенок — сегодня прекрасный и гордый лебедь. К этому превращению уверенно шла и Диана.

В 1977 году, окончив школу Вест-Хет, Диана должна была по примеру старших сестер пройти курс обучения в чрезвычайно дорогом женском пансионе в Швейцарии, чтобы в совершенстве овладеть искусством кулинарии, кройки и шитья и прочими женскими премудростями, необходимыми хозяйке дома.

Диана вроде бы вникала во все эти секреты, но вместе с тем изнывала от скуки и слала родителям отчаянные письма, умоляя позволить ей вернуться домой. Не хочу Швейцарии, хочу в Англию! Просьбы возымели действие, и Диана вернулась. Вернулась, полная радужных надежд.

Как отмечает ее биограф: «Долго, очень долго Диане пришлось играть роль Золушки в своем семействе. Жесткие рамки школьной дисциплины подавляли ее личность, успехи старших сестер заставляли держаться в тени. И вот она на свободе. Впереди самостоятельная жизнь в Лондоне. Диане не терпелось расправить крылышки и пуститься в свой первый полет. По словам ее брата Чарлза, «теперь уже не могло быть никаких сомнений, что гадкий утенок станет прекрасным лебедем».

ПЕРЕД РОКОВОЙ ВСТРЕЧЕЙ

Встречаются, чтоб разлучаться...
Влюбляются, чтоб разлюбить...
Мне хочется расхохотаться
И разрыдаться — и не жить!

Клянутся, чтоб нарушить клятвы...
Мечтают, чтоб клянуть мечты...
О, скорбь тому, кому понятны
Все наслаждения Тщеты!..

Игорь Северянин,
«Поэма странностей жизни», 1916

Первая встреча состоялась в ноябре 1977 года, когда принц Чарлз приехал в Олторпскую усадьбу, чтобы встретиться с Сарой Спенсер. О, эти странности жизни! Начинают ухаживать за одной сестрой, потом переключаются на другую. Примеров тьма. Английский классик Чарлз Диккенс женился на Кейт Хогард. Расставшись с ней, стал жить с Джеральдиной Хогард, а всю жизнь любил их младшую сестру Мэри, которая скончалась слишком рано. А «немецкий Шекспир» Фридрих Шиллер, который мучился в тисках двойной любви к сестрам Лотте и Каролине... А наш Владимир Маяковский, которому приглянулась сначала Эльза Каган, а потом уже он воспылал непомерной любовью к Лиле Брик, ее младшей сестре...

Так что оставим удивление за скобками, а лучше вообразим, как выглядела в тот момент Диана Спенсер. Она приехала домой на каникулы и, увидев Чарлза, с удивлением, смешанным с восхищением, рассматривала принца, лучшего в мире жениха. Высок. Строен. Элегантен. А она была даже одета под стать своей нескладности: в высоких резиновых сапогах поверх вельветовых брюк и в ветровке. Но каково же было ее удивление, когда она вскоре получила приглашение на бал в Букингемский дворец в честь 30-летия принца! Выходит, приглянулась ему... А как же Сара? По словам одного из близких друзей, «Сара во всем хотела быть лучше всех: самый современный автомобиль, самый остроумный ответ, самое элегантное платье... Она голодала из самолюбия — чтобы быть самой стройной». И, конечно, ей очень хотелось выйти замуж за принца. Но мечтам Сары не суждено было сбыться.

У Дианы никаких высоких полетов надежд и фантазий не

было. По возвращении из Швейцарии ее заботила мысль, как самостоятельно, без помощи родителей, наладить жизнь и заработать деньги. Она обратилась в агентство по трудоустройству и перепробовала несколько работ: занималась уборкой квартир (правда, в фешенебельном районе Лондона), была няней, воспитательницей в детском саду, иногда подрабатывала официанткой на приемах в частных домах. И в этом не было ничего зазорного — так поступали и поступают многие девушки из благополучных и аристократических семей, пока не подвернется подходящий кандидат для замужества. Главное — самостоятельность и никакой опеки.

Потом, устав быть принцессой, Диана отметит этот период жизни как самый счастливый: она зарабатывала своим трудом, училась водить автомобиль, без всякой боязни ходила в недорогие бистро перекусить, часто веселилась с друзьями, много читала и с удовольствием смотрела телепрограммы. Ночных клубов избегала. Не курила и не употребляла алкоголь. Примерная леди...

Да, еще одна маленькая деталь: временами Диана работала у Сары приходящей домработницей. Она боготворила свою умную сестру, а та относилась к ней с откровенным пренебрежением. Потом, правда, Саре пришлось прикусить язычок: принцесса Уэльская — это не Диана Спенсер.

А теперь слово Мортону: «У Дианы было много друзей, но ни к кому из них не возникало более глубокое чувство. Смутное ощущение, что она отмечена судьбой, с ранних лет определяло взаимоотношения Дианы с противоположным полом. Она так и говорит: "Я знала, что нельзя размениваться — главное впереди"».

Эндрю Мортон употребил слово «говорит», но теперь настоящее время стало прошлым: говорила...

Свидетельство подруги, Кэролайн Бартоломью: «Не могу похвастаться особой проницательностью, но у меня всегда было такое чувство, что она знает, что делает, и сама отдает себе в этом отчет. Она обладала особой аурой, защищавшей ее от притязаний мужчин. Хотели они того или нет, им всегда приходилось держаться на расстоянии. Она была окружена золотым ореолом избранности».

Каждый из мужчин знает, точнее, ощущает нутром, какая из женщин доступна — немного усилий, и она твоя, а какая — твердый орешек. Недотрога, к которой, как говорится, и на козе не подъедешь. Именно из такой породы и была Диана Спенсер.

ПРИНЦ ИЗ ШКАТУЛКИ ВИНДЗОРОВ

> И глаза, глядевшие тускло,
> Не сводил с моего кольца,
> Ни один не двинулся мускул
> Просветленно-злого лица.
>
> О, я знаю: его отрада —
> Напряженно и страстно знать,
> Что ему ничего не надо,
> Что мне не в чем ему отказать.
>
> *Анна Ахматова,*
> *«Гость», 1914*

Думала ли Диана о принце? Всякая девушка мечтает о «своем» принце. Но именно принц Чарлз... Он ей нравился, но был недосягаем. У наследника английской короны не было недостатка в невестах — пресса, например, высоко оценивала шансы леди Аманды из почетного рода Маунтбеттенов.

Здесь следует заметить, что Чарлз был человеком чрезвычайно влюбчивым и параллельно с Амандой крутил роман с Анной Уоллес. А еще его сердце давно оккупировала Камилла Паркер-Боулз, старая нержавеющая любовь.

Надо ли говорить, что принц Уэльский был человеком избалованным уже по своему происхождению? К его услугам были все удовольствия — лошади, игра в поло, рыбалка, охота на лис и, конечно, женщины.

Сто лет назад государственный деятель викторианской эпохи Уолтер Бейджхотт писал: «Самые изысканные удовольствия и развлечения, все радости жизни — к услугам принца Уэльского. Так уж повелось, и так будет всегда. Вряд ли можно рассчитывать, что молодой человек, чей дух еще не настолько окреп, чтобы противостоять искушению, станет образцом добродетели».

Принц Чарлз и не стал добродетельным. В отношениях с людьми явно чувствовались холод и прагматизм. Одна из его знакомых весьма точно нашла определение: «Обаятельный эгоист». А репортеры газет частенько употребляли выражение относительно принца Уэльского: «Золотой безработный». Хотя «работы» у Чарлза было хоть отбавляй: опять же лошади, поло, рыбалка... Будет к месту вспомнить строки Игоря Северянина про дофина (наследника короля):

> — Что вас так всех к Дофину тянет?
> Прошу, присядьте в уголке!

> Дофин устал! Дофин так занят!
> Дофин играет в бильбоке!

Принцу Чарлзу, наверное, хотелось остаться холостяком навсегда, но священный долг принца — жениться и подарить империи очередного наследника престола. Так что к встрече с Дианой проблема женитьбы принца Уэльского приобрела национальные масштабы. Жениться или не жениться? Вопрос так уже не стоял. Скорейшее супружество стало необходимостью.

А теперь уместно хотя бы немного коснуться детства и юности Чарлза, чтобы понять, какая разница, нет, какая пропасть была между ним и Дианой. Если у Дианы был комплекс «вечно второй» в сравнении со своими более интеллектуальными сестрами, то у Чарлза были свои фрейдистские сложности.

Старший сын королевы Великобритании Елизаветы II, а следовательно, наследник престола, родился 14 ноября 1948 года (и, таким образом, был старше своей будущей супруги почти на 13 лет). Как отмечает Джонатан Димблби в книге «Узник Букингемского дворца», в детстве принц Чарлз был застенчивым и пассивным мальчиком, легко подчинявшимся волевому отцу, принцу Филиппу. Когда принц Филипп, герцог Эдинбургский, за что-то выговаривал сыну, у того на глаза часто навертывались слезы. По словам одного из ближайших друзей, «Филипп стремился воспитать такого сына, который был бы способен стать королем в этом жестоком мире. Чарлз вовсе не был плаксой, но отличался чрезвычайной чувствительностью, а отец не вполне осознавал это».

Жесткий и авторитарный герцог Эдинбургский за свое двойственное положение «мужа при королеве» (как подданный королевы, он должен был всегда идти на четыре шага сзади, а на людях называть ее «Ваше Величество»), судя по всему, отыгрывался на старшем отпрыске.

Королеве же всегда не хватало времени, чтобы заниматься сыном (государственные дела превыше всего!), поэтому первым словом Чарлза было не «мама», а «нана», как он называл свою любимую няню. Сам Чарлз не смог вспомнить ни одного проявления материнской нежности, разве что однажды королева пришла в ванную, села за спиной няни (чуть было не написал: Арины Родионовны) и смотрела, как купают сына-наследника. После 8 лет она вообще ни разу не поцеловала его. Когда Чарлзу хотелось увидеть мать, ему приходилось просить об аудиенции. Короче, это было суровое воспитание. С младых лет принц чувствовал взаимное отчуждение всех ко всем в королевском доме и поэтому стремился жить по принципу «сам по себе».

Принц Чарлз получил основательное образование. Учился в Тринити-колледже, в Кембриджском университете, в военно-морском училище. Но, увы, годы учебы не были сахаром, ибо Чарлза из-за его высокого положения сверстники не любили. По ночам лупили его подушками по голове, швыряли в него шлепанцами, издевались по поводу его оттопыренных ушей. В спортивных играх считалось особым шиком врезаться в будущего короля и сбить его с ног. А тех, кто пытался подружиться с Чарлзом, называли «лизоблюдами».

«Я понимаю, что обречен на одиночество, — записывал в те годы в дневнике Чарлз. — Я тот, кому лучше всего быть одному и общаться лишь с холмами и деревьями. Поэтому, когда я пытаюсь завязать контакт с людьми, любая моя попытка содержит в себе нечто фальшивое. И самое ужасное в том, что и другие чувствуют точно так же. Мне стоит поработать над собой в этом смысле».

И он «работал», но переделать себя было выше его сил. О пристрастии принца Уэльского к лошадям и игре в поло мы уже отмечали. Но было и еще одно увлечение: живопись. В Урбино, на родине Рафаэля, даже состоялась выставка его акварелей. На ее открытие в 1990 году прилетел Чарлз и буквально расцвел, когда услышал отзывы художников, что его творчество «вполне профессионально».

В интервью миланскому журналу «Оджи» Чарлз скромно сказал: «Я ничуть не обольщаюсь, поскольку всего лишь дилетант. Единственно, на что я уповаю, — это что судьба будет милостива ко мне как художнику и что Рафаэль не перевернется в гробу от моих работ...»

И далее: «Когда я начал рисовать, то ясно отдавал себе отчет в моих ограниченных способностях. Меня не привлекает слава художника, но я не в силах был отказаться от своего увлечения. Занятия искусством в жанре акварели перевернули мою жизнь. Для меня это способ отвлечься от проблем каждодневности, некое лекарство против стрессов нашей жизни».

Живопись — красота — женщины. Закономерная цепочка. Вот что писала американская писательница Китти Келли в своей книге «Королевская династия» («The Royals»), вышедшей печальной осенью 1997 года:

«В то время как молодежь таскалась по барам для холостяков и целиком отдавалась делу сексуальной революции, принц Чарлз вел девственный образ жизни. В 18 лет самый богатый в мире юноша еще ни разу ни с кем не флиртовал. Только через три года, на последнем курсе Кембриджа, его соблазнила помощница директора университета. После этого у него была масса любовниц, от которых он требовал, чтобы те называли его «сэр» даже в постели».

Принцу Уэльскому нравились высокие блондинки с длинными ногами. Диана Спенсер была одной из них.

Еще до женитьбы Чарлз тяготился своим имиджем. С одной стороны, он был самодостаточным холостяком, лихо гонявшим на горных лыжах, пилотировавшим собственные самолеты, игравшим в поло и появлявшимся в обществе беспрестанно меняющихся подружек. С другой стороны, таблоиды (читай: желтая пресса) выставляли его чудаком и одиночкой. Его собственные признания, что он разговаривает с растениями и предпочитает уединенные прогулки с этюдником, вызывали необыкновенный прилив вдохновения у репортеров светской хроники: Чарлз Мистический, Гамлет наших дней. Вот как обстояло дело перед решающим объяснением с леди Ди.

ИЗ ЗОЛУШКИ В ПРИНЦЕССУ

> Колье принцессы — небес палаццо,
> Насмешка, горечь, любовь, грехи...
>
> *Игорь Северянин*

Среди кандидаток на руку и сердце принца Уэльского Диана Спенсер никак не значилась. Но... именно Диану и выбрал принц.

Закрадывается сомнение: принц ли? В книге Джонатана Димблби «Принц Уэльский», основанной на дневниках и письмах Чарлза, можно прочесть следующее:

«...Чарлз познакомился с Дианой Спенсер в доме ее родителей в 1977 году. Тогда она была еще молоденькой девушкой, лишенной всякой аффектации, беззаботной и доброжелательной. Два года спустя, в течение которых они несколько раз встречались, не испытывая даже особо пылкого чувства, Чарлз начал серьезно подумывать о ней как о возможной невесте...

Диана обладала некоторыми серьезными достоинствами, которыми, по убеждению наставника Чарлза лорда Маунтбеттена, должна обладать супруга наследника престола. В отличие от некоторых других знакомых девушек принца у нее не было «прошлого», отсутствовали возлюбленные. Она еще ни в кого не влюблялась, и принц вполне мог рассчитывать, что, став ее первой любовью, окажется последней. Она была еще достаточно молода, и из нее можно было «вылепить» супругу и мать в точном соответствии с требованиями монархии...»

Как видим, на принца оказывалось давление. Кандидатуру Дианы тщательнейшим образом обсуждали в королевской семье. В конце концов эту партию одобрили королева Елизавета и ее приближенные. Королева-мать, пользовавшаяся большим влиянием, также твердо высказалась в пользу этого брака. Всех подкупала в Диане свежесть и неопытность. И опять же сразу вспоминается стихотворение Игоря Северянина «Еще вы девушка»:

> Такая милая!.. Как золотистый грошик...
> Поете молодость на разных голосах...
> ...Еще Вы девушка, еще Вы только лютик...

Лютик Ди. Или благоухающая роза Ди. Душистая фиалка — все та же леди Ди. Принцу Чарлзу предстояло сорвать этот цветок. Но он сомневался и медлил, как принц Гамлет. В «состоянии полной растерянности и тревоги» он, как бы уговаривая себя, признавался одному своему другу: «Именно необходимость совершить переход в какое-то не совсем ясное для меня состояние гнетет меня, но я думаю, что в конечном счете все будет хорошо...»

С июля 1980 года любовный роман между Чарлзом и Дианой начал набирать обороты. По словам одного из приближенных дофина: «Принц Чарлз уверенно вошел в жизнь Дианы. Нет сомнения, что он занимал особое место в ее сердце».

Еще бы! Сам принц приглашает Диану то послушать музыку Верди в Ройал-Альберт-холле, то на уикенд покататься на королевской яхте «Британия», то отправиться на традиционные шотландские игры в замок Балморал. Почти каждый день принц Чарлз звонит Диане и предлагает ей погулять вместе, принять участие в пикнике, посетить спектакль и т. д. А букеты цветов! А нежные любовные записочки! Естественно, головка леди Ди стала кружиться, а сердце сладко замирать: неужели ее выбрал сам принц?!

Но не все было таким безоблачным. Пресса, почувствовав сенсацию — новый выбор принца Чарлза! — пришла в движение. Вся пишущая братия с Флит-стрит начала охоту на Диану. От интервью она категорически отказывалась, но увернуться от фоторепортеров практически было невозможно: они настигали Диану всюду и щелкали своими фотоаппаратами. Вспышка! Еще раз вспышка! И вот уже снимки на обложках журналов, на газетных полосах. Какое удивительное лицо! Какие длинные и красивые ноги! А теплая улыбка, которая невольно появлялась на ее лице, вызывала у фоторепортеров дикий восторг. К их счастью, Диана оказалась на редкость фотогеничной, едва ли не превосходя голливудских звезд.

Снимки, как и тексты, были приличными и неприличными, все зависело от цвета прессы, так называемая «желтая» пресса делала свою работу на грани фола и даже за гранью. Недоволен был королевский двор. Травмировало это и Диану: она не привыкла к публичности. Дело дошло до того, что за Диану вступилась ее мать, Френсис Шанд-Кид, которая обратилась с письмом в газету «Таймс»:

«Господа издатели с Флит-стрит, объясните наконец, в чем состоит ваш профессиональный долг? Неужели же в том, чтобы с раннего утра до поздней ночи отравлять жизнь моей дочери бесцеремонным вмешательством в ее частную жизнь? Кто вам дал право так обращаться с нею? Разве вообще допустимо такое отношение к людям, независимо от их положения в обществе?»

Это письмо побудило шестерых членов парламента сделать запрос о «недостойном поведении представителей массмедиа по отношению к леди Спенсер». Проблема обсуждалась в Совете по печати, но, увы, это не возымело действия, и осада квартиры на Коулхерн-Корт, где жила Диана, продолжалась.

Известное правило: с волками жить — по-волчьи выть. Вот и Диана приноровилась обманывать дежуривших у ее дома журналистов: частенько перелезала через мусорные контейнеры и выбиралась на улицу через аварийный выход соседнего магазина. И потом банальный трюк с автомобилем: подруга Кэролайн садилась в Дианину машину и увлекала за собой «хвост» репортеров, а в это время Диана незаметно выскальзывала из подъезда и отправлялась пешком в противоположном направлении. Все это порой напоминало какую-то детскую игру, но попутно следует заметить, что эти игры в кошки-мышки с прессой порой имеют весьма неприятные последствия. Еще Оскар Уайльд утверждал, что журналистика — это организованное злословие. А злословие, как мы знаем, ни к чему хорошему не ведет. В свою очередь пресса защищается от нападок на нее. «Мы, журналисты, — заявлял Артур Сульцбергер, издатель «Нью-Йорк таймс», — говорим публике, куда прыгнула кошка. Дальше публика уже сама занимается кошкой». Однако на практике это не совсем так, и журналисты помогают публике дофантазировать, что же случилось с кошкой и на встречу с каким котом она отправилась по карнизу крыши.

Однако, рассуждая о сути прессы, мы отвлеклись от самой героини. Давайте снова вернемся к «Правдивой истории» Эндрю Мортона:

«Газетные заголовки кричали о будущей свадьбе Дианы и принца Уэльского, а она сама все еще не могла разобраться в своих чувствах к Чарлзу. Она стояла перед трудным выбором. Диана никогда прежде не влюблялась и не могла сопоставить поведение своего поклонника с поведением других мужчин. С самого начала этого странного романа она играла роль послушного щенка: хозяин свистнет, и собачка бежит, виляя хвостиком. Для него это было в порядке вещей. Принц Уэльский привык к лести и услужливому восхищению. Он называл ее Дианой, она же говорила ему "сэр"».

В своей книге Мортон утверждает, что принц Чарлз пробуждал у Дианы материнские чувства. «Когда Диана приходила домой со свидания, ее переполняли доброта и сочувствие. То и дело вырывались фразы типа «он так перегружен работой» или «ужасно, как ему приходится разрываться». Он представлялся ей печальным одиноким мужчиной, который нуждается в любви и заботе. В конце концов она совсем потеряла голову. Ей во что бы то ни стало хотелось заполучить его на всю жизнь, и ради этого Диана была готова проделывать самые головоломные трюки и брать самые непреодолимые барьеры...»

С этой версией Эндрю Мортона можно поспорить. Материнские чувства, возможно, и были, но преобладали другие — желание молодой женщины быть любимой, найти надежный объект для своей любви, чтобы стабильность соседствовала с верностью и чтобы постоянно звучали слова «Я люблю тебя, моя дорогая». Согласитесь, что ничего оригинального в этих желаниях нет, так чувствует и желает каждая женщина, и Диана не была исключением.

И тут возникает загвоздка: верность. Верен ли Диане был Чарлз? Девушка смутно ощущала присутствие другой женщины. И она существовала, эта другая, и на первых порах самым парадоксальным образом — в роли новой подруги. Ею стала Камилла Паркер-Боулз, именно она советовала Диане, как можно лучше завоевать принца. Для Дианы этот немыслимый треугольник в течение десяти лет служил источником мучительных страданий, гнева и отвращения. Камилла преследова-

ла ее как тень. Красноречивая деталь: накануне свадьбы
Чарлз провел ночь с Камиллой.

А тем временем Чарлз виделся Диане старомодным кава-
лером де Грие из романа «Манон Леско». Но в отличие от
Манон Диана была не ветреной и легкомысленной женщиной,
а, напротив, скромной и верной и жаждала идеального мужчины и идеального брака. Она была влюблена, и ей казалось, что
и Чарлз влюблен в нее не меньше.

ПРЕДЛОЖЕНИЕ. ВЕНЧАНИЕ.
РАДОСТЬ С СУМБУРОМ ПОПОЛАМ

6 февраля 1981 года, в пятницу, в Виндзорском дворце
принц Уэльский сделал официальное предложение леди Спенсер. Диана не смогла сдержать своей радости и призналась в
горячей любви к Чарлзу, на что принц философски заметил:
«Кто знает, что такое любовь?»

Действительно, что такое любовь?

Порывистая Марина Цветаева восклицала:

> Любовь! Любовь! И в судорогах, и в гробе
> Насторожусь-прельщусь-смущусь-рванусь...

А раз рванулась, то без всякого расчета последствий:

> Любовь — это все дары
> В костер — и всегда задаром...

Всезнающий Джакомо Казанова был осторожен: «Любовь —
это только любопытство».

«Как ни приятна любовь, — утверждал Франсуа Ларош-
фуко, — все же ее внешние проявления доставляют нам больше радости, чем она сама».

Одни возвышают любовь до небес, другие полны неверия и
скепсиса.

Оскар Уайльд: «Между капризом, увлечением и любовью
до гроба разница только в том, что каприз длится несколько
дольше».

«Вся любовь происходит из нужды и тоски, — мрачно заметил Андрей Платонов, — если бы человек ни в чем не нуж-
дался и не тосковал, то никогда не полюбил бы другого человека».

Подобных высказываний «за» и «против» можно привести
тысячи (кто только не рассуждал о любви!). Но, пожалуй, еще

один афоризм привести необходимо. «Лекарство от любви — брак», — сказал, как отрезал, польский художник Антоний Унеховский.

Короче, любовь бывает такая разная, сумничаем и мы. Была ли готова к этому неискушенная Диана? Конечно, нет. Да и кто будет думать о будущем, когда есть пленительное настоящее: предложение принца! Вернувшись из Виндзорского дворца в свою квартиру и плюхнувшись на кровать, Диана с радостным лицом обратилась к подругам: «Угадайте, что произошло?» Кэролайн неуверенно спросила, удивленно округлив глаза: «Неужели Чарлз сделал тебе предложение?» Диана ликующе объявила: «Правильно! А я ему сказала: "Сэр! Я вся к вашим услугам!"» Подружки тут же на радостях выпили шампанского, а затем поехали кататься по ночному Лондону. Всех распирала гордость, что никто еще не знает новости государственного значения, — новости, о которой будут трубить все!..

Время тайн кончилось, не надо больше таиться и прятаться от журналистов, пошла другая игра — в открытую: принц Чарлз и Диана Спенсер. Жених и невеста. И первое осложнение, накануне официальной помолвки, которая была объявлена 21 февраля: к Диане был приставлен для охраны инспектор Скотленд-Ярда. Он без обиняков сказал будущей принцессе: «Должен вас предупредить, что с завтрашнего дня вы перестаете быть свободным человеком. Наслаждайтесь свободой напоследок».

«Эти слова пронзили мое сердце как мечом», — скажет позднее Диана. Но мне кажется, в тот момент она еще не представляла себе, в какой золотой клетке предстоит ей жить.

Перед свадьбой мать с отчимом увезли Диану в Австралию. Надо было собраться с мыслями и обсудить все детали предстоящего торжества.

После возвращения Диана, как невеста принца, перебралась жить в Кларенс-Хаус, в лондонскую резиденцию королевы-матери. Ей предстояло освоить жизнь во дворце. Вы думаете, это легко? К примеру, в Букингемском дворце насчитывается более 600 комнат, а число слуг превышает 300 человек. Кларенс-Хаус меньше Букингемского дворца, но все равно в его комнатах, анфиладах и залах легко можно запутаться. А общение со слугами? А знание королевского этикета? Сложности на каждом шагу. Во все эти тонкости принц не посвящал Диану, полагая, что она сама должна все освоить.

Лишь один раз Чарлз позволил себе замечание: о том, что платье черного цвета не приличествует обряду венчания. А платье было эффектное и очень нравилось Диане. Вообще гардероб стал головной болью для невесты. До своего нового статуса Диана имела одно вечернее платье, одну шелковую блузку да пару нарядных туфель — крайне мало, особенно если учесть, что по придворному этикету в иные дни полагалось переодеваться до четырех раз. Пришлось обращаться к специалистам, и подвенечное платье явилось плодом работы и фантазии молодых дизайнеров Дэвида и Элизабет Эммануел. И наряд, и сама принцесса были на высочайшем уровне в церкви Св. Павла.

На одном из балов — в королевских домах обожают балы — Диана познакомилась с принцессой Грейс де Монако. Хотя бывшая звезда Голливуда и была значительно старше Дианы, тем не менее они быстро нашли общий язык и понравились друг другу. Диана призналась Грейс, что чувствует себя во дворце одинокой, устает от светских разговоров, боится общественного внимания и вообще со страхом смотрит в будущее. «Не бойтесь, — утешала принцесса Монако, — а то будет еще хуже».

«Еще хуже» будет обеим принцессам в недалеком будущем: в сентябре 1982 года погибнет Грейс Келли, в августе 1997 года — Диана Спенсер. И обе в автомобильной катастрофе.

Однако не будем забегать вперед. Перед свадьбой у Дианы оставалась еще одна проблема: Камилла. Мрачные подозрения в связи с ней не покидали леди Ди, дело доходило до того, что у нее возникла однажды мысль отменить венчание. Как все это контрастирует с названием коктейля, который был приготовлен для бала: «Головокружительный восторг у ступеней трона»! Головокружение. Но не от восторга, хотя доля восторга, разумеется, была, — больше тяготил страх. Боязнь, как все пойдет дальше. «Вечером накануне венчания, — вспоминала Диана, — я была спокойна, абсолютно спокойна. Я знала, что меня поведут на заклание и изменить уже ничего нельзя».

Маленькое замечание. Высказывания post factum — спустя дни, месяцы и годы, — конечно, несколько видоизменяют прошлое. Когда проходит событие, его можно всегда оценить и взвесить более точно.

Так или иначе, но 29 июня 1981 года 20-летняя Диана Спенсер вместе с отцом села в свою «хрустальную карету» и отправилась в лондонский собор Св. Павла. Десятки тысяч англичан собрались, чтобы увидеть это пышное и волнующее зрелище. Оно транслировалось по телевидению в более чем семьдесят стран. Диана поразила весь мир своим удивительным нарядом. Платье из шелка цвета слоновой кости было украшено тысячами жемчужин и золотыми блестками. Лицо невесты прикрывала белоснежная вуаль, а голову венчала сверкающая тиара — фамильное украшение семьи Спенсер. Семиметровый шлейф удерживали три подружки Дианы. Все выглядело до умопомрачения великолепно. Как выразился архиепископ Кентерберийский, «в такие волшебные мгновения рождаются сказки». Массмедиа и творят такие сказки. Они пленительны, но зачастую имеют плохой конец.

> Все было веселым вначале,
> Все стало печальным в конце, —

вздыхал русский поэт Николай Рубцов, сам трагически погибший в 35 лет.

МЕДОВЫЙ МЕСЯЦ С ГОРЬКИМ ПРИВКУСОМ

> Чем дальше — все хуже и хуже,
> Все тягостнее, все больней...
>
> *Игорь Северянин*

В медовый месяц состоялся круиз по Средиземному морю на королевской яхте «Британия». Погода стояла благостная, никаких штормов и волнений на море, чего нельзя было сказать о душах молодоженов. Уже в первые дни путешествия стали сказываться разногласия в желаниях. Чарлз предпочитает проводить время за книгами. Диане хотелось настоящего медового месяца — в полном смысле этого слова. На почве неудовлетворенности у принцессы обострилась булимия — приступы неутолимого голода и их последствия — рвота и прочие физиологические неприятности. По статистике этим недугом страдают два процента молодых англичанок. Диана оказалась в их числе.

Так что медовый месяц был смазан, и горький привкус от него остался у обоих новобрачных.

А дальше — горше. Маленькие поначалу разногласия, как трещинки, стали расползаться, образовывая настоящую пропасть. И никакой случайности. Одна закономерность, ибо у принца и принцессы не было ничего общего, и любая другая супружеская пара развелась бы на их месте не через 15 лет, а значительно раньше. Конечно, в основном вина падает на Чарлза: чем дольше он жил с Дианой, тем ближе ему станови-

ПРИНЦЕССА ДИАНА И ПРИНЦ ЧАРЛЗ

лась Камилла. Он продолжал с ней тайно встречаться, и признаков неверности становилось все больше: то Диана обнаружила новые запонки Чарлза с переплетенными монограммами возлюбленных, то из дневника Чарлза неожиданно выпадает фотография Камиллы. Естественно, ревность, слезы и бурное объяснение.

Но в чем-то во взаимном недовольстве и раздражении была виновата и Диана. Английский журналист Джон Уайтэкер считает, что Диана с самого начала хотела быть звездой, а ее муж, принц Чарлз, звездной болезнью не страдал: он с рождения был звездой. Диана жаждала публичных восторгов до такой степени, что отказывалась носить пальто и плащи, скрывавшие ее фигуру. Ее раздражала склонность Виндзоров запираться в деревенских поместьях и копаться в саду — она мечтала о ярких празднествах, веселых дискотеках. Чарлз, которого Диана заставила сменить прическу и портного, чтобы он «помолодел», дискотеки, однако, посещать не стал. Он сказал, что предпочитает старика Берлиоза модной группе «Дайер Стрейтс»...

С этой версией можно и согласиться. Громкий титул «Ее

Королевское Высочество принцесса Уэльская» не мог не отразиться на характере и поведении Дианы. И потом этот ежедневный ворох газет и журналов, в которых выпячивались материалы о принцессе Ди. Читатели жаждали все новых подробностей о ее жизни, каждая мелочь вызывала жгучий интерес: как одета принцесса, что ест и пьет, куда ходила, на кого посмотрела, что сказала и т. д. Журналисты сбивались с ног в поисках людей, когда-либо знавших принцессу, чтобы взять очередное интервью. Фотографии Дианы не сходили с обложек журналов. И вся пресса раскручивала миф о безоблачном счастье принца и принцессы Уэльских.

Как писала летом 1991 года лондонская газета «Санди таймс», номинально принц и принцесса рассматриваются как партнеры, на деле же они оба проявляют независимость и ведут себя скорее как директора конкурирующих компаний. По словам одного из служащих дома принца Уэльского, «приходится сразу же выбирать, какую сторону поддерживать — его или ее. Середины нет; существует водораздел, который можно переступить раз или два, а если нарушать его часто — вылетишь вон».

Напряженность коренилась, в частности, в психологии принца. В кругу своих друзей принц известен как «обаятельное воплощение мужского шовинизма», по их отзывам, он признает женщин «как привлекательных спутниц жизни, но не как равных коллег в интеллектуальном или деловом плане».

В начале союза с Дианой это не имело большого значения. Она с удовольствием играла роль Элизы Дулитл перед профессором Хиггинсом в лице принца, довольная тем, что ею руководит старший мужчина. Однако по мере того, как принцесса завоевывала положение и популярность, она проявляла все меньше желания быть в королевской игре пешкой, у которой есть только одно право — обожать своего высокородного супруга.

И далее в «Санди таймс» отмечалось, что независимость Дианы стала вызывать короткое замыкание во всей системе, а ее популярность неприятно шокировала принца. «Он не думал — да и никто не думал, — что она станет «гвоздем программы». В конечном счете он — принц Уэльский и привык быть в центре внимания, — заявил бывший сотрудник двора. — Принц столкнулся с этим впервые в Канаде в 1983 году. Когда он вышел из машины, его встретил гул неодобрения... В результате они стали напоминать две соперничающих популярных звезды...»

Вот как анализировали ситуацию газеты. И все в один го-

лос давали советы: пора принцу понять, что принцесса — его
козырь, а не угроза, и признать ее равноправным партнером.
И почти общий хор сочувствия: принцесса очень одинока...

ДЕТИ

> Дети дерзки, привередливы,
> вспыльчивы, завистливы, любопыт-
> ны, своекорыстны, ленивы, легко-
> мысленны, трусливы, невоздержан-
> ны, лживы и скрытны; они легко
> разражаются смехом или слезами,
> по пустякам предаются неумеренной
> радости или горькой печали, не выно-
> сят боли и любят ее причинять —
> они уже люди.
>
> *Жан Лабрюйер,*
> *французский писатель-моралист*

Когда Диана забеременела в первый раз, казалось, что семейная жизнь наладится в ожидании наследника. Но нет. Отношение Чарлза к супруге не улучшилось, более того, ссоры
стали возникать все чаще, и опять за ними маячила фигура Камиллы.

Диана пригрозила покончить с собой. И действительно,
бросилась вниз с верхней площадки деревянной лестницы. На
всех присутствующих при этом слуг случившееся произвело
тягостное впечатление, но, к счастью, врач и гинеколог не нашли, что падение причинило Диане какой-то серьезный
ущерб. Тем не менее всполошились все, кроме Чарлза. Узнав,
что ничего страшного не произошло, он спокойно отправился
на конную прогулку.

Чарлз упорно продолжал жить собственной жизнью, все
меньше уделяя внимания молодой жене. Диана сходила с ума
от такого безразличия и предприняла еще несколько попыток
расстаться с жизнью (бросилась на застекленные дверцы шка-
фа в Кенсингтонском дворце, полоснула бритвой по запяс-
тью). На все эти отчаянные выходки супруг реагировал одинаково: заунывным голосом читал ей мораль, что так поступать
глупо, нужно уважать законы и традиции королевского дома и
тому подобное. А ей была нужна не мораль, а любовь.

5 ноября 1981 года официально было объявлено, что принцесса Уэльская беременна. Беременность протекала тяжело, с

тошнотой, рвотами, изнуряющим чувством голода. Сандвичи с ветчиной и помидорами стали навязчивым желанием Дианы. Однако беременность не отменяла официальных обедов и прочих королевских ритуалов. Приходилось осваивать новую «профессию» — быть принцессой, а значит, хозяйкой дома, находиться все время на виду. А эти вездесущие фоторепортеры! Только и жди от них подвоха: взяли и подстерегли супругов, отдыхающих на Багамских островах, и сфотографировали Диану в бикини на фоне океанского прибоя — очень эффектный снимок для бульварных газет, но неприемлемый для королевского дома. Скандал, да и только! Канцелярия Букингемского дворца вынуждена была сделать заявление, в котором говорилось, что публикация подобных фотографий является «одним из позорнейших фактов в истории британской журналистики».

Ажиотажный интерес прессы, токсикоз, постоянные семейные стычки, не исчезающая из жизни Дианы Камилла — вот фон, на котором протекала беременность принцессы. Но счастливый финал: 21 июня 1982 года принцесса Уэльская произвела на свет мальчика — наследника английской короны. Народ ликовал. Безмерно радовалась принцесса Ди: ей казалось, что с рождением сына ее семейная жизнь уж точно наладится. И снова надежды вдребезги! У супругов даже не было согласия в выборе имени своего первенца. Чарлз намеревался назвать его Артуром, а Диана остановилась на имени Уильям. Компромиссом стало сочетание Уильям Артур. А полное имя звучит так: Уильям Артур Филипп Луис.

«Как вам семейная жизнь?» — спросили Чарлза через пять месяцев после рождения Уильяма. «Нормально. Правда, она немного мешает моему увлечению охотой», — ответил он.

Через два года принцесса Ди родила второго сына, Гарри (полное имя Генрих Чарлз Альберт Давид). Он родился 15 сентября 1984 года в той же больнице св. Марии. Чарлз был разочарован: он ждал девочку. «Надо же, мальчик, — только и сказал он и затем добавил: — И волосы рыжие». Диана ждала другой реакции, и это стало началом конца их супружества. Брак стремительно покатился вниз по наклонной плоскости.

Да, Диана была счастлива и горда тем, что родила двух сыновей, но даже это не пристегнуло к ней мужа. Если выражаться метафорически, то по-прежнему поводья от Чарлза держала в своих руках Камилла. Сознавая это, принцесса Ди впала в хроническую депрессию и стала время от времени, как говорится, давать сдачи, за что один из высокопоставленных придворных назвал ее «котенком, вообразившим себя львом».

Диана давно уже не была котенком. Лев не лев, но что-то львиное в ней было несомненно: она жаждала общественного публичного признания и хотела предстать перед мировым сообществом в качестве общественной фигуры.

Ее австралийское турне вызвало небывалый энтузиазм среди жителей Зеленого континента. Восторг толпы граничил подчас с истерией. Многим казалось, что в облике Дианы на грешную землю спустился ангел: до того она была внешне хороша, сиятельна и безгрешна. Принцессу Ди везде, где бы она ни появлялась, забрасывали цветами, и Чарлзу ничего не оставалось, как подбирать букеты, брошенные к ее ногам. Легко представить, как это задевало самолюбие принца Уэльского, ведь принцем он был по рождению, а не приобрел этот титул благодаря матримониальному акту.

Австралийское турне придало Диане уверенности, что и она сама по себе наделена в мировом раскладе некой значительной миссией. С каждым новым «хождением в народ», великосветским приемом и встречей с какой-нибудь из важных персон принцесса Ди держалась все уверенней, с непринужденным остроумием поддерживала беседы, находила, когда нужно, точные или колкие ответы на вопросы.

А дети тем временем подрастали. С одной стороны, они доставляли радость принцессе Уэльской. С другой — являлись источником дополнительных разногласий с Чарлзом. Принц стоял горой за строгое и почти спартанское воспитание своих сыновей, к тому же изолированное от сверстников. Диана, напротив, была сторонницей обычного воспитания: чтобы мальчики учились с другими детьми и нормально общались с внешним миром. К тому же она хотела быть и была «теплой» матерью, а Чарлз оставался холодным и в отношении с сыновьями.

В ПОИСКАХ СОБСТВЕННОГО «Я»

> Человек и вообще всякое разумное существо существует как цель сама по себе.
>
> *Иммануил Кант*

Все люди условно делятся на две категории. Одни довольствуются малым, другие всегда хотят иметь больше того, чем обладают. Одни спокойно пребывают в своем статус-кво.

Другие неизменно стремятся добиться большего. Одни ползают по земле. Другие устремляются ввысь. Одни живут отраженным светом, довольствуются тем, что читают про успехи других, про жизнь звезд, королей и принцесс. Другие сами хотят делать жизнь, горят желанием самовыразиться.

Диана принадлежала ко второй категории людей. Она рвалась ввысь, она жаждала максимального самовыражения. Но любые проявления индивидуальности, самостоятельные шаги вызывали у Чарлза неодобрительную реакцию. Его никоим образом не интересовал внутренний мир жены, а тем более артистические и прочие амбиции. Однажды Диана позволила себе такую вольность: втайне подготовила хореографический номер вместе с известной балериной Уэйн Слип на музыку популярной эстрадной песни и с этим номером предстала на сцене Королевской оперы — в «Ковент-Гардене». Зрители были без ума от неожиданного номера и долго выражали свои эмоции шумными аплодисментами и криками «браво!». Лишь один зритель, принц Чарлз, безмолвствовал и был мрачнее тучи, считая, что на сцене Диана выглядела чересчур эффектно, а это неприлично для принцессы и матери его детей. Все Дианины новации принимались им в штыки.

Но если в обычных семьях супруги сами разбираются между собой, кто прав, а кто виноват, то в данном случае внутрисемейный конфликт заостряли и подогревали массмедиа: телевидение, радио, пресса.

Постепенно, шаг за шагом, Диана шла к утверждению собственного «я» и своего места в мире. Нельзя сказать, что в качестве девиза она избрала слова Цицерона «Жить — значит мыслить». Скорее ей был близок в этой формуле другой глагол: действовать. Вот чего она хотела: действовать. Совершать поступки. И в них утверждать себя.

Борьбу за собственное «я» Диана начала с укрепления здоровья: прием витаминов, очищающие организм процедуры, специальная диета. Помощь друзей и мудрых наставников позволила ей укрепить уверенность в своих силах, подорванную равнодушием мужа и косностью придворных нравов. С мифом о счастливой красавице принцессе было покончено. Упала маска, и мир увидел живое лицо — оно ничем не напоминало наивно-кокетливый образ Золушки и не претендовало на воплощенную добродетель. Это действительно было лицо живого человека, причем человека гораздо более противоречивого, замкнутого, ранимого, чем хотелось бы думать большинству окружающих.

Этот новый душевный облик принцессы Ди стал проявлять

себя в начале 90-х годов. Изменился и внешний облик: короткая стрижка в спортивном стиле свидетельствовала о динамизме обновленной личности. Диана стала уделять больше внимания общественным вопросам — в отличие, скажем, от принцессы Анны. Когда мать Анны, Елизавета II, заметила, что ей следует расширять круг своих интересов, та резко ответила: «Занимайтесь делами государства, а я буду интересоваться своими перчатками». Диану занимали и перчатки, и еще многое другое.

В одном из интервью на вопрос о ее интересе к театру она ответила довольно веско: «Есть проблемы поважнее, чем балет. Например, люди, умирающие прямо на улице». Зимой 1992 года Диана посетила семь приютов для бездомных. Посещала она и больницы, говорила с больными очень искренне, без всякой надменности, некоторые, естественно, терялись: все-таки принцесса, на что Диана говорила: «Называйте меня просто по имени». Органично присущая ей потребность помогать страждущим, людям, стоящим на пороге смерти, стала настоящим призванием Дианы. Принцесса как бы воплотила в жизнь один из важнейших христианских постулатов: помогая другим, ты помогаешь себе. Особой сферой ее забот стали больные СПИДом.

Увы, то, что происходило с принцессой Уэльской, никого не интересовало в королевской семье. Более того, ее душевный порыв скрасить последние часы Андриана Уорд-Джексона, видного деятеля искусств, умирающего от СПИДа, был дружно осужден всеми Виндзорами: зачем мчаться куда-то на ночь глядя, когда можно ограничиться сочувственной телеграммой?..

Вскоре произошло несчастье в собственной семье: старший сын Уильям во время игры в гольф получил сильнейший удар в голову, из-за чего потребовалось срочное хирургическое вмешательство. Разумеется, Диана была рядом с сыном и ждала со страхом исхода операции. А Чарлз? Побыв немного в больнице, он отправился в оперу слушать «Тоску» Пуччини. Страдания вымышленной певицы Фории Тоски и художника Марио Каварадосси были ближе страданий собственного сына? Широкая общественность находилась в шоке от поведения принца Чарлза.

Одна из подруг Дианы впоследствии рассказывала: «В это трудно поверить, но Диана даже не удивилась. Она давно привыкла к подобной реакции, и поступок мужа лишь подтвердил, что дети его мало волнуют, не говоря уже о жене. Он и не подумал ее поддержать. Ни поцелуя, ни ласкового слова — ничего». А то, что произошло с сыном, и волнение Дианы из-за случившегося принц Чарлз охарактеризовал как «бурю в стакане воды».

Однако буря была уже давно не в стакане...

РАЗРЫВ

> Это просто, это ясно,
> Это всякому понятно,
> Ты меня совсем не любишь,
> Не полюбишь никогда...
>
> *Анна Ахматова, 1917*

Диана и Чарлз продолжали числиться мужем и женой, но на самом деле семьи уже не было. Они лишь плыли в одной лодке. Или находились в одной каюте. Как определила брачный союз английская писательница Айрис Мердок: «Брак — это долгое плавание в тесной каюте». Вы, читатель, когда-либо плавали на корабле в тесной каюте, где давит на психику все: малое пространство, стены, неуют, вода?..

С 1987 года, на шестом году брака, принц и принцесса перестали делить брачное ложе, то есть спали раздельно, в разных комнатах дворца.

Диана испытывала неприязнь к Чарлзу (куда подевался принц ее мечты!), а он проявлял к ней равнодушие, граничащее с отвращением. Хорошенький коктейль для семейного ужина!.. В день, когда Чарлзу исполнилось 43 года, он повел Диану в театр на пьесу «Никчемная женщина» — чисто английский убийственный юмор, — очевидно, для того, чтобы показать, как низко он ставит ее интеллект.

Лично мне запомнился характерный снимок, сделанный 19 августа 1995 года на параде ветеранов. Диана, отвернувшись, смотрит грустным взглядом в одну сторону, а Чарлз, также отвернувшись, глядит в другую. На лице гримаса неудовольствия. А между супругами сидят их дети — Уильям и Гарри, и оба смотрят на часы: боже, когда все это кончится?!

Отношения супругов постепенно переходят из стадии ссор и размолвок в ожесточенную войну, кто кого победит. В эту войну втягиваются друзья, дети, придворные и, разумеется, с огромной охотой массмедиа. Диана ведет войну в образе обиженной женщины, непонятой и отвергнутой, женщины нового времени, которая желает отвоевать свою свободу и свое достоинство. Позднее выясняется, что она боролась и за право любить по своему выбору.

Однако что такое победа в подобной войне? Унизить партнера и добиться развода? Но при разводе Диана неизбежно теряет детей, а она их так любит! Если у Чарлза на первом месте всегда свои дела и интересы, а дети — на втором или третьем месте, то Диана всегда находит время для мальчиков, «болеет» за них, когда они играют в футбол за школьную команду. К удовольствию сыновей, она участвовала в «забеге мам» и победила в них — как радовались этому Уильям и Гарри!

Диана частенько игнорировала маску королевского величия и была соответственно белой вороной среди Виндзоров. Она и в детях воспитывала естественность поведения, борясь против чопорности и высокомерия двора. Хотя, конечно, ей приходилось порой соблюдать кое-какие традиции и ритуалы, но при этом она говорила подругам: «Чего не сделаешь на благо Англии!» И — дежурная улыбка для обложек журналов, традиционный набор любезностей в адрес организаторов какого-либо мероприятия. Все довольны — декорум соблюден.

И все же принцесса Диана с трудом переносила тяготы протокола и рутину королевского дома. Однажды у нее вырвалось такое признание: «Люди называют меня Мэрилин Монро восьмидесятых годов и думают, что это большое счастье. На самом деле не было ни одного момента, когда я могла бы сказать: «Вот здорово!» Ни одного. Я только исполняла свой долг и буду делать то, что положено принцессе Уэльской, пока в этом есть необходимость. Надеюсь, что пятнадцати лет жизни будет достаточно».

Диана Спенсер немного не угадала: она была принцессой 14 лет, с 1981 по 1995 год.

В начале 90-х годов верная подруга и наперсница принцессы, Кэролайн Бартоломью, заметила, как с годами деформируется характер Дианы: «Она добра и благородна, но печаль и отчаяние разъедают душу. Она и красавица, и умница, но радости в ее жизни так мало».

Своей подруге принцесса Ди как-то поведала о заветном желании: съездить на уикенд в Париж.

В Париж принцесса Ди поехала... но не будем нарушать хронологию событий.

С конца 1992 года принц и принцесса Уэльские стали жить раздельно: Диана в Кенсингтонском дворце, Чарлз — в Кларенс-Хаусе, резиденции королевы-матери. Этому окончательному разделению предшествовал выход в июне 92-го книги

Эндрю Мортона «Диана. Правдивая история». Диана дове-
рила Эндрю Мортону многочисленные факты из своей жизни,
и он, по существу, выступил в своей книге как адвокат принцессы, считая именно ее потерпевшей стороной. И стал таким
образом откровенным «дианистом», взвалив всю тяжесть вины за развал семьи, за страдания леди Ди на плечи Чарлза.

Мортон, как фокусник из цилиндра, вытянул три главные
сенсации: попытки самоубийства, булимию (волчий аппетит)
на нервной почве и жгучую ревность. Книга оказалась сенсацией и нанесла чувствительный удар по принцу Уэльскому.
После некоторого замешательства последовал ответный удар.
Друзья и сторонники Чарлза, давая различные интервью в
прессе, заявляли, что они не отрицают приведенных в книге
фактов, однако утверждали, что это не истинный портрет
принца, да и у Дианы другое лицо. Что касается семейных
разногласий, то журналистка Линн Барбер заявила, что оба
супруга виноваты в равной мере. «Не говоря уже о том, что
публичные жалобы на мужа отвратительны сами по себе, ее
поведение кажется пошлым, истеричным, мстительным, само-
любивым и детским с первых же дней замужества. Понятно,
она была ребенком, слишком юным, чтобы выходить замуж
вообще, не то что за наследника британского престола».

Сторонники принца оспаривали и господствующее мнение
о том, что Диана — жизнерадостная особа, любящая развлекаться, а Чарлз — холодный и унылый мужчина. Нет! Все не
так! — утверждали «чарлзисты».

В 1994 году в продажу поступила книга Джонатана
Димблби «Принц Уэльский». В нее были включены личные
письма и документы Чарлза, впрочем, он и сам приложил руку к авторской рукописи. В этой книге Чарлз признал, что никогда не любил своей жены. Жениться на Диане его заставил
отец, принц Филипп. Сыновнее послушание вроде бы возоб-
ладало над волей. И к чему это привело? Принц почти проли-
вал слезы: «Как ужасна несовместимость характеров и какой
разрушительной она может быть для актеров этой необыкновенной драмы. Здесь есть все элементы греческой трагедии. Я
никогда не думал, что все так закончится. Как я мог так оши-
биться?..»

Ах, эти ошибки! Как уберечься от них?

> Как мало пройдено дорог,
> Как много сделано ошибок, —

с грустью отмечал известный поэт.

«Не ошибается только тот, кто ничего не делает. Но и ничего не делать — ошибка», — говорил Эмиль Кроткий. А канадско-американский педагог и литератор ехидно замечал: «Если вы не учитесь на своих ошибках, нет смысла их делать».

Можно вспомнить и изречение Рабиндраната Тагора: «Закройте дверь перед ошибками, и истина не сможет войти».

Возникает вопрос: увидел ли истину принц Чарлз после того, как расстался с Дианой, и исправил ли он таким образом свою ошибку? Вопрос, конечно, риторический.

ИЗМЕНА? АДЮЛЬТЕР? ЛЮБОВЬ?..

> Адюльтер приносит больше зла,
> чем брак — добра.
>
> *Оноре де Бальзак*

«1992 год был ужасен, 1993 — просто чудовищен» — так прокомментировала развитие событий в королевской семье королева-мать. Все смешалось в доме Виндзоров. Но разве только в нем?

Как язвительно констатировал немецкий журнал «Шпигель»: «Почил в Бозе бельгийский король Бодуэн. Пропала знаменитая такса датской королевы. Стефания из Монако, по всей видимости, вновь в интересном положении — и от кого? Как в известной песне, от простого парня, «что служит у нас в пекарне». Но продолжим. Греческий король Константин — в изгнании. Японская императрица онемела вследствие психической травмы. Бывший король Михай столь сильно желал вернуться в Румынию, что экспромтом отправился в Бухарест. Но неблагодарные соотечественники вернули его назад в Женеву, где он, уже в возрасте 71 года, функционирует в качестве биржевого маклера...»

Ну а в Англии? «В невиданном до сего дня порыве супруги — Чарлз и Диана — сражались, стремясь завоевать симпатии нации — каждый на свой манер...»

«Своим уходом из королевского дома Диане удалось добиться того, что шахматисты называют позиционным преимуществом вследствие жертвы фигуры...» — отмечал далее «Шпигель».

Пикантный момент: была ли Диана до свадьбы с Чарлзом девственницей? Перед венчанием, разумеется, наводились справки: никакого флирта, никаких серьезных увлечений. Значит, «вирго интакта» (нетронутая девственница). В разгар сексуальной революции это так же редко, как бриллиант чистой воды. Но когда пошли нелады в семье принца и дело запахло разводом, то появились сначала намеки — чистой ли воды бриллиант? — а затем просто вульгарные обвинения. В противовес биографии Дианы, созданной Мортоном («У нее было много друзей, но не было ни одного любовника»), американский писатель Ральф Мартин утверждал, что Диана «любила повеселиться, любила буйное времяпровождение» и «пользовалась успехом у мужчин, причем такого рода, что не могла оставаться девственницей».

Словом, старая история и старая «Песенка о слухах», которую когда-то сочинил Владимир Высоцкий:

> Словно мухи, тут и там
> Ходят слухи по домам,
> А беззубые старухи
> Их разносят по умам!

В России — беззубые старухи, а в Англии — респектабельные господа и очаровательные леди.

1 июля 1991 года принцессе Уэльской исполнилось 30 лет. Это не возраст. Диана молода, красива, суперпопулярна. Можно предположить после рождения двух детей, что она достаточно чувственна. В ней играют гормоны. Бунтует плоть. А муж ее игнорирует. Что прикажете ей делать? Она, конечно, принцесса, но она и женщина! Разве можно осуждать Диану за ее практически вынужденные взгляды по сторонам?..

Ну а далее почти обвал. То ли от страсти, то ли из мщения, то ли от безысходности... Измена? Адюльтер? Любовь? Или просто буйство плоти? Неутоленные желания должны обязательно найти выход?..

У Александра Дюма-сына есть строчки: «Я скучала — вот почему это началось. Он мне прискучил — вот почему это кончилось».

И вообще, как утверждал другой Александр, наш Александр Блок: «О да, любовь вольна, как птица». А коли вольна, то какие могут быть разговоры...

> Розы — страшен мне цвет этих роз,
> Это — рыжая ночь твоих кос?
> Это — музыка тайных измен?
> Это — сердце в плену у Кармен.

Все тот же Блок. 30 марта 1914 года.

Так какая звучала «музыка тайных измен»? Или, как говорил Владимир Путин: «Имена. Фамилии. Явки...» Что ж, приведем любовный список:

Джеймс Хьюитт, капитан-наездник.

Джеймс Гилби, консультант по маркетингу.

Оливер Хоар, антиквар, миллионер.

Уилл Карлинг, игрок в регби.

Кристофер Уолли, миллионер.

Хаснат Хан, кардиолог.

Гулу Лилвани, миллионер из Азии.

Доди аль-Файед, плейбой, сын мультимиллионера.

Что правда и что неправда? Гадать не будем. Истину знает кто-то там наверху.

Не будем уподобляться журналистам, которые расписывали каждое увлечение леди Ди с пикантными подробностями. А Джеймс Хьюитт опубликовал шокирующую книгу «Влюбленная принцесса», в которой утверждал: «Чарлз был абсолютно индифферентным любовником, его нельзя было и рядом поставить со мной. Диана говорила, что спать с Чарлзом для нее была работа, а со мной — сплошное удовольствие... Я первый, кто подарил ей оргазм...» Короче говоря, в Англии разразился скандал. Дианогейт. Или, как выразилась одна газета, «открылся сезон королевской мыльной оперы». Комья грязи полетели в принцессу Ди, и читателям предлагалось как бы решить, кто она на самом деле: одинокая женщина с растрепанными нервами иди коварная искусительница?.. Решайте сами, а мы лучше поговорим о последнем мужчине в жизни Дианы, который дал ей любовь и с которым она приняла смерть.

ДИ + ДОДИ = ЛЮБОВЬ?

Любовь — это только любопытство.

Джакомо Казанова

После развода с Чарлзом английская принцесса в открытую «гуляла» с египетским плейбоем Доди аль-Файедом и провела с ним несколько дней на его роскошной яхте «Джоникал». Они побывали на Корсике и Сардинии. Смешивались с толпой, прогуливались по улицам, сидели в ресторанах, а ночью купались в Средиземном море. За один из снимков, на котором принцесса Ди «обнимается и целуется» с Доди, в Париже выложили аж полмиллиона долларов.

Кто такой Доди? В 1997 году ему шел 42-й год. За счет богатства своего отца, Мохаммеда аль-Файеда, владельца сети дорогих магазинов «Харродс», Доди вел жизнь великосветского плейбоя: что хочу, то и ворочу, а главное — получал удовольствие от дорогих вин и красивых женщин. Был женат на американской модели Сюзанне Грегард, но развелся и больше не желал греметь брачными цепями. В его подружках-любовницах ходили монакская принцесса Стефания, голливудская звезда Брук Шилдс, дочь Фрэнка Синатры Тина и другие известные леди. И вот наконец в его коллекции — принцесса Ди, принцесса Уэльская, истинная жемчужина.

Когда принцесса Ди вернулась с юга Франции в Лондон, ее ждал приятный сюрприз: Кенсингтонский дворец утопал в алых розах, присланных Доди, тот самый «миллион, миллион алых роз...». За розами последовали коробки с экзотическими фруктами и бриллиантовое кольцо от «Картье» — когда есть деньги, то можно ухаживать очень красиво! Доди был богат и к тому же любил делать красивые жесты. Астролог Дианы Дебби Франк вспоминала, как в те дни принцесса не уставала повторять: «Я встретила свою звезду».

Вместе с Доди Диана летала в Милан на траурную мессу, посвященную всемирно известному модельеру Джанни Версаче. В кафедральном соборе на пьяцца дель Дуомо собрались сплошь знаменитости, среди которых, однако, выделялась принцесса Уэльская. Это было 22 июля 1997 года, за 40 дней до гибели Дианы и Доди. Затем влюбленная парочка отправилась в Париж, где остановилась в фешенебельном отеле «Ритц», принадлежавшем отцу Доди. Естественно, номер люкс — каких-нибудь 10 тысяч долларов в сутки.

Затем Лондон, снова путешествие на яхте, вновь Париж... Диана и Доди постоянно вместе и говорят, говорят... Простодушный лакей Доди Рене Делорм искренне удивлялся: «Как это могут люди так много рассказывать друг другу?» А по словам подруги Доди Ноны Самерс, «они любили не столько друг друга, сколько прифантазированные образы друг друга. Они были идеальной парой, отмеченной роком».

Но тут сделаем «стоп» и открутим время немного назад.

ПРИЗНАНИЕ, КОТОРОЕ ПОТРЯСЛО ВЕСЬ МИР

> То, что мы называем отчаянием, —
> часто всего лишь мучительная досада
> на несбывшиеся надежды.
>
> *Томас Стернз Элиот,*
> *английский поэт*

Конечно, одно дело — слухи, догадки и предположения. Совсем иное — признание в измене. 20 ноября 1995 года принцесса Ди дала интервью в программе Би-Би-Си «Панорама». Телеинтервью Дианы, в котором она впервые публично призналась в супружеской измене принцу Чарлзу, потрясло Великобританию и вызвало бурю эмоций более чем в 100 странах мира, на которые шла трансляция.

На вопрос телеведущего Мартина Бэшира «Чего вы ждали от семейной жизни?» принцесса ответила: «Когда я выходила замуж, мне было всего девятнадцать. Я совершенно не была готова. Я понятия не имела, что ждет меня впереди, просто искренне любила своего мужа и хотела разделить с ним жизнь. Я думала, что вдвоем мы будем хорошей командой... Я никогда не задумывалась, что мне предстоит стать когда-нибудь королевой, просто чувствовала себя замужней женщиной».

Правда, наиболее неприятным аспектом моей новой жизни стал повышенный интерес прессы ко мне и моему мужу. Когда мы обручались, нам было обещано, что пресса не будет нас особенно тревожить, но на деле все случилось по-другому. Я оказалась в фокусе внимания репортеров, каждый божий день обо мне писали в газетах...»

«Как вы пережили свое превращение из леди Спенсер в женщину, которую снимают, о которой говорят больше других в мире?» — задал следующий вопрос ведущий.

«На протяжении многих лет, — отвечала принцесса, — я ощущала себя хорошим товаром, который можно выгодно продать. На мне многие делали хорошие деньги».

Относительно попыток самоубийства: «Мне стыдно, что я не смогла справиться с трудностями. Я только повредила руки и ноги...»

И главное признание по поводу Джеймса Хьюитта: «Да, я любила его... я была неверна».

Ответ Дианы по поводу Камиллы: «Нас стало трое в этом

браке. Поэтому нам было тесновато». А если не сбрасывать со счета Хьюитта, то выходит — четверо?

Мир наслышан о всех этих треугольниках, четырехугольниках и прочих геометрических фигурах. Нет ничего нового под Солнцем! Тургенев, Полина Виардо и ее муж. Эмиль Золя с собственной супругой и служанкой Жанной Розер. Виктор Гюго, разрывающийся между обожаемой женой Адель и не менее обожаемой актрисой Жюльеттой Друэ. А Александр Дюма-сын уверенно изрек: «Семейные цепи тяжки, и потому следует нести их втроем. А иногда и вчетвером». И опять же очередной парадокс Оскара Уайльда: «Вдвоем жить скучно, втроем гораздо веселее».

Но это кому как! Для одних наличие любовницы или любовника — всего лишь пряная добавка к скучному обеду жизни, для других — настоящая драма. Камилла как раз и сыграла роль мрачной тучи на семейном небосклоне принцессы Ди.

В телеинтервью Дианы прозвучала и угроза: «Я тихо не уйду. Я буду сражаться до конца. Потому что у меня двое детей, которых надо воспитывать, потому что я верю, что у меня есть собственное предназначение».

Какое? «Я бы хотела быть королевой в сердцах людей...»

Агентство Рейтер сообщило любопытную деталь: сразу после окончания телеинтервью Дианы потребление электричества в стране выросло на 1000 мегаватт — люди включили чайники, желая за чашечкой чая или кофе обсудить услышанные откровения принцессы Уэльской.

Казалось бы, приоткрывая завесу над своей жизнью, Диана повредила собственному имиджу. Но нет. Согласно экспресс-опросу, 84 процента британцев оказались на стороне принцессы Ди. «Она значит больше, чем все королевское семейство, вместе взятое» — так заявил редактор самой тиражной английской газеты «Сан» Стюарт Хиггинс.

ПОЕЗДКИ. ВИЗИТЫ. ВСТРЕЧИ

> Она была лучшим послом Англии.
>
> *Нельсон Мандела*
> *о принцессе Уэльской*

Поездок было море, встреч — океан. И где бы ни побывала принцесса Ди, ее встречали восторженно. «Стройна, умна, голубоглаза...» — такой заголовок предпослали «Известия» материалу своего корреспондента в Лондоне Александра Шальнева от 8 июля 1995 года. Ему удалось встретиться и поговорить с Дианой, и он, переполненный чувствами, отбил в свою газету «любовное признание». Вот выдержки из него:

«Но какая очаровашка! Какой бы роскошной ни представала она на фотографиях, даже тех, что сделаны лучшими фотографами, в жизни она несравненно краше и лучше. Глаза — голубизны необычайной; кто-то даже подумать может, будто у нее специальные линзы. Ан нет, все натуральное. Пальчики — тончайшие и длиннющие, такие, что им позавидовал бы даже покойный Владимир Горовиц, который умудрялся брать недоступные другим пианистам аккорды на фортепьяно.

Стройна — до умопомрачения. Ноги — от шеи и бесконечны. Кожа словно у младенца. Улыбка свалить с ног в одно мгновение может любого кавалериста-гренадера. Вкус в одежде — изысканнейший...»

Среди визитов принцессы Уэльской отметим Ватикан, где 29 августа 1985 года папа римский дал ей личную аудиенцию.

Летом 1995 года принцесса Ди прилетела в Москву в сопровождении камеристки, горничной и личной охраны; 15 июня она появилась в аэропорту Шереметьево. Несколько дней провела в резиденции посольства Великобритании, посетила Большой театр, побывала в Кремле, была принята вице-премьером Юрием Яровым (как повезло мужику! Сегодня даже невозможно вспомнить, а кто такой этот Яров?..). Но главное — Тушинская детская больница (Диана являлась покровительницей фонда этой больницы). Во время посещения принцесса Ди с удивлением узнала, что в России иначе ставят градусник, а грудных детей пеленают и укладывают спать на бок, в то время как в Англии одевают с первых дней в распашонки и кладут на спину. О, загадочная страна Россия!..

А вот отрывок из русскоязычной газеты «Новое русское слово», издающейся в Нью-Йорке, от 19 декабря 1996 года:

«После развода принцесса Диана большую часть жизни проводит в Нью-Йорке. Нравится ей бурная светская жизнь вечного города. Вот и на днях она была в центре внимания на открытии ретроспективы моды в Метрополитен-музее. Прием, претенциозно названный «Балом года», проходил в эффектно оформленном кафетерии Метрополитен-музея, где собралась самая что ни на есть изысканная публика.

Принцесса, в открытом темно-синем платье от Диора, прошествовала по центральной лестнице, к вящей радости обезумевших папарацци, в то время как Джон Кеннеди-младший, его супруга Кэролайн Биссет-Кеннеди и красавец Ричард Гир проскользнули незамеченными через боковой вход.

За право съесть морского окуня и телячье филе, сидя за одним столом с Дианой, 900 человек заплатили по тысяче долларов с носа. Остальные гости, заплатившие только по 150 долларов, резвились в других залах...»

И снова главная персона на этом ужине-рауте не знаменитая ведущая Барбара Уолтерс, не французская кинозвезда Изабель Аджани, не супермодель Линда Евангелиста и не племянница Эвы Перон — Кристина Альварес Родригес, а именно принцесса Ди. Она покоряла и чаровала всех присутствующих...

Кстати, у принцессы Ди было намерение поселиться в Америке: за четыре миллиона долларов она купила большой участок земли в Калифорнии и наняла архитектора разработать проект роскошной виллы. Но американским ее мечтам сбыться не удалось.

Все последние поездки Дианы проходили в рамках благотворительной деятельности. «Если что-нибудь, пусть даже фотографии, может принести людям пользу, я согласна фотографироваться», — сказала она в последнем интервью. Диана, ставшая президентом Британского Красного Креста, пополняла его фонды именно таким способом. На время она стала фотомоделью — если ее образ продается, то надо его продавать. И эти снимки покупали повсюду, а выручка шла на благие дела: детям, больным раком, жертвам противопехотных мин, на борьбу со СПИДом и т.д. Принцессу Ди видели то в Анголе, то в Пакистане, то в Боснии. Она, не боясь, ходила по минным тропам. Несколько дней она не дожила до международной конференции по противопехотным минам, которую долго готовила и с которой многое связывала. Кто-то из политиков даже предложил назвать закон о запрете мин «Законом Дианы». Она действительно хотела быть «королевой в сердцах людей», стоять на страже добра.

ДЕЛО № 5029. РАЗВОД

> Развод, вероятно, почти столь
> же стар, как и брак. Хотя я пола-
> гаю, что брак на неделю-другую
> древнее.
>
> *Вольтер*

> Говорят, что в Америке доста-
> точным основанием для развода яв-
> ляется брак.
>
> *Уильям Дуглас-Хоум,*
> *британский драматург*

Снова нарушим хронологию. И поговорим о путешествии из страны «Замужество» в страну «Независимость» — это, кстати, все равно что сменить строй — монархию на республику.

28 февраля 1996 года принцесса Ди дала согласие на развод («Это был самый печальный день для меня», — скажет она), а спустя ровно полгода, 28 августа 1996 года, состоялся бракоразводный процесс (за несколько дней до этого на прилавках магазинов появилась книга Криса Хатчинса и Доминика Миндгли «Диана на грани»).

В тот августовский день во дворце Соммерсета у судьи Джеральда Айнджела (Ангела — по-русски) было 31 дело, требующее разбирательства. Последним, 31-м по счету, было дело № 5029/96, и значилось оно так: «Его Королевское Высочество принц Уэльский против Ее Королевского Высочества принцессы Уэльской».

Дело о разводе оказалось простым: оно заняло 95 секунд и стоило всего лишь 80 фунтов стерлингов. После 15-летнего брака, после нескольких лет холодной враждебности, перешедшей в холодную войну, войну биографических книг, телевизионных интервью и газетных откровений, брак между Дианой и Чарлзом прекратил свое существование. И напрашивается сравнение: рассыпался, как карточный домик. Брак, начавшийся как сказка, перешел затем в будничную пьесу, неожиданно обернулся фарсом и закончился драмой для обеих сторон.

Канадской писательнице Маргарет Аствуд принадлежит афоризм: «Развод как ампутация: ты остаешься в живых, но тебя стало меньше». Очевидно, это сказано о душевном состоянии разводящихся. Но есть и другая сторона. Скажем, что потеряла и что выиграла леди Ди? Она получила немалый куш — 15 миллионов фунтов. Кроме того, Чарлз стал выплачивать бывшей супруге ежегодно по 400 тысяч фунтов на содержание ее секретариата. Диана осталась жить в Кенсингтонском дворце. Было оглашено специальное заявление в Букингемском дворце: «Принцесса Уэльская, как мать принца Уильяма, будет рассматриваться королевой и принцем Уэльским в качестве члена королевской семьи». Диана, правда, после развода потеряла звание «Ее Королевское Высочество», но при этом сохранила за собой титул «принцесса Уэльская».

Принцесса Ди получила право участвовать в официальных церемониях, совершать зарубежные визиты, летать на самолетах королевской эскадрильи. Но... только с разрешения королевы Елизаветы II. По собственному желанию принцесса могла выезжать за границу только на отдых. Таковы были условия королевского развода.

Но вернемся к главному — к формулировке причин развода. Принц Чарлз в своем иске написал: «Как я сам, так и ответчица признали, что между нами существуют неразрешимые разногласия и соответственно мы не можем далее жить совместно».

Их развели. У принцессы Ди открылся путь к свободе, любовным приключениям и гибели. Принц Чарлз получил, как любят выражаться отечественные политики, «доступ к телу» любимой им Камиллы.

А теперь надо немного поговорить о победительнице, о Камилле.

«Камилла-ротвейлер» — такое прозвище заслужила Камилла Паркер-Боулз за свой мужской характер и железную хватку. Из ее объятий так и не смог освободиться принц Чарлз. Однажды он даже признался ей по телефону (и эта фраза стала известной всем): «Боже, я бы всю жизнь провел в твоих трусиках!»

Почти все английское общество, а заодно и мировое недоумевало, как принц Чарлз мог предпочесть Камиллу Диане. Загадка, да и только.

Известный американский дизайнер Ричард Блэкуэлл регулярно включает Камиллу в список десяти «самых ужасно одетых женщин» наравне с Мадонной и Памелой Андерсон. Один раз он удостоил ее титула «Королева антимоды», сказав при этом: «Когда Камилла смотрится в зеркало, оно тускнеет от скуки». Массивный подбородок, тонкие губы, обнажающиеся во время улыбки крупные желтые зубы, морщинки вокруг глаз, а короткие светлые волосы выглядят так, словно их владелица только что поднялась с постели.

Одна из английских газет поместила фотографию Камиллы рядом с лошадью, сопроводив ее надписью: «Кого из них выберет Чарли?» Что касается карикатур на Камиллу, то их не счесть: очень удобный образ. Кстати, карикатурами на Камиллу был обклеен туалет принцессы Ди в Кенсингтонском дворце. Чисто женское отмщение сопернице.

И как последний штрих к портрету, мнение одного французского дипломата: «Камилла как британская кухня: никаких изысков, зато бездна того, что англичане называют здравым смыслом».

Напрашивается вопрос: может быть, именно этого не хватало принцу Уэльскому?

РОКОВОЙ АВГУСТ

Кто разрешил ее казнить,
Кто это право дал кретину —
Совать звезду под гильотину?
Кто разрешил ее казнить,

И смерть на август назначал,
И округлял печатью подпись?
Казнить звезду — какая подлость!
Кто смерть на август назначал?..

Юнна Мориц,
«Памяти Тициана Табидзе»

Наступил август 1997 года. Горячий месяц жатвы (в России по крайней мере), месяц благодатных плодов, преддверие золотой осени. Для принцессы Дианы август стал последним месяцем жизни. И он был наполнен для нее радостью — так распорядилась Судьба.

Диана и Доди не расставались (ей 36 лет, ему 42). Париж, Лондон, Лазурный берег, яхта... Пожалуй, впервые принцесса не боялась огласки, и это стало настоящей удачей для фотографа Марио Бренна, чей фотоснимок «Поцелуй» обошел почти все таблоидные издания мира. В Англии «Поцелуй» был напечатан 9 августа в газетах «Дейли миррор» и «Сан». Снимок взбудоражил все племя фотогангстеров, фоторазбойников, папарацци (выбирайте любое определение). И началась яростная охота за пикантными снимками, сулящими огромные гонорары.

А тем временем Диана и Доди упивались отведенным им Роком временем. Поговаривали о новом браке. Отец Доди, старший аль-Файед, пребывая в сладостном умилении (принцесса Ди — какая потрясающая реклама для его торговли!), заявил в одном из интервью: «Я обоих их благословляю. Не знаю точно, какие у Доди и Дианы планы на будущее, но, пока они счастливы, это согревает мое сердце».

Планы — это всегда волшебные замки. В воображении они всегда красиво смотрятся. Надежды на их исполнение согревают наши сердца. Но... У венгерского поэта Шандора Петефи есть коротенькое стихотворение на этот счет, которое прекрасно перевел Леонид Мартынов:

> О, наши надежды, прекрасные птицы!
> Все выше их вольная стая стремится,
> Куда и орлы поднимаются редко —
> В простор поднебесный, и чистый, и ясный...
> Действительность, этот охотник бесстрастный,
> Стреляет в них метко!

27 августа, за 3 дня до катастрофы, газета «Монд» опубликовала последнее интервью с принцессой Ди. Бравшая у нее интервью Аннин Кожан отмечала, что на леди Диане было короткое платье без рукавов, под цвет голубых глаз. Колье из крупного жемчуга, туфли на высоких каблуках...

29 августа — последний день на борту яхты. Вечером Доди устроил прощальное барбекю на берегу. Изысканное вино, отменная еда, запах моря, шепот волн, мерцающие огни, горячие прикосновения рук — счастливые минуты жизни. И никто не подозревал, что их, этих минут, осталось совсем мало.

30 августа Диана и Доди вернулись с Лазурного берега в Париж. И сразу из аэропорта Ле-Бурже поехали в отель «Ритц». Днем они отправились на Елисейские Поля за покупками (стремление к роскоши у Доди не знало границ). Возвратившись в «Ритц», Диана позвонила своему знакомому журналисту Ричарду Кэю и сказала ему, что решила радикально изменить свою жизнь и в ноябре полностью уйти из общественной жизни.

Почему в ноябре? По одной из версий, принцесса Ди была беременной. И еще она сказала в том разговоре, что собирается зажить так, как ей всегда хотелось. Потом разговор пошел о детях принцессы, и в конце она возмутилась действиями репортеров: «Почему они так помешаны на мне?!»

После гибели Дианы этот ее последний разговор появился на страницах «Дейли мейл».

Поговорив по телефону, Диана сказала Доди, что она готова, и они покинули отель.

ТРАГЕДИЯ В ТУННЕЛЕ АЛЬМА

> В трагедии мы участвуем, комедию только смотрим.
>
> *Олдос Хаксли*

Из «Ритца» Доди решил повезти Диану в принадлежащий аль-Файедам особняк в престижном 16-м округе Парижа. Чтобы обмануть толпившихся журналистов, Доди придумал «обходной маневр»: распорядился подогнать два автомобиля к главному входу отеля на Вандомскую площадь, а третий приготовить возле малопримечательной двери на соседней улице Камбон. Ловушка сработала: репортеры ринулись за привычным «мерседесом» и следующим за ним «рейнджровером», а Доди и Диана сели в другой, нанятый «мерседес», за рулем которого был не постоянный водитель Филипп Дурно, а Анри Поль — один из самых приближенных к аль-Файедам служащих отеля «Ритц», почти «друг семьи». И это, как оказалось, была роковая ошибка Доди, ибо, во-первых, Анри не имел специальной лицензии возить пассажиров, а во-вторых, до этого пропустил в баре две большие рюмки «пастиса» — анисового ликера. Телохранитель Тревор Рис-Джонс, единственный, кто выжил в автокатастрофе, на следствии скажет: «Доди был патроном и принимал активное участие в обеспечении безопасности». А с патроном (он же босс), как известно, не спорят.

Очевидно, Доди сказал Анри: «Давай жми. И быстро!..» И вот в 0 часов 20 минут (уже наступило 31 августа) черный «мерседес» стартовал с улицы Камбон, притормозил на красный сигнал светофора при въезде на площадь Согласия, потом вновь набрал скорость и вылетел на набережную Сены. В 0 часов 22 минуты автомобиль оказался перед въездом в туннель под площадью Альма (Alma traffic), где дорога делает изгиб и ныряет вниз. По данным экспертизы, скорость «мерседеса» составляла в тот момент от 118 до 155 километров в час, то есть в два-три раза превосходила максимально допустимую.

Нестись с такой скоростью на этом сложном участке было чистым безумием.

В те роковые минуты все было безумием: и мчавшийся к своей гибели «мерседес», и неизвестно откуда взявшаяся другая машина, «фиат-уно» (потом ее долго будут искать), и догоняющие «мерседес» репортеры на мотоциклах, будто почувствовавшие «запах жареного», — все эти динамические фрагменты судьбы вмиг объединились, чтобы произошла адская катастрофа. «Мерседес» врезался в 13-й по счету бетонный столб, перевернулся в воздухе и застыл колесами вверх. Скрежет металла, крики, стоны, кровь...

Доди аль-Файед и сидевший за рулем Анри Поль скончались на месте. Чтобы извлечь оставшегося в живых охранника принцессы, машину пришлось разрезать поперек. Сама Диана в коме была доставлена в парижскую больницу Пити Сальпетриер, но врачам не удалось ее спасти. Лучшие американские хирурги Джон Окснер и Дэвид Вассерман, изучив материалы дела, утверждали, что, если бы принцессу госпитализировали немедленно, а не с опозданием на 2 часа, у нее были бы большие шансы быть спасенной.

Первую помощь, которая выразилась в кислородной маске, принцессе Диане оказал ехавший по встречной полосе врач Кристиан Майе. Диана то кричала от боли, то затихала и бормотала «My God». Спустя некоторое время подъехали спасатели и долго разбирались с машиной, лишь потом бедную принцессу повезли в больницу.

31 августа 1997 года в 4 часа утра по парижскому времени (по московскому в 6 утра) принцесса Уэльская скончалась. Врачи констатировали смерть от внутреннего кровоизлияния. Примечательно, что лицо Дианы не пострадало в катастрофе, и на небеса она отправилась такой же прекрасной, какой была при жизни. Ей было 36 лет и 2 месяца.

Полицейский протокол бесстрастно зафиксировал список личных вещей, обнаруженных при погибших. У принцессы Дианы: золотые часы фирмы «Джагер Декультиэр», браслет с шестью рядами жемчуга и застежкой в форме головы дракона, пара черных туфель от Версаче, черный пояс от Ральфа Лорена, одна золотая серьга (вторую следователи нашли шесть недель спустя в щели приборной панели разбившегося «мерседеса»). Что было у Доди — не важно, в конце концов, он был лишь мимолетным героем разыгравшейся трагедии: с принцессой Ди его связывало считаное количество дней.

Через 10 минут после того, как врачи зафиксировали смерть принцессы Уэльской, французский посол в Великобритании позвонил в секретариат королевы и сообщил печальную новость. Узнав об этом, Чарлз заплакал, повторяя вопрос: «Почему? Почему?»

В 7 часов утра он разбудил сыновей и сообщил о гибели их матери. После чего вместе с сыновьями отправился на воскресную службу в церковь.

Осиротевшим детям было: Уильяму 15 лет, Гарри не хватало полутора месяцев до 13-ти.

ПОХОРОНЫ ПРИНЦЕССЫ

> Жаль, что в рай надо ехать на катафалке.
>
> *Станислав Ежи Лец*

> Я вспомнил, по какому поводу
> Слегка увлажнена подушка.
> Мне снилось, что ко мне на проводы
> Шли по лесу вы друг за дружкой...
>
> *Борис Пастернак, «Август», 1953*

Даже в смерти Диана была безупречно красива — нежное, с едва заметными травмами бледное лицо — такой принцессу Уэльскую увидела старшая сестра парижского госпиталя Беатрис Умбер в ночь на 31 августа.

Около 8.30 в больницу приехала мадам Ширак, супруга французского президента, она встала на колени перед умершей и начала молиться.

К этому времени выяснилось, что Диану не во что облачить. Кто-то принес черное платье. Сестра Беатрис не могла не подумать о горькой иронии судьбы: самая элегантная женщина в мире отправляется в свой последний путь в чужом, взятом взаймы платье...

Вскоре последовал звонок из британского посольства: «Королева беспокоится об украшениях. Нужно их найти! Елизавета II непременно хочет знать, где драгоценности». Сестра Беатрис была поражена: вот о чем беспокоится королева, не о гибели бывшей невестки, а о дорогих побрякушках. Тем более это странно, что на принцессе Ди вовсе не было никаких украшений (их описала и изъяла полиция). Принц Чарлз из самолета, летящего в Париж, по телефону тоже завел речь о драгоценностях, но уже в другом плане. Он попросил надеть бывшей и покойной супруге ее любимые жемчужные серьги.

Принц Уэльский прилетел в Париж на личном самолете.

Вместе с ним на скорбную церемонию прибыли сестры принцессы Дианы — леди Джейн Феллоуз и леди Сара Маккоркюдейл. О реакции принца Чарлза написал Кристофер Андерсен в своей книге «День, когда умерла Диана»: «Его словно подкосила какая-то невидимая сила, и он едва не упал в обморок». Но быстро пришел в себя и уверенно отдавал распоряжения по отправке тела Дианы на родину и даже не забыл при этом, чтобы принцессе Ди надели ее любимые сережки.

Из Парижа простой деревянный гроб, покрытый цветами Виндзоров, отправился в Лондон. На военно-воздушной базе под столицей Великобритании гроб с телом Дианы встретил премьер-министр Тони Блэр. До приезда на базу он выступил в церкви в своем парламентском округе Сержфилд и, еле сдерживая рыдания, сказал:

— Она была народная принцесса. И именно такой она останется в наших сердцах и в нашей памяти навеки. Я, как и вся страна, подавлен. Сегодня мы — нация в шоке...

Нация в шоке — это понятно. А королевская семья? Она мучительно решала, как похоронить принцессу Диану: на королевский церемониал она не имела права (увы, «разведенка»), но отказать ей в общенациональном прощании было уже просто невозможно. Пока Виндзоры решали эту сложную для них проблему, гроб с Дианой находился в часовне Сент-Джеймского дворца в Лондоне, в резиденции принца Чарлза, и доступа публики к нему не было.

В отличие от принцессы Ди с другим погибшим — Доди аль-Файедом — проблем не было никаких. После краткой церемонии в лондонской мечети его похоронили по мусульманскому обычаю на Броквудском кладбище под Гилфордом около загородного дома Мохаммеда аль-Файеда. И никаких народных столпотворений, рыданий и всхлипов. О Доди скорбели только близкие и друзья, а мировая общественность мгновенно потеряла к нему интерес.

Наконец английское правительство определилось с похоронами, и представитель королевы заявил: «Статус не имеет значения. Это уникальные похороны уникального человека». А тем временем перед Букингемским и Кенсингтонским дворцами наслаивались горы цветов. Цены на них в Лондоне возросли вдвое. Службы королевы разослали приглашения двум тысячам избранных, а для простых людей было решено удлинить маршрут похоронной процессии на три километра, чтобы все могли проститься с «народной принцессой».

Места во всех гостиницах Лондона были заняты. В ночь перед похоронами тридцать тысяч человек ночевали в спальных мешках под открытым небом, уставив столичные лужайки свечами — это было красиво и трогательно. С рассвета началось столпотворение. В полиции были отменены отпуска и выходные, и 27 тысяч полицейских едва сдерживали натиск обезумевшей толпы. Казалось, еще немного — и у Вестминстерского аббатства вот-вот снесут заграждения.

«Она была такая же, как мы, она делала такие же ошибки, как мы», — сказал один молодой англичанин, выражая мнение многих о погибшей принцессе.

Наблюдатели утверждали, что такой массовой скорби, такого обилия цветов, траура, всеобщей смуты не наблюдалось ни в день смерти национального героя Британии, премьер-министра Уинстона Черчилля, ни в день смерти героя другой страны — американского президента Джона Кеннеди. И тысячи-тысячи людей. Одни смахивают тихие слезы. Другие рыдают навзрыд. Некоторые бьются в истерике... Приспущены флаги на здании британского парламента, дикторы телевидения выходят в эфир в траурных костюмах. Все каналы новостей, все национальные газеты заполнены только одним — принцессой Дианой.

5 сентября в прямом телевизионном эфире Елизавета II обратилась к нации (опять же под давлением этой самой нации, которая разом встала на сторону принцессы Ди). «Печаль и потрясение принесла нам смерть Дианы...» — сказала королева. Затем она заявила, что обещает извлечь уроки из последних событий, связанных со смертью принцессы Уэльской и с реакцией на эту смерть ее подданных.

6 сентября состоялись похороны. Орудийный лафет, накрытый королевским штандартом, медленно двигался к Вестминстерскому аббатству. За лафетом шли пятеро мужчин. Супруг королевы принц Филипп, брат Дианы Чарлз Спенсер, бывший муж Чарлз, старший сын Уильям и младший Гарри, который все время посматривал на старших, чтобы удостовериться, не сбился ли он с шага. Младший еще не понимал, что никогда не увидит больше своей любимой матери. Старший сын понимал это отчетливо и шел с опущенной головой, сжимая кулаки. На букете белых лилий, символе британской короны и любимых цветах Дианы, была приколота булавочкой скромная табличка: «Маме».

Что касается Елизаветы II и королевы-матери, то они вышли из машины, чего не бывало еще никогда, и пешком вслед за траурным лафетом подошли к воротам через площадь.

Начало церемонии отпевания было отмечено колокольным звоном всех церквей Великобритании, а по ее завершении в

12.05 по Гринвичу вся страна почтила память принцессы минутой молчания. Число вышедших на улицы британцев и гостей Лондона, по оценке экспертов, составило 6 миллионов человек.

На саму церемонию отпевания в Вестминстерском аббатстве было приглашено две тысячи человек. Среди них были первые леди США и Франции — Хилари Клинтон и Бернадетт Ширак, королева Иордании... многие звезды шоу-бизнеса... От России всего лишь посол. Брат Дианы Чарлз Спенсер собственноручно вычеркнул из списка приглашенных редакторов таблоидных газет. Они — изгои. Только высший свет. Черные траурные галстуки, темные костюмы и белые цветы.

Церемония длилась один час. Чарлз Спенсер в своем выступлении обвинил прессу в гибели Дианы и от волнения и гнева едва смог закончить речь. Но всех присутствующих буквально потрясла песня Элтона Джона, близкого друга принцессы, прозвучавшая под сводами собора, — «Прощай, английская роза». Вот эта песня:

> Прощай, английская роза,
> Дальше ты будешь цвести в наших сердцах.
> Ты была пощадой и прощением,
> Сама стремясь туда, где разбивались жизни.
>
> Ты жила нашей страной
> И шептала молитвы за тех, кому больно.
> Теперь ты принадлежишь небесам
> И твое имя шепчут звезды.
>
> Ты прожила жизнь,
> Подобную свече на ветру,
> Не боясь засыпать,
> Когда начинался дождь.
>
> Твои следы останутся здесь,
> На зеленых долинах Англии.
> Твоя свеча догорела раньше,
> Чем досказана легенда о тебе.
>
> С тобой мы потеряли красоту,
> И дни опустели без твоей улыбки.
> Этот крест мы будем нести вечно
> За бесценный дар, которым обладали.
>
> И даже если попытаться
> Рассказать о счастье лет с тобой,

Не хватит никаких слов,
Правда слезами подступает к глазам.

Прощай, английская роза,
Страна без тебя потерялась,
Без крыльев твоего сострадания,
Ты даже не узнаешь, как сильна наша боль.

Панихида транслировалась на весь мир, и миллиард теле-
зрителей сопереживал словам и печальному ритму музыки Элтона Джона, вместе со всеми прощаясь навеки с английской
розой — принцессой Ди. А в Лондоне, в Гайд-парке, недалеко
от Вестминстера, тысячи англичан смотрели на гигантские те-
левизионные экраны и пели вместе с Элтоном Джоном —
«Свеча на ветру...».

Ну а потом состоялась церемония погребения в присутствии лишь десяти ближайших родственников. Принцессу Уэльскую похоронили на небольшом острове одного из красивейших озер Англии в парке родового имения Спенсеров в Олторп-Хаусе (Althorp House), у поселка Грейт-Бринигтон.
Озеро под названием Овальное расположено в живописной
роще с вековыми деревьями и молодыми березками (а как же
без березок!). Их сажала сама Диана и ее дети. Через год, в
день рождения принцессы Ди, здесь 1 июля 1998 года был открыт музей принцессы Уэльской. И миллионы поклонников
устремились в него, чтобы познакомиться с выставленными
вещами Дианы — ее знаменитыми вечерними туалетами, укра-
шениями и прочими предметами, которые сопровождали ее
при жизни.

Любопытен школьный дневник леди Спенсер с оценками и
характеристиками, которые давали учителя Диане. Например,
такую: «Она должна стараться быть менее эмоциональной во
взаимоотношениях с окружающими». Провидческая запись...

Люди толпами идут в музей принцессы Дианы. А в Париже другое место паломничества — туннель Альма. За десять
лет до гибели Дианы, в 1987 году, над туннелем поставили памятник — золотой факел, символ свободы Франции. И вот к
этому памятнику, к его подножию, кладут бесчисленное количество цветов, записочек, фотографий. А в самом туннеле, на
месте трагедии, у злополучного 13-го бетонного столба, нари-
совано розовое сердце. И поток туристов со всего мира, жела-
ющих прокатиться по зловещему маршруту — от отеля «Ритц»
к туннелю под мостом Альма и до госпиталя, в котором умерла Диана. Маршрут смерти.

Мне довелось побывать однажды в Париже с туристской группой из России. Сопровождающая нас гид, русская из эмигрантской семьи, радостно сообщила, когда наш автобус подъезжал к туннелю: «А теперь замрите от счастья: здесь погибла принцесса Диана». Маленькое туристское шоу. Бизнес на памяти принцессы. Эту тему мы еще затронем. А пока вернемся в август и сентябрь 1997 года.

ЭХО ТРАГЕДИИ: МНЕНИЯ И СЛЕЗЫ

> Смерть превращает жизнь в судьбу.
>
> *Андре Моруа,*
> *французский писатель*

> Смерть — это зачерненная сторона зеркала, без которой мы бы ничего не увидели.
>
> *Сол Беллоу,*
> *американский писатель*

Гибель принцессы Ди потрясла всех. Особенно остро переживали поп-звезды, постоянно находящиеся в фокусе общественного внимания и неосознанно примерявшие судьбу Дианы на себя. После известия о ее смерти Майклу Джексону стало настолько дурно, что пришлось вызвать врача. «Я чувствовала себя абсолютно беспомощной и потерянной», — призналась Мадонна, услышав печальную новость. Мадонна лишь однажды встречалась с Дианой на великосветском приеме.

«Мы поболтали минут десять, — вспомнила певица. — Я пошутила, мол, вы единственный человек на земле, кто привлекает к себе больше внимания, чем я. Она ответила, что зато мне лучше удается ставить прессу на место. Я сказала: “Конечно, вам нужно бы иметь кожу толще, чем панцирь у черепахи”».

Далее Мадонна отметила, что у Дианы был на редкость затравленный взгляд. «Она ведь жила в клетке и не могла из нее вырваться... Теперь она совсем свободна, это единственное, чем можно утешиться», — печально добавила Мадонна.

Высказывались и политики. «Я счастлив, что знал ее», — заявил президент Билл Клинтон. Нельсон Мандела сказал, что «у Британии вряд ли были лучшие послы, чем Диана». Умудренный дипломат Генри Киссинджер отметил, что «временами она была исключительно чувствительной, временами забавной, эта женщина, которая хотела изменить мир».

Хотела. Но не смогла. Да и кто вообще может, кроме Господа Бога?!

«Время любить и время ненавидеть, время жить и время умирать» — эти библейские слова напомнил австралийский посол в России Джефри Бентли. Он произнес их в Москве на траурной церемонии в англиканской церкви Св. Андрея (Вознесенский переулок, 8), на которой присутствовали официальные представители англоязычного мира.

«Бывает так, мы наслаждаемся жизнью, а смерть где-то рядом, — сказал в прощальном слове капеллан церкви Чэд Коуссмейкер. — Как это тривиально — нетрезвый водитель, авария... наши сердца рвутся из груди. Принцесса была нашей гордостью, она преподнесла миру уроки милосердия. Она не боялась брать на руки больных СПИДом детей, прикасаться к прокаженным, бороться против распространения оружия. Ее доброта была бесконечной. И вот ее нет с нами. Бог принял ее!»

По какой-то странной ассоциации мне вспомнилась прощальная песня Александра Вертинского, посвященная рано погибшей кинозвезде Вере Холодной:

И когда Весенней Вестницей
Вы пойдете в синий край,
Сам Господь по белой лестнице
Поведет Вас в светлый рай.

Это написано в 1916 году. В 1997 вполне можно было повторить:

Ничего теперь не надо нам,
Никого теперь не жаль.

Одна из отечественных газет вынесла на первую полосу такой заголовок: «За что россияне любили принцессу Диану?» Действительно, за что? «Она была прекрасна и мятежна...» — вот мнение писательницы Нины Садур. В «Общей газете» Нина Садур писала:

«Мир влюбился в Диану как в ожившую сказку. Она была женщиной до мозга костей, это чувствовалось в каждом ее движении. Но она оказалась еще и личностью, это и пленяло.

Титул предписывал ей быть доброй, помогающей, участливой, красивой... Но он же предписывал ей оставаться всегда невозмутимой, безупречной, недоступной для порицания и сплетен.

Она соглашалась быть доброй и помогающей. Вероятно, она просто была такой. Но она не могла сохранять степень невозмутимости, которая необходима особам королевской крови... Вряд ли Диана делала это специально. Она просто жила, как подсказывало ей ее мятежное сердце... Принцесса очень скоро поняла, что никто и не ждет от нее чувств, никто не хочет знать живую Диану. Она была одинока в своей королевской семье... Мне думается, что весь ее эпатаж происходил от глубокой уязвленности. Она была женщина гордая и самолюбивая и прекрасно знала себе цену. Ей невыносимо было сознавать, что даже ее мужа-принца интересует только маска, которую она носит «на людях». Даже ее возлюбленные видели в ней только даму из высшего общества и предавали ее...

Она рвалась из своей золотой клетки, и ей почти удалось улететь...»

«Богиня умерла, нет более Дианы», — как писал когда-то Валерий Брюсов о богине охоты.

В дни скорби в английское посольство на Софийскую набережную потянулись люди, но не широким потоком, конечно, а небольшим ручейком, в основном интеллигенты, все больше пожилые дамы и граждане англоманской наружности. Они приносили цветы и делали записи в книге соболезнований. Вот некоторые из записей:

«Ты была самой изящной женщиной Земли, сильной и твердой и необыкновенно нежной и хрупкой одновременно...»

«Маленький мотылек с огромным сердцем...»

«Удивительное создание Божье с грустным взглядом нежных глаз, за что забрал тебя от нас к себе Господь?..»

Неожиданное мнение некоей пенсионерки в шляпке а-ля Елизавета II: «Я считаю, что Диана стоит в одном ряду с нашей Зоей Космодемьянской и княгиней Оболенской. Думаю, что на семейном королевском совете должны запретить Чарлзу снова жениться — его дело воспитывать осиротевших детей!»

Н-да. Комсомолка и партизанка Зоя и английская принцесса Диана! Нет, положительно — все смешалось в головах наших соотечественников! Полная каша. Одну из москвичек, пришедших к британскому посольству с букетиком цветов, английский журналист спросил, что ее привело сюда, на что она ответила: «Это то же самое, как если бы у нас умерла Алла Пугачева».

Что называется, без комментариев!

Один московский писатель поведал в «Независимой газете», как реагировала его соседка по лестничной клетке. Она «стояла, прислонившись к окрашенной поганой краской поганого цвета стеночке, и плакала от души. Как по родной... По мнению моей соседки, принцесса Диана, как любой хороший человек, пала жертвой чудовищного заговора и своей простоты. Началось-то все с ейного мужа (хоть бы он на себя в зеркало посмотрел, всхлипнула соседка). От хорошего мужа жена не уйдет. А если плохой, то и жена не выдержит. А не выдержит, так по простоте своей с додиками обязательно свяжется. А эти, которые снимают, тут как тут. А раз так, то жди беды. А взять Н. с 11-го этажа. Да неужто Н. фотографировали? Милый, там такое творилось... Дом ходуном ходил... Ведь какая красивая (это снова о Диане). И жить, слава богу, было на что. Это когда жить не на что, так ведь вроде и не жалко. Детки, поди, плачут по матери. Как подумаешь...» («Независимая газета», 23 сентября 1997).

Как всегда, простой народ — языковой чудотворец. И море сострадания и слез. А 15-летняя Юлия Левкина из Ставропольского края написала стихи и отослала их в «Комсомольскую правду»:

Принцесса Диана,
Прекрасная Ди,
Царевна-несмеяна,
Постой, не уходи!
Принцесса Диана...
Лишь имя осталось,
Как звук фортепьяно,
Твоя жизнь
          оборвалась...

«У меня часто бывает, что то, что сильно переживаю, выливается в стихи, — написала замечательная русская девочка Юля. — Не судите строго, все от души».

А в интеллектуальном еженедельнике «Новое время» Александр Кустарев свои мемориальные заметки «Смерть леди Дианы: вполне античная история» («Она прожила мифологическую жизнь и умерла величественной смертью...») закончил таким пассажем:

«Народ залюбил принцессу до смерти. Наше столетие, наверное, не знает более завершенного мифа, чем Диана. Ее это могло бы и радовать, и огорчать. Но надо думать, что ей теперь все равно» («Новое время», 1997, № 35).

Неисповедимы пути Господни! Это я к тому, что в разгар

всеобщего помешательства, вызванного трагической гибелью принцессы, Бог призвал к себе душу матери Терезы, которая умерла в далекой Калькутте от инфаркта на 88-м году жизни. Мать Тереза — святая всех нищих, униженных и оскорбленных. Тоже миф и легенда XX века.

«Что хотел сказать нам Бог, столкнув столь безжалостно эти две смерти — принцессы Дианы и матери Терезы?» — задавал вопрос один из наших маститых журналистов, Мэлор Стуруа.

Сохранился снимок, сделанный в июне 1996 года: идущие рядом, взявшись за руки, сгорбленная, морщинистая, очень старая мать Тереза и смущающаяся, вызывающе красивая молодая Диана. Мать Тереза считала Диану своей дочерью и, узнав о гибели принцессы, успела сказать по этому поводу: «Я не всегда понимаю пути Господни. Наверное, эта трагическая утрата значит гораздо больше, чем мы можем предположить».

31 августа погибла принцесса Уэльская, рискнем сказать — поп-святая.

5 сентября не выдержало сердце матери Терезы — истинно святой.

ВЕРСИИ ГИБЕЛИ

> В поисках ответов наталкиваешься на вопросы.
>
> Йозеф Чапек

Почему погибла принцесса Ди? Кто виноват в происшедшей катастрофе? Случайно это произошло или преднамеренно? Эти вопросы будоражили людей и прессу и будоражат до сих пор. Короче, гибель Дианы — одни загадки. «Все происшедшее было очень и очень странным», — написал американский журнал «Ньюсуик». «Слишком много тайн», — определил журнал «Бунте», издающийся в Мюнхене. И выдвинул 6 версий случившегося. Вот они:

Версия 1. Покушение, совершенное торговцами оружием.

Версия 2. Объектом покушения был Доди.

Версия 3. Трагическая случайность.

Версия 4. Покушение, организованное британскими спецслужбами.

Версия 5. Диану хотели похитить.

Версия 6. Инициатором выступил королевский двор.

Расшифруем лишь последнюю версию. Диана, мать будущего короля Уильяма, выходит замуж за египтянина, принимает ислам, и ушлый делец Мохаммед аль-Файед становится дедом будущего английского короля. Для многих сторонников монархии, и прежде всего для самого королевского дома, это было бы равнозначно катастрофе. Не говоря уже о том, что Диана могла иметь детей от Доди. Появления таких «родственников» следовало избежать.

Весь этот поистине детективный клубок пыталась размотать добрая сотня французских полицейских под руководством следователя Эрве Стефана и комиссара уголовной полиции Мартины Монтейль. Пока шло расследование, не унимался отец Доди, «великий лондонский араб», как называют в Англии аль-Файеда-старшего. «Я знаю на 99,9 процента, что это не был несчастный случай. Это был заговор, и я не успокоюсь, покуда не установят подлинные причины случившегося».

А в одном из интервью Мохаммед аль-Файед и вовсе выдвинул почти фантастическую версию: «Киллеры убили Доди и водителя из лазерного оружия, он сразу умер. Понимаете, с левой стороны в машине сидели водитель и за ним Доди. Рядом с водителем впереди сидел телохранитель, за ним, рядом с Доди, — Диана. Их машину преследовал мотоцикл с двумя мотоциклистами, которые пошли на обгон их «мерседеса», подрезав его тем самым, а затем, обогнав, произвели выстрел...»

Подобная версия смахивает на фильмы с участием Джеймса Бонда, где используется лазерный луч, нечто вроде электрического шока, который парализует немедленно и бесповоротно. На мой взгляд, это слишком изощренно.

А что думал спустя год после гибели Дианы народ? 59 процентов британцев считали, что Диана погибла в обычной катастрофе, 24 процента полагали, что она стала жертвой заговора. Но целых 5 процентов были уверены, что автокатастрофа и убийство тут ни при чем. Тогда что? Осталась жива и живет инкогнито, а похоронили другую женщину? Погиб всего лишь двойник? Инопланетяне забрали назад свою космическую посланницу? Мифологическая фантазия у многих развита без предела.

Но от фантазий к жизни. Есть предположение, что Диана была беременна. Вскрытие тела не проводили. Анализы из истории болезни Дианы исчезли. Почему? Патологоанатом госпиталя доктор Доминик Леконт ответил на это так: «Были получены инструкции».

Пришедший в сознание телохранитель принцессы Тревор Рис-Джонс категорически отрицал возможность какого-либо заговора против принцессы и ее спутника и настаивал на том, что это была всего лишь трагическая случайность.

Два года продолжалось следствие по делу автокатастрофы, французские власти упорно искали виновных и нашли их: алкоголь и слишком большая скорость. Парижская прокуратура вынесла вердикт: ни фотографы, ни мотоциклист невиновны — просто за рулем «мерседеса» сидел пьяный водитель (содержание алкоголя в крови в три раза выше французской нормы — 1,75 грамма на литр крови).

Следствие закончено — все забыть. Так хотелось бы, наверное, прокурору Жан-Пьеру Дантияку. Но это было бы слишком легкое решение проблемы, ибо существовало чересчур много косвенных улик, указывающих на то, что французская полиция в согласии со своими английскими коллегами решила похоронить правду в туннеле Альма. Кстати, появилось даже обвинение в адрес самого туннеля, дескать, он строился в середине 70-х годов, когда отношение к скоростным городским магистралям было совершенно иным. Да и профиль туннеля оказался сложным из-за изгиба протекающей рядом Сены. Получалось в итоге вроде ловушки, куда и угодил «мерседес-280 S». Выходит, что главным виновником гибели принцессы явился именно туннель. Но разве его можно осудить?!

Туннель Альма, конечно, сложная штука для любого водителя, если он вздумает мчаться по нему с обжигающим ветерком. Но возникли другие нестыковки с официальной версией.

Газета «Индепендент» в номере от 19 октября 1998 года в статье «Была ли Диана убита?» поставила под сомнение франко-британскую версию катастрофы, перекладывающую всю ответственность на водителя «мерседеса». «Люди сомневаются... Их подозрения отражают другое настроение публики, которая думает, что во многом из того, что случается на верхушке общества, чувствуется рука темных, загадочных сил. Нас кормят правдоподобными фильмами и новеллами, где МИ-5, МИ-6 и ЦРУ, а также другие зловещие группы способны на все что угодно... Именно это заставляет многих подозревать, что нечто подобное случилось с Дианой».

«Индепендент» приводит слова Дианы, сказанные ею своим друзьям, что службы безопасности избавятся от нее, потому что она «пороховая бочка»... «Однажды я поднимусь в вертолете, и он взорвется. МИ-5 избавится от меня».

«Индепендент» была также первой из центральных британских ежедневных газет, которая серьезно подняла вопрос, не стояла ли за убийством принцессы британская королевская семья. Эту версию — что леди Ди погибла в результате заговора спецслужбы — подтвердил весной 1999 года и бывший сотрудник разведки м-р Ричард Томплисон.

Появилось и такое предположение, что принца Чарлза и Диану собирались убить ирландские боевики из террористической организации ИРА.

И совсем уж экзотическая версия: в убийстве Дианы подозреваются геи. Якобы одного из королевских слуг изнасиловал кто-то из знатных особ и эту сцену насилия снимала на пленку леди Ди. Карьера слуги была сломана, и он решил отомстить принцессе — такие истории любит придумывать бульварная пресса, чтобы в очередной раз пощекотать нервы читателей.

Так что повторим заголовок германского журнала «Бунте»: «Гибель Дианы: одни загадки».

ПАПАРАЦЦИ, ИЛИ ВСЕ БЕДЫ ОТ ЖУРНАЛИСТОВ

> Журналистика — это организованное злословие.
>
> *Оскар Уайльд*

> Журналист — человек, обладающий даром ежедневно заполнять пустоту.
>
> *Дейм Ребекка Уэст,*
> *английская писательница*

> Стараетесь? Ну, ну!
>
> *Реплика Ухудшанского*
> *из романа Ильфа и Петрова*
> *«Золотой теленок»*

Признаться, я сам из рода журналистов и вот вынужден бросать камни в своих коллег (память о Диане обязывает). Еще одно распространенное мнение: принцессу Ди погубили журналисты. Журналюги. А точнее, фоторепортеры. Папарацци. Из двух причин гибели Дианы — фотографы или тормоза? — выбирают первую. Все произошло из-за коварных папарацци.

> К непорочным идеалам
> Так убийственно близки,
> Папарацци за Дианой
> Понеслись вперегонки! —

так откликнулся на события вокруг принцессы Дианы Андрей Вознесенский.

Откуда такое словечко — «папарацци»? Это непереводимое слово вошло во все языки, произведенное от имени одного из героев знаменитого фильма Федерико Феллини «Сладкая жизнь» (1959). Папарацци — это репортер, который охотится за «постельными сюжетами» знаменитостей. Интересно, что на момент гибели принцессы Ди фотограф Тацио Секьяроли, послуживший прототипом для феллиниевского персонажа, был жив и ему шел 73-й год.

Через три года после «Сладкой жизни» французский кинорежиссер Луи Малль снял фильм «Частная жизнь» (1962), в основу которого положил подлинную драму Брижит Бардо. Бардо сыграла в этой ленте, по существу, саму себя. Как известно, спасаясь от преследований репортеров, она несколько раз пыталась покончить с собой. Позднее многие с печалью предрекали, что такой конец ждет и принцессу Диану. Судьбе было угодно, чтобы он стал еще трагичнее.

«Родоначальник» папарацци Тацио Секьяроли считает, что несправедливо возлагать всю ответственность за случившееся на его коллег: если дать им возможность снимать, они вскоре оставят вас в покое. Так поступил, например, Марчелло Мастроянни. Во время его романа с Катрин Денёв он пригласил к себе фотографов, и они сделали столько снимков, что все редакции были буквально завалены ими, и интерес к этой теме пропал сам собой.

Но принцесса Диана была более лакомой добычей, чем кинозвезды Мастроянни и Денёв, и поэтому охота за ней шла с неослабевающим азартом. За любой ее снимок таблоиды платили 150 тысяч долларов. За снимок «в затруднительной ситуации» — неудачная поза, смешная гримаса на лице — 500 тысяч и более. За первый снимок Дианы с Доди папарацци получил в общей сложности около миллиона долларов. Подумайте только: один-единственный снимок! Подобные расценки стоят любой охоты, даже по недозволенным правилам.

Теперь понятно, почему папарацци устроили гонку за «мерседесом», который мчался в сторону туннеля Альма. Легко догадаться, что они успели до выезда Дианы получить информацию о предстоящем маршруте. Разумеется, не получить, а купить. Есть версия, что ее продал погибший водитель. А потом злосчастный 13-й столб в туннеле и перевернутый и исковерженный «мерседес» — как это не заснять?! Люди, оказавшиеся в тот момент в туннеле, кричали: «Шакалы! Трупоеды! Убийцы!» Отсюда и заголовки в газетах: «Папарацци убили принцессу». Появился и национальный оттенок, в Англии некоторые подняли вопль: «Это вы — французы, французские фотографы — убили принцессу Уэльскую!» Французы обиделись: да, среди семерых преследовавших Диану шестеро были французами (седьмой оказался македонцем), но не Франция придумала «скандальную» прессу, и вообще, во Франции за фотографии подсмотренной личной жизни знаменитостей платят значительно меньше, чем в самой Англии и в США.

На месте полиция задержала далеко не «великолепную» семерку с фотоаппаратами, правда без предъявления им каких-либо обвинений. Вердикт вынес народ. Тем не менее через 48 часов журналистов отпустили на свободу, в том числе и Жака Ланжевена, снимки которого в 1989 году во время волнений на пекинской площади Тяньаньмэнь обошли весь мир.

Журналистов отпустили, но обвинения в их адрес продолжали сотрясать воздух. Сами журналисты — и что примечательно: по обе стороны Ла-Манша — опровергали все эти инвективы. Во-первых, утверждали они, 95 процентов посвященных Диане статей написаны с симпатией к ней. Во-вторых, такое исключительное внимание к принцессе вызвано интересом самой публики, которая раскупает газеты и журналы. И в-третьих, Диана сама любила «играть» с прессой и умело использовала ее в своих собственных целях.

Что правда, то правда.

Привыкнув к популярности как к наркотику, она страдала, если хотя бы день нигде не появлялись ее фото, а если фотозатишье длилось дольше — впадала в панику. Принцесса Ди сама тянулась к фотообъективам и камерам и в то же время страшилась их, боялась и временами ненавидела.

Как считает петербургский врач-психиатр Валерий Иванов, Диана постоянно переживала жесточайшую депрессию, отсюда и внутренний разлад с собой. Смертельная гонка по туннелю была, в сущности, бегством не от людской назойливости, а от себя самой. «Феномен Дианы».

Так что снимем обвинения с папарацци, тем более не все фоторепортеры предпочитают Париж, Голливуд или Сен-Тропез, а большинство из них работают в горячих точках — на Ближнем Востоке, в Чечне, в Руанде, где льется людская кровь, и получают они за репортажи и снимки, сделанные с риском для жизни, значительно меньшие суммы, чем за подсмотренный поцелуй Дианы и Доди. Мы живем в едином информационном пространстве, и люди хотят знать и видеть, что происходит в любом месте планеты. Как написал поэт Николай Энтелис:

Там жертвы на шахте, там жертвы «Руслана»,
Там жертва в туннеле — принцесса Диана...
Скорбят и в убогом жилье, и в палаццо,
У каждого горя — свои папарацци.

А что делать? «Наш мир отравлен несчастьями...» — говорил Альбер Камю. А журналисты и фоторепортеры их только фиксируют и отражают.

ДИАНА КАК ТОВАР

Киоск звукозаписи около пляжа.
Жизнь кончилась — началась распродажа...

Евгений Евтушенко,
«Памяти Высоцкого», 1980

Предложенный товар уже наполовину продан.

Ноэль Дю Файль,
французский писатель XVI века

Принцесса Диана погибла. Элтон Джон спел свою песню «Свеча на ветру», и началась широкая распродажа нового товара. И не всегда даже нового. К примеру, текст песни, написанной Берни Томином и адресованной первоначально памяти Мэрилин Монро, был частично изменен — и вот уже стал лирическим реквиемом Диане. Только за первые четыре недели после гибели принцессы Ди было продано 26 миллионов дисков с песней Элтона Джона. Успешно продавался и альбом с записью шуршания катафалка, который 6 сентября 1997 года подъехал к воротам Вестминстерского аббатства, а также с записью всех речей, псалмов и молитв, прозвучавших при прощании в соборе.

Гонконгский композитор Пол Лианг выпустил компакт-диск, посвященный принцессе Диане. Валом пошел музыкальный поп-товар. И — горы всевозможных товаров повседневного быта: кружки с портретом Дианы, подсвечники с ее инициалами, фарфоровая статуэтка леди Ди в расшитом бисером белом платье; кукла Диана с набором платьев, точно таких, какие были у принцессы; футболки, майки, стаканы с ее изображением... Целая индустрия Диана. Торговая оргия. Однако самым первым товаром, использовавшим факсимильную подпись принцессы, был маргарин «Флора».

Принцесса — и маргарин... От трагического до пошлого всего один шаг. Диана оплаканная и оплаченная.

Модными стали благотворительные аукционы по продаже вещей леди Ди. На одном из них, проведенном в Лондоне, за 200 тысяч долларов ушло вечернее платье из черного бархата, которое принцесса надевала на лондонскую премьеру фильма «Отверженные» в 1985 году. Это платье приобрел еще при жизни Дианы некий торговец за 36 тысяч, а после ее смерти продал его впятеро дороже. Бизнес!..

Процветает и книжный бизнес. Эндрю Мортон выпускает истории о принцессе Диане одну за другой. Не отстают и другие авторы. Счет книг о Диане перевалил за сотню, наиболее скандальная — исследование личного секретаря Дианы Патрика Джефсона «Призраки принцессы» («Shadows of a Princess»), только аванс от издательства «Харпер Коллинз» принес автору 600 тысяч долларов.

Главная идея книги — принцесса Ди была далеко не ангелом. Она обладала патологическим стремлением быть в центре внимания. «Удовлетворенность, — пишет ее бывший секретарь и советник, — никогда не была для нее естественным состоянием. Как только возникала возможность, она предпочитала плести интриги и строить козни». Джефсон полагает, что только в своей преданности детям и в их безыскусной и безусловной любви Диана находила душевное спокойствие.

Американская журналистка, мастер биографического жанра Салли Беделл Смит в книге «Диана в поисках себя» утверждает, что принцесса Ди «не знала, кто она, была неуравновешенной, подверженной панике, депрессии и саморазрушению».

Вслед за книгами появились художественные и документальные фильмы, одним из первых была английская лента, снятая режиссером Габриэлем Боумантом в 1998 году: «Диана — королева сердец». Странички, посвященные Диане в сетях Интернета, превысили число страниц об Иисусе Христе. А еще многочисленные почтовые марки с изображением принцессы Ди, а еще остров Ниуэ, население которого составляет несколько тысяч человек, отчеканил серию однодолларовых памятных монет из медно-никелевого сплава, серебра и золота. Монетный двор Австрии тоже отчеканил памятные медали.

Даже Россия не осталась в стороне и назвала алмаз весом

64,22 карата, добытый на кимберлитовой трубке «Айхал», в честь принцессы — «Диана». Ну и конечно, не мог не откликнуться наш вездесущий скульптор Зураб Церетели. Он сотворил двухметровую скульптуру принцессы Дианы, но при этом облачил ее в вычурное платье с многочисленными рюшами и оборками, какие никогда в жизни принцесса не носила. Но Церетели ее «так увидел».

В Англии пока скульптуры Дианы нет, но сооружен в ее честь в Лондоне фонтан. По мысли его создателей именно водяные струи в подсветке способны лучше всего выразить образ и суть принцессы Уэльской. Как тут не вспомнить тютчевский «Фонтан»:

> Смотри, как облаком живым
> Фонтан сияющий клубится;
> Как пламенеет, как дробится
> Его на солнце влажный дым.
> Лучом поднявшись к небу, он
> Коснулся высоты заветной —
> И снова пылью огнецветной
> Ниспасть на землю осужден.

И далее поэт и философ Федор Иванович Тютчев восклицает:

> О смертной мысли водомет,
> О водомет неистощимый!
> Какой закон непостижимый
> Тебя стремит, тебя метет?
> Как жадно к небу рвешься ты!..
> Но длань незримо-роковая,
> Твой луч упорный преломляя,
> Свергает в брызгах с высоты.

А в месте, где нашла упокоение принцесса Ди, фонтана нет, есть озеро со спокойной гладью воды, без брызг и метаний. Мы уже писали, что в поместье Спенсеров Олторп-Хаусе год спустя после гибели Дианы был открыт музей, посвященный ее памяти, куда хлынули туристские потоки со всего мира. Вход, естественно, платный.

Примечательно: к праху Дианы идут толпы, а к Доди аль-Файеду только родственники и близкие. Он покоится в великолепной гробнице, облицованной красным африканским мрамором, а внутри белоснежная усыпальница. Доди — не объект интереса туристов. Доди — всего лишь эпизод, пусть и трагический, но все же эпизод из жизни принцессы. Главное — это она. Отсюда и Дианаленд, и общественный «Фонд принцессы Уэльской», который возглавляет старшая сестра Дианы Сара. Когда-то она всеми способами подчеркивала свое превосходство над младшей сестрицей-тугодумкой. А теперь... Сара с придыханием рекламирует память своей погибшей сестры. Память — это ведь тоже бизнес. Из-за этого идет ожесточенный спор между братом Дианы Чарлзом и сестрами. Чарлз Спенсер возмущен, что фонд Дианы беззастенчиво зарабатывает на памяти сестры деньги. В спор детей вмешалась мать Френсис: «Нельзя остановить индустрию, имя которой — леди Диана! Потому что она служит благим целям!»

ДИАНА КАК МИФ

> История — это правда, которая становится ложью. Миф — это ложь, которая становится правдой.
>
> *Жан Кокто*

> Творите мифы о себе — боги делали то же самое.
>
> *Станислав Ежи Лец*

> Каждый миф есть одна из версий правды.
>
> *Маргарет Атвуд,*
> *канадская писательница*

Итак, принцесса Ди оказалась в плену мифологии. Но таков удел всех звезд, а уж «суперстар» — и подавно.

Систему звезд изобрели и усовершенствовали американцы. Называют даже точный год, когда впервые сработала эта система, — 1927-й. Именно в 1927 году во Франции приземлился самолет, пилотируемый американцем Чарлзом Линдбергом, первым летчиком, совершившим трансатлантический перелет. Именно Линдберг стал первой жертвой звездной болезни, которая охватила толпу.

Смерть принцессы Ди, реакция на ее гибель сделали модными изрядно подзабытые теории массового поведения и психологии толпы. Вспомнили старика Густава Лебона, который еще до 1917 года говорил, что убеждения масс всегда стремятся принять религиозную форму, потому что «нужны верования для машинального управления своей жизнью во избежание всяких усилий, сопряженных с размышлениями». Вспомнили и недавний «социологический бестселлер» — книгу Дейвида Рисмена «Одинокая толпа», в которой представлен новый тип человека XX века — «личность, ориентирующаяся на других».

Повсюду проводятся семинары, коллоквиумы, симпозиумы, посвященные «феномену Дианы», при этом порой даже возникает некий марксистский уклон. Так, профессор Майкл Биллинг из Школы социальных наук в английском городе Логборо в своей статье «Диана и пауперизм» (давно забытое словцо!) отмечает, что Диана противостояла идее монархии как символу социального неравенства и что представители обездоленных классов мифологизируют ее, видя в ней жертву эксплуатации и «брошенную мать-одиночку». Особенно важно для этих людей, отмечает профессор Биллинг, что смерть Дианы подтвердила истину: «привилегии и богатство не могут купить счастье».

Вот куда заходят красные и розовые профессора на Западе! Еще немного, и появится новое учение: марксизм-принцессизм.

В этом русле высказался и отечественный кинорежиссер Карен Шахназаров: «В Диане удачно совместились два важных принципа западной буржуазной идеологии: «Богатые должны помогать бедным» и «Богатые тоже плачут». Оба эти положения примиряют с жизнью тех, кто лишен и знатности, и богатства. Они теперь всегда могут надеяться, что настанет день — и добрая фея Диана обратит на них свое благосклонное внимание. И, живя в своем, может быть, скудном, скучном мире, они могут утешаться тем, что даже блистательной Диане не удалось стать счастливой. Как тогда сетовать на судьбу нам, не обладающим ее достоинствами, ее положением, ее славой?..»

Может, остается только стенать, как библейскому Иову: «Нет мне мира, нет покоя, нет отрады...»?

Но от Иова вернемся к Диане. К ее славе. Да, слава часто становится для знаменитых проклятием и в конечном счете приносит беду. Возможно, именно это чувствовал Борис Пастернак, написавший в 1956 году:

Быть знаменитым некрасиво.
Не это поднимает ввысь...

Но это уже русский вариант. У нас, в современной России, нет настоящих кумиров, уровня принцессы Дианы. Измельчал народ. Обмелел. Нет героев и героинь. Есть финансовые тузы и олигархи. Есть самодовольные звезды отечественной «попсы». И есть думские коверные, развлекающие народ своими оригинальными «размышлизмами». Но нет леди Ди. Впрочем, как и нет настоящих леди. Есть русские бесстрашные и самоотверженные женщины, которые «коня на скаку остановят, в горящую избу войдут». Однако это ничего не меняет, ибо, как сказал другой поэт: «А кони все скачут и скачут, а избы горят и горят». И некому, изящно изогнувшись, пропеть, как пел когда-то Александр Вертинский:

> Я со сцены Вам сердце, как мячик, бросаю.
> Ну, ловите, принцесса Ирен!

Некому бросить. Нет принцессы. И это очень грустно.

Что остается? Взять в руки очередной любовный роман и мусолить книжку до самого утра. Или включить телевизор. Наверняка там на экране разыгрываются очередные сцены из королевской жизни: принц Чарлз, Камилла Паркер-Боулз, юные принцы Уильям и Гарри и, возможно, на подходе, на выходе новые принцессы. И как бы им не повторить судьбу Дианы. Но сценарий пока неизвестен. И в этом жгучая прелесть и очарование жизни.

ПЯТЬ ЛЕТ СПУСТЯ

В 2002 году вся мировая печать отметила 5-летие со дня гибели принцессы Дианы. Что произошло за эти 5 лет? На смерти принцессы продолжают зарабатывать деньги — поток мемуарной литературы не иссякает, товары с маркой Дианы ходко распродаются. А как изменилось отношение людей к погибшей, и прежде всего англичан? Тут мы наблюдаем радикальные изменения. И не в пользу леди Ди. Многие начинают ее осуждать и порицать за то, что она не сумела удержаться в рамках строгого образа и захотела личного счастья. А принц Чарлз, наоборот, из злого гения Дианы превратился в добропорядочного джентльмена и прекрасного отца. Более половины опрошенных (51%) заявили, что принц Чарлз достоин стать королем и ему позволительно жениться на его давней возлюбленной Камилле Паркер-Боулз.

Да и сама Камилла за прошедшие 5 лет рассталась в глазах общественности с образом «женщины-вамп» и превратилась в добродетельную матрону, достойную стать супругой будущего короля.

Вот так меняются роли в жизни.

Подрастают сыновья Уильям и Гарри и ведут себя соответственно возрасту. Подружки. Возлюбленные. Перспективы, надежды...

И только нет на сцене главного персонажа. Великолепной принцессы Ди.

ТРАГЕДИЯ НА ПОЧВЕ ЛЮБВИ
(Непал)

Судьба продает дорого то, что
она обещает дать.

Клод Адриан Гельвеций,
французский философ
XVIII века

Случай — псевдоним Бога, когда он не хочет подписываться своим собственным именем.

Анатоль Франс,
французский писатель
XIX—XX веков

Случаются там и сям трагедии,
но ничего из них не следует. В этом,
вероятно, вся суть трагедии.

Славомир Мрожек,
современный польский
писатель

Следующая глава книги переносит нас в Непал. Об Англии известно практически все, от Шекспира до Темзы, от Вестминстера до футбола. А вот Непал... Если человек не изучал географию, то он сразу теряется: где это? Государство Непал находится в Южной Азии, между Китаем и Индией, в центральной части Гималаев, где расположен высочайший пик на земном шаре — Эверест. Вожделенное место для альпинистов (сюда наведывался и принц Чарлз). Удивительной красоты горы. Удивительно и само государство. Единственное в мире индуистское королевство, где король не просто король, человек, возведенный в королевский сан, а живое божество, наследник Будды. Будда родился именно в Непале.

Вы ничего не знаете про Непал? Не расстраивайтесь. Как это ни покажется странным, на Западе, а тем более на Востоке не очень-то знают Россию. Обычно знание не идет дальше Ленина, матрешек, храма Василия Блаженного, снега. Ну, еще, конечно, водка. Так что давайте вместе знакомиться с Непалом, хотя бы поверхностно.

Природа Непала уникальна, почти не тронута цивилизацией, особенно выше 4500 метров, где только луна, скалы, вечные снега и ледники. И 22-миллионный народ тоже мало затронут благами и мало поражен недугами цивилизации. В состав населения Непала входят несколько этнических групп: непали, кхасы, парабатия, гурхи... Говорят на языке непали.

Основное занятие населения — земледелие (рис, пшеница, кукуруза, горох, сахарный тростник, джут, чай). Разводят скот: буйволов, яков, зебу, коз, птицу. Развиты ткацкое, гончарное, кузнецкое, ювелирное ремесла.

Основная одежда у мужчин: приталенная рубаха со стоячим воротником, на голове круглая или овальная шапочка (называется топи). Женщины носят несшитую запашную юбку (пхария), свободную кофту, пояс и множество украшений. Голову и плечи покрывают шалью. Если на лбу у женщины точка красного цвета, это означает, что она замужем. Если к тому же на женщине сари красного цвета — значит, она счастлива (представляете, как удобно ориентироваться окружающим!). Вдова никогда не наденет красное.

Традиционная пища — вареный рис с овощами и острыми приправами, лепешки, бобы, простокваша (дахи) с дробленым рисом, черный чай с молоком, фрукты.

Тихая, спокойная страна? Не совсем, ибо и Непал сотрясают политические и социальные бури, просто их отзвуки не проникают в мировую печать. В центре внимания — страны-гиганты и страны, играющие определенную роль на мировой сцене, а Непал — страна-статист, да и то в глубине сцены, ее не видно и не слышно. Но однажды в Непале произошла всепланетарная сенсация — убийство королевской семьи, и тут же всполошились все журналисты: кто, как, почему?..

Но прежде чем попытаться ответить на эти вопросы, немного предыстории. Первые письменные упоминания о Непале относятся к VIII веку до нашей эры. В то время страной в Гималаях правила династия Кирпати. Двадцать восьмым ее представителем был Сиддхартха Гаутама, который в конце концов достиг «просветления» и стал Буддой.

Будда основал религиозно-философское учение, названное буддизмом. Учение это сложное, суть его заключена в проблеме бытия личности. А центральный стержень учения — проповедь Будды о «четырех благородных истинах»: существуют страдание, причина страдания, освобождение от страданий, путь, ведущий к освобождению от страданий.

В России мало буддистов, но вот что любопытно: трактуемое буддизмом страдание как ожидание неудач и потерь, как переживание беспокойства вообще, в основе которого лежит чувство страха, неотделимо от надежды. Это по-русски: у нас все плохо, мы испытываем постоянный страх и тем не менее нас не оставляет надежда на «светлое будущее».

Но стоп. Никаких философских блужданий. Вернемся к Непалу. Шли века, менялись правители и династии: Кирпати, Личчхавы, Такуры, Маллы. Все они находились под сильным влиянием соседней Индии и правили страной до 1769 года, когда власть перешла к династии Шахов, первым королем которой стал Притхви Нарян Шах. Затем произошла англо-непальская война, в результате которой Непал попал в зону влияния Великобритании.

Далее последовала борьба за власть между двумя могущественными кланами Шахов и Ранов, враждовали они долго, эти гималайские Монтекки и Капулетти. В начале 50-х годов XX века король Трибхуван под нажимом Ранов вынужден был бежать в Индию. Однако через некоторое время возвратился, будучи поддержан Индией, и борьба с Ранами вспыхнула вновь. В итоге клан Шахов стал вновь задвигать на вторые роли клан Ранов. Такова была основная интрига перед кровавой трагедией, когда принц Дипендра полюбил представительницу рода Ранов и вознамерился на ней жениться.

«Раны — ни в коем случае!» — таково было решение короля Непала Бирендры и королевы Айшварья. Как ни умолял их наследник престола, они оставались неумолимы. Король и королева ни за что не хотели, чтобы в их семью вошла возлюбленная принца Девиани Рана. Пусть будет любая девушка, но только не из ненавистного клана Ранов.

Ну а теперь представим персонажей этого королевского четырехугольника: король, королева, принц и его возлюбленная.

Король Бирендра Бир Бикрам Шах Дев — король из династии Шахов. Его именовали весьма пышно: «Пятикратный Великий государь». Родился он 28 декабря 1945 года в семье наследного принца Махендры и принцессы Индры, получил отличное образование: учился в школе св. Иосифа в индийском городе Дарджилинге, затем — 5 лет в знаменитом Итонском колледже в Англии. Год стажировался в Токийском университете и в Гарварде (США), изучая экономику и управление. Прекрасно владел многими иностранными языками. Сам водил автомобиль. Управлял самолетом. Прыгал с парашютом. Страстно любил охоту. Интерьеры его королевского дворца были украшены многочисленными трофеями: носорожьими, кабаньими и медвежьими головами, оленьими рогами, слоновыми бивнями. Короче, земной человек, но в то же время Бог для народа Непала.

На престол Бирендра вступил после кончины короля Ма-

КОРОЛЕВСКАЯ СЕМЬЯ НЕПАЛА

хендры в январе 1972 года, в возрасте 26 лет. Любопытно, что коронация состоялась только через три года, в 1975 году. Дату и время вычислили придворные астрологи-брахманы (астрология в Непале весьма почитаемая наука). В имени короля после коронации стало присутствовать слово, обозначающее божество, — Дев.

За годы своего правления Бирендра проявил себя как большой реформатор. Лояльно относился к оппозиции, снял все запреты на деятельность политических партий, ввел выборы в парламент, однако сохранил за собой законодательную и исполнительную власть. Введение конституционной монархии спасло Непал от гражданской войны.

В 1970 году Бирендра женился на принадлежащей к аристократическим кругам Айшварье. Сначала у нее был статус принцессы, а затем она стала королевой Непала. Помните веселую песенку про Одессу с такими словами: «Говорят, что здесь бывала королева из Непала и какой-то крупный лорд из Эдинбурга...» Нет, королева не была в Одессе. Но у себя, в Азии, она получила большую известность. Айшварья родилась 7 ноября 1949 года (то есть была моложе короля на 4 года) и получила хорошее образование. Училась в Индии, в школе при монастыре св. Елены, потом в колледже в столице Непала Катманду. Получила степень бакалавра. Серьезно занималась музыкой и поэзией. Под псевдонимом Чандани Шах на языке непали писала прекрасные стихи о красоте Непала, его древних храмах и монастырях. И разделяла индуистские представления об индивидуальной душе (атмане), стремящейся слиться с абсолютом мира, чтобы избавиться от страданий и превратностей суетного бытия.

Королева Непала (ее полное имя Айшварья Раджья Лакшми Деви Рама) любила одеваться в зеленое сари. На светло-зеленом фоне особенно выигрышно смотрелись ее любимые украшения из жемчуга. Как отмечали журналисты, в облике Айшварьи прекрасно сочетались романтичность звезд индийского кино с загадочностью тайских женщин. Но при всем при этом Айшварья не была безмолвной тенью короля Непала, а была женщиной твердой и волевой и имела влияние на своего божественного супруга. И это немудрено, ведь и она почиталась как богиня.

Все кругом считали, что Бирендра и Айшварья идеальная пара. Они почти не расставались. Любили путешествовать вдвоем, причем на манер восточных владык инкогнито, останавливаясь не в дорогих отелях, а в бедных постоялых дворах и питаясь в простых харчевнях. Им было интересно услышать, что говорит народ о своем правителе и его семье. У короля и королевы было трое детей: два сына — Дипендра и Нараян — и дочь Шрути. В старшем сыне принце Дипендре, наследнике престола, родители души не чаяли. И кто бы мог подумать, что именно от него им предстояло принять смерть...

Наследный принц Дипендра родился 27 июня 1971 года, по примеру своего отца обучался в Итоне, затем в Королевской непальской военной академии. Как и король, принц увлекался спортом. Особенно силен он был в карате: за мастерство в этом виде спорта получил черный пояс. Но в отличие от отца принц не был скромным и непритязательным в быту, напротив, тяготел к роскоши и к удовольствиям, не избежал увлечения алкоголем. Как писал Владислав Ходасевич:

> Хлебнешь — и ничего не надо,
> Хлебнешь — и хочется опять.

И далее у Ходасевича идут такие строчки:

> И жизнь перед нетрезвым взглядом
> Глубоко так обнажена,
> Как эта гибкая спина
> У женщины, сидящей рядом...

Наследному принцу 29 лет, пора появиться женщине. Любимой женщине. И она появилась. На беду — из ненавистного королевскому семейству рода Ранов — Девиани Рана. Конечно, красавица. И конечно, Дипендра потерял из-за нее голову. Только она, и никакая другая! Но — Раны и Шахи. Монтекки и Капулетти. Девиани полюбила Дипендру, и, естественно, ей захотелось стать принцессой, а потом и королевой. Как и шекспировская Джульетта, она понимала, что ей и ее возлюбленному мешает давняя вражда семейств. Как тут не вспомнить монолог Джульетты:

> ...Ромео!
> Ромео, о, зачем же ты, Ромео!
> Покинь отца и отрекись навеки
> От имени родного, а не хочешь —
> Так поклянись, что любишь ты меня, —
> И больше я не буду Капулетти.
> Одно ведь имя лишь твое мне враг,
> А ты — ведь это ты, а не Монтекки.
> Монтекки — что такое это значит?
> Ведь это не рука, и не нога,
> И не лицо твое, и не любая
> Часть тела. О, возьми другое имя!
> Что в имени? То, что зовем мы розой,
> И под другим названьем сохранило б
> Свой сладкий запах!..

И вот старая итальянская драма, на новый непальский лад. Король Бирендра и королева Айшварья категорически против выбора сына: она из вражеского клана! Это во-первых. Во-вторых — прапрадед Девиани когда-то убил ближайшего родственника королевы Айшварьи. Убийца скрылся в Индии и породнился со знаменитым семейством Синдхия, так что у возможной невестки королевы были индийские корни. Стало быть, Девиани — индианка, а властители Непала традиционно недолюбливали великого западного соседа Индию. Так что индианка на троне Непала — это совершенно неприемлемо. Третий нюанс: Девиани была старше Дипендры на три года — это тоже противоречило непальским традициям: жена не должна быть старше мужа.

И наконец, мистически-астрологический фактор. Астрологи предсказали, что если наследный принц женится до достижения им 35-летнего возраста, то его отец, король Бирендра, умрет. И еще. В Непале существует легенда, по которой правящая династия Шахов падет после десяти поколений. Король Бирендра был как раз по счету 10-м. Так что любовь принца Дипендры и Девиани Раны попала в жернова истории, политики, астрологии и мистики. Все сплелось и запылало огнем родительской ненависти. Но Дипендра был упрям. Как говорится, закусил удила: только Девиани и только она! Споры. Уговоры. Истерики.

И роковая развязка семейной драмы. В ночь с 1 на 2 июня 2001 года в Катманду, в королевском дворце Нараян Хити, во время традиционного королевского ужина прозвучали выстрелы.

Как все произошло? Наверное, это навсегда останется тайной. Показания свидетелей, оставшихся в живых во время того рокового ужина, расходятся между собой. Возможно, кто-то что-то недоговаривает. Согласно двухсотстраничному отчету о результатах расследования, убийца — принц Дипендра. В очередной раз состоялась горячая перепалка между ним и королевой Айшварьей, та подтвердила свое непреклонное «нет» выбору сына, и он опрометью бросился в свои покои, принял изрядное количество виски, надел военную форму, взял оружие, и не одно, и возвратился в обеденный зал, чтобы поставить последнюю точку в затянувшемся конфликте.

Там он упоенно начал палить из автомата (по одной из версий, из автомата Калашникова, по другой — из израильского автомата Узи). Погибла почти вся королевская семья, «живое воплощение бога Вишну»: 55-летний король Бирендра, 51-летняя королева Айшварья, принцесса Шрути, 24 лет, ее брат, 22-летний принц Нараян, и еще несколько человек. Дипендра стрелял и при этом исступленно вопил. Потом обвел взглядом поле бойни, поднес пистолет к своему виску и выстрелил.

Принц Дипендра умер не сразу, он скончался в госпитале 4 июня, не приходя в сознание. Самое интересное, что умер он королем Непала, ибо Государственный совет, как того требует порядок, провозгласил его королем: ведь сердце его еще билось, он был смертельно ранен, но все еще жил.

На престол Непала взошел брат убитого короля генерал Гьянендра, который отсутствовал на последнем королевском ужине, но на нем находилась его супруга, и она была ранена. Новый король назначил расследование происшедшего, но сам характеризовал его как «несчастный случай», мол, оружие само стало стрелять. Впоследствии все же определили виновника — стрелял сам принц Дипендра под воздействием алкоголя и наркотиков. Словом, принц — убийца. Он убил короля (значит, отцеубийца). Застрелил мать, королеву. Лишил жизни принцессу Шрути, которая была совершенно безвинной, так как не принимала участия в королевских «разборках» и не осуждала брата за любовь к женщине из «чужого лагеря».

А в итоге — 12 покойников из королевской семьи. По индуистскому обычаю их кремировали близ столицы. Во дворе знаменитого Золотого храма на берегу священной реки Багматим зажгли погребальные костры, искры которых высоко летели в небо. В стране был объявлен 13-дневный траур.

Некоторые непальцы не смогли смириться с гибелью любимого короля и покончили жизнь самоубийством, были зарегистрированы волнения и демонстрации. Ходили в народе слухи, что убивал не принц, а кто-то другой, и вообще, убийство королевской семьи подстроил Гьянендра, дядя Дипендры, брат короля, и таким образом взошел на престол по трупам. Но, естественно, это всего лишь версия.

Несколько дней все мировые СМИ писали о трагедии Непала. «Про́клятые короли» — так назывался материал в «Московских новостях». А «Комсомольская правда» непонятно почему съехидничала: «ДовыДИПЕНДРИвались...» И зачем острить, когда в России была такая же кровавая история: расстрел царской семьи в Ипатьевском доме.

Итак, вот что произошло в Непале, где находится высочайший пик Земли Эверест. И что сказать в утешение? Разве только привести строки Николая Глазкова:

У вершины Эвереста,
Мутновато-голубой,
Не искал себе невесты,
Ибо встретился с тобой...

Да, кстати, а как же кандидатка в невесты и в принцессы Девиани Рана? После роковых выстрелов она срочно покину-

ла Непал и затерялась где-то в Индии. Никаких показаний,
никаких интервью она не давала. По всей вероятности, ищет
нового принца. Что еще остается делать «бедной девушке»?..

А у Глазкова дальше в стихотворении есть такая простень-
кая назидательная мысль:

> Цель оправдывает средства,
> Если нет в них изуверства.

Принц Дипендра, очевидно, не знал русский язык и не
знал русского поэта Николая Глазкова. И полез напролом. С
изрядной долей изуверства. Короче, «нет повести печальнее
на свете...».

НЕПОЛНАЯ ХРОНИКА ГИБЕЛИ ПРИНЦЕСС, КОРОЛЕВ И ЦАРИЦ

30 год до н.э. — покончила жизнь самоубийством египетская царица Клеопатра VII.

48 год н.э. — убита римская императрица Мессалина.

VI век — Париж. Король Хильперик ночью задушил свою жену, королеву Галевинту.

Начало XIV века — французских принцесс Бланш, Маргариту и Жанну отправили в тюрьму за супружескую измену. Впоследствии Жанна Бургундская станет королевой, а Маргарита будет задушена.

1324 год — 17-летняя Мария де Люксембург, жена Карла IV, погибла, будучи беременной, из-за того, что перевернулась карета. Начались преждевременные роды, и королева скончалась.

1444 год — 14 августа — умерла в результате дворцовых интриг юная принцесса Маргарита Шотландская, супруга французского короля Людовика XI, большая любительница поэзии. Умирая, она прошептала, что ей «надоела эта жизнь, не говорите мне больше о ней». Супруг Людовик XI сказал придворным: «Наша супруга скончалась вследствие "злоупотребления поэзией"».

1536 год — 19 мая — казнь Анны Болейн.

1542 год — казнь Екатерины Говард, одной из жен английского короля Генриха VIII.

1587 год — 8 февраля — казнь Марии Стюарт.

Не ранее **1614 года** — смерть Марины Мнишек.

1698 год — сентябрь — Евдокия Лопухина, первая жена Петра I, заточена в монастырь.

1705 год — 3 июля — умерла в заточении царевна Софья.

1738 год — осень — смерть принцессы Анны, дочери Петра I.

1746 год — 7 марта — после родильной горячки скончалась на 28 году жизни в Холмогорах, в изгнании, Анна Леопольдовна, правительница Российской империи (с 9 ноября 1740 года по 25 ноября 1741 года).

1775 год — умерла в Шлиссельбургской крепости княжна Тараканова.

1776 год — умерла от родов великая княгиня Наталья Алексеевна (принцесса Вильгельмина Гессен-Дармштадтская), первая жена Павла I.

1793 год — 16 октября — казнь Марии Антуанетты.

1807 год — 9 апреля — умерла в Горсенсе (Дания) принцесса Екатерина, первая дочь Анны Леопольдовны. Она родилась 26 июля 1741 года, а 25 ноября того же года произошел государственный переворот, и малышка-принцесса мгновенно потеряла все привилегии. Вместе с другими братьями и сестрой Елизаветой Екатерина находилась в ссылке, в Холмогорах. После смерти родителей все дети, в том числе и она, были высланы в Данию, к родственникам. Екатерина пережила всех. Одинокая, глухая и косноязычная, умевшая говорить лишь по-русски, она просила императора Александра I о разрешении вернуться в Россию и окончить жизнь монахиней. Но ей в этом было отказано.

1810 год — 4 февраля — в монастыре закончила свои дни истинная княжна Тараканова, дочь Елизаветы Петровны, под именем инокини Досифеи.

1817 год — 7 ноября — после тяжелых родов (они продолжались 52 часа) скончалась принцесса Шарлотта, супруга Леопольда, принца Саксен-Кобургского. Леопольд очень тяжело переживал утрату. Видя страдания принца и сознавая собственную вину, врач Шарлотты Ричард Крафт застрелился у кровати умершей принцессы.

1898 год — 10 сентября — от рук анархиста погибла Елизавета Австрийская (Сисси).

1914 год — 28 июня — в результате террористического акта погибли австрийский эрцгерцог Франц Фердинанд и его супруга София Гогенберг. Их гибель привела к началу Первой мировой войны. На суде стрелявший террорист из тайного сербского общества «Черная рука» Гаврила Принцип заявил: «Я невиновен, так как убил злодея. А войны желали все...»

Знаменитый роман Ярослава Гашека начинается с такого диалога:

«— Убили, значит, Фердинанда-то нашего, — сказала Швейку его служанка.

— Какого Фердинанда, пани Мюллерова?»

1916 год — 7 октября — на рейде Севастополя взорвался и затонул линкор Черноморского флота «Императрица Мария», названный в честь жены Александра III Марии Федоровны (датская принцесса София Фредерика Дагмара). Так что гибнут не только царственные особы, но и корабли, названные в их честь. В состав Черноморского флота «Императрица Мария» вошла 23 июля 1915 года. Это был современный корабль, построенный на Балтийском и Адмиралтейском заводах, гордость отечественного флота. И — неожиданная гибель. В 6.20 под первой башней в зарядном погребе, где находилось около трех тысяч пудов пороха, произошло возгорание, ставшее причиной мощного взрыва. 260 моряков, спавших в кубриках и каютах носовой части, погибли практически сразу. Тысяча человек вступила в борьбу за корабль. В конечном счете людей спас командующий флотом вице-адмирал Александр Колчак.

1918 год — в ночь с 16 на 17 июля — в Екатеринбурге расстреляны Николай II, его супруга Александра Федоровна и их дети.

В ночь с 17 на 18 июля — в Алапаевске сброшены в шахту великие князья Романовы, среди них — великая княгиня Елизавета Федоровна (принцесса Гессенская).

1935 год — 29 августа — в Швейцарии близ Люцерны автомобиль бельгийских монархов врезался в дерево. Королева Астрид скончалась мгновенно. Король Леопольд отделался легкими порезами.

Королева Астрид, шведская принцесса, была племянницей сразу трех королей: Густава V Шведского, Кристиана X Датского и Хокона VII Норвежского. Свадьба Астрид с Леопольдом состоялась 4 ноября 1926 года. Астрид родила троих детей, принца Альберта — за год до своей гибели.

Отец погибшей принц Карл написал в своих мемуарах: «Астрид не суждена была долгая жизнь; она была слишком хороша для этого порочного мира. Вся ее жизнь как супруги, матери и королевы была так же коротка, как наше северное лето».

1955 год — 11 апреля — погибла «Принцесса Кашмира», великолепный четырехмоторный самолет, принадлежащий компании «Эйр-Индиа». Самолет летел из Гонконга в Индонезию на знаменитую мирную конференцию в Бандунге. На самолете должен был лететь первый премьер Китая Чжоу Эньлай, его и хотели ликвидировать определенные круги. На высоте 6000 метров под крылом самолета что-то грохнуло. Пламя мгновенно охватило топливный бак. Пилот запросил помощь в Джакарте, на его просьбу последовал неожиданный вопрос: «Есть ли на борту премьер Госсовета КНР Чжоу Эньлай?» На подлете к Джакарте пилот решил посадить горящий самолет на воду, и на воде «Принцесса Кашмира» развалилась на три части. Пилота, штурмана, инженера отыскало быстро подоспевшее спасательное судно. 16 пассажиров — журналисты из Австрии, Польши, Вьетнама, КНР и несколько китайских функционеров — погибли.

Спустя 40 лет после гибели «Принцессы Кашмира» было выяснено, что бомбу подложил подкупленный тайваньской разведкой уборщик гонконгского аэропорта Чоу Цэмин.

«Принцесса Кашмира» погибла, а китайский премьер спасся, ибо он летел не на этом самолете.

1982 год — 13 сентября — в автомобильной катастрофе погибла герцогиня Монако Грейс Келли, бывшая звезда Голливуда.

1997 год — 31 августа — в Париже, в туннеле Альма, также в автокатастрофе, погибла принцесса Диана Уэльская, принцесса Ди.

2000 год — в ночь с 1 на 2 июня — произошло убийство королевской семьи в Непале. Среди погибших — королева Айшварья.

В ЗАКЛЮЧЕНИЕ

Историко-детективное печальное повествование закончено. Да, в нем очень уж много преждевременных насильственных и загадочных смертей. С одной стороны, зачем о таком читать? А с другой, чужие трагедии — это не шок, а импульс к жизни.

> Есть упоение в бою,
> И бездны мрачной на краю,
> И в разъяренном океане,
> Средь грозных волн и бурной тьмы,
> И в аравийском урагане,
> И в дуновении Чумы.
> Все, все, что гибелью грозит,
> Для сердца смертного таит
> Неизъяснимы наслажденья —
> Бессмертья, может быть, залог,
> И счастлив тот, кто средь волненья
> Их обретать и ведать мог...
> (*Александр Пушкин, «Пир во время чумы», 1830*)

Сегодня события летят на нас, мимо нас, вокруг нас со скоростью света. Сплошные военные конфликты, столкновения на национальной и религиозной почве, теракты, катастрофы, природные катаклизмы... Евгений Замятин еще в 1922 году говорил: «Сегодня Апокалипсис можно издавать в виде вечерней газеты...» А тут еще и гибель принцесс!..

Кстати, к слову «гибель» у Владимира Даля прилагается целый синонимический ряд: пропажа, потеря, трата, утрата, уничтожение, разочарование, конец, смерть, беда, напасть, злополучие, упадок...

Магическое слово. Недаром его так часто используют в названиях произведений. Скажем, в кино: «Гибель "Орла"», «Гибель сенсации», «Гибель черного консула», «Гибель эскадры»... Японцы не побоялись поставить картину «Гибель Японии» (1973). Болгары выпустили кинофильм «Гибель Александра Великого». Китайцы создали ленту «Гибель персиков и слив» (1934). Но, пожалуй, самый знаменитый фильм из этой «гибельной» серии — «Гибель богов» (1969) режиссера Луки-но Висконти.

Вспомним брюлловский живописный шедевр «Последний день Помпеи». Зрители подолгу стоят у картины, завороженные величием гибели.

Закончим все же на оптимистической ноте. Не все в этой жизни так трагично. И не всегда так рано гибнут принцессы, некоторые царственные особы живут долго и даже счастливо — ведь не всех убивают, душат и ссылают. Тут кому как повезет. Принцессе Диане не повезло. А английская королева Виктория жила долго-долго. Она очень любила надевать бриллиантовое колье и диадему, украшенную бриллиантами более чем в 22 карата, — была у нее такая милая слабость.

Долгую жизнь прожила Елизавета, королева-мать, мать Елизаветы II. Она родилась в сентябре 1900 года, а скончалась 30 марта 2002 года, то есть прожила 101 год! У нее тоже были слабости: она обожала британские выставки цветов, рыбалку, скачки и собак. Вместо традиционного чая нередко употребляла крепкие напитки. Закончила свою жизнь королева-мать в статусе «любимой бабушки».

Так что, творя свою жизнь и метя в принцы и принцессы (в буквальном и переносном смысле), не зацикливайтесь на их гибели. Даже если ушла любовь. Ослабла вера. И теряется надежда. Даже в этом случае помните старое латинское выражение: contra spem spero.

Надейтесь вопреки надежде. Или: без надежды надеюсь!

СОДЕРЖАНИЕ

Юрий Безелянский

ЖИЗНЬ И ГИБЕЛЬ ПРИНЦЕСС

Исторические эссе

Редактор Л. Ермилова
Оформление А. Иващенко
Художественный редактор К. Баласанова
Технический редактор Е. Макарова
Корректоры В. Лебедева, В. Пестова

Сдано в набор 13.03.2003. Подписано в печать 07.07.2003.
Формат 60х100/16. Бумага офсетная. Гарнитура Академическая.
Печать офсетная. Условн. печ. л. 24,42. Уч.-изд. л. 18,61.
Тираж 5000 экз. Заказ № 217. Изд. № 9692.

Налоговая льгота — общероссийский классификатор
продукции ОК-005-93, том 2;
953000 — книги, брошюры.

Лицензия ЛР № 020846 от 23 декабря 1998 г.
ОАО Издательство «Радуга»,
121839, Москва, пер. Сивцев Вражек, 43.
105005, Москва, Аптекарский пер., 4, стр. 1.

Отпечатано
в ОАО «Можайский полиграфический комбинат»,
143200, Можайск, ул. Мира, 93.

В ИЗДАТЕЛЬСТВЕ «РАДУГА»
В СЕРИИ «СКВОЗЬ ПРИЗМУ ВРЕМЕНИ»
ВЫШЛИ В СВЕТ:

МЕМУАРНАЯ ПРОЗА

Г. Аграновская. Пристрастность
К. Атарова. Вчерашний день. Вокруг семьи Атаровых-Дальцевых
(Воспоминания, записные книжки, дневники, письма, фотоархив)
Л. Вершинин. Не прячь лицо в ладони
Е. А. Кацева. Мой личный военный трофей
Бастер Китон и Чарлз Самуэлс. Мой удивительный мир фарса
Китти. Мемуарная проза княжны Мещерской
Л.Б. Либединская. «Зеленая лампа» и многое другое
В.И. Метелица. Страницы жизни

БИОГРАФИЧЕСКИЕ ОЧЕРКИ

И. Барт. Незадачливая судьба кронпринца Рудольфа
Ю. Безелянский. Ангел над бездной
Ю. Бушардо. Агата Кристи как она есть
В. Кальман. Помнишь ли ты?..
А. Кудря. Служенье красоте, или Жизнь художника Серова
С. Мрочковская-Балашова. Мой ангел, мой чертенок.
Петербургский роман Иоганна Штрауса и Ольги Смирнитской
Б. Носик. Тайна Маклая
Б. Носик. Царский наставник. Роман о Жуковском
Г.К. Честертон. Чарлз Диккенс

ЭССЕИСТИКА

Ю. Безелянский. Клуб 1932
Ю. Безелянский. Страсти по Луне. Книга эссе, зарисовок, фантазий
Наталья Иванова. Ностальящее. Собрание наблюдений
А.В. Кацура. В погоне за белым листом
И. Клейнер. Точка опоры. Книга диалогов
Б. Носик. Прогулки по Парижу. Левый берег и острова
Б. Носик. Прогулки по Парижу. Правый берег

В ИЗДАТЕЛЬСТВЕ «РАДУГА»
ГОТОВИТСЯ К ПЕЧАТИ:

Б. Носик. Прогулки вокруг Парижа,
или Французский Остров сокровищ. Юг—Запад
Б. Носик. Прогулки вокруг Парижа
или Французский Остров сокровищ. Север—Восток